壹卷
YE BOOK

洞 见 人 和 时 代

献给冯尔康老师

论世衡史
- 丛书 -

清代宗族研究

常建华 著

四川人民出版社

前　言

改革开放以来，我国的清代宗族研究取得了很大成绩，除了大量论述明清时期宗族的著述涉及外，还出版了专门论著。如朱勇《清代宗族法研究》（湖南教育出版社，1987）系统分析了清代宗族法的内容、制定与执行，与国家法律的关系，从法律角度揭示了国家与宗族的关系。张研《清代族田与基层社会结构》（中国人民大学出版社，1991）上篇论述清代族田的历史渊源、发展概况、管理与经营、土地增值与租入分配，下篇探讨族田与社会结构，清朝对宗族、族田的态度及做法。许华安《清代宗族组织研究》（中国人民公安大学出版社，1999）篇幅不大，概述了清代宗族组织、族产、祠堂与祭祖、教育与教化、宗族管理、宗族的社会影响等问题。业师冯尔康先生《清代宗族史论》（天津人民出版社，2019）是南开大学历史学院编《冯尔康文集》之一种，收录文章24篇，分清朝宗亲法及其指导思想（4篇），总论清代宗族特点（5篇），清代宗族载体（9篇），清人族谱（6篇）四个部分。这些著作成为研究清代宗族的基础读物。

我所研究的中国宗族是从清代开始的，今将近四十年来的成果做一总汇,整理为四章,以就教于方家同好。

第一、二两章探讨清朝宗族治理问题,其中第一章论述清朝宗族政策。我的硕士论文讨论清朝的"以孝治天下",涉及利用宗族推行孝治问题,《论清朝推行孝治的宗族制政策》围绕雍正皇帝《圣谕广训》"笃宗族以昭雍睦"提出的宗族建设方案,梳理了清朝的各项宗族政策,特别是官方儒家意识形态下对于宗族的肯定态度。清朝江西按察使凌燽的《西江视臬纪事》,汇编了雍正、乾隆之际他在任上的文件,据此可知保甲与乡约是当时治理包括宗族在内的乡村社会之主要手段,而这两者与宗族有着密切关系。《乡约·保甲·族正与清代乡村治理》指出,维护社会治安性质的保甲,进行教化的乡约,与传统赋役征收和乡村管理体系的乡长互相结合渗透,宗族也被引进保甲、乡约进一步组织化,出现"族正""族约"的"族保"系统。清代治理乡村社会的组织措施,形成完整的基层社会组织体系,并影响了基层社会结构。《试论乾隆朝治理宗族的政策与实践》则说明族正防止宗族势力膨胀的作用,清朝治理宗族问题上理想与现实的矛盾性。

第二章考辨清代族正制度。左云鹏先生在清代族正问题上有着开创性的探索,但也存在着一些问题。《清代族正问题的若干辨析》指出,左云鹏将族长混同于族正和对族正史料时间的理解错误,认为清代不存在族权一贯得到政权支持而不断壮大,并在后期完全和政权结合在一起的过程。《清代宗族"保甲乡约化"的开端——雍正朝族正制出现过程新考》通过解析新发现的福建、浙江总督觉罗满保的两篇奏折以及朱批等资料,探讨了族正制出现的过程并确定了族正具有宗族保甲乡约化的属性,进而阐发了对于明清宗族特点以及宋代以后基层社会体系发展历史趋势的看法，以接续本人提出的明代发生宗族乡约化的观点。《乾隆朝的闽台族正制》指出，乾隆时期主要针对福建械斗问题在漳州、泉州以及台湾府等府设置族正，有过四次较大规模的实践，族正在这些地方比较广泛地存在。清朝在宗族原有族长权力构架外，另外选立族正副、房长等，官府给族正牌照、官印，下放权力给族正，并以奖惩制度监督宗族。由于族正有可能控制基层社会，乾隆晚期调整了族正政策。《清代族正制度考论》重点讨论江西、广东的族正，如族正的产生、职能与赏罚，证明族正属于族房长之外另立的职役，旨在防范宗族。《近代闽台族正制考述》指出，清代闽台地区的族正制与治理械斗而变异的联庄制度结合在一起，共同维护基层社会的秩序。但是与总理、庄正可以得到官府颁发的戳记相比，族正则属于不须给与戳记的民间组织。由于族正的选立也经过官府认可，使得族正既受官府监督控制又缺乏官方色彩。从清前期到近代，清朝族正制的实践积累了丰富的经验，也形成了成熟的做法，这就是既可以监控宗族又防止族正借官府权威而控制宗族，并使宗族进一步组织化。

第三、四两章探讨清代南北方不同地域、不同阶层的宗族形态问题，其中第三章论述多元文类视野下的北方宗族。重点讨论山西、陕西、山东、天津的宗族，利用地方志、碑刻、族谱等不同文类的资料。《捐纳、乡贤与宗族的兴起及建设》以清中叶兴起的山西洪洞苏堡刘氏为例，探讨这一经商起家又主要凭借捐纳异途进入官场的官商结合型宗族。苏堡刘氏凭借捐施义举有四人进入乡贤祠，极大地提高了在地域社会的声望。同时，《洪洞县志》人物志多有苏堡刘氏,同该族拥有较大财富直接关联。苏堡刘氏主要通过纳捐取得例贡、廪贡成为监生进入官场,凭借捐施升官并获得好评。苏堡刘氏对于清朝统治高度认同,致力于报效国恩,而该族科举不第者则转向文化事业。《碑刻所见明清民国陕西宗族制度与风习》指出,陕西宗族将谱系刻石,立于祠堂之中的碑谱,除了记忆世系功能之外,也是为了祠堂祭祖活动所需,谱牒是祖坟的重要组成部分。纪念祖先,一般是元旦拜贺,清明墓祭,冬至祠祭。族会依据祭祖时间可以分为清明会、冬至会,或统称为祭会。宗族利用祭祖对族人教育。祠堂是祭祀祖先的所在,也是管理族人的地方,祠堂的维护也是宗族的重要事务。晚清时期的宗族活动显示出与地方官府的密切互动关系。《近世山东莒地宗族探略》以民国《重修莒志·民社志·氏族》为中心,认为莒州地区宗族普遍存在,流行着明清时期迁来的说法,以明初特别是洪武时期的事例为多,这与清以来明初迁民传说的建构有密切关系。宗族迁出地州内集中于日照,外省主要是江苏的东海以及山西的洪洞。江苏东海是莒地移民来源的认同地,"十八村""当路村"是移民故事的核心与标志。迁入莒地宗族,分成支派分衍,一般是始迁或二世分支,分衍世代集中在十七至二十一世,以十九世、二十世最高。莒地宗族普遍拥有谱牒、祠堂、族规、祭田。宗族的组织化、制度化建设主要是清代进行的,晚清持续着这种建设,宗族在支长、族长以及祠堂管理下运作和维持秩序。此外,《高凌雯〈志余随笔〉所见天津的族姓与谱牒——兼论谱牒为方志重要资料来源》指出,高凌雯修志很注意用谱牒资料作为证据,他看重谱牒的重要原因是谱牒人物资料往往根据碑刻,比较可信,同时他也不轻信谱牒。他认为谱牒世系的长短、本旁支的详略，关键在于家族是否有老谱，世系不可靠的主要原因在于修谱者对祖先的记载出于追溯。他指出卫籍军户、商人是天津人重要来源，也有不少是科举冒籍者。根据高凌雯《志余随笔》所记谱牒资料，可以了解到天津的族姓由来与城市的历史。《清乾嘉刑科题本所见北方宗族札记》利用清乾隆、嘉庆朝刑科题本有关直隶、山西、山东、河南、陕西等省宗族资料，提出北方宗族多数有族长管理，族长成为北方宗族组织的重要表征。有的宗族还有宗谱、公有地以及宗祠，似乎表明宗族在趋向组织化、制度化。刑科题本反映的这些北方宗族属于乡村农民宗族，经济状况一般，在宗族建设中，贫穷的族人无力参与，并不十分热心，因此在宗族建设中产生纠纷，宗族也无力解决贫穷族人的生活问题。

第四章探讨刑科题本反映的乾嘉时期南方宗族。《共同体与社会：清中叶浙江的宗族生活形态》强调，刑科题本资料可提供认识宗族生活形态的特性，选取宗族基本问题的祭祖、服制与同族以及同族观念，祠堂、族长与房分，祭田与坟山等加以讨论，加深对于宗族经济、宗族组织、宗族共同体的认识，并对于日本学者仁井田陞教授的宗族"共同体"观点、滨岛敦俊教授的"江南无宗族论"有所回应，进一步阐明了宗族的共同生活的属性。《清乾嘉时期广东宗族祭费问题与尝田佃耕纠纷》指出，广东宗族祭祖费用多出于尝田或宗族公产形成的尝银、尝谷，管理形式多为诸房轮流办祭。宗族还通过设立族内银会集资，征收木主进祠费用。尝田普遍采取租佃制，引人注目的变化是承佃关系由乾隆时的异姓为主变成为嘉庆时的族内为主。佃耕的纠纷或出自承耕者欠租与催讨人的矛盾，轮耕者的矛盾常发生在诸房之间，有轮耕权力之争。争佃尝田与夺耕也有。族长管理事务较多,祖祠比较普及,普通农民宗族也会拥有祖祠。较为贫困的族人筹措祭费的压力较大,佃耕不易,由此引发的纠纷颇多,族内矛盾增加。《清乾嘉刑科题本所见两湖地区宗族及其纠纷》认为,两湖地区从事宗族活动的一般农民,宗族建设活动受经济限制。穷困族人计较经济利益得失,有时做出损坏宗族公益的事情。宗族祭祖主要是清明墓祭,墓祭费用一般来自坟山或祭田收入。也有宗族拥有宗祠,以祭田收入作为祭祖费用。祖坟面临不断增长的族人下葬,往往因添葬产生矛盾,也因涉及风水问题导致纠纷。"户族"是族权的主要承担者,核心是族长。族长是宗族的首领,户首、户长是政府控制下的职役性质人员,"户族"控制着乡村社区,官府借助其维护统治。户首、户长与族长有时会合二为一,更增强了"户族"的控制力。《清嘉庆年间江西、安徽的宗族》指出,作为生命共同体的宗族,有宗谱记载宗族世系与事务,宗族拥有公产为族人服务。诸如水塘灌田、山场取材、坟地为族人提供下葬,祠堂、祠田祭祖,祭田往往由族内各支轮管办祭,祭田或由族人耕种或佃于外姓。宗族祖祠甚至有钱会运营,族长负责宗族事务。宗族的集体生活为族人带来便利,宗族事务也产生各种矛盾。安徽不仅有以宗族强盛的徽州闻名,而且其他府的宗族存在也有一定的普遍性。

附编六篇文章。《明清时期祠庙祭祖问题辨析》一文,较早探讨了清代祭祖礼俗问题。《试论宋代以降的宗族之学》重点探讨了清代族学,论述了办学宗旨、生源及择师、学制与教学、族学管理。阅读《毗陵庄氏族谱》的读书报告,是我步入清代宗族研究的第一篇习作,录此存念。《清代宗族制度》《清代宗族的自治与国家治理》都是尝试对于清代宗族总体特色的把握,而对于萧公权先生《宗族与乡村控制》的导读,是向这位杰出的历史学家致敬之作。

总而言之,我对清代宗族的研究,侧重于国家的社会治理与不同地域空间下的宗族形态,虽有所创获,也是在前辈学者的研究与师友的帮助下取得的。但愿拙稿对于推动清代宗族的认知发挥一定的作用。

目 录

第一章　清朝宗族政策 / 001

第一节　论清朝推行孝治的宗族制政策 / 001

第二节　乡约·保甲·族正与清代乡村治理
　　　　——以凌燽《西江视臬纪事》为中心 / 017

第三节　试论乾隆朝治理宗族的政策与实践 / 034

第二章　族正制度考辨 / 051

第一节　清代族正问题的若干辨析 / 051

第二节　清代宗族"保甲乡约化"的开端
　　　　——雍正朝族正制出现过程新考 / 062

第三节　乾隆朝的闽台族正制 / 085

第四节　清代族正制度考论 / 104

第五节　近代闽台族正制考述 / 116

第三章　多元文类视野下的北方宗族 / 147

第一节　捐纳、乡贤与宗族的兴起及建设
　　　　——以清代山西洪洞苏堡刘氏为例 / 147

第二节 碑刻所见明清民国陕西宗族制度与风习 / 206

第三节 近世山东莒地宗族探略
——以民国《重修莒志·民社志·氏族》为中心 / 224

第四节 高凌雯《志余随笔》所见天津的族姓与谱牒
——兼论谱牒为方志重要资料来源 / 292

第五节 清乾嘉刑科题本所见北方宗族札记 / 300

第四章 刑科题本反映的乾嘉时期南方宗族 / 309

第一节 共同体与社会：清中叶浙江的宗族生活形态 / 309

第二节 清乾嘉时期广东宗族祭费问题与尝田佃耕纠纷 / 346

第三节 清乾嘉刑科题本所见两湖地区宗族及其纠纷 / 368

第四节 清嘉庆年间江西、安徽的宗族 / 391

附编一 明清时期祠庙祭祖问题辨析 / 400

附编二 试论宋代以降的宗族之学 / 420

附编三 读《毗陵庄氏族谱》报告 / 450

附编四 清代宗族制度 / 463

附编五 清代宗族的自治与国家治理 / 482

附编六 《宗族与乡村控制》导读 / 492

后　记 / 511

第一章 清朝宗族政策

清代的宗族政策主要形成于康雍乾时期治理宗族的实践，嘉道以后有所调整。

第一节 论清朝推行孝治的宗族制政策

宗族是指源于一个祖先、按照父系血缘积聚而成的同姓成员，宗族的发展，形成了自己的体系，有一套共同遵守的规程，这就是宗族制度。宋明以来的宗族制度包括祠堂、族长、族谱、族田等内容，其核心是祠堂族长的族权。对于家长的孝，必然引申为对祖先的崇拜，"尊祖故敬宗，敬宗故收族"，宗族的凝聚，是对祖先尽孝的体现。清代宗族制度研究的成果颇多，而把它放在中国传统社会伦理政治下考察，将之看作是这个政治的核心——以孝治天下的产物，还没有引起学者们充分的注意。

在清代，奉以孝治天下为既定国策，形成一套严密的规则加强教化，对"上谕十六条"解释的《圣谕广训》是清朝以孝治天下的政治思想纲领，其宗旨要人民移孝作忠，充当顺民。[①]推行孝治离不开宗族制度，《圣谕广训》要求人民"笃宗族以昭雍睦"，指出笃宗族与讲孝弟的关系是："宗族由人伦而推，雍睦未昭，即孝弟有所不尽。"换言之，只有敦孝弟，才能笃宗族。还把贫富、贵贱等矛盾的原因，归结成忘为宗族，告诫人民都是祖宗的子孙，不要视为途人，企图用血缘关系调和阶级、社会的矛盾。宗族制度的发展是孝治的必然产物。"上谕十六条"把"笃宗族"作为第二条，紧放在"敦孝弟"之后，表明清朝对宗族制度的重视。《圣谕广训》指出，人民"笃宗族"的具体措施为"立家庙以荐烝尝，设家塾以课子弟，置义田以赡贫乏，修族谱以联疏远"。利用宗族制度推行孝治，是清朝以孝治天下总政策中的重要组成部分。笔者就清朝推行孝治的宗族制度政策，进行较为系统而全面地论述。

一、祠堂族长及宗规族约的法律权力

清代江西、安徽、湖南、福建、广东、江苏、浙江、四川等省多聚族而居地区，强宗大姓皆有祠堂，祠堂又称宗祠、家庙、公堂。祠堂里供奉祖先的牌位，是祭祀祖先的场所。祭祖为尽孝道，使族众团结在冥冥中的祖先之下，祭祀以昭穆世次为序，是一次尊卑等级关系的演习。祠堂又是处理宗族事务的地方，由各种人员组成，是一个组织。典型的祠堂，如江苏宜兴任氏大宗祠，"立宗子以主祼献，宗长以定名分，宗正以秉权衡，宗相以揆礼义，宗直以资风议，宗史以掌簿版，宗课以管钱名，宗干以充干办"。[②]还有一些

[①] 常建华：《论〈圣谕广训〉与清代孝治》，《南开史学》1988年第1期。
[②] 民国《宜兴篠里任氏家谱》卷二《大宗祠述》。

职员及守祠人等杂役，分掌族内事务，组织严密，类似国家机构，可以看作"宗族的朝廷"。一般的祠堂由族长负责，族众繁衍，下设房长（或支长、分长）分别管理族众，遇大事由他们在祠堂举行联席会议处理。

祠堂订有祠规约束族众。宗族必有充满儒家伦理纲常的规、约、训、范，一般来说，训范之类的规定，多从抽象的伦理方面要求族众，起教导作用，而规约等则是要求族人的具体行为，法规、祠规多是此类，体现祠堂一定的司法权力。但二者并非截然分开，可以统称为族规家训。族规家训的第一条往往是讲孝。族规家训要求族人移孝作忠，一方面，做官的族人平时工作要极尽职守，不贪污，不结朋党，不苟和他议，公而忘私，到了国家发生特殊事情时，为君视死如归；另一方面，对大多数平民族人来讲，忠君为国，主要是按照《圣谕广训》遵守法令，早完国课。这种培养顺民的规定，作为基本思想，要求族人安分守己，所谓"安常处顺，乐天知命，受用此八字，自不为富贵人所动，万钟千驷，只似浮云一般"。[1]维护传统社会的秩序。

因此，清朝提倡修建祠堂。"国有宗庙，家有宗祠"，清朝统治者重视宗庙，祭祀祖先的次数远较唐、宋等朝为多。清朝规定品官于居室之东建家庙，一品至三品官，庙五间，中三间为堂，阶五级；四品至七品官庙三间，中为堂，阶三级；八、九品官庙三间，无堂，阶一级，（在籍进士、举人视七品，恩、拔、岁、副贡生视八品）奉高曾祖祢四世，每年四季择日祭祀。[2]官员们身体力行，

---

[1] 民国《毗陵庄氏族谱》卷一一一。
[2] 《清文献通考·宗庙考》卷一〇七。

纷纷修建家庙，以为民先。清朝直接支持、保护民间修建祠堂。如江苏无锡县郑氏祠庙，在太平天国时期毁于战争，后该族捐资建造，因原先祠在庙内，当时还未修庙，恐怕附近居民阻挠工作，请求县里支持，该知县于同治十二年（1873）出告示："倘有阻挠情事，许该族族职等指名禀县，听候提究。"[1]祠堂建成后，须有祠规，清朝批准祠规的法律效力，承认祠堂对族众的管理与统治。如安徽合肥县杨氏，于乾隆十九年（1754）建好祠堂，旋修族谱，立有条规，并置祭产，然而客观形势是，"相传而下，习俗移人"，发生不孝不弟，无视谱列规条，以少凌长，以卑犯尊之事，不能合宗睦族。于是该族生员数人赴县求援，该知县于嘉庆十五年（1810）批复："嗣后务遵祠规，父训其子，兄戒其弟，如敢不遵，许该族户祠长等指名禀县，以凭究治，决不宽贷。"随后该族将知县条示祠规刻石勒碑，"自是长幼尊卑秩焉，有条而不紊，亲疏远近，坦然无忌，以相亲起规族众，不皆遵道遵路，彬彬有礼，而为一乡之望族"。[2]宗族的这种秩序，实在是政府通过倡修祠堂，批准祠规，对祠堂审判权的承认造成的。杨氏祠规有祠长对匪类、不安分者率众牵祠内责罚的规定，但语焉不详。江苏庄氏祠堂乾隆时所定宗约，对于祠堂审判权叙述较细，该约：

> 族人相争，大干法纪，自难解免，倘属田土口争，一切家庭细故，族人可为调处者，不得速行兴讼，先以情词具禀宗祠，听族长、分长暨族之秉公持正者传集两造，在祖宗神位前

---

[1] 《荥阳郑氏续修大统宗谱》卷八《告示》。
[2] 《弘农杨氏宗谱》卷首《杨氏宗谱碑序》《宗谱碑记》。

论曲直、剖是非,其理屈与不肖者,当即随事惩罚,甚则绳以祖宗家法,令其改过自新。若再顽梗不灵,轻则鸣鼓共攻,解官求治,重则祠中斥革,谱内削名,断勿徇纵。①

祠堂的审判权是由在祖宗牌位前论是非的审理权和依据家法的判决权(包括将族人送官惩治)组成。家法,常常是体罚族人,如鞭杖、罚跪、关押、捆绑示众等;或是经济制裁,如罚款入公、设酒服罪、演戏敬祖、办理公务等,或是上述惩罚之后开除宗籍。祠堂族长在清朝支持下,通过上述审判权,实现对族人的统治。

清朝政府对祠堂族长族权的支持,还表现在族长依据族规惩处族人的法律政策上。祠堂族长对族众的惩罚,甚至可以处死族人。清人魏禧认为,对于不肖者,"举族鸣其罪,纳诸竹笼,沉诸海而不为过"。②镇江赵氏宗族"有干犯名教伦理者,缚而沉之江中以呈官"。③对祠堂族长依据家法处死族人,清政府曾公开给予法律上的支持。雍正五年(1727),江西永新县发生朱伦三同侄致死其弟案件,雍正帝认为:

从来凶悍之人偷窃奸宄,怙恶不悛,以致伯叔兄弟重受其累,本人所犯之罪,在国法未致于死,而其尊长族人剪除凶恶,训诫子弟,治以家法,至于身死,亦是惩恶防患之道,情非得已,不当拟以抵偿……嗣后凡遇凶恶之人,经官惩治,怙

---

① 民国《毗陵庄氏族谱》卷一一。
② 《余姚孝义劳氏宗谱》卷一《旧谱条约并序》。
③ 〔清〕刘献庭:《广阳杂记》卷四。

恶不悛，为合族所共恶者，准族人鸣之于官，或将伊流徙远方，以除宗族之害，或以家法处治，至于身死，免其抵罪。

于是九卿详议，定出凶人为尊长族人致死免拟抵偿之例。国家承认祠堂族人运用私法惩治族人以致处死的权力，尽管又对族权略加限制，规定"族人之诬捏殴毙者，将为首之人，仍照本律科断"。①但在执行中，仍带来了族权的膨胀。如在江西一些地区，"私立禁约、规条、碑记，贫人有犯，并不鸣官，或裹以竹篓、沉置水中，或开掘土坑、活埋致死，逼勒亲属，写立服状，不许声张"，草菅人命，危及地方秩序，到乾隆元年（1736），终于下令禁止，②并于翌年"定停族人致死族匪免抵之例"，将"旧例"删除。③对于处死族众的问题，以后还有讨论。乾隆二十四年（1759），西安按察使杨缵绪鉴于宗族首领及尊长不能有效地统治族人，建议恢复雍止五年旧例，弘历命刑部讨论，刑部以生杀大权不能操之族尊之手，以防借口滥杀，给予否定。④弘历对宗族审判权的限制，是要族法服从于国法，宗族不能随意处死族众，但对于族法是承认的。乾隆五年（1740），他要求各省督抚稽察游民，"凡有此等无所事事，不守本业之人，其父兄族党者，令父兄族党严加管束，单丁独户，令乡保多方化导……不遵约束者，量行惩治"。⑤"量行惩治"并没有严格标准，等于承认族权对族人实行除死之外的一切惩治权力。总之，

---

① 〔清〕王先谦：《东华录》雍正朝，卷十，五年五月乙丑。
② 《清高宗圣训》卷一九三，"严法纪"，五月丙午。
③ 《清文献通考》卷一九八《刑四》。
④ 《上谕条例》乾隆二十四年。
⑤ 《清高宗圣训》卷七四《爱民》，闰六月庚子。

对宗族依据族规惩处族人的政策表明，清朝承认并支持祠堂族长的法律权力。

清朝的祠堂正是在政权支持族权的政策下发展起来的。民间修建祠堂是从明代中后期才开始普及的，到了清代，"本朝以孝治天下，凡士农工贾，类不俾之各建宗祠，以祀其祖先"，①长江流域以南地区最为普遍，清代中后期修建尤盛。

二、倡设族田及对族田的保护

宗族一般都有一定数量的公有财产族田，它是族权的经济基础。族田用来祭祀、赡族和修谱、助学之用，于是有祭田（又叫祠田、祀田、烝尝田）、义田、书田等名目。江南族田以义田为主，所以常用义田指称族田。

族田收入主要用于赡族，起收族的作用。清人说："祠堂者敬宗者也，义田者收族者也。祖宗之神依于主，主则依于祠堂，无祠堂则无以安亡者，子姓之生依于食，食则给于田，无义田则无以保生者，故祠堂与义田并重而不可偏废也。"②族权的"教"同族田的"养"相结合，才能够"收族"。那么，族田是怎样赡族的呢？江苏吴江任氏义田规定：完纳国课之后，留一部分作为积贮，用于修族谱，其余用来赈寡励节、养老尊齿、奖赏劝学、恤病全生、助丧悯死、救急周贫、工食结役等用途。③安徽庐江章氏义田存谷若干，周济族内贫老废疾、孤儿寡妇；余谷粜钱若干，佐助族内婚丧

---

① 《云阳涂氏族谱》卷十二《祠堂碑记》，转自《清史论丛》第四辑，中华书局，1982，第159页。
② 〔清〕贺长龄：《清经世文编》卷六六《先祠记》。
③ 〔清〕任兆麟：《有竹居集》卷一三。

嫁娶、学习之用。①族田收入的发放，也不忘记考核族人的行为，以示劝惩，"凡不在助例，而孝友节义诸行结积，久日彰著者，宜称祖以旌之，给花红令族人观感。或怙恶不悛，显然可摘，则声罪于祠，停助，终其身不复"。②维护宗族伦理纲常的等级秩序。所以魏源说族田的赡族，"察奸罚不肖寓焉，合食亲亲厚族寓焉"。③族田收族于孝治之中。

清朝对宗族经济的政策，首先表现在通过旌表乐善好施来提倡宗族设置族田。雍正时特别提倡"乐善好施，扶危济困"，内容之一为"置敦宗赡族之田"。④乐善好施被纳入清朝的旌表制度，以"捐赀赡族"加以奖励，规定："其捐银至千两以上，或田粟准值银千两以上者，均请旨建坊，遵照钦定'乐善好施'字样，地方官给银三十两，听本家自行建坊；所捐不及千两者，请旨交地方官给匾旌赏，仍给予'乐善好施'字样；如有应行旌表而情愿议叙者，由吏部给予顶戴，礼部毋庸题请。"⑤雍正朝张琪、范瑶等捐立公产，周恤族人，皆交部从优议叙，以风示天下。⑥清代中期旌表庐江章氏捐田三千亩赡族。清代"以田、义产敬宗收族上闻者，岁不下十百家"。⑦

其次，清朝为宗族设置族田立册存案、载入志书、给予执帖、勒石保护。雍正十年（1732），内阁学士兼礼部侍郎张照奏称："以

---

① 《清经世文编》卷五八《庐江章氏义田记》。
② 转自张研《清代族田的"米历子"》，《清史研究通讯》1983年第4期，第17页。
③ 〔清〕贺长龄：《清经世文编》卷五八《庐江章氏义田记》。
④ 《清世宗圣训》卷八《圣治》。
⑤ 光绪《大清会典事例》卷四〇三《礼部·风教·旌表乐善好施》。
⑥ 蒋炳：《笃宗族以厚风俗疏》，《皇清奏议》卷三二。
⑦ 〔清〕陈康棋：《郎潜纪闻二笔》卷六《新城陈氏之义田》。

己田一千亩作为义田，赠给族人，请将义田官为查核，立册存案，载入县志，不得擅卖，违者虽系嫡派子孙，亦以盗卖官田论，经部议覆准行。"并作为"定例"保存下来。①弘历上台伊始，要各州县有倡义田、义仓、义冢等公共事业的人"许具呈本州县，详报上司立案，仍听本人自行经营"。②江苏《吴县志》存有乾隆四十年（1775）江苏布政使发给周姓义庄的执帖。③道光十五年（1835）浙江绍兴府会稽县孙日澄等捐田141亩，以"旌设义田，报官勒石例有明文"，要求知县"立案给示，勒石永禁"。知县报府立案外，要孙姓族人务遵议奏章程，不得妄生觊觎，"倘有种种情弊，许该族长投明地总，指名禀县，以凭照例究办，决不姑宽"。给发孙氏宗祠勒石。④咸丰朝吏部侍郎张祥河在江苏家乡捐置义田，赡养宗族，咸丰帝指示："江苏巡抚饬令地方官立册存案，载入志书，不得私相买卖。"并赏给御书匾额。⑤同治七年，江苏布政使强调："嗣后如有士民呈捐祭义田产，应一律查明，请给司帖，勒石执手，以免参差，而归划一。"⑥

再次，清律禁止盗卖盗买义田祠产。乾隆二十一年（1756），江苏巡抚庄有恭因族人盗买盗卖族田案迭兴，上"请定盗买祀产义田之例，以厚风俗疏"。⑦刑部援引成案，议定盗卖盗买祖宗祀产，"各

---

① 《定例汇编》卷九《户例田宅·盗卖盗买祀产义田》。
② 王先谦：《东华录》乾隆朝，卷一，雍正十三年十月乙酉。
③ 民国《吴县志》卷三一《义庄》。
④ 《会稽孙氏宗谱》卷首《宗祠各产号亩条规》。
⑤ 〔清〕王先谦：《东华录》咸丰朝，卷七七，七年十二月乙卯；卷七八，八年二月辛丑。
⑥ 同治《江苏省例》，江苏书局。
⑦ 《皇清奏议》卷五〇。

至五十亩以上者，悉依投献捏卖祖坟山地原则，问发充军，田产收回，卖价入官，不及前数者，照盗卖官田律治罪；其盗卖历久宗祠者，亦应计间数一体办理；若盗卖义田，自应与祀产量为区别，应仍照内阁学士张照陈奏之例，依盗买官田律治罪"。[①]祀产照祖坟山田、义田照官田判案，可见清朝对祀产和义田的重视程度了。

又次，清朝有祠产例不入官的规定。乾隆时于敏中获罪，在家乡江苏金匮查其资产，对其中"置买义田一千一百余亩，用价八千两，养赡贫族报官有案，此系义举，不宜动"，未作没收。[②]再如嘉庆四年（1799）永保被查出的祠堂、祭田，"俱着偿还"。[③]

最后，清朝为了保证族田的稳定性，给予赋税方面的优待，规定"义田如逢歉收，一概停捐"，"义田应完钱粮，州县官垫捐"。[④]

族田具有稳定地主土地所有制的作用，在清朝提倡设置和保护族田的政策下，"族田扩大速度，清代超过明代，清代后期又超过清代中期以前"，"就全国而论，族田在总耕地中，是一个不小的数字"。[⑤]

三、支持设立宗族家塾

宗族的义庄（义田的管理机构）、宗祠常设有家塾，又称义

---

① 《定例汇编》卷九《户例田宅·盗卖盗买祀产义田》。
② 〔清〕王先谦：《东华录》乾隆朝，卷九二，四十二年七月戊子；参钱泳《履园丛话》卷二四。
③ 〔清〕王先谦：《东华录》嘉庆朝，卷八，四年四月癸未。
④ 《度支省例》卷六，转自李文治《论明清时期的宗族制》，《中国社会科学院经济研究所集刊》第四辑，中国社会科学出版社，1983，第295页。
⑤ 李文治：《论明清时期的宗族制》，《中国社会科学院经济研究所集刊》第四辑，中国社会科学出版社，1983，第291—293页。

塾、义学，用族田的收入充当经费，家塾主要接收族中贫寒子弟免费入学，并奖励学有所成的宗族子弟，培养士人，推行孝治，维护伦理纲常。家塾的教学内容以孝为主，从儿童识字起，便教以二十四孝、《孝经》、《圣谕广训》、四书五经等内容，并为家长责惩学生的不孝行为，使学生成为孝子、顺民，培养的人才若能取得功名，为官做宦，光宗耀祖，扩大宗族影响，从而维持宗族制度。

家塾有推行孝治的作用，自然会得到清政府的支持。在旌表乐善好施中，义学作为善举，也被旌表，乾隆四十年（1775），安徽寿州人孙士谦捐钱五千余串，置买义田，增设义学，得到旌表。[①]清政权还极力维护家塾的存在，浙江会稽知县根据该县孙氏宗族"将旧设书屋一所归入宗祠，作为义塾，又捐田亩以充经费，而成善举"，准予立案，要孙氏族人"嗣后务须妥善经理，勿久而废弛，亦不得妄生觊觎，以全善举"，于咸丰九年（1859）给发孙氏宗祠勒石。[②]实际上，家塾的经济来源是族田，清朝维护族田的存在，就等于维护家塾的存在。

四、倡修族谱

宗族要加强凝聚力，需用族谱来收族。清人说："宗者总也，族者聚也，宗族而有谱，正以总聚其原本也。虽宗有大小，属有亲疏，时有远近，屋有迁徙，总之一体所分，使无谱以聚之，凡同陌路矣。"[③]族谱聚于一的特点，可以产生向心力，以联络族人，它

---

① 光绪《大清会典事例》卷四〇三《礼部·风教·旌表乐善好施》。
② 同治《会稽孙氏宗谱》卷首《宗祠各产号亩条规》。
③ 《彭氏宗谱·增城族谱序》。

必然"上溯祖宗,尊尊也。下逮子孙,亲亲也。尊尊孝也,亲亲仁也。达之天下,莫重于家乘也"。①族谱有仁孝的作用。有的族谱认为修谱有五义:报国恩、述祖德、敬宗收族、训子孙、有无相通,"使子孙能推孝弟之心,以睦姻任恤也"。②族谱是孝治的工具。族谱常把"上谕十六条"载于篇首,作为族人的指导,族谱有宗规家训这些宗族的成文法管束族人,维护族权。

"谱牒乃一姓仁孝之书",③清朝极力倡修族谱。清朝皇室从顺治十八年(1661)始修皇帝的家谱《宗室玉牒》,定制每十年续修一次。乾隆九年(1744)修《八旗满洲氏族通谱》。清政权号召民间修谱,康熙中,湖南宜章知县蒋宗芝鉴于当地人视修谱为"不急之务",加以劝说,该地大姓立即响应,"于是族谱之作始盛"。④清朝官员们纷纷修谱,并积极为他人族谱作序,加以倡导,如《毗陵庄氏族谱》的序文,有大学士工熙、协办大学士浙江巡抚庄有恭、礼部左侍郎刘跃、大学士军机大臣潘世恩等人的序。序文也是号召修谱之类的内容。清人修谱周期不尽一致,但一般是三十年一修,如此惯例除了传统的三十年为一代的说法外,是在清政府倡导下,民间竞相修谱造成的。道光八年湖南湘乡匡氏族谱记载:"今圣天子孝治日隆……仍令海内得姓受氏者三十年一修谱牒。"⑤光绪十年(1884)四川周氏宗谱说:"国家定制,志书三十年一修,族谱亦然。"⑥日人多贺秋五郎

---

① 《虞东俞氏宗谱》卷三《四修谱序》。
② 《周氏家乘》卷上《周氏家乘序》。
③ 《毗陵城南张氏家谱·修谱凡例》。
④ 《曹氏族谱》,蒋宗芝序。
⑤ 道光《匡氏续修族谱》卷首。
⑥ 光绪《安居乡周氏宗谱》卷七《跋》。

根据日本现存的宗谱，根据宗谱纂修年代和谱序修纂年代统计，得出结论："清朝修谱的数量是上升的趋势，清代后期比前期盛行。"[1]修谱的普遍化，是清朝推行孝治、支持宗族制度造成的。

五、提倡同居共财的大家庭，加强宗族的血缘凝聚力

同居共财的大家庭，是扩大化家庭，实际上属于家族或宗族，它的存在，是以孝治家、宗族敦睦的象征。《圣谕广训》第二条中，号召人们学习唐代张公艺九世同居，宋代江州陈氏七百口共食，"一家一姓，当念乃祖乃宗，宁厚毋薄，宁亲毋疏，长幼必以序相洽，尊卑必以分相联"，清朝旌表同居共财的大家庭，以此支持宗族制度，风教天下，实现孝治。

首先，旌表累世同居。累世同居即六世以上同居的家庭，实际是宗族共同体，对此旌表一般给银三十两，建立牌坊，常赐御书匾额"世笃仁风""敦睦可风""敦本厚俗"等，有时还赐以御制诗，加赏上用缎匹，以示优异。历代王朝鼓励累世同居，据赵翼从各史《孝义》《孝友》传统计，南史13人，北史12人，唐书38人，五代2人，宋史50人，元史5人，明史26人。[2]在清代，笔者将光绪《大清会典事例》和《清历朝实录》中嘉庆至同治四朝旌表累世同居统计，得47例，始于雍正二年（1724），止于同治十二年（1873），另据《清稗类钞》和《清史稿》记载，又得6例，计53例，略高于前代。

---

① 多贺秋五郎：《宗谱の研究》（资料篇）第一部分《解说—宗谱の年代》，1960。
② 〔清〕赵翼：《陔余丛考》卷三九《累世义居》。

其次，旌表五世同堂，五世同堂实际是家族共同体，比较普遍，清代将其单独旌表。旌表五世同堂和旌表寿民、寿妇是相联系的，规定："寿民寿妇年届百岁五世同堂者，照例建坊外，请旨赏给银十两，缎一匹，未届百岁五世同堂者，令督抚分别年岁，给予缎匹银两。"①清代旌表五世同堂始于乾隆朝。《清历朝实录》从嘉庆到同治四朝的年终汇题中，留下了旌表五世同堂的记录，累计3217家，年平均41家。

六、利用族正制推行孝治

在清政权的支持下，宗族势力发展很快。虽然政府的本意是用宗族实行孝治，加强对地方的控制，强化中央集权的专制主义统治，但宗亲观念的加强必然促进宗族内部的团结，形成地缘政治势力。强宗大族常常包揽词讼与钱粮，干预地方公事，健讼械斗，破坏地方统治秩序。为此，清政府便要对宗族势力加以遏制，使其约束在政府允许的范围内，真正发挥宗族维护社会秩序方面的功能。

清代族正制度正是基于上述情形应运而生的。雍正四年（1726）"严饬行保甲"时，清政府定了"选立族正之例"。乾隆二十二年（1757）为了实行保甲制，乾隆要求督抚就"如何设法编查"等问题具奏，后"议准"族正条例，在全国实行。②从已掌握的资料看，族正的推行地区，主要是宗族势力强大的广东、江西、福建等省，推行的时间，滥觞于雍正朝，盛行于乾隆朝，道光朝仍在继续中。

---

① 光绪《大清会典事例》卷四〇五《礼部·风教·旌表百岁》。
② 《清朝文献通考》卷二三、卷二四《职役》；光绪《大清会典事例》卷一五八《户部·户口·保甲》。

族正是先由宗族内部在原有的族长之外选举出来，再经州县"查验确实"，给予牌照产生的，其地位略高于族长。族正除管理宗族经济，维护地方治安、起到保甲的作用外，主要的职能还表现在具有一定的司法权和宣讲《圣谕广训》推行教化上。关于教化问题，江西的情形是，"选举族正，自纲常名教以至耕桑作息之间，责成诲化"，按照《圣谕广训》推行孝治。族正职责的第一项便是"宣讲圣谕，以兴教化"，规定"每逢祭祀聚集之时，于公祠内合同族长、房长，传集合族子弟，分别尊卑，拱立两旁。将'上谕十六条'句解字释，高声曲喻，并将律例罪名及条教告示，随时讲读，实力劝导，俾尔族姓，务各心领神悟，父慈子孝、兄友弟恭，夫妇和顺，敦族睦俗，以成仁厚之俗"。对于"朝廷之顺民""祖宗之贤嗣"，"加意护持，倍为奖劝"，还要"举报节孝，以励风俗"。①清政府要求族正向族人灌输伦理道德，宣传政府法令，处理好父子、兄弟、夫妻关系，搞好家庭、宗族团结，培养顺民，稳定社会秩序，这是伦理政治的体现。

至于族正所具有的司法权，广东规定，"合族子姓俱听族正副约束，有口事不法听族正副教训，不从禀究。遇有两姓互争田土、钱债、丧葬、婚姻及一切口角微嫌失误，许两姓之族正副公处，处断不明，将两造情事，据实直书，粘连各原词禀官剖断，毋许两姓凶械伤毙人命"。②族正被赋予了"约束""教训"族众，处理族内纠纷并有"禀官"的权力。江西的规定简单明确，"如有乖戾之徒，不知率教者，小则处以家法，重则鸣官究惩"。具体来说，即"轻

---

① 《西江政要》道光三年《民间选立族正动化章程》《牌式》。
② 《广东清代档案录》之《户投·田宅·山坟》。

则会同族房长,将本人传至祠堂,令其长跪神位之前,剖别是非,直言指饬,如果认祸悔罪,许其具结自新,如怙恶不悛、暴戾不遵及所犯情罪重大,即报官惩究"。① 所谓"家法",据陈宏谋回忆说:"于江西酌定祠规,列示祠中。"② 清政权给予族正对族人的审判权,较前述官府批准祠规更为直接。

清代的族正制并未全面彻底推行,但其政治实践本身,就已是传统社会晚期历史中重要的一幕了。

清朝推行孝治的一整套宗族制政策,并非事出无因,它是宋明以来宗法统治强化的继续。宋以前的宗族制,经过唐末农民战争的打击和五代十国的战乱,遭到破坏。宋以后,官僚士大夫利用宗法制思想,结合新形势,建立新的宗族制度。理学家张载、程颐提出恢复宗子法治世的主张,宋代在"大宗法不可复立"的情况下,采取了易行的小宗之法,到朱熹时趋于完备,他规定祭祖止于高祖以下四代、建立祠堂,并设置部分祭田,为以后祠堂的发展设计了方案。在宋代,范仲淹于苏州设置良田,建立义庄,发展起义田制度。与此同时,欧阳修、苏洵提出了编写族谱的方法和体例,成为宋朝以降修谱的圭臬。宋代逐渐出现的祠堂,到了明代嘉靖十五年(1536),在政府的允许下,由官员普及到百姓,得到很大发展,祠堂族长的族权逐渐形成,并同政权开始结合,③ 宋明以来形成了由官僚地主及绅士掌握的以祠堂族长为核心的宗族制度。清政权作为少数民族的代表,要统治广土众民、文化深厚的中国,非用"汉

---

① 《西江政要》道光三年《民间选立族正动化章程》《牌式》。
② 〔清〕贺长龄:《清经世文编》卷五八《寄杨朴园景素书》。
③ 参阅左云鹏《祠堂族长族权的形成及其作用试说》宋明部分,载《历史研究》1964年第5—6期。

法"不可，清政权恰恰做到了这一点。

历史发展特殊、较早进入封建社会而又氏族制残余浓厚、汉化很深且对儒学推崇备至的满洲贵族统治者，同宋明以来强化宗法伦理政治的中国社会相结合，产生了颇具鲜明特色的以孝治天下的宗族制政策。

清朝的孝治宗族制政策带来宗亲血缘关系的加强，宗族的发展，是维护自然经济强有力的纽带，血缘社会组织同自然经济的结合，造成中国社会结构的坚固性。传统社会晚期，家庭关系趋向松弛，分居是普遍现象，不过"兄弟析烟，亦不远徙，祖宗庐墓永以为依，一村之中，同姓者至数十家或百家，往往以姓名其村巷"。① 于是清朝用宗族制度来维持社会。宗族组织成为清朝管理个体家庭的中间环节，代国家治理族人，配合家长稳固家庭。男耕女织的自然经济家庭被宗族稳定，自然经济同宗族顽强地结合在一起，形成特有的社会结构，这个结构中的人民，是封闭型的顺民，中国传统社会专制主义中央集权的上层建筑正是以此为基础的。清代的孝治宗族制政策巩固了清朝的统治，制约了中国社会的发展，成为中国传统社会晚期的一种特色。

第二节　乡约·保甲·族正与清代乡村治理
——以凌燽《西江视臬纪事》为中心

凌燽，字约铭，号剑山，安徽定远人，雍正十一年至乾隆八年

---

① 崇祯《吴县志》卷一〇《风俗》，引明代王鏊《震泽编》语。

（1733—1743）春，任江西按察使长达十年之久。任内所草拟的部分文件，辑录为《西江视臬纪事》一书（中国科学院图书馆藏，清乾隆八年剑山书屋刻本）。中国社会科学院历史研究所清史研究室编《清史资料》第3辑（中华书局，1982）载有赫治清先生选录的16篇资料。《续修四库全书》将原书全本影印。

《西江视臬纪事》5卷，分类编排。卷一条奏，卷二详议，卷三文檄，卷四条教，并有续补1卷。自序说："条奏非经通行者概不入，详议、文檄之循行故事、期会簿书、条驳事件者，条教非关民俗之切急者，亦不入。"所以该书收录的是有关"民俗"且应当是实行过的政令，其主要内容为关于社会方面的。按照陈守创序言所说，该书："上自官府，下讫委巷，巨而命盗兵防，细而婚姻田土，以及丧葬祠祀之规，市肆牙侩之害，凡关风教恳切详挚。"这些有关"风教"的内容，特别有助于认识国家与社会的关系。

《西江视臬纪事》具有丰富而珍贵的社会史资料价值，特别是其中不乏清朝官府推行乡约、保甲、族正治理乡村的内容，我已经在宗族设立族正问题中有所涉及。[①]兹从乡村治理的角度就江西族正、保甲、乡约三者的关系进一步深入探讨，以加深对于清代乡村基层社会组织的认识。

一、约保：乡约与保甲的并行与融合

雍正、乾隆之际，江西已经推行保甲制度。凌燽说他上任按察

---

① 常建华：《试论乾隆朝治理宗族的政策与实践》，《学术界》1990年第2期。

使三年来："本属司屡饬各属勤严保甲，以稽积匪。"①《西江视臬纪事》卷一有《请清词讼行保甲议》，内容是凌燽讨论刑部侍郎条奏"清词讼以杜命案行保甲以靖盗源"的看法，文中说："江省承办盗案，例皆饬究保邻"，"今侍郎钟奏请力行保甲，实足戢止盗源，应令地方官遇有盗案事发，必查究窝聚处所之地方保甲、牌长，分别惩责，仍将发落缘由附疏声明"。②也证明江西省已经推行保甲，用其弭盗。

江西还推行了乡约。《西江视臬纪事》卷二有一篇《设牌劝缴罗经详》，针对当时流行秘密宗教，将奉宪查禁邪教缘由与有关师巫邪术的律例等简明告示，"贴于高脚木牌，每里给牌一面，令保甲肩牌沿门传谕，令有收存大成等教经卷者，概行呈缴，取具悔过甘结，悉照自首免罪"。③地方官要求保甲宣传查禁秘密宗教的经卷。该文件还有将在通衢大乡设立的斋堂"改作讲约公所"之语，可见通过禁教同时推行讲约。禁止游神，也说"约保人等不行劝谕及藉端滋扰一律科罪"，④这"约保"理解为乡约保甲当不会错误。《设牌劝缴罗经详》也谈到保甲与乡约并行的问题：

> 至外来异言异服之人，所在多有。设立保甲，本以稽查匪类，相应一并责令保甲严查。凡庵堂、寺院、歇店等处，如有

---

① 〔清〕凌燽：《西江视臬纪事》卷二《请开鼓铸勤稽缉并邻邑协缉族保约束条议》，续修四库全书本，上海古籍出版社，2002，第882册，第52页下。
② 〔清〕凌燽：《西江视臬纪事》，续修四库全书本，第882册，第33页。
③ 〔清〕凌燽：《西江视臬纪事》卷二，续修四库全书本，第882册，第40页下—第41页上；《清史资料》第3辑，第198页。
④ 〔清〕凌燽：《西江视臬纪事》卷三《饬禁抬神檄》，续修四库全书本，第882册，第98页下。

容留来历不明之人，保甲一并惩处。至星象艺卜，律所不禁，苟非行踪诡秘，不得概事混拿，则奸宄可惩，而地方不扰矣。至本地居民作何化导改邪归正之处，查各乡设立约长，值日宣讲《圣谕广训》，原以化导愚顽无知，各县视为具文，其实心奉行者究为无几。应饬各州县遵照雍正八年奉行条议实力遵行，勤于宣布，庶几渐仁摩义，不难易俗移风矣。①

可知当时江西的保甲与乡约职责有内外之别，保甲主要稽查社区外来人口，乡约主要化导社区内部居民，不过，应当说这是从对付传教来划分的，保甲的职能不止如此，下面的资料会证明保甲的其他职责。保甲已经推行，乡约自雍正八年开始推行，内容是设立约长，值日宣讲《圣谕广训》，但是成效不大。类似的议论别处也有，如在《饬行刊布五刑图通檄》中指出："朔望讲读上谕，所以牖民范俗也，每每视为故事。"②

该书还有具体推行保甲的事例。南昌府早在雍正三年（1725）将棚户编为保甲，棚户五家互结。后来饶州府德兴县又请求将棚民编保。③《议建昌府条陈保甲详》，是对建昌府请填设保甲、族正条议的意见，共计四条。第一条说：

据详建属五邑，每里惟设立乡保一人，另设各项头役，

---

① 〔清〕凌燽：《西江视臬纪事》卷二，续修四库全书本，第882册，第41页；《清史资料》第3辑，第199页。
② 〔清〕凌燽：《西江视臬纪事》卷三，续修四库全书本，第882册，第95页下。
③ 〔清〕凌燽：《西江视臬纪事》卷二《棚民编保及禁缉私盐议详》，续修四库全书本，第882册，第54页下。

杂办诸务。凡分发滚单，理处词讼，无不责之乡保，牌甲无暇顾问。请佥诚实公正之人，充应保正、甲长；其余地方一切细务，查处查复，具令向设之乡保改为乡长承值等语。查十户为甲，设一甲长，十甲为保，设一保正，原以责成约束稽查奸匪。今建郡各属既止乡保一人，并无所谓保正、甲长，则其编立保甲，亦止户给一牌而已，显属有名无实。至所称各项头役，杂办诸差，既非令典，尤为滥设，应行该府严饬各属，编次保甲，务遵定例。每甲每保佥诚实公正之人充应甲长、保正，专司稽查地方逃盗、人命、赌具、私宰、私铸、开窑、窝匪等事。此外，一切不得干预……至该府所称该设乡长审查事件之处，查地方词讼，剖断曲直，贵在长吏，批发乡保，原属地方陋习……但乡长一役，即属耆老，应饬地方官佥择安分醇谨之人照旧设立，专司讲约劝导之事。词讼内果系口角细故，及田债不明细事，发令调处。如有不服处息者，即令乡长唤同原被当堂回缴，地方官立时剖断省释，以免差扰，其余一切，概不得因循陋习，混行批查。如此，则保甲之实效可收，而地方之陋习可除矣。[①]

可知建昌府所属五县之下的里，原来只"设有乡保一人，另设头役，杂办诸役"。乡保负责"分发滚单，理处词讼"，而保甲有名无实，只是"户给一牌而已"，于是要求设立里长、保长。文中"乡长照旧设立"，说明等同于乡保，都属于耆老，职责为"讲约劝导

---

① 〔清〕凌燽：《西江视臬纪事》卷二，续修四库全书本，第882册，第46页下—第47页上；《清史资料》第3辑，第200页。

之事",具有乡约的性质,以区别于保甲。

第二条讲保甲的内容与宣传保甲问题。内容如下:

> 据详保甲牌头,责司稽查,请饬各属将逃盗、私铸、邪党、骗拐、赌具、赌博、窝圈、开窑,凡律应连坐牌邻保甲者,俱开列应问罪名及应行奖赏各款,刊印颁挂,俾甲内之人触目提撕等语。查保甲人等,率属乡民。一切事犯,若不将循隐失察应得罪名,擒拿举首应得奖赏,预行晓告,则劝惩之道,茫乎不知,何以责其实力稽查,急公首报?应如该府所议,通行各属,将保甲牌邻例应稽查各项事件,遵照律例逐一开载,循隐失察应得何罪,擒拿举首赢得何赏,何者应坐邻佑,何者并及保甲,条分缕析,刊刷小示,颁给保正、甲长,于门首张挂。俾一甲居民咸知警惕,而保甲牌邻晓然,于责守所在,亦将实心承办,自不敢复仍隐蔽之习矣。①

该条主要是关于通过宣示劝惩办法,提高保甲长的责任心,以收到推行保甲的实效。

第三条有关族正问题,我们放在本节的第二部分专门论述,此处不赘。

第四条的内容是要求知府检查州县推行保甲的情况。

江西的保甲制在各地不尽一致。在赣州府,长宁、定南、雩都等县详陈保甲并团练之法,凌燽《保甲团练议详》反映了当时江西

---

① 〔清〕凌燽:《西江视臬纪事》卷二,续修四库全书本,第882册,第47页;《清史资料》第3辑,第200—201页。

推行保甲与团练的状况以及凌燽等省级官员的看法。关于当时江西推行保甲的情形，文中说："江右所属，已经挨户编查，刊刻门牌，将本户姓名、年岁、丁口、籍贯、生业一一开注，其畸零小户，联入附近甲内。地方印捕各官，每年挨户查点，清保伍之条，严连坐之律，凡有来历不明及面生可疑之辈，固无驻足之地，则保甲之法，各属行之，已有成规。"根据定南县要求保正每月赴县具结一次，雩都县要求保甲长选择有恒产之人，鉴于不免奔走守候之累、彼此推诿放富差贫之扰，建议："应饬保正止于每季递给一次，而保正、甲长止择安分谨慎之人充应，则户无扰累而保正得人矣。"①至于团练之法，江西只有赣南间有行者，因全省概行设立数量太大，董率操演经费没有，按户充点烦扰滋累，加上团练原以本地居民团护本村乡里应听民自便，凌燽不同意赣州府在江西普遍推行团练的建议。并否定雩都县一甲之内每夜派巡夫五人巡查的建议，要求仍按照各村于每夜派二人查巡的进贤县事例执行。

由上可知，雍正、乾隆之际江西普遍实行了保甲制，也推行了乡约，保甲与乡约是治理乡村社会的主要手段，出现了"约保"反映地方组织系统的词汇。一些地方还有负责"分发滚单，理处词讼"的"乡保"。另外，还有地保，如一份告示说："仰按属军民地保人等知悉：嗣后凡前项少年强丐三五成群，手执污秽之物，或在店铺，或在街市强行求乞者，许乡地保甲人等立即禀明地方官严拿。"②可见"地保"是指"乡地保甲"。因此，维护社会治安性质

---

① 〔清〕凌燽：《西江视臬纪事》卷二，续修四库全书本，第882册，第59页下—第60页上；《清史资料》第3辑，第206页。
② 〔清〕凌燽：《西江视臬纪事》卷三《禁强丐流乞》，续修四库全书本，第882册，第113页上。

的保甲，进行教化的乡约，与传统赋役征收和乡村管理体系的乡长互相结合渗透，构成了清代治理乡村社会的体系。

二、族正与族约：控制宗族与宗族的组织化

清代江西乡村普遍聚族而居，如何在宗族推行保甲、乡约，是官府与士大夫遇到的重要问题。前引《议建昌府条陈保甲详》第三条有专门论述，我们引录如下：

> 据详江右风气，大都聚族而居，贤否不一。其间容有别姓，要亦无多，断难令一族自联牌甲，致相循隐，亦不得不责成族众互相觉察。请聚族同居者，照常编甲，择甲内之别姓以充甲长。再于通族中遴选族正，董率族人等语。查江右风俗，聚族而居，所在多有，保正、甲长即系族人，固难保其不无循隐。但别姓既寥寥无几，若令专充甲长，则每年金点，更替无人，势致一二异户长川充役，似非所以均劳逸而便民情也。况保正、甲长虽系族人，既已在官，则职役为重，原不得复循亲属容隐之律，应请仍饬一体编排，轮流充应。如循隐事发，异姓同族一例究拟，不少宽贷，则公私攸别而劳逸可均。至设立族正，久奉定例，诚恐各属有不能实力奉行，未免日久法弛，应请通饬各属，如地方、村庄聚族满百人以上，拣选族中人品刚方，素为阖族敬惮者，立为族正。如有匪类，令其报官究治，倘循情容隐，与保甲一体治罪，务照定例遵行可也。①

---

① 〔清〕凌燽：《西江视臬纪事》卷二，续修四库全书本，第882册，第47页下—第48页上；《清史资料》第3辑，第201页。

所谓定例，即雍正四年（1726）严饬力行保甲，定保正、甲长、牌头赏罚及选立族正之例。①清廷要求在聚族而居地区以族正发挥保甲的作用，族正是保甲制的一部分。建昌府建议以异姓管理大族，虽然意在防止大族势力膨胀，但是因不了解基层社会情况，难以推行，受到凌燽的批评。凌燽要求按照定例实行。

江西推行族正是在全省进行的。江西"多群居族处"，因"地基坟界偶有未清，水道荫塘偶有未溥"，"忘身斗狠"，发生械斗。凌燽主张宜严族保约束之责，以杜聚斗。他说：

> 窃以族正有约束之条，保甲有稽查之责。互殴之家争地争坟、分塘分水以及一切起衅之端，彼此雀角必有其渐，且纠众赴斗事非俄顷，族尊保正理无不知，果能约束于平时，觉察于先事，何难即为解纷。即有强悍不遵，亦可禀官究治，宜无不戢。无如族尊乡保视同秦越，事前则纵恶长凶，全无顾忌；时后则装聋作聩，漠不相关。江省薄俗，所在皆然，良可鄙恨。应请严饬通示：嗣后地方凡有聚众争角，俱责成族尊乡保约束劝谕。如凶徒不遵约束，即刻禀官拿究。倘族尊乡保仍前漫不管束，致成人命者，即将族尊乡保照知人谋害他人不行劝阻又不首告律，杖一百。即不知情亦坐以失察，照不应重杖。仍令各县将责成约束之处，刊刷小示，遍发城乡村落，一体谕知。庶族保知所凛遵，而凶徒不敢横恣矣。②

---

① 《清文献通考》卷二三《职役》。
② 〔清〕凌燽：《西江视臬纪事》卷二《请开鼓铸勤稽缉并邻邑协缉族保约束条议》，续修四库全书本，第882册，第53页。

凌燽所要责成管理地方事务的"族保",即"族尊乡保""族尊保正"的缩略语。这里的"族尊"当包括族正,是说保甲与宗族结合起来治理宗族。否则,"族保"将承担法律责任。文中也出现"乡保"一词,此处可能是指乡约与保甲。袁州府分宜县的事例,责成"族保"跟缉、管束"贼犯",①宗族与保甲一起构成乡村组织体系。

事实上,江西推行族正除了发挥保甲制的作用外,还有另一项重要职责——防止族产成为健讼之资。凌燽《平钱价禁祠本严霸种条议》中的禁祠本,谈到了江西宗族的状况以及推行族正制的情形。该条指出:

> 公祠收积讼本之俗宜禁也。江省聚族而居者皆有祠堂,有祠堂既有公产,每年所收租利,除纳粮祭祀外,余银悉行生放,以为公项。其法未尝不善。但所收租利,自应为合族婚丧赡贫济急之用。乃江省淳朴之俗,亦鲜赒恤之事。而好事者据此为利,微嫌小忿莫不凭恃公资以为讼本,狂上诬下,告讦无休。更或图谋风水,占夺茔林,诡立祖名,择族中之狡黠者冒名混告,一切盘费食用,皆取给于公祠,狡黠之徒借以为利。甚至凭空唆讼,托称打点名色,咨为诓骗,以饱私囊,刁讼之风所由不息也。

针对上述宗族存在的弊端,凌燽接着提出看法以及采取的措施,

---

① 〔清〕凌燽:《西江视臬纪事》卷二《提比邻捕管束贼犯惩治讼师等款议详》,续修四库全书本,第882册,第56页。

他说：

> 夫子孙建祠置产，本以报本崇先，乃反为健讼之资，其弊由公产不为公利，而适以启觊觎者之心。应通行饬示，凡公租所积，概令增置公产。岁收所积，除完粮备祭外，其余择令族正、副经管。凡族中有丧不能葬，贫不能娶，以及一切应恤公事，概以公项量力赒给。族中遇有讼事，概不许指此为用。则公项皆为义举，而风俗返淳矣。①

在凌燽看来，族产的用途应当分别管理，原有的祠堂族长照旧负责缴纳赋税、预备祭祀，其余婚丧救济等公益事业，要求族正经管，禁止将族产用作诉讼。

最能反映凌燽治理宗族思想的主张是设立族约。他在《设立族约议》中指出："前蒙宪台洞察其由，备申条禁，已恺挚详明，凡有知识，咸当凛奉。兹复蒙以小民不公不法，与其惩创于已犯，不若化悔于未然，各祠既有族长、房长，莫若官给牌照，假以事权，专司化导约束，除公祠之恶习，即以收公祠之实效，特札饬议。"②关于宪台的这两次征求意见，是当时江西巡抚陈宏谋进行的，他为了贯彻乾隆帝治理宗族械斗的谕旨，正治理宗族。检陈宏谋《培远堂偶存稿》，"知所谓前蒙宪台洞察其由，备申条禁"，是指陈宏谋

---

① 〔清〕凌燽：《西江视臬纪事》卷二，续修四库全书本，第882册，第65页下—第66页上；《清史资料》第3辑，第208—209页。
② 〔清〕凌燽：《西江视臬纪事》续补，续修四库全书本，第882册，第162页上；《清史资料》第3辑，第216页。

得《禁宗祠恶习示》,①而"兹复蒙"的,则是《谕议每族各设约正》。②凌燽概括了陈宏谋的原文,而陈宏谋《谕议每族各设约正》原文最后一段对属下征求意见的具体要求未加引录,这段话对我们认识凌燽的讨论是有针对性的,笔者补录于下:"故尔等筹思及此,因通省情形不同,利弊不同,其中事宜如何举行方无违碍;如属可行,牌照款条如何胪列,族长、房长如何劝惩;或房长统于族长,或专责族长而不及房长,或就中分别职掌,或公举族中尊长以充约正,该府备查所属情形,悉心妥议禀覆,并将牌照式样拟送。如有不便举行者,亦即分晰备陈,事关化理,切勿含糊。"因此,按察使凌燽参与讨论也是围绕这些问题来谈的。凌燽首先讲他对族长、房长的认识:

> 查族长、房长均为一族之尊,于通族之贤否,所行之顺悖,耳目既真,稽查自易,专以责成,使之化导于平时,约束于临事,实为事简而法周。唯是族长、房长,皆有一定之分,未必尽公正之人,且或生长田野,礼法未娴,或衰惫龙钟,是非不辨,强悍者琐亵滋事,柔懦者猥鄙无能,则又难保其不为滋弊。③

可见凌燽对于族长、房长的道德品质与管理能力表示怀疑,担心假以事权会滋弊。接着进一步提出自己的主张:

---

① 〔清〕陈宏谋:《培远堂偶存稿》卷一三,乾隆七年二月。
② 〔清〕陈宏谋:《培远堂偶存稿》卷一三,乾隆七年六月。
③ 〔清〕凌燽:《西江视臬纪事》续补,续修四库全书本,第882册,第162页上;《清史资料》第3辑,第216页。

本司细加筹划，查定例内开"族满百人以上，保甲不能遍查，拣选族中人品端方，素为阖族敬惮者，立为族正。如有匪类令其报官"等语。今似应仿族正之例，通行各属凡有世家大族丁口繁多者，即令该族于尊长内无论是否族长、房长，择有举贡生监品性素优，实为阖族所敬惮者，公举一人委为族约，无举、贡、生、监，即选人品端方足以服众者一人为之。地方官给以牌照，专为化导约束，使之劝善规过，排难解纷。子弟不法，轻则治以家法，重则禀官究治。至口角争忿，买卖田坟，或有未清事涉两姓者，两造族约即会同公处，不得偏袒。族内如有孝弟节义及赒恤义举，族约即为报官请奖。族约遇有事故，公举另替。如恶薄子弟，因族约公言，欺凌寻衅，借端报复者，报官重处。至地方一切缉拿逃盗、拘犯承应诸事，事系保甲，概不得责成族约，俾优其品，以专其任。如果两年之内，化导有方，约束无事，地方官给匾奖励；五年无犯，详宪请奖；十年之内，能使风俗还淳，浇凌胥化者，详请具题奖叙，以示鼓励。如此则报充之族约，皆为公正之人，伊等自惜身名，自不肯偃仰薄俗，而凛遵法守，亦必无滥行恣罚，以饱贪饕，轻擅戕命，以干宪典之事，庶以族化族，而民风归厚，公祠之恶习可除，而公祠之实效可收矣。[①]

凌燽主张应仿照雍正四年（1726）推行保甲设立族正的定例，另设族约。族约是宗族内部在族长、房长之外另选的，以举、贡、生、

---

① 〔清〕凌燽：《西江视臬纪事》续补，续修四库全书本，第882册，第163页下—第164页上；《清史资料》第3辑，第216—217页。

监中下层士人担任最佳,"地方官给以牌照,专为化导约束,使之劝善规过,排难解纷"。具体权力是:"子弟不法,轻则治以家法,重则禀官究治。""事涉两姓者,两造族约即会同公处。"并定有三年、五年、十年使宗族改善的奖励办法。族约与保甲并行不悖,保甲"缉拿逃盗、拘犯承应诸事",不得责成族约。实际上,族约专为化导,类似乡约,只是不专为宣讲圣谕而已。

对于宗族作用,凌燽一方面依靠,另一方面又防止其势力膨胀。前面多次论述到用宗族管理宗族的情形,还可以举出事例,如要求:"凡打降拳棍,即不伤人亦查明,如系异籍,立即递回,如系本籍,押交族保管束。"①对本地乞丐也"责令族保管束"。②江西宗族势力强盛,祠堂权力很大,有"祠禁"严控族人。凌燽说:

> 江省故家大族以及编民之家,皆设立祠堂,以展岁时之飨。其尊亲崇本者固自不乏,而城乡暴户,辄有不法族恶,遇事生风,偶见族人稍有干犯,不计亲疏,不问轻重,动称祠禁,辄纠多人,群聚醉饱,少不遂意,恣索无休,甚至击鼓聚众,押写服辜,倡言致死。而族中无赖恶少,借势逞威,或捆缚抬溺,或毒殴活埋,以昭孝昭敬之区,为灭性灭伦之地。族党不劝,地邻不阻,群相效尤,群相隐匿。此等恶俗,殊骇见闻。本司莅任以来,屡经惩创,而现在仍报案频闻。

---

① 〔清〕凌燽:《西江视臬纪事》卷三《禁赌博私宰打降少乞示》,续修四库全书本,第882册,第108页上。
② 〔清〕凌燽:《西江视臬纪事》卷三《禁强丐流乞》,续修四库全书本,第882册,第113页上。

于是他采取措施：

> 嗣后如有族人干犯法纪，教诫不悛，轻则量以家法责惩，重则请以官法究处。倘有仍前托名祠禁勒罚滋事者，定即照律科惩，倘敢倡议将人致死者，造意加功定即按照谋故情形，分别坐以斩绞重辟。不行劝首之族党地邻，一体科罪。本司期在力挽颓风，以敦民俗，绝不肯稍微宽假。尔等当思立庙奉先，仁爱所自生，礼仪所从出，卑幼之率教不谨，端由尊长化导不切。若告诫无方，餔餟是议，已属可愧可丑，复因之毒命犯典干刑，试问得罪祖宗贻羞族党，孰有过于此者。而方且侈言族禁，恬不为怪，是尚得为有人心者乎？其各凛慎恪遵，毋贻后悔。特示。①

凌燽承认宗族管理族人的权力，要求对干犯法纪的族人教诫，如不改悔，"轻则量以家法责惩，重则请以官法究处"。但是禁止将人致死。凌燽的看法代表了江西地方官府的意见，是以当时清廷的宗族政策为背景的。雍正五年（1727），江西永新县发生了朱伦三同侄致死其屡次犯窃的弟弟的案件。九卿根据皇帝的旨意，定出恶人为尊长族人致死免抵之例。清政府公开承认宗族私法惩治族人以致处死的权力，使得族权膨胀。乾隆帝上台伊始，便对江西一些地区私立禁约、规条、碑记进行整改。贫人有犯，并不鸣官，或用竹篓沉置水中，或掘土坑活埋致死。还勒逼亲属写立服状，不许声张。要

---

① 〔清〕凌燽：《西江视臬纪事》卷四《禁止藉称祠禁勒罚滋事》，续修四库全书本，第882册，第141—142页。

求该省"严加禁止"。①接着，乾隆二年（1737）刑部贯彻乾隆帝限制族权的精神，将旧例删除。②乾隆六年（1741），乾隆帝强调了地方官责令父兄族党对族人游情习气要严加管束，"不遵约训者，加以惩治"。③承认宗族除处死之外的惩治权力。凌燽说他"莅任以来，屡经惩创"宗族恶俗，又颁布《禁止藉称祠禁勒罚滋事》。反映的应当是雍乾之际清廷宗族政策由完全依靠到限制性依靠的转变，以及江西宗族势力膨胀的现实。

从宗族的角度看治理乡村社会，宗族因被引进保甲、乡约进一步组织化，④而宗族组织化对于清代控制乡村社会来说就是一把双刃剑，既可配合官府控制乡村，也能分割国家的乡村控制权力而形成地方势力。宗族势力与保甲制度结合，形成了"族保"系统。

三、余论

雍正以及乾隆初期，是清朝治理宗族与乡村的重要时期，而凌燽恰好是在这一时期出任江西按察使的。凌燽的乡村治理实践，透露出江西宗族的状况，我们从中可以了解到凌燽的认识，以及清朝国家体制与乡村政策的关系。

宗族政策作为清朝治理乡村政策的一部分，既有共同性又有特殊性。共同性在于清朝治理广大乡村社会主要的手段是保甲与乡

---

① 《清高宗实录》卷一八，乾隆元年五月丙午。
② 《清朝文献通考》卷一九八《刑四》。
③ 《清高宗实录》卷一四五，乾隆六年六月丙辰。
④ 参见常建华《论〈圣谕广训〉与清代孝治》，《南开史学》1988年第1期；《论清朝推行孝治的宗族制政策》，《明清史论集》第二辑，天津古籍出版社，1991，第257—272页。

约，而在宗族实行保甲、乡约，遂产生了族正与族约，这是所谓的特殊性。正是由于在乡村推行保甲、乡约、族正与族约，加上原有的赋役征收组织，导致乡村基层社会组织呈现出这些制度互相交叉融合，形成复杂的乡村社会组织体系，出现了约保、乡保、地保、族保等名称。清廷正是依据这套乡村组织体系，维护社会秩序。

凌燽任江西按察使的十年，大力推行保甲制度以及乡约宣讲，尝试在宗族实行族正与族约，是清廷宗族与乡村政策很好的实践者。从他对宗族与乡村社会治理的认识与实践看，他所代表的是正统士大夫的观念。他认为治理宗族与乡村要靠教化，宗族是治理乡村可以依靠的力量，但是对于族权要有所限制，不能给予太大的权力。保甲是政府有效深入乡村社会的手段，保甲也不能成为摆脱国家的乡村自主力量。

宋以后新的宗族形态在明代中后期迅速普及，其中宗族乡约化是重要原因，[①]清代族正、族约的实践仍是宗族乡约化的继续，反映了明清时期基层社会以及与国家关系的重要变迁。

雍乾之际，江西宗族势力已经很强大，这一现实迫使地方官思考对策。当时清政府尚能积极采取对策控制局面，但如何处理政权与族权、国家与基层社会的关系，还需要继续实践。而凌燽《西江视臬纪事》保留下来的有关资料，则是清朝这一实践的宝贵遗产。

---

① 参见常建华《明代宗族研究》，上海人民出版社，2005。

第三节 试论乾隆朝治理宗族的政策与实践

宗族是中国古代汉族社会的重要社会组织，国家政权同宗族组织的关系，在中国历史上占有重要地位。清代乾隆朝曾有较大规模治理宗族的实践活动，对此进行探讨，不仅有助于我们加深对宗族组织和清政权以及二者关系的认识，而且对了解清代社会也有所裨益。

一、对宗族惩治族人权力的讨论

祠堂族长依据家法处死族人，在清代顺治、康熙时期是违背国家法规的行为，到雍正帝时，则得到了法律公开的承认。雍正五年（1727），江西永新县发生了朱伦三同侄致死其屡次犯窃的弟弟的案件。刑部认为朱伦三应处于流徙的刑罚。雍正帝对此发表了自己的看法，他认为"从来凶悍之人偷窃奸宄、怙恶不悛，以致伯叔兄弟重受其累，本人所犯之罪，在国法未致于死，而其尊长族人剪除凶恶，训诫子弟，治以家法，亦是惩恶防患之道，情非已得，不当拟以抵偿"。将朱伦三的流徙罪宽免。并建议："嗣后凡遇凶恶不法之人，经官惩治，怙恶不悛，为合族所共恶者，准族人鸣之于官，或将伊流徙远方，以除宗族之害，或以家法处治至于身死，免其抵罪。"[①]于是九卿根据皇帝的旨意，定出恶人为尊长族人致死免抵之例。国家承认宗族私法惩治族人以致处死的权力，表明雍正帝要依

---

① 《清世宗实录》卷五七，雍正五年五月乙丑。

靠宗族维护地方社会秩序，把族权作为政权的支持者看待。

清政府对族权处死族人的公开承认，使得族权膨胀。乾隆帝上台伊始，便对宗族问题高度重视，他说江西一些地区私立禁约、规条、碑记，贫人有犯，并不鸣官，或用竹篓沉置水中，或掘土坑活埋致死。还勒逼亲属写立服状，不许声张，种种残恶，骇人听闻。对此他提出："若果系奸宄不法之徒，自当呈送官长，治之应得之罪，岂有乡曲小人，狂逞胸臆，草菅人命之理。"要求该省"严加禁止"。[①]乾隆帝看到族权膨胀的严重性，首先在江西省禁止宗族处死族人，说明了他对雍正五年条例的否定态度。接着，乾隆二年（1737）两广总督鄂达奏称：宗族贤愚不一，如果恃有减等免抵之例，相习成风，族人难免有冤屈者，请求删改。刑部进行了讨论，认为族大人众，贤愚不齐，难免冤抑之处，"况生杀乃朝廷之大权，如有不法，自应明正刑章，不宜假手族人，以开其隙"。[②]于是将旧例删除。这一更改，是贯彻乾隆帝限制族权精神的结果，清政府对于宗族的态度发生了变化。

尽管如此，乾隆帝仍要求宗族发挥管理族人的功能。乾隆五年（1740）他针对游民问题，令各省督抚领导地方官实力稽查，凡无所事事，不守本业之人，"令父兄族党严加管束，单丁独户，令乡保多方化导……不遵约束者，量行惩治"。[③]翌年，乾隆帝再次强调了地方官责令父兄族党对族人游情习气要严加管束，"不遵约训者，加以惩治"。[④]表明乾隆帝承认宗族除处死之外的惩治权力，仍把宗族

---

① 《清高宗实录》卷一八，乾隆元年五月丙午。
② 《清朝文献通考》卷一九八《刑四》。
③ 《清高宗实录》卷一二〇，乾隆三年闰六月庚子。
④ 《清高宗实录》卷一四五，乾隆六年六月丙辰。

看作政权维护地方秩序的助手。

乾隆朝对于宗族是否可以处死族人,并未有此统一认识,以后还有讨论。乾隆十年(1745),福建蒋邦龄致死族人,虽然处死的是"族匪",朝廷对蒋邦龄的处理意见不尽一致,大学士孙嘉淦阐述了自己的看法,认为即便是一家之尊的祖父母、父母殴杀违反教令的子孙,都要受到法律的制裁,何况其他。而且"以朝廷之尊,于凡应死罪人,犹令法司详加核议。于法无可逭,必令三次覆奏,天子用刑如此,奈何任匹夫之好恶,操生杀之大权,横行于一族乎"。因此,旧例必不可存,"族匪之条不须另设,于比拟定罪,则当临时参酌……务使轻重得宜"。[①]乾隆帝饬部议行。

恢复雍正旧例的呼声仍在继续。乾隆二十四年(1759)西安按察使杨缵绪提出,如族人有辱身践行,污玷门风,送官惩治之后,又报复者,伯叔长兄虑及后患,一时忿激将期功弟侄及缌麻服侄致死,可否仍旧例量行减等。杨氏虽建议"仍旧照例",但其所提情况同雍正旧例有所不同,加上了减等的对象必须是致死送官惩治之后,有报复行为的服内族人的前提条件,于是乾隆帝让刑部议奏。该部认为杨氏"是欲惩治凶顽而不知情伪百出,转开擅杀之渐",表示否决,并进一步说明,"如果族中有不法之徒,禀官究处之后,仍不悔改,反肆横逆者,如所犯系屡次偷窃,则除枷杖之外,尚有积匪充军之际,如系强横滋事,则有棍徒挠害发遣之例",不必恢复旧例。乾隆帝同意刑部的意见,但是又指出:"如族中有不法之徒,经族人禀官究处之后,仍不悛改,许族人再行鸣官,该地方官

---

① 〔清〕余金:《熙朝新语》卷九。

审明时情，如系屡次偷窃或横行滋事，按照律例问拟，毋得以先经责惩，稍为姑容，该族人等亦不得藉称公愤捏词陷害。"并令各地方官"通行晓喻"。①这里乾隆帝强调政权要替族权惩治"不法之徒"，反对宗族擅自任意处置族人。

总之，乾隆前期对于是否允许宗族处死"族匪"是有争论的，赞成者看重的是宗族管理族人，可为宗族除害；反对者则强调族法不能超越国法，且宗族往往借族规滥施淫威。他们的讨论反映宗族具有维护社会秩序和破坏社会秩序的二重性。乾隆帝取消了雍正五年以后所赋予宗族的处死族人免抵权，尽管在此问题也有所动摇，但是最终坚持到底，乾隆帝希望的是宗族遵守国家的法律，在政权的支持和监督之下，有限度地管理族人，不可我行我素，无视政权的存在。

二、乾隆初年族正制的推行

族正制制定于雍正四年（1726），当时清政府严饬力行保甲，规定"凡有堡子、村庄聚族满百人以上，保甲不能遍查者，拣选族中人品刚方，素为阖族敬惮之人，立为族正。如有匪类，报官究治，徇情隐匿者与保甲一体治罪"。②雍正帝设立族正的目的，是为了让宗族"报官究治""匪类"，起到保甲的作用。但是乾隆时代推行的族正制，并没有拘泥于雍正时代的旧例上，地方官们以此作基础，结合本地区的实际情况，把族正作为治理宗族的措施加以实践，已超出了仅把族正制作为保甲制的一部分的认识。

---

① 《上谕条例》该年。
② 《清朝文献通考》卷二三《职役三》。

乾隆朝最先推行族正制的是福建省的漳州和泉州两府。这里械斗之风甚盛，雍正中期泉州同安县就发生过大姓李、陈、苏、庄、柯合为"包姓"，小姓合为"齐姓"的械斗大案。械斗往往是族大丁繁者欺压单寒，因此小姓联合对抗大姓，"偶因小故，动辄纠党械斗，酿成大案。及至官司捕治，又曾逃匿抗拒，目无国宪"。[①]乾隆二年（1737），福建地方官郝玉麟等建议重惩为首起意械斗之人和因小事互相格斗者，还提出："泉漳等处，大姓聚族而居，多至数千余丁，非乡保所不能稽察。是以族长之外，设立族正、房长，官给印照，责令约束族丁，嗣后请严行申饬，如有作奸犯科者，除将本人定罪外，其族正、房长，予以连坐。"[②]乾隆帝同意实行。

福建全省推行族正制是在乾隆十三年（1748），这年闽浙总督喀尔吉善请设族正、约正，责成劝导约束福建土豪豢养名为"闽棍"的爪牙和该省的械斗，地方官对其考核。乾隆要求按照所议"实力行之"，[③]福建设立族正是为了防止械斗，主要职责是管理族人，类似保甲。

乾隆六年（1741）二月，广东推广了族正制。该省多聚族而居，各建宗祠置尝租（即祭田），族田的一些收入用于械斗，许多宗族"偶与外姓睚眦小忿，通族扛帮争讼，一切费用取给尝租，甚致按户派丁，雇请打手，酾酒击豕，列械争斗，狡猾者发纵指使，贫困者挺身格斗"，尝租成了组织械斗的经济来源，等到械斗酿成命案，"则尽人抵偿，拨给尝租，养其妻子，以故人心乐于从事"。

---

① 《清世宗圣训》卷二六，雍正十二年十一月壬午。
② 《清高宗实录》卷四九，乾隆二年八月。
③ 《清高宗实录》卷三一三，乾隆十三年四月。

尝租又成为善后所需的费用。即使在本族内,也"分房角胜,嚣陵成习,讼狱滋多",这种情况"通省皆然"。为此,广东按察使潘思榘建议仿照宋代范仲淹义田法,令地方官让每族公举老成公正二人,为族正副,管理尝租,除了祭祀之外,用于救济族中的鳏寡孤独、老弱废疾、不能存活者;婚嫁愆期、丧葬无力者,子弟贫不能读书者。并用尝租"设义学、资膏火,先将岁人租息实数,支用条款,呈明地方官核实,不准侵冒偏枯,如有仍为讼费者,究处族正、副,追出讼费买谷,增贮社仓,以赈乡里"。①乾隆帝批准该省"详酌而行"。广东的族正也是为制止械斗而设,但采取的是让族正保证将祭田收入用于宗族赡养、救济等公益事业的方式,以切断械斗的经济来源。对族田的管理,参考了江南范氏义庄的成规。

江西是乾隆帝初年最注意的省份。雍正时期该省最后一任巡抚为常安,乾隆帝刚上台就以其在江西"诸务废弛",任命俞兆岳接替了他。但俞氏"复徒务小节,而不能整饬大纲",不到一年又被岳浚于乾隆元年(1736)十一月接替。乾隆帝希望岳浚"勉力为之",以副简任之意。②岳浚在江西任职五年,乾隆五年(1740)十月由安徽布政使包括接替了他,代理江西巡抚,不到一年,又回原任。吏部尚书署两江总督杨超曾评价包括:"江西当积弛之后,吏玩民刁,未见整顿之方。"③江西是乾隆初治理不善的省份,乾隆帝寄希望的几任巡抚,都不能使他满意。

接替包括任巡抚的是陈宏谋。他于乾隆六年(1741)九月上

---

① 《清高宗实录》卷一三七。
② 《清高宗实录》卷三二,乾隆元年十一月。
③ 《清高宗实录》卷一四五,乾隆六年六月壬戌。

任，对江西的宗族进行了较大规模的治理。陈宏谋的措施与同年七月的上谕有关，当时乾隆帝针对广东、福建、江西毗连，薰染械斗习风，号称难治的情况，提出械斗乃"有关于人心风俗之要务"，要求三省督抚"时刻留心，化导整顿，务令循理迁善，革其非心，倘有怙过不悛，仍蹈故辙者，即分别轻重，置之于法，不可宽贷"。① 态度非常坚决。乾隆六年十一月陈宏谋颁《谕各属登覆地方事宜》的文件，开列32条，有关宗族的内容是："地方强盛大族几家，果否奉公守法，如恃众不法，统众行凶，不受外制之事，将姓名地址开具禀。"② 接着，乾隆七年（1742）正月他发布了《行查惩治界连闽粤剽悍刁风檄》，贯彻乾隆帝的指示。经过陈宏谋"留心探访"，他认为宗族"族众繁杂，流弊孔多"，第一条流弊即"或恃族人势众以强凌弱，打降生事，凶横无忌"，种种恶习始于宗祠，又颁布了《禁宗祠恶习示》，主张给宗族首领牌照，让其管理宗族。"除公祠之恶习，即以收公祠之实效。"③ 因此他发布《谕议每族各设约正》文件，要属下"悉心妥议禀覆"。④ 为了做好调查研究，办好此事，他于七年七月又以《再询地方事宜谕》征求意见，并根据"各属报齐"的情况。于同年十月发《再饬选举族正族约檄》。当时任江西按察使的凌燽认为，尽管"族长、房长均为一族之尊。于通族之贤否，所行之顺悖，耳目既真，稽查自易，专以责成，使之化导于平时，约束于临事，实为事简而法周"。然而，"唯是族长、房长，皆有一定之分，未必尽公正之人，且或生长田野，礼法未

---

① 《清高宗实录》卷一四六，乾隆六年七月丑。
② 〔清〕陈宏谋：《培远堂偶存稿》卷一三。
③ 〔清〕陈宏谋：《培远堂偶存稿》卷一三，乾隆七年二月。
④ 〔清〕陈宏谋：《培远堂偶存稿》卷一三，乾隆七年六月。

娴，或衰惫龙钟，是非不辨，强悍者琐亵滋事，柔懦者猥鄙无能，则又难保其不为滋弊"。①认为应仿照雍正四年定例，另设族约。陈宏谋最后的决定，据他后来回忆是："酌定祠规，列示祠中，予以化导约束之责，族中有口角争讼之事，传集祠正，秉公分剖，先以家法劝戒。"②另外从道光二年程含章依据陈氏所立条款重新推行族正制来看，③陈宏谋实行的族正制是由宗族内部选举祠正，再由州县"查验确是"，给予牌照。江西的族正制也是为了制止健讼、械斗，但着眼点在于责成祠正管理宗祠，国家颁布祠规作为祠正管理族人的依据，国家承认宗族的审判权，家法具有合法性，政权通过祠正控制宗族，宗族也可凭借政权的支持，强化管理族人的权力，祠正的作用是双重的。

由上可知，在乾隆帝抑制宗族势力，惩治宗族的械斗、健讼的方针指导下，闽、粤、赣等省地方官，为加强对本地宗族的治理，导致了乾隆初年族正制的推广。这是清代族正制创立以来最大规模的实践，三省的族正制各有特点，族正具有的权力，江西最大，广东次之，福建最小。族正制的推行必将给清代的历史和社会带来重大的影响。

三、乾隆中叶对祠堂、祠产、族谱的整顿与抑制

辅德于乾隆二十八年（1763）十一月任江西巡抚，三个月后，便决定对江西宗族的健讼、械斗严加整顿，辅德向乾隆帝请求查禁

---

① 〔清〕凌燽：《西江视臬纪事·设立族约议》，载《清史资料》第3辑。
② 《清经世文编》卷五八《寄杨朴园景素书》。
③ 《西江政要》道光三年《民间选立族正劝化章程》。

宗祠流弊，以清除健讼之源，维护社会秩序。他说江西"县属讼案繁多之故，缘江西民人有合族建祠之习"，"祠堂有费，实为健讼之资，同姓立祠，竟为聚讼之地"。而且"所建府省祠堂，大率皆推年远君王将相一人，共为始祖"。宗谱"亦复如之"，于是通饬各属，将荒远不经之始祖牌位查毁，谱并削正，撤回在外府州县奉附的支祖，废掉宗祠。乾隆帝看到该折十分欣赏，当即朱批："识见甚正当之论，如所议行。"[①]不仅如此，乾隆帝又专门发布上谕，指出辅德所讲情况"恐不独江西一省为然"，下令全国"各督抚等其饬属留心稽察，实力整顿。所辖之地，如藉端建立府省公祠，纠合匪类，健讼扰民，如江西恶俗者，一体严行禁治，以维风纪而正人心，毋得仅以文告奉行故事"。[②]

辅德深受鼓励，立即"实力查办"。他将奉乾隆帝谕旨的缘由，遍行出示晓谕，令在所辖境内逐个宗族饬查木主，吊验族谱。最后汇总，全省有同姓共建者89祠，一族独建者8994祠，设有荒诞不经之木主者170祠，谱载荒远不经之始祖者1016姓。辅德下令"将同姓共建祠内所设木主，概令各自撤毁，所置田产及其祠屋均令自行觅售"，"其荒远不经之木主及图像匾联悉行撤毁，所有谱首、谱序荒诞不经之始祖及字样名目，一概划削，并毁其板，断以始迁该地及其世系分明者为始祖，均令另行扣正送官，钤印发还，遇有争讼，饬以印谱为凭"。[③]乾隆帝看了辅德的汇报后，夸奖他事情办得"好"。

---

① 《宫中档乾隆朝奏折》第21辑，二十九年三月二十八日。
② 《清高宗实录》卷七〇九，乾隆二十九年四月庚子。
③ 《宫中档乾隆奏折》第23辑，二十九年十一月二十七日。

距辅德在江西采取的行动一年半后，广东巡抚王检，也因广东家族的尝租，每滋械斗凶杀之弊。请求散其田产。王检指出，自从潘思榘设族正、族副以来，奉行多年，"但该省聚众械斗之风，全未悛改"。械斗事件中，甚至执持鸟枪、刀箭等军器，而犯案后，所举之族正副，该地方官并未声明究处。原因是地方官习尚玩忽，其族正、族副曾否举报，素不经心，未经举报族正，自然因循痼习，即间或举报，而承充乏人，"又多系狡诈之徒，往往肇端渔利"。因此，他建议祭田在百亩以上的，酌留数十亩供祭祀之需，该族选择一安分守己之人承充族正，管理其事。"嗣后严禁添积，其余所存之田，有近年捐置者，仍归本人收管，如系久远流传，以及递年租利所置，即按其阖族支派，均匀散给。"①王检平息械斗的办法，仍寄希望于族正进行，但更看重的是采取釜底抽薪的办法，将宗族公有土地分散，以根治械斗。

王检的建议本来是符合乾隆严惩宗族械斗旨意的，但是乾隆帝却没有完全推行。乾隆帝的理由大致有两方面：首先，认为王检用意特为惩凶息讼，但欲预防积弊，仓猝地将全省公祠田产纷纷查办，恐怕地方官奉行不善，吏胥等借端滋事，而族户人等贤否不齐，也难免侵渔争扰之弊，"徒多扰累"。其次，他认为建祠置产，以供祭扫赡族之资，若能安分，如范仲淹义田之制，已历数百年，"其遗规何尝不善"，看到了宗族有利国家之处。采取了变通的办法，命令"督抚严饬地方官实力查察，如有此等自恃祠产丰厚，以致纠合族众械斗毙命，及给产顶凶之事，除将本犯按律严惩外，照

---

① 《定例汇编》卷九《户例·田宅》。

该抚所请,将祠内所有之田产查明,分给一族之人,俾凶徒知所警惧,而守分之善良,仍得保有世业,以赡族人,于风俗人心较有俾善益,不动声色,为之以除,著将此通谕各省督抚,饬属一体留心妥办"。① 尽管广东没有采取大规模惩治宗族的行动,但是,将械斗宗族的祠产分散,仍然是十分严重的惩治。

江西、广东对宗族的治理,两次都被乾隆帝向全国推广,构成了清代中叶政府对祠堂、祠产打击和抑制的较为普遍的行为。

清代中叶对于宗族的治理,打击和抑制了宗族势力,对维护社会秩序收到了一定效果。以江西为例,辅德于乾隆三十年(1765)死于任上,继任巡抚的吴绍诗于乾隆三十二年(1767)向皇帝报告:"上年臣衙门放告之期,每次收词数十张,今年止十余张不等,健讼之风似少息,聚众械斗之案,江西每年叠见,今岁并无报案。"② 乾隆三十三年(1768)他又报告:"江西向多械斗健讼之风,年来命案并无持械凶斗者,其教唆讼棍,因法在必戒惩,亦颇知敛迹。"③ 可见辅德打击宗族势力后,江西的痼疾健讼械斗,得到了医治。

清政府治理宗族的实践,也形成了乾隆帝对宗族械斗的基本思想。乾隆三十三年(1768),他针对闽省出生的御史张光宪奏请设立大姓族长一折,阐述了对械斗的看法,他说,向来宗族聚众械斗,大半起于大姓,"惟在地方官实力弹压,有犯必惩,以靖嚣凌之习,政体不过如是"。这是他经验的概括。正因为乾隆帝此时以重惩作为处理宗族械斗的出发点,所以对于设立宗族的首领便不以为

---

① 《定例汇编》卷九《户例·田宅》。
② 《宫中档乾隆朝奏折》第29辑,该年十二月二十六日。
③ 《宫中档乾隆朝奏折》第33辑,该年十二月二十九日。

然，认为"若于各户专立族长名目，无论同宗桀骜子弟，未必遽能受其约束，甚至所立非人，必至藉端把持，倚强锄弱，重为乡曲之累，正所谓救弊转以滋弊耳"。①没有批准张光宪的请求。乾隆帝对任命宗族首领制止械斗的怀疑、否定态度和重惩宗族械斗的指导思想，对处理乾隆后期的族正和械斗问题影响很大。

四、乾隆后期对族正制的看法

乾隆后期，清政府在族正问题上曾有过一次讨论。这一讨论由办理镇压福建省台湾府林爽文起义的善后事宜引起，讨论的问题是如何制止械斗和加强清朝对地方的控制。

林爽文领导的天地会于乾隆五十一年（1786）十一月爆发，到乾隆五十二年（1787）十二月被清朝镇压。乾隆帝认为发生这样大的事件，同福建的械斗有关。在林爽文起义被镇压的前夕，乾隆帝分析这次起义的原因说：台湾的纠众械斗，皆由这里多系漳、泉及广东人在此居住，"里居田土，互相错处，往往纷争构衅，地方官并不实力查办，将就完案，以致奸民所无儆畏，此次林爽文等倡乱不法，劫县戕官，亦即因纠众倡会而起"。②林爽文起义被镇压后，乾隆帝又说："福建械斗之案不一而足，该督抚等并不认真查办，遂使奸民无所儆畏，肆行不逞，酿成巨案，总由械斗积渐所致。"要求借着清军镇压起义"兵威震慑"之时，对械斗"严行查办，净绝根诛"。③而这时正值福建省"械斗之风尤炽"。④因此，治理械斗问题，成为林爽文起义

---

① 《清高宗实录》卷八一二，乾隆三十三年六月庚申。
② 《清高宗实录》卷一二九一，乾隆五十二年十月癸丑。
③ 《清高宗实录》卷一三〇三，乾隆五十三年四月己未。
④ 《清高宗实录》卷一三〇七，乾隆五十三年六月壬子。

的善后措施和对福建地区的整顿而提上议事日程。

当时负责镇压林爽文起义的官员福康安等人议定了台湾善后措施十六条,其中有一条是从严拟定台湾械斗的建议:"其起意纠约及杀人之犯,照光棍例拟斩立决,伤人者,从重问拟发遣,乃遵照前旨,与盗案一体立限两年,俟限满后,人知畏法,再行声请照旧。"大学士、九卿等表示同意,乾隆帝除同意"照新例严办"外,还将两年改为三年。[①]由此可见,福建械斗的严重和乾隆帝严惩械斗的决心之大。

福康安还向乾隆帝报告,福建"文武废弛",建议"大加惩创"。乾隆帝也把台湾林爽文起义看作是几年来福建地方官玩忽职守的结果。林爽文起义前后,任闽浙总督的是富勒浑、雅德二人,乾隆帝说福建"诸事废弛"是这二人"一切未能整顿,咎本难解,只因归罪于富勒浑、雅德二人,不复另加深究"。[②]乾隆帝要求新仕闽浙总督伍拉纳及巡抚徐嗣曾一二年内,力除积习,使政务有新的起色,否则所犯罪行,不仅是从前处理富勒浑秋决时一同绑缚市曹示儆和处理雅德发遣伊犁而已。伍拉纳、徐嗣曾看到乾隆帝的上谕后,大概会不寒而栗的。

新任巡抚徐嗣曾很快提出了自己治理闽务的方案。他把维护地方社会秩序,寄希望于族正制上,他说福建多系聚族而居,各有宗祠,设立族正,凡结会、械斗等,大半由宗族引起,胥役往往同犯案者相勾结,拘拿甚难,而"宗祠族正亦多有读书明理安分畏法者,其族中匪徒犯案,地方官竟有不事签票出差,但开指姓名,

---

① 《清高宗实录》卷一三〇七,乾隆五十三年六月甲亥。
② 《清高宗实录》卷一三二四,乾隆五十四年三月己巳。

传知族正，予以期限，彼即行引缚送到官，不敢藏匿"。现酌定章法，遍行晓谕："凡族中举充族正，如为匪不法，作奸犯约，族正不行阻止举首者，分别治理，如果教约有方，一岁之中，族内全无命盗械斗等案，给匾奖励，三年无犯及能将滋事匪徒查缚送官者，奏给顶戴。"①徐氏以为宗族势力与吏胥相结合，左右地方社会，政府只有依靠宗族才能治理宗族，从而保证地方社会秩序，而且认为族正的成法还是可行的，因此要求扩大族正的权限。

徐氏的建议遭到了乾隆帝的否决，乾隆帝从两方面阐述了自己的主张。首先，从家族方面分析，他说"所举族正，大半多系绅衿土豪，未必尽属奉公守法之人"，他们或包庇族人，或挟嫌妄举，或以衰病者充数，滋弊实多，"况地方官拘拿人犯，反假手于族正，又给以顶戴，岂不开把持官府之渐。行之日久，将来遇有缉凶拿匪之人，必须向族正索取，竟与世袭土司何异"？其次又从地方官方面阐述，指出族正俱系平民，遇有犯法之事，自应责成地方官认真查拿，"若明假以事权，必致倚仗声势，武断乡曲"，②何事不可为？尽管乾隆帝对徐嗣曾的建议持否定态度，但他还是让富有办事经验的阿桂与福建毗连的广东巡抚孙士毅，以及平定台湾曾任闽浙总督的福康安对徐嗣曾的建议提出自己的意见，并交军机大臣覆议。

就在乾隆帝对徐嗣曾建议发表看法的第二天，乾隆帝看到安徽南陵县族长刘魁一将缌麻服族弟刘种活埋毙命的案件，更坚定了否决徐嗣曾意见的决心。他说："可见各处族正，鲜有奉公守法之人。刘魁一不过经管族务，已有此等惨杀之案，设再明降谕旨，责令专

---

① 《清高宗实录》卷一三三五，乾隆五十四年七月庚戌。
② 《清高宗实录》卷一三三五，乾隆五十四年七月庚戌。

办，给以顶戴，其弊益无所底止……徐嗣曾所见俱错，不得以此时业经陈奏，率行办理，致干咎戾也。"①

乾隆帝有此态度，臣工自然不会同意徐嗣曾的建议了。最后军机大臣等议奏徐嗣曾的建议"实不可行"，阿桂、福康安、孙士毅"亦合称无此办法，该抚所奏，应无庸议"。②结束了对徐嗣曾建议的讨论。

整顿福建社会秩序引起了族正制的讨论，在乾隆帝看来，地方社会失控，本来就是由基层官吏失职和宗族势力的膨胀以及二者的勾结所致。因此，宗族中选举地方官批准的族正便靠不住了，若再加大族正的权力，则更容易使其把持乡里。因此，把整顿的希望放在重惩械斗案上，这是他在乾隆中后期的一贯主张，而后期则更加重视惩治。

五、小结

乾隆帝重视宗族问题，在他当政时期，宗族组织发达地区，福建、广东、江西等地健讼、械斗严重，影响了清政府的统治秩序，他希望治理宗族以平息健讼械斗之风，维护正常的社会秩序。

乾隆帝对宗族的政策，总的来看，以抑制为主，也有一定的支持和打击。乾隆改变了雍正时代依靠支持宗族组织为主的政策，停止了其父所定致死族人免抵的法律，同时又承认和予以宗族管理族人的部分司法权，表明了有限度地支持宗族的主张。乾隆帝的族正政策曾有过明显的变化。初年，他支持在闽、粤、赣三省推广雍正时开始实行的族正制，地方官员推行族正制，已不仅仅仿照保甲，

---

① 《清高宗实录》卷一三三五，乾隆五十四年七月辛亥。
② 《清高宗实录》卷一三三八，乾隆五十四年九月丙戌。

他们赋予族正的缉盗、治安等保甲以外的功能，使族正具有管理祠堂、族产，防止健讼、械斗的职能。乾隆中叶，又支持地方官打击宗族势力的措施。此后乾隆帝对进一步推广族正制持否定态度，但乾隆帝并没有停止族正制，如不断编保甲一样，族正制也屡屡重新执行，乾隆帝只想让族正起到保甲的作用，而不愿意将其权限扩大。乾隆帝后期，认为族正制改变不了械斗、健讼问题，因此，采取了重惩械斗案件以制止械斗的政策。

对宗族及族正的看法，清政府内部并不统一，在地方官中，陈宏谋、郝玉麟、喀尔吉善、潘思榘、徐嗣曾等人是依靠宗族支持族正制的代表，辅德、王检等则是惩治宗族、轻视族正制的代表；在是否予以宗族处死族人免抵权的问题上，清朝官员也分为两种表现；乾隆帝在前后期态度不一致，在一些具体问题上观点有所动摇，清政权在宗族问题上这种支持与反对二重性，是由宗族组织具有的二重性决定的。宗族组织管理族人，一方面要求其用儒家的伦理规范约束自己的行为，处理宗族内部的人际关系，奉公守法，具有维护宗族及所在地社会秩序的性质；另一方面，宗族具有血缘的凝聚力，宗族组织要求族人把宗族的利益放在首位，绝对服从祠堂、族长、族法的要求，有与其他宗族及集团发生矛盾，甚至违反国家规定的情形，有时宗族利益还会同政府发生冲突，具有控制和破坏地方社会秩序和违抗政权的性质。这两方面，在不同的时间和地方会有不同的侧重和表现。因此，支持者往往强调第一方面，反对者则常常重视第二方面，使政权执行宗族政策时发生分歧和摇摆。

乾隆时治理宗族，惩治宗族械斗、健讼的实践，对维护社会秩序以及加强政权对地方社会的控制，起到一定的作用，但是并没有解决问题。总的趋势是械斗、健讼在乾隆后期有增无减，除了宗族的特性外还有两个重要原因：首先，乾隆朝人口急剧膨胀，人均土地大幅度下降，民食严重短缺，械斗、健讼的原因，往往是因为争夺土地、山场、水源等所致。同时大量的过剩人口，也"无事生非"，人口急增造成空前的社会问题。制止械斗、健讼，解决不了民食维艰和"失业"，因而械斗、健讼也难以根治。其次，乾隆中叶以后，官场日益腐败，吏治不清，清政权的职能削弱，地方官纳贿成风，对政务不负责任，甚至畏惧和勾结宗族势力，遂使械斗之风转盛。

第二章 族正制度考辨

雍正朝出现的族正制度，在清代不同时期都有着实践，不断推行直到晚清，主要实践于江西、福建、广东等南方地区。

第一节 清代族正问题的若干辨析

《历史研究》1964年第5—6期，刊载了左云鹏先生《祠堂族长族权的形成及其作用试说》（以下简称《试说》）一文，《试说》的第三部分，提出了"祠堂族长的族权"在清代与政权直接结合的观点。这一创见性的看法，一直影响到当今的宗族制度研究。笔者细检史籍后发现，《试说》把"族正"混同于"族长"，[①]将族正统属于"族权"之下，并认为这个"族权"同清政权直接结合且有一个过程的观点，不是很科学。《试说》之所以存在这些问题，关键是未能正确理解族正制度。因此，笔者试就这一问题辨析如下。

---

① 按：清代的个别宗族，也有将族长称为族正的，但不同于政府任命的族正。

一、关于雍正朝实行族正制

《试说》论述雍正朝政权与族权的关系时,引用了道光年间梁章钜《退庵随笔》卷七《政事》的一段记载,据此提出了"这是清王朝利用家族组织以加强其统治的开始"的观点。为了弄清事实真相,我们不妨将梁氏原文引出:

> ……查雍正四年,尝有选立族正之例,特因苗疆村堡聚族满百人以上者,保甲或不能遍查,乃选族中人品端方者,立为族长,以稽查匪类,因地制宜,本非通行之制……

如此说来,雍正时期在苗疆曾有选立族正之举,"族正"即"族长"。然而核查原例,事实并非如此,请看《清文献通考》卷二三《职役》记载:

> 雍正四年严饬力行保甲,定保正、甲长、牌头赏罚及选立族正之例……是岁奉谕旨:弭盗之法,莫良于保甲,乃地方官惮其烦难,视为故套,奉行不实,稽查不严。又有借称村落畸零,难编保甲。至各边省,更借称土苗杂处,不便比照内地者,此甚不然,村庄虽小,即数家亦可编为一甲,熟苗熟壮,即可编入齐民……寻议:已行之法照例饬行,地方各官不实力奉行,处以降调。如村落畸零户不及数者,即就其少数编之。至熟苗熟壮已经向化,令地方官一体编排保甲……如有堡子、村庄聚族满百人以上,保甲不能遍查者,拣选族中人品刚方、

素为阖族敬惮之人，立为族正。如有匪类，报官究治，徇情隐匿者与保甲一体治罪。

由此可知，清政府以不能借口"村落畸零"以及边省"上苗杂处"等因，而要求边省将"熟苗熟壮""一体编排保甲"，小村庄则数家编为一甲。至于族正，是针对"聚族百人以上，保甲不能遍查者"而设立的，与苗疆无干。梁氏将其混淆，说该例因苗疆而设是错误的。《试说》因袭梁氏之说，于是进一步将苗疆具体化为"湖南、贵州间"。地方上推行保甲制的资料也可证明我们的分析是正确的，《肇庆府志》卷二二《事纪》记载，雍正四年（1726）七月申严保甲法时说："上念弭盗之法，莫良于保甲，因议十户立一牌首，十牌立一甲长，十长立一保正，分令稽查。村落畸零户不及数即就其少编之，熟苗熟壮一体编排。粤东近年盗贼屏迹，保甲之法行也。"接着又讲"立族正"问题。谈保甲法分"村落畸零"和"熟苗熟壮"两种情形，然后才说族正问题，且"立族正"单独列出，族正与"苗疆"没有什么关系。另外，原例中是拣选族人"立为族正"，并非如梁氏所说"立为族长"，由于梁氏的误记，遂使《试说》将族正混为"族长"分析，致以讹传讹。[1]

雍正时期，族正制是很受重视的。这时有两部讲地方官如何做官的书，都涉及族正问题。其一是雍正七年（1729）成书的《钦颁州县事宜》，由河东总督田文镜和浙江总督李卫撰拟。雍正赐名刊印，颁给州县官每人一部。该书在《弭盗》部分中指出，地方官防

---

[1] 又，《试说》分析上述规定产生的背景时，疑孙嘉淦所说"旧例"是"这时"制定的，据《清世宗实录》卷五七载，当在雍正五年五月乙丑。

第二章 族正制度考辨

治窝盗，要赏罚严明，稽查勤密，"使保正、甲长、牌头、族正各顾其身家，而不敢始终庇护"。其二是河东总督王士俊于雍正十二年（1734）所刊《吏治学古编》卷下《劝戒》中说："雍正四年立族正，以察族之贤不肖。"这些记载证明，选立族正作为一种制度实行着。因此，雍正朝在聚族而居地区，地方官推行族正制以起到保甲的作用，似应是比较普遍试行的事情。

但是，雍正朝地方上推行族正制的资料目前发现很少。前举广东《肇庆府志》记载了雍正四年（1726）七月"立族正"，这条下接着作了说明："前顺德知县王念臣奏请设立族正，因议州县有巨堡大村，聚族满百人以上保甲不能追查者，宜选族中刚方之人，立为族正，以察族之不肖，徇隐者治罪。"它的内容与清朝雍正四年选立族正之例雷同，这样便有两种可能：一是清廷选立族正之例参考了王念臣的奏请；二是顺德县属广州府，而肇庆府设立族正，可证明广东地方政府根据王念臣奏请，全省推行了族正制。文中的"前"也不知何时，因证据不足，此问题待考。

《试说》认为，雍正四年实行族正制是"清王朝利用家族组织以加强其统治的开始"，也是成问题的。所谓"家族组织"（用"宗族组织"更科学些，姑沿之），一般是指祠堂和族长、房长为核心的血缘群体组织，宋以后，特别是明清时期在聚族而居地区普遍存在，成书于康熙前期的《广东新语》卷一七记载，当时广东"或一乡一姓，或一乡二三姓，自唐宋以来，蝉连而居……其大小宗祖祢皆有祠……岁冬至，举宗行礼，主鬯者必推宗子……其族长以朔望读祖训于祠。养老尊贤，赏善罚恶之典，一出于祠"。各宗族的宗子主祭，族长依祖训在祠堂行使对族人的管理。而族正则是"拣选"族人而立,职责为将"匪类""报官究治",发挥类似保甲的功能,是在聚族而居地区推行保甲制的变通办法,非直接任用原有的族长为族正,不能简单地把选立族正说成是"利用家族组织以加强其统治的开始"。

二、乾嘉道时期的族正问题

《试说》论述了乾隆朝江西、福建地方官"利用族长强化统治的政策",把两个地区的族正都混同于族长。出现这种情况的原因,既是对雍正朝族正错误看法的沿袭,也是对乾隆朝有关族正的文献缺乏深研所致。乾隆七年(1742)江西巡抚陈宏谋鉴于"通省大半,皆有祠堂之户,每祠亦皆有族长、房长,专司一族之事",主张"官给牌照,假以事权,专司化导约束之事"。①并要求在省司道等官员中讨论,当时任江西按察使的凌燽即表示不同意,他说:"族长、房长皆有一定之分,未尽公正之人,且或生长田野,礼法未娴,或衰惫龙钟,是非不辨,强悍者琐亵滋事,柔懦者猥鄙无能,则又难保其不为滋弊。"②建议应仿照雍正四年定例,另设族约。陈宏谋最后的决定,据记载是由宗族内部"选立祠正"(即族正),"令其约束族众,族中小事即令祠正治以家法,如该族中有与他族寻衅构讼者,亦责成该祠正查禁,所有祠费但充祠正正用,永不许取作具讼之资"。③与陈氏的最初主张不同。因此,《试说》讲陈宏谋最初主张的"办法"在任内曾实行过是不准确的,它使人得

---

① 〔清〕陈宏谋:《培远堂偶存稿》卷一四,乾隆七年十月《再饬选举族正族约檄》。
② 〔清〕凌燽:《西江视臬纪事·设立族约议》,载《清史资料》第3辑。
③ 《西江政要》道光三年七月《民间选立族正劝化章程》。

出任用原有宗族族长为族正的错误观点。①乾隆四十年（1775），闽浙总督钟音在福建推广晋江县设立族正副的经验，于泉、漳二府仿照办理，曾颁发《谕议族正副》②的文件，文中将族正、副与原有族、房长清楚地区别开来，并不存在什么"利用族长"的问题。

从目前掌握的资料来看，乾隆年间曾在福建、广东、江西较大规模地推广族正制，其原因是这些省份聚族而居，宗族械斗、健讼严重，为维护地方社会秩序，加强清政权对地方的控制而实行的。③乾隆以后，一些地区仍然程度不同地实行着族正制。如在福建，除泉、漳二府外，嘉庆中薛凝度在任所云霄厅设立族正、族副。④嘉庆、道光时期，延平、建宁、邵武三府实行联甲之法，各县村庄有聚族而后者，议立族正、族副。道光时兴化府仙游县也有族正。⑤

道光朝的宗族问题值得注意。嘉庆末道光初，宗族械斗十分严重，道光二年（1822）刑部奏称："械斗之案，起于闽省漳、泉二属，而粤东惠、潮尤甚，近来江西、湖南、浙江、广西各省，亦间有致毙多命，情近械斗之案。"道光帝认为械斗"最为风俗人心之害"，命令"广东、福建、广西、江西、湖南、浙江各督抚，查明近年械斗情形……详细妥议章程具奏"。⑥道光二年奏疏表明，此时

---

① 请参阅拙作《清代族正制度考论》第一部分，载《社会科学辑刊》1989年第5期。
② 《福建省例》卷四《户口例》。
③ 请参阅拙作《试论乾隆朝治理宗族的政策与实践》第二部分，载《学术界》1990年第2期。
④ 〔清〕陈盛韶：《问俗录》卷五《邵军厅·会茶》；卷三《仙游·竹义·拦路》。
⑤ 《清宣宗实录》卷三二，道光二年闰三月乙未。
⑥ 《清宣宗实录》卷三二，道光二年闰三月乙未。

械斗比起嘉庆朝又增加了湖南、浙江,可见尽管政府不断加强对械斗的治理,而械斗却在不断扩大。有鉴于此,刑部新定两条刑律:一条是针对上述六省纠众互斗之案,分别纠众人数和致毙彼造人命数定出的重惩规定;另一条是根据乾隆三十一年(1766)皇帝就广东巡抚王检的请求,决定除对宗族械斗本犯按律严惩外,将祠田分给族人①的事例入律,并增加了惩办不检举械斗之族长、乡约的内容。②同年刑部等衙门议定出了"惩办械斗章程",被皇帝批准实行。③章程中有一条是"审办械斗案件之地方官宜分别劝惩",为此吏部又详定了"械斗重案地方官议叙议处之例"。④可见重惩械斗,以维护社会秩序是道光初年清政权的为政要务,类似乾隆初年推行族正制的情形。

道光朝族正制的实行,当放在上述背景下才能认识清楚。在前面提到的械斗严重的六省中,留下设立族正资料较多的,目前所知是福建、江西二省。福建设立族正的情况前面已经提到,不再赘述。下面再看江西,前述吏部"械斗重案地方官议叙议处之例"于道光三年(1823)三月十二日编入江西省收到的"定例"之中,而同年九月初六,巡抚程含章便在该省推行族正制,他说江西省"近因习俗渐漓,每有族中讼事,均取给予公费……甚至恃众械斗……以致狱讼日多"。⑤于是仿照乾隆七年(1742)陈宏谋的旧例,推行族正制,以医治这些由来已久的健讼、械斗痼疾。

---

① 光绪《大清会典事例》卷八〇四《刑部·刑律》。
② 《清宣宗实录》卷四一,道光二年九月丙申。
③ 《定例汇编》卷上,道光三年《吏例·功过》。
④ 《西江政要》道光三年七月《民间选立族正劝化章程》。
⑤ 《清宣宗实录》卷一八一,道光十一年十二月戊戌。

但是清政权内部对族正的认识并不一致，还是在江西省，道光十年（1830）十二月御史周作楫针对该省每因"会匪之案"差役"妄拿诬陷"，以至拖累无辜，而该省聚族而居，族长、绅士对族中情况知之最悉，建议"许该姓族长、绅士相送州县审办，若隐匿不报，即将旅长、绅士治以应得之罪"。①道光帝令江西巡抚吴光悦根据江西的实际情况，提出意见。吴光悦认为："该省向立族正……近年缉获赣州匪徒，多有访自绅士及由该户族捆送者，惟举充不得其人，及恐转滋流弊。"吴氏对族正的保留态度，坚定了道光帝任用族长、绅士的决心，于是他指示："该抚通饬各属，切实选举公正族长、绅士，教诲族众，如有为匪不法，即行捆送究惩。"②由此可见，以族正为首的绅士、"户族"，也有"捆送""匪徒"者，道光帝鉴于吏治不清、族正不得其人的实际情况，决定依靠原来的宗族组织和绅士，以稳定社会秩序，于是赋予族长、绅士以"捆送"的权力。对于族长、绅士来说，这既是一种权力，同时也是一种义务。在社会矛盾尖锐的情况下，他们依据政府的这种支持，以加强对族人的管理。

三、道光朝以后的族正制

道光朝以后的族正制怎样呢？《试说》依据《咸丰户部则例》记载指出："因为太平天国革命的兴起，清政府又于道光末咸丰初规定：'凡聚族而居，丁口众多者，准择族中有望者一人立为族正，该族良莠责令察举。'这样，族权就更为普遍地和政权直接结合在

---

① 《清宣宗实录》卷一八四，道光十一年二月甲申。
② 光绪《大清会典事例》卷一五八《户部·户口》。

一起了。从此以后，族长（族正、房长、祠长等）便成为清王朝在各个地区的重要支柱了。"然而史实并非如此，首先《试说》未对《咸丰户部则例》深入考究。事实上，清政府的这条规定于乾隆二十二年（1757）讨论编查保甲时议准。①咸丰初不过是重申乾隆二十二年的条例，并非新规定。而乾隆二十二年的规定，是在雍正四年（1726）旧例基础上推行的，与"旧例"的不同点，主要是将过去堡子、村庄聚众满百人以上设立族正的条件改为"丁口众多"，以及把原来举报"匪类"的职掌变成查举"良莠"，二者并无实质性的区别。所以在执行中，雍正四年规定仍然有效，清朝刑部乾隆四十二年（1777）推行族正制（保甲制）的条例，即与雍正四年的规定一模一样。②由于《试说》把乾隆二十二年条例误认为是咸丰初的规定，所以对这条规定的估价过高，将它作为对近代社会族正制的基本看法，很不准确。《试说》把族正统属于族权的概念下，并认为它同政权的结合是"普遍""直接"的，"统治网"也"正式建立"，同样是不足为据的。

其次，《试说》为说明其观点而列举的晚清宗族事例，并不能证明其观点的成立，试剖析其所引资料如下：《试说》首先列举了合肥地区祠堂族长对族人的罚钱、杖责、绞死的权力，以此来说明这是族权得到政府正式承认后"大为改观"的现象。但事实上，祠堂族长对族人依据族规家法的惩治，很早就有。如明清之际江苏镇江府赵氏宗族有祠堂、族长等，"族人有讼，不鸣之官而鸣之祠……族长判之，行杖者决之，有千名教犯伦理者缚而沉之江中以

---

① 《刑部条例》，转自《皇朝政典类纂》卷三〇《户役·户口丁中》。
② 〔清〕刘献廷：《广阳杂记》卷四。

呈官"。①就清政府来说，一直承认宗族管理族人的权力，但对其处死族人是否承认则有争论，雍正时曾承认这种权力，但到乾隆时便予以否定。②以后清朝从未再规定过宗族处死族人的权力。合肥的事例说明不了晚清宗族的特性和受到政权正式承认其处死族人的权力。《试说》又举出了武昌地区族正、房长协助村正办事的例子。实际上，太平天国运动以后，清政府对地方的控制大大削弱。地方上宗族势力发展，清政府再也没有大规模地任命族正，个别地区存在的族正，多系沿袭旧例，是为了起到保甲的作用而设，并没有多少新意。武昌地区的事例即属于这种情况。《试说》的第三例是苏州范氏宗族，讲的事情是该族自宋以来一直存在的，对说明晚清的情况没有说服力。《试说》的最后一例是永定邵氏《祠规》的规定，要求族人遇有争论，必须先诉之族中，不能理然后鸣之官。这更是宗族固有的、普遍性的规定，如乾隆时江苏常州府庄氏祠堂所定宗约规定，族人相争，倘属土田口争、家庭细故，族人是可以调解的，"不得遂行兴讼"，当"先以情词具禀宗祠"，听族长等判断是非，令理屈者改过自新，"若顽梗不灵"，可以"解官求治"。③可见，邵氏事例同样不能说明晚清族权与政权的关系。

　　需要指出的是，我们否定的是《试说》认为太平天国运动兴起后，族权"普遍地和政权直接结合在一起；以'保甲为经，宗法为纬'的统治网也就正式建立起来了"的观点，但是并不否认近代社会政权与族权的关系发生了变化。只不过变化非《试说》所述的而

---

① 《清文献通考》卷一九八《刑四》。
② 《毗陵庄氏族谱》卷一一。
③ 《长沙涧塘王氏六修族谱》卷首《王氏四修族谱序一》。

已。事实表明，太平天国运动给清政权与宗族的关系带来的变化，主要是由清朝要求绅士在籍组织乡兵、团练对抗太平军。宗族本来具有血缘性和地域性的双重特性，在战乱、动荡的社会里，一定会想方设法保护宗族和地方上的利益。在聚族而居地区办团练，必然产生"族团"，如曾国藩在家乡湖南办团练，曾任湖南盐法长宝道、前任长沙县知县夏廷樾认为："治斯世时之人，欲其出入相友，守望相助，莫善于团，而乡团之法尤莫便于族团。盖族之为团也，或立族正以综理一族，或立房长分理各房，或请官法以列于祠，或拟宗规以著于牒，则为法、为戒、为劝、为惩……但在一族之内者，族正得而约束之，但在一房之内者，房长得而纠察之。"并说这是从前陈宏谋的用意，"即今圣天子所属望编氓之至意"。①在族正制、宗族制的基础上办团练无疑是聚族而居地区十分便捷的事情，族正制、宗族制与团练制合一，族正、族长自然也就成了团练头目，既可发挥保甲和族权的功能，又可利用原来的组织系统增强战斗力。冯桂芬对三者的关系进行了很好的说明："宗法行而保甲、社仓、团练一切之事可行。宗法以人人有所隶为主，是亿万户固已若网在纲，条分缕析。于是保甲为经，宗法为纬，一经一纬，参稽互考。常则社仓易于酿资，变则团练易于合力。"②近代的"族团"正是在族正制和宗族制的基础上建立的。族团拥有武装，增加了宗族的力量，太平天国运动之后，"族团"作为对抗太平军的军事组织已失去意义，但清朝对地方社会的控制已经削弱，因而宗族、绅士

---

① 《皇朝经世文续编》卷五五《礼政·复宗法议》。
② 〔清〕冯桂芬：《校邠庐抗议》卷下《复宗法议》，中州古籍出版社，1998，第168页。

的势力得到发展,"族绅"成为近代控制地方社会举足轻重的力量,清朝也只得坐视其势力的膨胀,而难以扼制。

综上所述,我们可以对把族正制简单地看作是清朝强化"族权"的产物的观点加以澄清了。首先"族权"这个概念由毛泽东提出,系指祠堂族长的权力。族正不是一般意义上的族长,二者不能混同,族正也不能简单地隶属于"族权"之下,更不能说实行族正制就是政权与族权的直接结合。其次,族正主要是为配合保甲制而出现的,而在各朝及各地区的实行并不完全一致,族正介于政权与宗族之间,清政权内部对实行族正制有分歧,清朝推行族正制的过程也是一个不断摸索的过程。因此,族正制具有时间性、地区性、尝试性和媒介性的特点,族正制并不是一味得到清政府的支持,其有一个不断普及以至全面推行的过程,并且也不能认为清代后期族权完全同政权结合在一起了。

第二节　清代宗族"保甲乡约化"的开端
——雍正朝族正制出现过程新考

在国家政权与地方宗族关系史上,清雍正朝是关键时期,国家尝试控制地方宗族。雍正四年(1726)清朝推行保甲制,同时要求在聚族而居的地区设立族正,负责宗族内部的治安。这样政权直接介入宗族事务,政权与族权产生密切关系,此后清代福建、广东、江西等省区,尝试推行族正制,形成了清代宗族史的鲜明特色。但是，雍正朝族正制是怎样产生的，人们并不十分清楚。[①]近来笔者阅读清朝康熙、雍正时期的奏折文献，发现了一些与族正问题相关的推行保甲的资料，其中特别是福建浙江总督觉罗满保的两篇奏折，谈到了通过控制宗族在福建弭盗的问题，雍正帝也就此发表意见，对于我们理解族正制的产生以及雍正朝的宗族政策提供了重要资料。下面结合其他文献，重点剖析这两篇奏折，探讨雍正时期的族正与保甲、乡约的关系问题。

一、宗族与教化

雍正帝对于福建浙江总督觉罗满保的两篇奏折朱批的时间，都是雍正二年（1724）八月初四日。我们先看第一篇朱批奏折：

> 福建浙江总督臣觉罗满保谨奏：为恭缴御批事。（前略）臣于江湖河路弭盗之法现在钦奉谕旨，实力奉行，曾经奏明在案，今复蒙皇上垂训，命臣于贼盗必设法改革，臣蒙睿旨再三告诫，安敢不竭力勉为，并留心探访，擒元恶而革风俗，仰副圣主委任之至意。
>
> 伏查福建地方其所以多贼之故，盖由各处之山势狰狞，水情险激，故所生人民每多顽恶之性。又其族大丁繁，内无钤制约束之人，任其游惰，以致好勇斗狠；而小族百姓互相依附，流为贼盗，由来已久。臣尝再四图维，欲将民间从前旧染刻意

[①] 关于这一问题的讨论，请参见左云鹏《祠堂族长族权的形成及其作用试说》，《历史研究》1964年第5—6期；常建华：《清代族正问题的若干辨析》，《清史研究通讯》1990年第1期。

振刷，以期盗息民安而终未得其要。今幸仰遵务令改革之圣训，使臣愚昧顿开，始知移风易俗之事原为不易，更非可过急也。因思现在已获之盗自当钦遵严加处治，而消弭贼盗之源，全在责成教化，豫革其向恶之心而潜涤其已往之习。

查居民之族大者，每为小姓之观瞻，其大族中每姓必有二三纯谨善良之人，可以压服群辈，今于各大姓人家俱为设立家规族约（朱批：此论甚是），令于每月朔望各率其一族长幼在各宗祠宣讲圣谕之后，即将家规族约反覆劝谕，严加教训，务令顽梗之徒改过自新。如有不循教者，即会族众在各家宗祠以法处治，若再不遵，则送官严究，编入盗贼为拘留教训，不令放去。倘教化不先，仍纵族人为非，有犯则将其族房长一并枷责究处（朱批：岂有此理，是何意见），另选充当，如能约束同族，改恶迁善，族风渐淳，无有败类，俟年终之时地方官秉公考核，详请臣等给匾褒奖（朱批：勉励，使得），赏给花红，以示鼓励。久而久之，必彼此相效，各知约束，在大姓既无为匪之人，则凡属小姓亦无所依附而为不善风俗，从此亦渐可徐致于纯良矣。（后略）①

从这篇奏折可以了解到，雍正初年福建的盗贼问题比较严重，雍正帝要求福建地方官探求弭盗之法，特别强调"于贼盗必设法改革"，即寻求新的办法。福建浙江总督觉罗满保体会解决问题的方

---

① 中国第一历史档案馆编《雍正朝汉文朱批奏折汇编》，第297号，闽浙总督满保奏遵旨弭盗擒贼并缴御批折，雍正二年八月初四日，江苏古籍出版社，1989，第3册，第402—403页。

法是"擒元恶而革风俗"。在满保看来,福建地区盗贼多的原因,除了山峻水险造成居民"每多顽恶之性"外,族大丁繁者无人管理,任其游惰,以致好勇斗狠;小族百姓互相依附,流为贼盗。满保强调:"消弭贼盗之源,全在责成教化,豫革其向恶之心而潜涤其已往之习。"具体办法:一是于各大姓人家俱为设立家规族约;二是选择二三纯谨善良之人,令其每月朔望各率其一族长幼在各宗祠宣讲圣谕之后,即将家规族约反复劝谕,严加教训;三是如有不循教者,即会族众在各家宗祠以法处治,若再不遵,则送官严究,编入盗贼为拘留教训,不令放去;四是倘教化不先,仍纵族人为非,有犯则将其族房长一并枷责究处,另选充当;五是如能约束同族,改恶迁善,族风渐淳,无有败类,俟年终之时,地方官秉公考核,详请地方官给匾褒奖,赏给花红,以示鼓励。满保试图以此法长期推行,改变风俗。雍正帝极力赞赏宗族设立家规族约,认可择人宣讲上谕、教训族人并由地方官考核的做法。雍正帝反对族人为非,将不先行教化的族房长枷责究处。

事实上满保的做法是在当时雍正帝推行宣讲《圣谕广训》基础上提出的。雍正二年(1724)二月初二日,鉴于康熙九年(1670)十月颁布宣讲"圣(上)谕十六条"遵行日久,虑民或怠,雍正帝对十六条详加解释,形成万言《圣谕广训》,刊刻成编,颁行天下,告诫人民。[①]"圣谕十六条"及《圣谕广训》的第二条为"笃宗族以昭雍穆",倡导宗族制度建设。就清代宣讲圣谕的方法而言,依靠的是乡约制度。顺治十六年(1659),严行设立乡约制

---

① 《清世宗实录》卷一六,雍正二年二月丙午。

度，讲解六谕原文。设约正、约副为讲解人员，由乡人公举60岁以上，行履无过、德业素著的生员担任，若无生员，即以素有德望，年龄相当的平民担任，每遇朔望，进行宣讲，并甄别乡人善恶表现，登记簿册，分别奖惩。①康熙九年（1670）颁布"圣谕十六条"，旨在化民成俗，当时"晓谕八旗并直隶各省府州县乡村人等切实遵行"。②如果说这样的规定还只是劝说性的，并不能保证有效实行的话，那么后来又有了对于官员的硬性要求。康熙二十四年（1685）规定：嗣后督抚保举荐举府州县官员，将"第一条实填'无加派火耗'字样，第二条实填'实心奉行上谕十六条，每月吉聚乡村乡约讲解'字样"。此二条添注册内。"如保举不实别经发觉者，照徇情荐举卓异例，督抚各降二级调用，申详之司道府等官各降三级调用"。③将府州县官员的升迁系之于乡约宣讲"上谕十六条"的实行情况，官员考核的制度会有力推动乡约宣讲的实行。又针对各省文职已于月吉宣讲，要求武职官员应阅览书籍，讲明忠孝大义，其中包括宣讲"上谕十六条"。④可以说，康熙朝建立起宣讲"上谕十六条"的基本制度，依靠官员宣讲和推行乡约来保证实施。雍正初年宣讲"上谕十六条"及《圣谕广训》，也是以康熙朝的基本制度为基础的。

除了前面所说雍正二年（1724）二月颁布《圣谕广训》外，雍

---

① 光绪《大清会典事例》卷三九七《礼部·风教·讲约一》；按文中的"六谕"，实为明太祖"圣谕六言"，"孝顺父母，恭敬长上，和睦乡里，教训子孙，各安生理，无作非为"。
② 《清圣祖实录》卷三四，康熙九年十一月己卯。
③ 《清圣祖实录》卷一二二，康熙二十四年十月庚寅。
④ 《清圣祖实录》卷一二六，康熙二十五年闰四月甲子。

正帝还特别提出普法教育,这与"上谕十六条"第八条"讲法律以儆愚顽"相吻合。同年闰四月初五日,雍正帝谕刑部:

> 朕披览奏章其中人命案件,如故杀谋杀者尚少,而以殴伤人者甚多。或因口角相争,或因微物起衅,挥拳操戈,一时殒命,及至抵罪,虽悔何追。此皆由于愚贱乡民不知法律,因一朝之忿,贻身命之忧,言之可为悯恻。古有月吉读法之典,圣祖仁皇帝"上谕十六条"有"讲法律以儆愚顽"一则。盖欲使民知法之不可犯,律之无可宽,畏惧猛醒,迁善而远过也。但法律包举甚广,一时难以遍喻。尔部可将大清律内所载,凡殴杀人命等条,逐条摘出,疏解详明,通行各省。令地方有司刊刻散布于大小乡村处张挂,遍加晓谕,风雨损坏,仍复再颁。俾知斗殴之律,尚然如此,则故杀谋杀,罪更可知。父兄子弟,互相讲论,时存提撕警戒之心,以化其好勇斗狠之习,庶命案可以渐少,以副朕好生慎罚之至意。①

由此看来,宣讲"上谕十六条"与《圣谕广训》的教化活动具有普法教育的性质,雍正初年的教化活动旨在建立安定的社会秩序。

满保的上述奏折是在《圣谕广训》以及普法令颁布后数月内上奏的,实际上是在贯彻雍正帝移风易俗精神与宣讲令的实际行动,只不过因地制宜加上针对福建弭盗具体问题而已。所以满保上述奏折中,择人宣讲圣谕,系之于年终考核,并要求对族人"反覆劝

---

① 《清世宗实录》卷一九,雍正二年闰四月戊寅。

谕，严加教训，务令顽梗之徒改过自新"。这就是宋代发明的乡约制度的构架。①而宣讲圣谕后，讲解宗族自定的家规族约，则是依据乡约精神针对宗族特点实行的。请注意，族规在满保奏折中称作"族约"，正是族规受到乡约影响的证明。②也就是说，满保的建议实质是在宗族内部推行乡约制度。

二、宗族与治安

如果说满保的上一篇奏折探讨了以乡约教化约束宗族的话，而满保的第二篇奏折则是从保甲的角度涉及宗族治安问题。请看该折有关内容：

> 福建浙江总督臣觉罗满保，福建巡抚臣黄国材谨奏：为恭缴御批事。（前略）伏查闽省从前所有山贼，其为首起意之人大约皆系积年惯盗，胆大技熟，招集附近贼伙，只图劫取银米，饱赃而散，而山内乡村每有聚族而居者，其中不肖子弟往往被其哄诱，纷投入伙，其聚集之地每在荒山穷谷、深林密菁之中，或潜迹破坏空庙，或托名种菁种麻，盖蓬住歇以避地方稽查。（中略）
>
> 臣等细思，此种山贼初起，亦不过数人及十数人，其从前所以不至于发觉擒治者，皆由附近乡村房族人等，虽明知伊等为匪，因畏其凶恶，不敢报官，虑及挟仇报复，遂各互相容

---

① 参见常建华《明代宗族研究》第五章开头部分的有关论述，上海人民出版社，2005，第186—191页。
② 按：族规、族约的用语均出现于明中叶，是宗族受到乡约影响的产物，参见常建华《明代宗族研究》第六章结语，上海人民出版社，2005，第302—306页。

隐（朱批：所以保甲之宜严也），而地方官又以事无指证（朱批：怕参罚蒙混耳），不肯据实申报，恐罹参处，相率因循之所致也。（中略）

臣等再于百姓之聚族而居者则责成房族长之稽查，杂姓分居者则严编保甲邻佑之连坐（朱批：惟此一政，实心奉行而已）。附近地方一有山贼踪迹或族人入伙，许其密报营县，查实给赏，事后免坐，互相容隐，连坐必行。大姓内有为贼者即着落大姓之房族长并本家父兄前去追拿（朱批：是何言欤），不获则不分生监收监严比（朱批：岂有此理，特支离了），押令代罪赔赃，严处大姓之人，则山海顽民共知儆惕，而乐为山贼之心可以渐革矣。（朱批：若如此则将一切捕盗之责任官兵捕役皆无用矣，大笑话了）

（中略）至于山贼出没既在青黄不接与冬成之候，每值此时，即令文官督率捕役民壮，分着各乡保族房各巡各地，令武职督率弁兵分着各汛各塘游巡密访，一有贼踪，不分疆界，追剿务获，各汛互相协擒，各乡彼此会捕，督责严则官自勤，赏罚明则人尽励，庶守望有相助之势，而肆抢强劫之风可以消弭矣。（后略）①

满保等人的奏折反映出福建山区乡村聚族而居地区游民增多的现实，这些游民或加入"山贼"，或种菁种麻，盖蓁住歇，属于棚民。满保等认为：山贼初起，附近乡村房族人等不敢报官，互相

---

① 《雍正朝汉文朱批奏折汇编》，第299号，闽浙总督满保奏遵旨严查山贼并缴御批折，雍正二年八月初四日，江苏古籍出版社，1989，第3册，第405—407页。

容隐，所以官府难以发现而将其控制。雍正帝朱批："所以保甲之宜严也。"①满保等建议："于百姓之聚族而居者则责成房族长之稽查，杂姓分居者则严编保甲邻佑之连坐。"②雍正帝又朱批："惟此一政，实心奉行而已。"上述两条朱批表明，雍正帝强调严格推行保甲维护乡村治安。不过对于满保等人建议："大姓内有为贼者，即着落大姓之房族长并本家父兄前去追拿，不获则不分生监，收监严比，押令代罪赔赃，严处大姓之人。"则颇不以为然，认为太不像话，岂有此理，是大笑话，置官兵捕役于无用之地。满保等并不反对"聚族而居者则责成房族长之稽查"，赞同"着各乡保族房各巡各地"。值得注意的是"乡保族房"词汇，"族房"即宗族房支或族长房长之意，而"乡保"一词的含义，就福建泉州的情形来说，明代伴随乡约的普及，明代后期保甲制度得到推广，乡约与保甲混合，而在基层社会行政化，并延续到清代，不过清代的乡保又指乡长、保正，并不完全是乡约保甲缩略语的意思。③地方官以为，"乡

---

① 据康熙五十一年二月二十六日闽浙总督范时崇奏，他与福建巡抚满保处理了福建延平府永安县被从宁洋县之马尾隘突来匪类数百行劫的事件，采取的措施为："行各县着落保甲房族长密行举报，匿则连坐，首则赏给。"（中国第一历史档案馆编《康熙朝汉文朱批奏折汇编》，第1037号，闽浙总督范时崇奏报延平府属有伙盗行劫情形折，档案出版社，1985，第4册，第9页）可知，早在康熙后期，满保等地方官就尝试用保甲与房族长维护地方社会秩序。
② 据康熙五十四年四月初三日福建巡抚满保奏报设立保甲严查海防折可知，满保与总督范时崇在沿海十六州县推行保甲："唯每十户为一保甲仍为松散，故总督范时崇与奴才商议，再定奖惩条例，责成州县官员逐村编设保甲，凡海口，及撑船人一并严查。"（中国第一历史档案馆编译《康熙朝满文朱批奏折全译》，第2573号，福建巡抚满保奏报雨水粮价并设保甲严查海防折，中国社会科学出版社，1996，第1000页）结合上一个注释，看来满保等福建地方官康熙后期已经推行了保甲制，福建地方上已经存在着保甲。
③ 常建华：《国家与社会：明清时期福建泉州乡约的地域化》，《天津师范大学学报（社会科学版）》2007年第1期，第43—44页。

"保"与"族房"负有共同的职责维护乡村社会秩序。特别是第二份奏折中，雍正帝表达了重视保甲的想法，保甲制与宗族问题放在一起，保甲与宗族关系的讨论也就呼之欲出了。

其实，满保的建议也来自他在康熙晚期福建治理社会问题的实践。福建地处东南沿海，自康熙二十三年（1684）开海之后，中外贸易活跃，面临洋盗问题，海防任务繁重，而且当地族群争斗严重。康熙四十年代后期至五十年代前期，地方督抚大员力行保甲，加以治理。康熙五十一年（1712）巡抚满保就与总督范时崇、提督杨林商议，檄令十户联保，依靠族长、户主搜查。[①] 这项工作始于当年三月，实行十户联保，由族长家长查察，并张示遍谕，不时督促。至七月已编完大半。又严饬管理沿海船只之鳌甲，所有小船，渔船编明程序，出入从严。[②] 满保认为福建山民胆大刁蛮，稍有嫌疑，即邀族众，相与械斗，常出人命。他不时严饬地方官员，交令各村、族长等管教，凡遇出事，一并重惩。[③] 惩治劫船者除了板责、示众、枷号外，还由族长、乡长出保，严饬安置。[④] 所以满保在雍正初年建议将乡约、保甲与宗族治理结合起来不是偶然的，有

---

① 中国第一历史档案馆编译《康熙朝满文朱批奏折全译》，第1884号，福建巡抚满保奏报擒获聚众行劫要犯折，康熙五十一年四月十六日奏，中国社会科学出版社，1996，第777页。
② 中国第一历史档案馆编译《康熙朝满文朱批奏折全译》，第2048号，福建巡抚满保奏陈沿海人出海抢劫并请补授水师提督等员缺折，康熙五十一年九月十八日奏，中国社会科学出版社，1996，第822页。
③ 中国第一历史档案馆编译《康熙朝满文朱批奏折全译》，第2210号，福建巡抚满保奏报民鲁田丈（应为"卢天章"）聚众闹事折，康熙五十二年六月二十六日奏，中国社会科学出版社，1996，第884页。
④ 中国第一历史档案馆编译《康熙朝满文朱批奏折全译》，第2268号，福建巡抚满保奏报灭虫并严惩抢劫人等事折，康熙五十二年八月十五日奏，中国社会科学出版社，1996，第900页。

他对于福建民情的认识与实践经验。

清代顺治、康熙年间,地方上不断有实行保甲制度的事例,康熙帝的"上谕十六条"里也有"联保甲以弭盗贼"一条,对保甲很重视,可以说乡约与保甲并行不悖。康熙五十三年(1714),清廷九卿高官讨论安插甘肃失业穷民办法,第一条便是:"无依穷民,宜加意安插,勿致失所。并令该地方官讲读'上谕十六条',教以礼义,严申保甲,约束百姓,则各有生路,各知自爱。"[①]严申保甲与讲读上谕同时进行。雍正皇帝继续顺康以来的传统,不仅重视宣讲圣谕,也强化保甲制度的实行。雍正元年(1723)三月二十三日巡视北城浙江道试监察御史罗其昌折奏京师设立保甲,雍正帝令他斟酌万全之策,当时罗其昌"缘管押夫役,未便草率渎陈,曾经具折恳恩展限"。后公务已竣,四月初八日将设立保甲具体七条意见上奏,其中第四条指出:

> 保甲之法讲约急宜设立也。京师为首善之地,教化从出之源。臣稽圣祖仁皇帝"圣谕十六条"可为万世法,伏祈皇上敕行该部每条详加注解,使百姓易知易晓。即如孝弟当如何孝弟,如不孝不弟者律例如何议处。俾五城遍立有齿德而通文义之约长,每逢朔望讲约,使百姓有慕而为善,又有所畏而不敢为非。如此则化行俗美,四方则效,咸游化日之中,共享太平之乐矣。

---

① 《清圣祖实录》卷二六○,康熙五十三年十月壬申。

这个建议里，讲约是作为保甲的一环出现的，还提出朝廷对"圣谕十六条"要详加注解，便于百姓学习，很可能后来雍正帝的《圣谕广训》受到了此建议的影响。第七条还说：

> 京师之人民历享盛世升平，熙皋化日，各安生理，何事保甲？臣愚以为：设立保甲者，谓弥弭盗诘奸防于未然，讲约训诫，又从振德，亦已治而益期其治、已安而益期其安之微意也。管见如此，伏乞睿鉴施行。①

表达了将保甲与乡约合一的意愿。既然雍正帝要求罗其昌上奏设立保甲的具体事宜，表明他对保甲问题甚感兴趣，会认真考虑罗其昌奏折的内容。

雍正帝决心力行保甲。雍正元年（1723）八月二十七日河南巡抚石文焯奏折说，他是在八月十四日接到密谕三道，内容是整饬营伍情弊、举行社仓备荒、设立保甲弭盗。②由于设立社仓的建议出自雍正元年八月初五日詹事府詹事鄂尔奇，③雍正帝的密谕不可能早于这一时间，因此我推测密谕的时间在雍正元年八月初五日至八月二十七日之间，写成并发交各地督抚的。

湖广总督杨宗仁是在九月初三日收到同样密谕的，其中有关保

---

① 《雍正朝汉文朱批奏折汇编》，第190号，巡视北城监察御史罗其昌奏陈京畿宜设保甲折，江苏古籍出版社，1989，第1册，第234—236页。
② 〔清〕鄂尔泰等编《朱批谕旨》卷三〇上，朱批石文焯奏折，《钦定四库全书荟要》，吉林出版集团，2005年影印本，第3册，第98页下。
③ 《雍正朝汉文朱批奏折汇编》，雍正元年八月初五鄂尔奇奏，第1册，第760页。又见《雍正朝设立社仓史料·詹事府詹事鄂尔奇为仿古制设立社仓事奏折》，《历史档案》2004年第2期，第7页。

甲的内容是：

> 在地方设立保甲，乃安民缉盗之第一良策，好府县官亦有行之者。尔大吏不加奖励，不行者亦不见教诲，所以怠惰偷安者，将此善政皆忽之不问。今尔督抚当劝勉州府县渐渐举行，不可急迫生事，三年成功不为缓也。
> 原奉密谕于九月十五日具折缴讫。①

雍正元年（1723）九月十一日，福建巡抚黄国材为上缴谕旨上奏，开头说道：九月初七日奏折千总徐德带回，内封谕旨"为社仓积谷并设立保甲稽查胥役兵丁召聚匪类赌博窃盗等事。钦此"。②说明九月初七日福建地方官接到雍正帝设立保甲的密谕。雍正元年九月十五日，湖广总督杨宗仁奏陈力行保甲恭缴密谕折：

> 湖广总督臣杨宗仁叩首谨奏：为恭缴密谕事。窃照设立社仓……至于清靖盗源，稽查局赌、窝逃，法莫善于力行保甲。业蒙皇上烛照靡遗，臣自到任后即将编查之法备叙六条，通饬严革相沿陋弊。令绅衿兵役与齐民一体，鱼鳞挨编自卫，卫人不许脱漏一户。十户共为一牌，一户稽查一日，即有九日安闲。周而复始，联络守望，百姓称便。现据陆续申报编成。如江夏县省会冲繁五方杂处之所，业经照臣所示程式挨编，著有

---

① 《雍正朝汉文朱批奏折汇编》，第121号，湖广总督杨宗仁奏覆历奉密谕遵办情形折，雍正二年十二月十一日具折，第1册，第159页。
② 《雍正朝汉文朱批奏折汇编》，第760号，福建巡抚黄国材奏缴谕旨折，第1册，第927页。

成效。今蒙皇上谕及奖励教诲，以示鼓舞，实乃微臣愚昧所思虑不到者，诚恐各州县奉行不得其法。若远调赴省教诲，或致贻误地方。臣今专委本管道员稽查，如有未尽合法之州县，即令指示照编，共著成效，择其善者遵旨另予优奖。理合奏闻，以舒皇上睿虑，为此具折敬缴密谕。伏乞皇上睿鉴。（朱批：甚好）①

根据此折，杨宗仁已经在湖广推行保甲了，甚得皇帝的赞许。杨宗仁、黄国材的奏折证明雍正元年（1723）九月初已经接到了雍正帝推行保甲的指示了，不过雍正帝并不是单纯推行保甲，而是与设立社仓一起推行的。这实际上反映了登基不久新皇帝教养治国的理念，即用社仓养民，用保甲（包含乡约）管理教育人民。推行保甲是雍正初年的新政，有三年的试行期。此后，我们看到很多地方官为推行社仓、保甲所上的奏折，浙闽总督觉罗满保在福建的弭盗举措，不过是雍正初年推行保甲活动的一个事例。上述黄国材奏折，还说明雍正元年福建就着手设立保甲了。在雍正帝朱批以上雍正二年满保两折的翌年，户部等衙门议覆两江总督查弼纳、浙闽总督觉罗满保疏奏江西、福建、浙江三省安辑棚民事宜。第一条便是推行保甲的内容：

见在各县棚户，请照保甲之例每年按户编册，责成山主、地主并保长、甲长出结送该州县，该州县据册稽查。有情愿

---

① 《雍正朝汉文朱批奏折汇编》，第780号，湖广总督杨宗仁奏陈力行保甲恭缴密谕折，第1册，第946页。

编入土著者,准其编入,有邑中多至数百户及千户以上者,添拨弁兵防守。棚民有窝匪奸盗等情,地方官及保甲长失察徇庇者,分别惩治。①

可见该折内容与满保上一年的第二折一脉相承,②编保甲治理山区棚民。

经过三年的推行保甲实践,雍正四年(1726)清廷强力推行保甲。该年四月雍正帝谕大学士等:"弭盗之法,莫良于保甲,朕自御极以来,屡颁谕旨,必期实力奉行。乃地方官惮其繁难,视为故套,奉行不实,稽查不严。又有藉称村落畸零,难编排甲。至各边省更藉称土苗杂处不便比照内地者,此甚不然。村落虽小,即数家亦可编为一甲,熟苗熟獞即可编入齐民,苟有实心,自有实效。"③要求九卿详议具奏。七月,吏部遵旨议覆:"保甲之法,十户立一牌头,十牌立一甲长,十甲立一保正。其村落畸零及熟苗熟獞,亦一体编排。地方官不实力奉行者,专管兼辖统辖各官分别议处。再,立民间劝惩之法以示鼓励。有据实首告者按名数奖赏,隐匿者加以杖责,应通行直省。以文到半年为限,有能举首盗犯者免罪。其从前未经发觉之案,地方官即行揭报者亦免议处。"④特别是同年制定了在宗族中推行保甲的族正制度:"凡有堡子、村庄聚族满百人以

---

① 《清世宗实录》卷三四,雍正三年七月辛丑。
② 事实上江西棚民问题早就引起清朝注意,雍正元年七月十八日就有人建议"每一县麻棚之中另编保甲",见《雍正朝汉文朱批奏折汇编》,第559号,山西道监察御史何世璂奏陈筹划安置江西寄籍棚民事宜折,第1册,第681页。
③ 《清世宗实录》卷四三,雍正四年四月甲申。
④ 《清世宗实录》卷四六,雍正四年七月乙卯。

上，保甲不能遍查者，拣选族中人品刚方，素为阖族敬惮之人，立为族正。如有匪类，报官究治，徇情隐匿者与保甲一体治罪。"①从雍正二年（1724）满保与雍正帝君臣交换对保甲与宗族问题至此，历经一年多的讨论与实践，自然会想到用保甲治理宗族，可以说雍正四年推行族正方案的出台，是水到渠成。

不过族正制度的出台还有一个细节。雍正《广东通志》记载，雍正四年七月"申严保甲法：上念弭盗之法莫良于编保甲，因议十户立一牌首，十牌立一甲长，十长立一保正，分合稽察；村落畸零户不及数，即就其少编之。熟苗熟獞一体编排，粤东近年盗贼屏迹，保甲之法行也"。接下去便是："立族正：前广东顺德令王念臣奏请立族正，因议州县有巨堡大村，聚族满百人以上保甲不能编者，宜选族中品行刚方之人，立为族正，以察族之不肖狗隐者治罪。"②

《广东通志》还记载：王念臣，湖广钟祥人，进士，康熙六十一年任顺德知县。由于接着是马燧雍正元年继任，可见王念臣在顺德知县任上时间很短。③再检乾隆《顺德县志》知王念臣康熙六十一年丁忧，同年由通判李焞"摄任"，④所以王念臣任顺德知县不到一年。此后，王念臣于雍正四年任四川新津县知县，⑤所以

---

① 《清朝文献通考》卷二三《职役三》。
② 雍正《广东通志》卷七《编年志二》。
③ 雍正《广东通志》卷二九《职官志》。
④ 〔清〕陈志仪修、胡定纂：《顺德县志》卷八《官师志·知县》，乾隆十五年刻本，北京大学图书馆藏。又，该条资料承蒙王洪兵先生代为查阅，在此表示谢意。
⑤ 雍正《四川通志》卷三一《皇清职官》；关于王念臣顺德知县离任后至转任新津知县之间的经历待考。

王念臣的提议当在雍正元年至雍正四年之间作为"前顺德令"时提出，这时正是雍正君臣讨论保甲、乡约问题频繁互动的时期，王念臣提出的建议是时势使然，雍正帝采纳了他的建议。

三、宗族的保甲乡约化

在雍正朝，推行族正制已是地方官的职责。雍正《钦颁州县事宜·弭盗》指出：

> 盖窝盗者非不法营兵衙役，即系地棍势豪，保正、家长被其笼络，不肯举报；牌邻、族正畏其报复，又不敢首报……故必赏罚严明，稽察勤密……使保正、甲长、牌头、族正各顾其身家，而不敢始终庇护。

族正是与保正、甲长、牌头保甲体系的一部分存在。河东总督王士俊说：

> 《汉书·食货志》云："春将出民，里胥坐于右塾，邻长坐于左塾。"即今乡约遗制也。今乡约之设，朔望宣讲"圣谕十六条"广训万言。雍正四年立族正，以察族之贤不肖。雍正七年复于大乡大村，设约正一人，值月三四人，置德业可劝者为一籍，过失宜规者为一籍。于此乡内有善者众推之，有过者值月纠之。每月约正询实状，值月填簿籍，岁终考校其善过，

汇册报牧令，设为劝勉，其详如此。①

王士俊是把族正作为乡约的类似制度看待的，清朝在雍正七年（1729）力行乡约，这样与雍正四年推行的保甲制度同时深入基层社会，形成了控制基层社会的体制，二者也很容易融合交叉一起，并融入族正制度中。雍正朝也有推行族正制度的具体事例，浙江钱塘人徐本雍正十一年（1733）安庆巡抚任上针对"寿州滨淮，盗聚族而居，假捕鱼为业，每出劫掠，已次第捕治，令渔船编甲。孙、平、焦、邓诸姓设族正，有盗不时举发"，被"下部议行"。②安徽寿州族正是作为保甲一环设立的。

福建浙江总督觉罗满保、福建巡抚黄国材得到雍正帝对上述两件奏折的朱批后，按照制度交回奏折并表达了依据圣谕行事的态度。③不过我们目前还不知道此后福建地区在雍正年间是否推行过族正制。

从现在掌握的资料来看，福建仍是最早实行族正制的省份。乾

---

① 〔清〕王士俊：《吏治学古编》卷下《劝戒》，雍正十二年刊。
② 赵尔巽等撰：《清史稿》卷三〇一《徐本》。
③ 见《雍正朝汉文朱批奏折汇编》，第614号，闽浙总督满保等奏恭缴御批叩谢圣训折，该折说："福建浙江总督臣觉罗满保，福建巡抚臣黄国材谨奏：为恭缴御批叩谢圣训事……又臣等所奏，山贼初起，不过数人及十数人，其从前所以不至于发觉擒治者，皆由附近乡村房族人等虽明知伊等为匪，因畏其凶恶，不敢报官，虑及挟仇报复。钦奉御批：'所以保甲之宜严也。钦此。'……又臣等所奏，百姓之聚族而居者则责成房族长之稽查，杂姓分居者则严编保甲邻佑之连坐，钦奉御批：'惟此一政实心奉行而已。钦此。'又臣等所奏，大姓内有为贼者，即着落大姓之房族长并本家父兄前去追拿，不获则不分生监，收监严比，押令代罪赔赃，钦奉御批：'是何言欤？岂有此理，特支离了。若如此则将一切捕盗之责任官兵捕役皆无用矣，大笑话了。钦此。'……所有奉到御批理合恭缴，叩谢圣训，为此具折谨奏。雍正贰年拾月拾伍日。（朱批：公勤二字，我君臣共勉，其真实也）"，第3册，第808—810页。

隆二年（1737），闽浙总督衔、专管福建事务的郝玉麟议覆署福建陆路提督苏明良建议，为重惩为首起意械斗之人和因小事互相格斗者，建议："泉、漳等处，大姓聚族而居，多至数千余丁，非乡保所能稽察。是以族长之外，设立族正、房长，官给印照，责令约束族丁，嗣后请严行申饬，如有作奸犯科者，除将本人定罪外，其族正、房长，予以连坐。"①乾隆帝同意实行。族正的设立是为了发挥"乡保"，即乡约、保甲的作用，可见族正是保甲乡约制度与宗族的结合。此后福建为了控制泉州、漳州以及台湾的械斗，在乾隆时期有过多次较大规模的实践，族正在这些地方比较广泛地存在。闽台族正制的推行，完善了清朝的保甲、乡约体系，是控制基层社会比较有效的措施。②嘉道直到清末，闽台地区的泉州、漳州与台湾的基层社会不断推行族正制，族正在这些地区长期存在并发挥着一定的作用；清代闽台地区的族正制与治理械斗而变异的联庄制度结合在一起，族正成为保街之下类属于总理的一级组织，与庄正同处一级，共同维护基层社会的秩序。族正所属的保甲系统本身也具有了乡约的性质。③

　　如上所述，族正制由曾是广东地方官的王念臣提出并被朝廷采纳，从广东宗族势力强盛的实际情况来看，王念臣应当是针对广东宗族问题有感而发。雍正《广东通志》记载，雍正四年（1726）推行族正，在当时纂修的各省通志中仅此一家，说明族正制比较适

---

① 《清高宗实录》卷四九，乾隆二年八月。
② 常建华：《乾隆朝的闽台族正制》，《明清论丛》第9辑，紫禁城出版社，2009，第205—213页。
③ 常建华：《近代闽台族正制考述》，《中国社会经济史研究》2006年第1期，第78页。

合当地情况，极有可能广东在雍正中后期尝试过族正制。不过现在看到的明确记载，是乾隆时广东推行族正制的资料。乾隆六年（1741）二月，广东按察使潘思榘奏：

> 粤民多聚族而居，各建宗祠，置尝租。岁入实费于祭祀及给族人等用甚鲜，余以生息，月积岁累，偶与外姓睚眦小忿，通族扛帮争讼，一切费用取给尝租。甚至按户派丁，雇倩打手，酾酒击豕，列械争斗。狡猾者发纵指使，贫困者挺身斗格，酿成命案，则尽人抵偿，拨给尝租，养其妻子。以故人心乐于从事，即一族内，亦复分房角胜，嚣陵成习，讼狱滋多，为风俗大害，通省皆然，广潮等府尤甚。请仿范仲淹义田法，令地方有司晓谕，每族公举老成公正二人为族正副，甄综尝租、祭祀等用外，凡族中有鳏寡孤独老弱废疾不能存活者，婚嫁愆期丧葬无力者，子弟贫不能读书者，酌量周恤，设义学，资膏火。先将岁入租息实数支用条款，呈明地方官核定，不许侵冒偏枯。如有仍为讼费者，究处族正副，追出讼费，买谷增贮社仓，以赈乡里。则人心静，风俗醇，于粤东大有裨益。得旨：告之督抚，详酌而行。[①]

广东的族正也是为制止械斗而设，但采取的是让族正保证将祭田收入，用于宗族赡养、救济等公益事业，以切断械斗经济来源的办法。对族田的管理，参考了江南范氏义庄的成规。乾隆十五年

---

① 《清高宗实录》卷一三七，乾隆六年二月。

（1750）广东巡抚、总督先后批准该省布政司、按察司《设立族正副约束子弟总理尝租》的文件，指出设立族正是"查例载：村庄聚族满百人以上者，选立族正，比有匪类，令其举报"。[①]可见广东的族正主要是作为保甲系统设立的。

尽管闽粤的族正制也有乡约色彩，但由于族正设立主要是为了解决械斗的现实问题，因此维护治安的保甲属性更强烈。与此有所不同，江西的族正制兼顾乡约、保甲的色彩则比较均衡。

本节第二部分提到，雍正三年（1725）清廷准允两江总督查弼纳、浙闽总督觉罗满保疏奏江西、福建、浙江三省设立保甲，安辑棚民。根据江西按察使凌燽的记载，雍正三年江西南昌、饶州等府省就将棚民编为保甲，雍正八年开始推行乡约。江西的乡约、保甲融合的特点比较突出，如建昌府推行保甲，讲到乡长的职责为"讲约劝导之事"，具有乡约的性质。凌燽还特别主张设立"族约"，强调宗族教化的作用，将乡约与宗族结合。[②]

江西大规模推行族正制是在陈宏谋担任巡抚期间。他于乾隆六年（1741）九月上任，当时乾隆帝针对广东、福建、江西毗连，薰染械斗习风，号称难治的情况，提出械斗乃"有关于人心风俗之要务"，要求三省督抚化导整顿。陈宏谋调查地方强盛大族情况，发布了《行查惩治界连闽粤剽悍刁风檄》《禁宗祠恶习示》，主张给宗族首领牌照，让其管理宗族。乾隆七年十月发《再饬选举族正族约檄》，具体实行的情况是："酌定祠规，列示祠中，予以化导约

---

① 《广东清代档案录》之《户役·田宅·山坟》。
② 常建华：《乡约·保甲·族正与清代乡村治理》，《华中师范大学学报（人文社会科学版）》2006年第1期，第72—73页。

束之责，族中有口角争讼之事，传集祠正，秉公分剖，先以家法劝诫。"①陈宏谋推行的族正教化色彩较浓。另外从道光二年（1822）程含章依据陈氏所立条款重新推行族正制来看，②继承了陈宏谋的族正制特点，具体是由宗族内部选举祠正，再由州县"查验确是"，给予牌照。牌照第一条的内容是：

> 宣讲圣谕，以兴教化。每逢祭祀聚集之时，于公祠内会同族长、房长，传集合族子弟，分别尊卑，拱立两旁。将"上谕十六条"句解字释，高声曲喻，并将律例罪名及条教告示，随时讲读，实力劝导，俾尔族姓，务各心领神悟，父慈子孝，兄友弟恭，夫和妇顺，敦族睦姻，以成仁厚之俗。③

显而易见，江西族正宣传圣谕、讲读律例，发挥着乡约的作用，是乡约与保甲进入宗族的产物，教化色彩较浓。

由上可知，清代福建、广东、江西等地区推行的族正制，使得保甲、乡约进入宗族，宗族被进一步组织起来，宗族发生了保甲化、乡约化，加上清代保甲与乡约二者也有融合与渗透的倾向。因此，我们不妨把宗族受乡约、保甲影响推行族正制度称为宗族的保甲乡约化。

---

① 《清经世文编》卷五八《寄杨朴园景素书》。
② 《西江政要》道光三年《民间选立族正劝化章程》。
③ 《西江政要》道光三年《民间选立族正劝化章程》。有关江西族正制的情况，请参见常建华《清代族正制考论》，《社会科学辑刊》1989年第5期；《试论乾隆朝治理宗族的政策与实践》，《学术界》1990年第2期。

四、结语

清朝定鼎中原,先是武力征服,采取高压政策,建立统治秩序。随着军事征服的结束以及经济的恢复,统治方式发生转化,强调德治教化,其标志就是康熙九年(1670)"圣谕十六条"的颁行,至雍正二年颁行《圣谕广训》,形成了清朝的教化体系。康熙后期雍正初年也是推行保甲的时期,解决宗族的治安与教化问题,采取的方式是设立族正,族正制作为保甲的一环出现,而族正的选立却借鉴了乡约的形式,并且族正也有负责宣讲圣谕的职责,保甲、乡约渗透到宗族中,使宗族进一步组织化,我称之为宗族的保甲乡约化。尽管不同的宗族受到保甲、乡约的影响程度不同,族正制也没有在全国普及,但是政治文化对于宗族影响的制度要求与社会氛围却是同样的,宗族保甲乡约化是清代宗族的特征,族正制是这一特征最好的体现。通过我们对于雍正四年(1726)族正制出现过程的讨论,证明了族正具有宗族保甲乡约化的属性。

宗族受到乡约保甲的影响而组织化,在明代中后期已经十分明显。我曾提出明代宗族乡约化的观点,作为明代宗族组织化的特点。① 事实上,明代中后期保甲制得到迅速推广,而且保甲往往与乡约结合在一起。② 应当说,清代宗族保甲乡约化是明代乡约、保甲、宗族发展的产物。清因明制,清朝皇帝顺应历史趋势,总结历史经验,采取了有效控制基层社会的办法,产生了族正制度。就宗

---

① 常建华:《明代徽州的宗族乡约化》,《中国史研究》2003年第3期;《明代江浙赣的宗族乡约化》,《史林》2004年第5期。
② 常建华:《明代宗族研究》第五章《乡约的推行与明朝对基层社会的治理》,上海人民出版社,2005,第185—257页。

族发展史而言，清代宗族保甲乡约化是明代宗族乡约化的继续。

明清时期宗族组织普及是突出的社会现象，而宗族受乡约、保甲影响促使了宗族的组织化。乡约、保甲、宗族基本上可以说是宋代出现的基层社会管理的制度创新，明清基层社会三者融合特别是宗族的保甲乡约化，反映了宋以后国家控制基层社会以及宗族形成发展的历史脉络。雍正朝族正制的出现，既是这一历史趋势的结果，又开启了清朝国家政权控制族权以及族权与政权互动的新局面。

第三节　乾隆朝的闽台族正制

清代乾隆朝是中国宋以后国家政权与宗族族权互动关系最频繁的时期，清朝在宗族任命族正是政权与族权关系的集中表现。清朝实行族正的实践，深刻反映宋以后中国社会的变迁与国家政策的调整。关于清代的族正制度特别是乾隆时代闽台地区的族正问题，学界已经有所探讨，[1]由于受到资料的限制，以往的研究还需要细部的深化。同时，笔者研究了嘉道以降的闽台族正制度，[2]感到也有必要加强对乾隆时代闽台族正问题的探讨，以形成对闽台族正比较完整的认识。因此，兹根据掌握的一些新资料，试就乾隆朝的闽台族正问题专门考述，以补充以往研究的不足。

---

[1] 笔者对清代族正问题的研究，反映在以下三篇论文中：《清代族正制度考论》，《社会科学辑刊》1989年第5期；《清代族正问题的若干辨析》，《清史研究通讯》1990年第1期；《试论乾隆朝治理宗族的政策与实践》，《学术界》1990年第2期。韩国学者元廷植发表《清中期福建的族正制》，《清史论丛》2000年号，中国广播电视出版社，2001。

[2] 常建华：《近代闽台族正制考述》，《中国社会经济史研究》2006年第1期。

一、乾隆早期闽台创行族正制度

清朝社会治安体系最主要的是采用保甲制，雍正四年（1726）严饬力行保甲，"定选立族正之例"。当时规定："如有堡子、村庄聚族满百人以上，保甲不能遍查者，拣选族中人品刚方，素为阖族敬惮之人，立为族正。如有匪类，报官究治，徇情隐匿者与保甲一体治罪。"[①]据此，族正是在宗族中发挥保甲作用的，职责为"报官究治""匪类"。不过从现在掌握的资料看，雍正时期实行族正只有个别事例，大规模实行族正是在乾隆初年。

乾隆朝最先推行族正制是在福建省，因此福建实行族正对于全国也有一定的示范性。福建的漳州、泉州两府聚族而居，明代以来不断有械斗发生，实行族正是为了治理械斗。雍正、乾隆之际，械斗愈演愈烈，宗族之间"偶因小故，动辄纠党械斗，酿成大案。及至官司捕治，又曾逃匿抗拒，目无国宪"。[②]如泉州同安县就发生过大姓李、陈、苏、庄、柯合为"包姓"，小姓合为"齐姓"的械斗大案。乾隆二年（1737），福建地方官郝玉麟等建议重惩为首起意械斗之人和因小事互相格斗者，还提出："泉、漳等处，大姓聚族而居，多至数千余丁，非乡保所不能稽察。是以族长之外，设立族正、房长，官给印照，责令约束族丁，嗣后请严行申饬，如有作奸犯科者，除将本人定罪外，其族正、房长，予以连坐。"[③]乾隆帝同意实行。可知，这种族正、房长是在宗族首领的族长以外另立的，

---

① 《清朝文献通考》卷二三《职役考三》，浙江古籍出版社影印十通本，第1册，第5055页。
② 《清世宗圣训》卷二六，雍正十二年十一月壬午。
③ 《清高宗实录》卷四九，乾隆二年八月。

官给印照，属于"乡保"系统，采取连坐的办法控制族正、房长。根据乾隆八年（1743）六月闽浙总督那苏图奏报："（漳州府）漳浦县吴林二姓，各恃族大丁繁，持械格斗。除拏获首犯究治外，仍饬令各该房长、族正开导其余，俾知愧悔改过自新。得旨：此正未易言也，时常留心可耳。"①至少漳浦县还实行着族正制。

乾隆十三年（1748）四月，闽浙总督喀尔吉善奏请福建全省设立族正、约正。喀尔吉善说："闽省有无赖奸徒，好勇斗狠，名为闯棍。土豪豢养此辈，以为爪牙。请嗣后凡闯棍犯案时，必究明有主谋指使者，即照为首定拟，闯棍照为从定拟。并请设族正、约正，责成劝导约束，与械斗一项一并考核劝惩。得旨：如所议，实力行之。"②将设立族正、约正与治理械斗同官员考成联系在一起，会促进族正、约正的推行。

漳州府海澄县三都长玛社柯性因海泊为谢姓所占诉讼审理结果的碑刻，保留了这时的族正资料。可知谢姓于乾隆十三年五月二十三日因"抄山掠海"被府县究审，其中"谢创等身为约保、族正，乃敢主令率众，击碎房屋，洗割谷种、地瓜、蚶苗，不法已极"。③可见当地已经实行了族正制。此事的处理经过了总督喀尔吉善、巡抚潘思榘两位族正制的鼓吹者，族正闹事或许会对他们的宗族政策产生影响。

继喀尔吉善后力行族正制的是福建巡抚陈宏谋。此点被以往的研究忽视，我们考述如下。乾隆十八年（1753）四月陈宏谋等奏：

---

① 《清高宗实录》卷一九五，乾隆八年六月下。
② 《清高宗实录》卷三一三，乾隆十三年四月。
③ 郑振满、丁荷生编纂《福建宗教碑铭汇编·泉州府分册》，下册，《督抚提臬道府列宪州县审详谳案》，福建人民出版社，2003，第1052页。

闽省命案，起于械斗者居多。揆其所以纠斗之由，多因有事告官不即公为审断。且案犯抵罪止问下手之人，而主谋者率多漏网。臣等严督地方官：遇事速审速结，不许拖延。如有械案，必究出主谋纠约之人，按例定拟。并查有家室者，佥妻发遣，俾有所牵制。查乾隆十三年奏准，三年之内地方如无械案，将族正、约正、从优奖励。今应实力奉行，果能积年安静，其族正、房长、官为给匾示奖。倘平日不能劝导，临事坐视又不报官，即照例一体连坐。得旨：总在汝等实力整饬。所谓有治人无治法也。①

可见陈宏谋要"实力奉行"乾隆十三年（1748）奏准的事例，不过虽然乾隆帝同意进一步推行族正制治理械斗，但是对于效果如何，态度上尚有保留。事实上，《清高宗实录》的上述记载，只是陈宏谋原奏折的节录，幸运的是笔者发现陈宏谋原奏折尚存，收录在《宫中档乾隆朝奏折》一书中。为了了解事情的细节，笔者将这一长折录出：

福建巡抚陈宏谋谨奏：为请严纠众械斗之恶习以靖海疆事。窃照闽省山海交错，风俗剽悍，尚气好争。大姓恃其族众欺凌小姓，小姓联合数姓抵敌大姓。凡遇地土告争，口语微嫌，动辄号召乡人列械相殴。虽云斗殴，俨同厮杀。更有预为议定抵命之人然后出斗者。通省命案起于械斗者居多，彰、泉

---

① 《清高宗实录》卷四三七，乾隆十八年四月下。

二府尤盛。我皇上牖民正俗，绥靖海疆，屡颁谕旨，诰戒淳切。历届督抚诸臣条奏禁约，设立族正、房长，授以事权，责成约束。凡有械斗，除下手正凶照律拟抵外，其主谋首祸之人，附和伤人之犯，照沿江滨海之例，分别前戍枷责。乾隆十三年督臣喀尔吉善议奏，三年之内并无闻棍械斗，将族正、约正从优奖励。（奉朱批：如所议实力行之，钦此）数年以来此风稍息，然因时惩创固不可少，而消患未萌，尤宜讲究。揆其所以纠斗之故，多因有事告官，不即审理，或审而不断，或断而不公，有理者负屈难审，无理者益肆习横。再告知亦无益计，惟纠人相斗，可以逞强泄忿，及至械斗事发，地方官心存回护，代为掩饰。止将命案拟抵，不肯纠出主谋首祸之人，附和行凶者亦多删减开释，不加严处。势豪恶棍竟为法所不加，遂益无所顾忌，械斗之风实由于此。臣批阅审案大率皆然，屡经随事驳正，不稍宽假。臣与督臣相商，首先督率地方官，凡民间告案速审速结，不许拖延，秉公剖断，不许偏执。从前未结旧案彻底清查，次第归结，以此清其械斗之源。仍责成族正、房长等，平时晓以利害，遇有纠众之事，族正、房长一面约束，一面协同练保，报知附近文武官。近者亲往弹压解散，远责专差或委员前往阻止。此等本系随众附和，一闻官拿，鲜有再能成斗者，倘再不遵或劝阻不及，一经犯案严拿到官，除根究正凶外，必究主谋纠约之人。再将行凶余党按法惩处，不以人众而稍宽，不以事过而稍纵，果系纠众械斗之案，不得视同寻常共殴从轻拟结，族正房长所管族丁果能于一年安静无事，知县给匾；三年无事，详请臣等衙门给匾，以示奖励。倘族正房长事前既不劝阻，临事又不报官，坐视聚斗，照例一体连坐。抑臣更有请者，行凶互殴，皆族中逞强好事之徒，而主谋纠约，必系族中稍有家赀及势力可以服众者，方能一呼而集，因事犯止问下手之人，而主谋者率皆漏网，或问罪而旋即脱逃，或出赀而幸邀赎免，仍可脱身事外，所以毫不知儆。臣请嗣后凡有械斗必纠出主谋纠约之人，按照定例，问拟流罪。查有妻室者，务必佥妻发遣，俾其有所牵制，遽难潜逃。无论在京在外，概不准其捐赀赎罪，庶人人知主谋纠约罪难解免，无主谋纠约之人，即无恃众械斗之事，地方官有疲玩不为民间速理词讼，及族正练保报到械斗，不为弹压阻止，事犯不为严究主谋，仍然姑息调停。纵奸贻害者。臣即分别查参，则有以清患于未然，防闲于临事，又复严惩于已犯，庶械斗恶风可望以渐止息。仰副我皇上锄奸肃法、绥靖海疆之至意。

臣谨会同闽浙总督革职留任又从宽留任臣喀尔吉善合词具奏，伏乞皇上睿鉴训示。谨奏。

（朱批：总在汝等实力整饬，所谓有治人无治法也）

乾隆十八年肆月二十四日[①]

文中指出："历届督抚诸臣条奏禁约，设立族正、房长，授以事权，责成约束。"可见福建省被不断地推行族正制，不过陈宏谋依据的则是乾隆十三年督臣喀尔吉善提出的方案，实际上此次上奏，也是与喀尔吉善联署的，只是因喀尔吉善系"革职留任又从宽留任"，

---

① 《宫中档乾隆朝奏折》第5辑，陈宏谋《奏请严纠众械斗之恶习折》，第163页。

才由陈宏谋主稿奏请。这一奏折反映出,乾隆十三年以来的五年内,福建械斗仍很严重,尽管推行族正制,效果还有待继续提高。陈宏谋早在乾隆七年(1742)于江西推行族正,影响很大。陈宏谋面对福建宗族存在的械斗等问题,还想坚持实行族正,而留任总督的喀尔吉善也是主张力行族正的官员。二人联手,是为推行族正制度难得的督抚组合。

陈宏谋将推行族正付诸实践。乾隆十九年(1754)正月,他颁布《咨询民情土俗三十条谕》,其中一条的内容是:"氏族:境内大姓约几族,余皆小族,每族皆有族正房长否?皆有祠堂祭产否?族正房长是否官为选充?能劝谕约束本族息事止事否?无纠约抗官匿犯殴差之事否?"[1]这个调研提纲令人想到他在江西推行族正(祠正)就搞过多次调研。遗憾的是笔者未发现有关本次调研结果的记载。

由上可知,乾隆初期对于福建的宗族械斗非常重视,支持督抚设立族正约束宗族。或许不是偶然,乾隆初几位实践设立族正治理宗族的官员,都派到福建协助闽浙总督满洲人喀尔吉善一道处理闽务。如乾隆六年(1741)建议设立族正管理族田防止械斗的广东按察使潘思榘,十二年九月升任福建巡抚,十七年三月卒于任所。乾隆六七年强力推行族正的江西巡抚陈宏谋,接续潘思榘调到福建任巡抚,直到十九年五月离任。这样福建在乾隆二年初行族正于漳、泉二府后,又在十三至十九年六年间出现了一个推行族正的高潮。

---

[1] 〔清〕陈宏谋:《培远堂偶存稿》卷三四。

二、乾隆中期闽台社会的族正

雍正四年（1726）的族正规定，在乾隆二十二年（1757）正式纳入保甲条例。内容是："聚族而居、丁口众多者，择族中有品望者一人，立为族正，该族良莠，责令查举。"①重申设立族正属于保甲制的组成部分，这样就为族正的推行进一步提供了制度上的保障。该规定进一步推动了族正的设立。

福建督抚推行族正收到了一定的效果，我们从乾隆二三十年代福建官府的文件，可以看到族正存在于基层社会。在乾隆二十年代，《福建省例》有两个治理械斗的文件。其一是《劝改械斗》，讲乾隆二十三年十一月奉前巡抚部院吴宪示，要求严惩械斗，结尾说："定将失察纵容之族正、房长、乡保、地邻，分别严究，决不宽贷。"②这个文件说明福建宗族中存在着族正、房长。

其二是《申禁械斗》，内容是：

> 一件严饬查禁事。乾隆二十四年闰六月□□日，奉前巡抚院吴宪示：照得海疆械斗，相习成风。前经出示严禁，虽稍知敛迹，恐未尽除。与其惩治于事后，莫若防杜于事前。查保甲长管理一甲之事，族正为一族之纲，而两邻住居切近，更当休戚相关，互相稽察。嗣后除寻常斗殴，衅起一时，致成人命者，仍照常审理，毋得株累外，如有争坟、争水、争地等项，

---

① 光绪《大清会典事例》卷一五八《户部·户口·保甲》，中华书局影印本，第二册，第994页下。
② 《福建省例》刑政例上，《台湾文献史料丛刊》第七辑下册，台北：大通书局，刊印年不详，第847页。

仍前纠众持械互斗者，该保、族、邻即预行阻止。如劝阻不从，即先赴地方官报明，免其连坐。如敢纵容失察，到官之日，不必追问是非曲直，先将保甲、族正枷号两个月，满日责四十板；两邻枷号一个月，满日责三十板。以局外之人，先受枷责之罪，若近干严厉，然行之既久，可以免命案之牵连，可以佐教化之不及，少裂民畏，自可徐收实效也。再鸟枪竹铳，现饬查缴，而违禁军器，如藤牌、片刀等类，亦非民间常用之物。但海疆重地，未便概令销毁。应责成族正清查，造册封贮公所，毋许无赖子弟私自执持行使。又如乡民扁挑，他省皆以竹木为之，惟闽省则两头镶铁，利若锋刀，由此杀伤人命，十居七八，亦着通行晓谕，改用竹木。凡从前镶铁扁挑、铁鍤等类，一概销毁。各该州县责成乡保，以利害遍加晓谕，徐徐经理，勿得分差滋扰，以及急遽无序，反致累民。此等清本澄源之法，凡有地方之责者，皆当因地因时，留心化导，原不在上司之督责。但闽省吏治，因循成风，务上下振作，法在必行，以收实效。合亟通饬，备牌行司到府仰县等因。蒙此，合行出示严禁。为此，示仰阖邑乡保、族正人等知悉：尔等都内如有争坟、争水、争地，仍前纠众持械互斗，即先预行阻止。如劝阻不息，立即禀报。如敢纵容，以致酿成大祸者，不问是非曲直，先将该约保族邻枷责。再鸟枪竹铳乃违禁军器，屡奉宪檄追缴。藤牌、刀器，亦非民间常用之物，应责令族正清查造册封贮公所，毋许私自执持。至乡民常用扁挑、铁鍤，应竹木制造，不许两头镶铁。凡从前镶铁扁挑铁鍤等项，立即销毁，另行改造。如有仍前挑用，察出先将该保责处，本人枷示。尔等务须恪遵宪示，毋得以身试法。各宜凛遵毋违等因。①

可见，当时族正的主要职责是防止因为争坟、争水、争地而引发的宗族械斗。另外，还有文件专谈《禁止争水》：

> 一件檄饬遵照事。乾隆二十四年三月，奉前巡抚部院吴宪示：谕抚属各州县乡保、族正、甲长、农民人等知悉：照得闽省滨海环山，民间田地，均藉沟渠塘圳，接引灌溉。形势各有不同，得水亦分难易。或自上及下，或接股轮分，自有一定之规，原不容互相争夺。无如户族有大小，人情有良顽，不法之徒，不遵乡例，每每倚强凌弱，损人利己，或上截水源，或下掘私沟，或本日不应轮值而硬行庠汲，或他户例应分灌而擅自阻拦，以致彼此争殴，动成人命。更有统众械斗，酿成大狱者。本部院体察属详，办理秋审，哀此乡愚，误罹法纲。时交四月，农事方兴，诚恐习焉不察，复蹈覆车。今特严立章条，先事诰诫。嗣后各该村庄近水之区，及接引陂塘沟圳之处，均着本管乡保、族正、甲长遵照成规，于各村首神堂庵观列榜晓示。或按股或分日，务须挨次轮流，毋许强争私挖。如本甲内有不遵教条、恃强妄行者，该被害通知乡保、族正、甲长，报明本管，将本人重责三十板。如有聚众执械混夺者，将首犯枷号两个月，满日重责四十板。其随从之犯，毋论本家异姓，俱重责四十板。其乡保、族正、甲长失察一次，重责二十板，纵

---

① 《福建省例》刑政例上，《台湾文献史料丛刊》第七辑下册，台北：大通书局，第855—857页。

容者倍之。如告到本管地方官，漫不经心，并不审理，以致酿成大狱者，即以不职参革。本部院为农民整俗息争起见，法在必行，断不轻恕。凡我官民，均各凛遵毋违等因。①

族正与乡保、家长有共同处理争水问题的职责。以上3个文件表明，乾隆二十三四年，福建基层社会存在族正制度。

乾隆中叶，清廷鉴于宗族势力膨胀、械斗等社会问题日益严重，采取了打击宗族的行动。乾隆二十八年（1763）十一月辅德任江西巡抚，严加整顿江西宗族的健讼、械斗。一年半后，广东巡抚王检也因广东宗族的尝租每滋械斗凶杀之弊，加以整顿。江西、广东对宗族的治理，都得到乾隆帝的支持并向全国推广。乾隆帝对设立族正也改变了态度。乾隆三十三年（1768），他针对闽省出生的御史张光宪奏请设立大姓族长一折，指出向来宗族聚众械斗大半起于大姓，"惟在地方官实力弹压，有犯必惩，以靖嚣凌之习，政体不过如是"。对于设立宗族的首领颇不以为然："若于各户专立族长名目，无论同宗桀骜子弟，未必遽能受其约束，甚至所立非人，必至藉端把持，倚强锄弱，重为乡曲之累，正所谓救弊转以滋弊耳。"②没有批准张光宪的请求。

比起江西、广东来，我们未发现福建大规模打压宗族。由于福建以往的推行，族正还发挥着作用。乾隆三十四年（1769）为了取缔邪教证明此点：

---

① 《福建省例》田宅例，《台湾文献史料丛刊》第七辑上册，台北：大通书局，第439—440页。
② 《清高宗实录》卷八一二，乾隆三十三年六月庚申。

一遵谕严查邪教事。乾隆三十四年□月，奉前巡抚部院吴宪谕：查地方设立邪教，其始也，以吃斋念佛、因果轮回之说诱惑愚夫愚妇，及至听从者众，党伙渐多，不法奸民即藉此为匪生衅。加以办理不善，酿成大狱，涓涓不息，流为江河，无知之民陷于罪戾，地方文武尽受处分，嗟何及矣！访得莆田地方向有无极教名色，系黄学钦为首，现有莆邑纪启泉之弟纪启文，于永福败露，已经委员赴莆邑查拿，彻底根究。但漳泉等处愚民从其教者甚多，谕到该府即密谕所属，传谕乡保、甲长、族正遍晓乡民，凡有从其教者，均着自行出首，将所属斋单、经典缴官，该州、县汇集销毁，本人即释放宁家，不可纤毫扰累。倘敢不行悛改，或通同隐匿，即将本人及族正、乡保、甲长、两邻分别惩治，不可姑宽。沿海地方风俗虚嚣，该州、县身为民牧，纵容失察均干吏议，切不得因循玩纵，亦不可稍涉矜张，总期息事宁人，防微杜渐，以仰副圣天子绥靖海疆之至意。道府表率一路，幸各加意查察，毋忽等因。奉此，除转行属县遵照外，今本府访得各属倘有崇奉罗教、天主、白莲、无违、回回等教，合急示禁。为此示仰府属军民人等知悉：凡有误从无极教并罗教、天主、白莲、无违、回回等教者，俱着即速自行出首。将所传经典作速缴官，以凭汇集销毁，本人亦免治罪。倘再不悛改，通同隐匿，察出照左道异端之术煽惑人民例，为首者绞，为从者各杖一百、流三千里。如族邻、保甲人等通同容隐，不行首报，察出一并严拏，分别按律治罪，断不姑宽，各宜凛遵毋违等因。①

直到乾隆三十四年（1769），兴化府莆田县还存在着族正，官府要求族正与乡保查拿邪教。

以上《福建省例》的记载表明，乾隆二三十年代福建基层社会一直存在着族正，属于保甲系统，发挥着治理宗族的功能。值得注意的是，上述文件都说是奉巡抚吴士功的指示而行，吴士功于乾隆二十三年（1758）上任，直到二十六年（1761）五月被革职，这三年是他利用族正惩治械斗的时期，所以保留下来上述文件。

三、乾隆后期闽台族正政策的调整

乾隆后期闽台地区一方面进一步推行族正，另一方面皇帝对于族正的作用产生怀疑，调整了族正政策。乾隆四十年（1775）闽浙总督钟音批准在漳、泉二府大规模推行族正，他颁布的《议设族正副》内容如下：

> 一件因俗修教等事。乾隆四十年七月二十五日，奉总督部堂钟批广臬司会同本司议详：闽省之泉、漳二府，民多聚族而居，恃众逞强，或生事斗狠，或狡黠健讼，情伪百出，相习成风。虽各有户族房长，并不由官选定，非尽端方醇正之人。平时既无约束，遇事各徇所亲，毫无补于风教。今据晋江县王令议设族正副，以岂责成，自属息事宁人、化民成俗之意，所

---

① 《福建省例》刑政例上·饬首邪教，《台湾文献史料丛刊》第七辑下册，台北：大通书局，第900—901页。

当照行。惟是事有大小，犯有轻重，应如该府所议，分别办理。如族内遇有雀角争论一应细微事故，即令该族正随事诚谕处释，毋使架词涉讼。若有作奸犯科一切重大事发，应责令该族正副据实具禀，倘庇族狗隐，别经发觉，族正副照例治罪。仍令该族正副随时谆切训诫，务令子弟各循本分，勿致非为。果其董率得宜，著有成效，该县于年底查明，分别奖赏，以示鼓励。若有倚藉族正滋事诈索，立予革究，另选举充。至小姓丁口无多、杂居不一者，选举乡正，一切与族正相同。并行漳属通饬各县，一体仿照办理。先将选举姓名造册，呈送备查，入于交代，永久遵行。如此则地方可获敉宁，同臻化理等由。奉批："如详饬遵。仍候抚部院批示。缴。"又奉巡抚部院介批："如详通饬泉、漳二府一体遵照，仍候督部堂批示。缴。存。奉此。"①

看来尽管福建不断推行设立族正，但在乾隆四十年（1775）却"虽各有户族房长，并不由官选定"，于是再次议设族正副，管理宗族。需要指出的是，乾隆四十年前后正是福建力行保甲制的年代，显然设立族正与此不无关系。

乾隆四十八年（1783）台湾府属之彰化、诸罗二县漳泉籍民互相焚杀被平定，台湾的地方官与福建省的督抚藩臬商讨了一个六条善后事宜，福建总督富勒浑等人的上奏被报给皇帝，乾隆四十八年（1783）十二月十七日奉朱批："军机大臣会同该部议奏。"其中关

---

① 《福建省例》户口例，《台湾文献史料丛刊》第七辑上册，台北：大通书局，第409—410页。

于族正的一条是：

> 一、慎选庄长、族正以昭激劝也。据议：漳、泉二郡民人，本属梓桑邻近，渡台居住，各安畎亩，何致视为仇敌，争杀相寻，此皆好勇斗狠、素不安分之徒，遇事生风，簧鼓倡率，乡愚被惑，分类效尤。假使约束有人，随时首报，予以惩创，奚至酿成巨祸？查该县等各乡虽有庄长，充举率非端人。庄民聚族而居，族正向多未设。现饬各该县分乡谕令各庄族正，慎选年高德劭、素为闾里悦服者，保充庄长，印官给以牌戳，优加赏劳。一切差徭，概禁扰累，使之朝夕劝导，严加约束，化其畛域之见，俾成鼓让之风。遇有强梁不遵或私相煽诱，立即密禀究惩。定限三年，详加甄别。如果庄族并无构斗滋事，详请给匾嘉奖；倘有庸懦无能及偏狥滋事，追取牌戳，分别责革等语。应如所议，饬令地方官实力遵办，如有虚应故事，立即严参，以示惩儆。[①]

乾隆四十八年十二月二十六日，户部遵旨移会内阁此奏。内阁大学士阿桂遵旨讨论闽浙总督富勒浑等奏台湾地方善后事宜。分条胪陈一折，对于有关族正一条的意见是：

> ……查台湾地方，多系内地民人在彼贸易，五方杂处，最

---

① 户部《为内阁抄出闽浙总督富勒浑等奏》移会（闽督富善后事宜），原载台北"中研院"历史语言研究所编《明清史料戊编》第三本221页，上册，中华书局，1987年影印本，第507—508页。

易藏奸。若不设法稽查，难保无奸匪煽惑滋事。今该督等既称饬令各该县慎选庄长、族正，给以牌戳，酌加赏劳，亦属激励劝奖之意。应如该督等所议，转饬该地方官慎选庄长、族正，给以牌戳，免其差徭。定限三年，详加甄别。如果约束有方，该庄族中并无滋事争斗，官为给匾奖赏，以示鼓励。倘有偏徇滋事，不能约束，即追取牌戳，另行更换。仍饬地方官实力奉行，秉公劝惩，不致有名无实。如有虚应故事及不秉公查办者，即行据实严参……乾隆四十八年十二月二十六日奏，本日奉旨：依议，钦此。①

由于得到了皇帝的首肯，台湾府当时得以推行族正制度。这是笔者所见最早在台湾实行族正制的记载，这一制度给与族正很大的权力，族正被官府"给以牌戳"，有牌照有印章，三年考察一次，属于官府行政体系的一部分。台湾的族正与移民垦辟形成的庄的治安系统庄长，共同构成了台湾的系统。这时的族正是为了管理来台的福建漳、泉二府人民，办法也是移植的族正办法。联想到乾隆二年（1737）福建漳、泉二府尝试族正制，也规定"官给印照"，说明台湾管理宗族的族正制度与福建治理漳泉宗族械斗的政策一脉相承。

清廷镇压台湾林爽文起义后考虑善后事宜，引发了如何制止械斗和加强清朝对地方控制的讨论，改变了对族正的看法。乾隆帝认为林爽文起事同福建的械斗有关，要求借着清军镇压起义"兵威震

---

① 《大学士公阿等奏折》（移会抄件），原载台北"中研院"历史语言研究所编《明清史料戊编》第二本131—133页，上册，中华书局，1987年影印本，第327—331页。

慑"之时，严行查办械斗，"净绝根诛"。①负责镇压林爽文起义的官员福康安等人议定了台湾善后措施十六条，其中有一条是从严拟定台湾械斗的建议："其起意纠约，及杀人之犯，照光棍例拟斩立决，伤人者，从重问拟发遣，乃遵照前旨，与盗案一体立限两年，俟限满后，人知畏法，再行声请照旧。"大学士、九卿等表示同意，乾隆帝除同意"照新例严办"外，还将两年改为三年。②说明福建械斗的严重和乾隆帝严惩械斗的决心。乾隆帝认为几年来福建地方官玩忽职守，导致林爽文起义。于是将林爽文起义前后任闽浙总督的富勒浑、雅德二人治罪，要求新任闽浙总督伍拉纳及巡抚徐嗣曾一二年内力除积习。

新任巡抚徐嗣曾把维护地方社会秩序，寄希望于族正制度。他说福建多系聚族而居，各有宗祠，设立族正。凡结会、械斗等大半由宗族引起，胥役往往同犯案者相勾结，拘拿甚难，而"宗祠族正亦多有读书明理安分畏法者，其族中匪徒犯案，地方官竟有不事签票出差，但开指姓名，传知族正，予以期限，彼即行引缚送到官，不敢藏匿"。现酌定章法，遍行晓谕："凡族中举充族正，如为匪不法，作奸犯约，族正不行阻止举首者，分别治理，如果教约有方，一岁之中，族内全无命盗械斗等案，给匾奖励，三年无犯及能将滋事匪徒查缚送官者，奏给顶戴。"③徐氏以为宗族势力与吏胥相结合，左右地方社会，政府只有依靠宗族才能治理宗族，从而保证地方社会秩序，而且认为族正的成法切实可行，并要求奖赏成绩突出

---

① 《清高宗实录》卷一三〇三，乾隆五十三年四月己未。
② 《清高宗实录》卷一三〇七，乾隆五十三年六月甲亥。
③ 《清高宗实录》卷一三三五，乾隆五十四年七月庚戌。

的族正以官员的标志顶戴。

乾隆帝否决了徐氏的建议。认为"所举族正,大半多系绅衿土豪,未必尽属奉公守法之人",他们或包庇族人,或挟嫌妄举,或以衰病者充数,滋弊实多,"况地方官拘拿人犯,反假手于族正,又给以顶戴。岂不开把持官府之渐。行之日久。将来遇有缉凶拿匪之人,必须向族正索取,竟与世袭土司何异"?而且族正俱系平民,遇有犯法之事,自应责成地方官认真查拿,"若明假以事权,必致倚仗声势,武断乡曲",①何事不可为?就在乾隆帝对徐嗣曾建议发表看法的第二天,他看到安徽南陵县族长刘魁一将缌麻服族弟刘种活埋毙命的案件,于是进一步指出:"各处族正,鲜有奉公守法之人……徐嗣曾所见俱错,不得以此时业经陈奏,率行办理,致干咎戾也。"②军机大臣等也迎合谕旨,认为徐嗣曾的建议"实不可行","应无庸议"。③徐嗣曾的建议被彻底否定。

乾隆四十年福建仍然在推行族正,特别是随着漳、泉人移居台湾后也移植了宗族制度及其带来的社会问题,清朝于是也向台湾移入管理宗族的族正制度。但是由于台湾爆发了林爽文起义,地方社会失控。乾隆帝认为地方社会失控,是由基层官吏失职和宗族势力的膨胀所致。地方官选立的族正不可靠,若再加大族正的权力,则更容易使其把持乡里。于是主张对待违法宗族加以惩治,并不一味依靠族正。

---

① 《清高宗实录》卷一三三五,乾隆五十四年七月庚戌。
② 《清高宗实录》卷一三三五,乾隆五十四年七月辛亥。
③ 《清高宗实录》卷一三三八,乾隆五十四年九月丙戌。

四、结语

乾隆时期福建的族正制,主要针对械斗问题,实行地区重点在漳州与泉州二府,随着漳、泉人移民台湾,族正制也推广到台湾府。大致上说,乾隆时期在闽台地区实行族正制度有四次较大规模的实践:第一次是乾隆二年(1737)总督郝玉麟初行族正于漳、泉二府,第二次为十三(1748)至十九年(1754)六年间,喀尔吉善、潘思榘、陈宏谋任督抚时全省性地实行族正,第三次为二十三年(1758)到二十六年(1761)三年吴士功任巡抚时注意发挥族正的作用,第四次是四十年代漳、泉二府并扩大到台湾的族正制实践。族正在上述实行地区比较广泛地存在。

以族正控制宗族械斗,具体办法是在宗族原有族长权力构架外,另外选立族正副、房长等,官府给族正牌照、官印,下放权力给族正,并以奖惩制度监督宗族。由于族正有可能控制基层社会,清廷十分担心。在乾隆晚期械斗严重、社会失控的现实面前,乾隆帝改变态度,不愿依靠族正控制社会。

乾隆时期闽台地区推行族正的实践,深刻反映了清朝国家政权与族权的关系,也反映了宗族械斗等社会问题的严重性。闽台族正制的推行,完善了清朝的保甲、乡约体系,是控制基层社会比较有效的措施。这也就是清朝不断推行族正的原因,乾隆朝是大规模实行族正的时期。

第四节　清代族正制度考论

一、清代族正制的内容

清代的族正制是伴随着清朝推行保甲制而出现的。清政府严饬力行保甲，从雍正四年（1726）起，在广东、江西、福建及苗、壮等族居住的"各边省"，陆续施行保甲制。纵观而看，族正制滥觞于雍正朝，盛行于乾隆朝，道光朝仍在继续中。太平天国运动爆发后，清政府对地方的控制大大削弱，地方上的宗族势力得以发展，清政府大规模任命族正的制度便停止了。

目前人们对族正的认识，一般混同于族长。陈宏谋在江西加强对宗族的管理，引起学者的注意。人们主要依据陈宏谋文集《培远堂偶存稿》卷一四的《再檄选举族正檄》《皇朝经世文编》所收陈宏谋的《选举族正族约檄》来推测，以为"族正"就是官府给族长牌照，"假以事权"。又根据《皇朝经世文编》中陈宏谋的《寄杨朴园景素书》，判断陈氏的主张付诸实践。由于资料的限制，把陈宏谋的看法作为族正制的内容，致族正混同于族长。笔者仔细检阅了《培远堂偶存稿》，发现书中收有两篇关于"族正"问题的文件，并弄清了事情的原委。原来是这样的，陈宏谋于乾隆六年（1741）九月任江西巡抚，十一月发布《谕各属登覆地方事宜》，其中有汇报宗族情况的要求。第二年的六月，根据各属报齐的资料，做《谕议每族各设约正》，要在省司道等官员中讨论，这是第一个文件。同年七月，因各属汇报材料中有条议者少，且不完全，发布《再询地方事宜谕》，仍有调查宗族的内容，并要求十月内覆齐。到了十月，陈宏谋根据汇报的资料，做《再饬选举族正族约檄》，要在省司道等官员中继续讨论，①即第二个文件。这第二个文件收在《皇朝经世文编》，但名称改为《选举族正族约檄》，第一个文件则在徐栋《保甲书》第三卷《广存》收了。两个文件都是陈宏谋用来征求属下意见的，集中了陈宏谋的看法，但不是最后形成的正式实行的文件，根据《寄杨朴园景素书》证明陈宏谋在江西实行了族正制，但证明实行的是上述两个文件中的"族正制"则很不准确。

幸运的是，《西江政要》一书中保留了推行族正制的三个文件。系道光三年（1823）九月，江西按察使魏元烺会同布政使潘恭辰，根据江西巡抚程含章将乾隆七年（1742）陈宏谋选立族正（祠正）旧例查照办理的指示，制定的《民间选立族正劝化章程》（以下简称《章程》）、《牌式》、《民间易犯罪名摘录律例》。另外，乾隆十五年（1750）广东巡抚、总督批准该省布、按二司的《设立族正副约束子弟总理尝租》的文件，②类似江西的《章程》。综合考察江西、广东的这些珍贵资料，便可将清代族正制度的基本情况揭之于世了。

第一，族正的产生。族正是先由宗族内部选举出来，再经州县"查验确是"，给予牌照产生的。至于选举族正的标准，雍正四年（1726）规定"拣选族中人品刚方，素为阖族敬惮之人，立为族正"，语焉不详。江西、广东设立族正的文件有些具体要求，江西

---

① 按：当时任江西按察使的凌燽曾发表一些看法，收在《西江视臬纪事》。
② 《广东清代档案录》之《户役·田宅·山坟》。该条系广东社科院谭棣华先生所示，谨在此鸣谢！

是"不论辈分之尊、房分之长，总以平日为人正直端方，才优德厚，素为通族敬服之人"，可以概括为，不论尊、长，唯才、德是举。广东在"公直老成，素有名望"的基本标准之外，规定"有生监者举年未七十之生监当之，无生监者，选年未七十之良民充之"，提出了身份与年龄上的两个条件，这样的规定。只能由"族绅耆老"来充任。

可见，族正并不是官给族长以牌照、假以事权产生的，而是在宗族原来的族长之外重新选立的。那么族正同族长关系怎样呢？《牌式》中写明，遇事族正"会同族长、房长"在祠堂办理，族正同族长的地位很接近。不过我们仔细分析，便会看到，遇到族内立嗣时，族人先"过闻"族、房长，如果发生特殊情况，则要族正"处断"，可见族正的地位略高于族长。如果说江西族正制的上述资料比较含糊，广东的族正制资料则明确很多了，规定，尝租"仍令族正副管理，族长、宗子佐之"。显而易见，族正系宗族原有首脑之外另立，地位略高于族长、宗子的宗族领导，是确信无疑的。①

第二，族正的职能。首先，以宣讲圣谕广训为首务，推行教化。江西"将《圣谕广训》及摘刊律例同宪台刊发《兴养立教劝善惩恶告示》发给族正，令其朝夕讲读。俾族众共知儆惕，勉为良民"。《牌式》的第一条，便是"宣讲圣谕，以兴教化"，规定"每逢祭祀聚集之时，于公祠内会同族长、房长，传集合族子弟，分别尊卑，拱立两旁。将'上谕十六条'句解字释，高声曲喻，并将

---

① 福建延平、建宁、邵武三府"议立族正、族副，协同族长经理"，具体情形不详。《问俗录》卷五《邵军厅·会茶》。

律例罪名及条教告示，随时讲读，实力劝导，俾尔族姓，务各心领神悟，父慈子孝，兄友弟恭，夫和妇顺，敦族睦姻，以成仁厚之俗"。清政府要求族正向族人灌输伦理道德，宣传政府法令，处理好父子、兄弟、夫妻关系，搞好家庭、宗族团结，稳定社会秩序，这是伦理政治的表现。

其次，族正具有一定的司法权。广东规定，"合族子姓俱听族正副约束，有□事不法听族正副教训，不从禀究，遇有两姓互争田土、钱债、丧葬、婚姻及一切口角微嫌失误，许两姓之族正副公处，处断不明，将两造情事，据实直书，粘连各原词禀官剖断，毋许两姓凶械伤毙人命"。族正被赋予了"约束""教训"族众，处理族内纠纷并有"禀官"的权力。江西的《章程》记载简单明确："如有乖戾之徒，不知率教者，小则处以家法，重则鸣官究惩。"《牌式》的规定，可作为注脚，即"轻则会同族房长，将本人传至祠堂，令其长跪神位之前，剖别是非，直言指饬。如果认祸悔罪，许其具结自新，如怙恶不悛，暴戾不遵及所犯情罪重大，即报官惩究"。可见，清政府予以族正在祖宗牌位前论是非的审理权和处以家法的判决权（包括将族人送官惩治）。家法，报陈宏谋回忆说，"于江西酌定祠规，列示祠中"，① 这个官定祠规没有发现，但根据清人族谱反映的情况，常常是体罚族人，如鞭杖、罚跪、关押、捆绑示众等，或是经济制裁，如罚款入公、设酒服罪、演戏敬祖、办理公务等，或是在上述惩罚之后开除宗籍。族正具有一定的司法权。

---

① 《清经世文编》卷五八《礼政·寄杨朴园景素书》。

再次，管理宗族经济的使用，是族正的重要职能。宗族经济是宗族制度赖以维系的经济基础，管理宗族，需掌握好族产。江西规定："其祠内公项，止许作祭祀、修祠等项之用，如有盈余，即将族中鳏寡孤独残疾穷苦之人，量为周恤。倘族中有与他族寻衅构讼者，亦责成该族正查禁，不许将祠内公项放作具讼之资。"广东的规定更为严密，它是这样的："除每年祭祀费用外，其余酌给族正副饩廪，并周恤该族贫窭孤寡，如尚有余，建学延师，训课族中俊秀，不许丝毫妄干。再年底将该年所收租息共若干石，祭祀、师生修金膏火若干石，周恤族人贫乏若干石，有无剩余，逐一开造清册，呈送州县核查、存案。"无论江西还是广东，族正对族产的管理，旨在将族田收入限制在祭祀、周恤、助学等正常用途方面，防止充作健讼、械斗之资。

又次，维护地方治安，起到保甲制的作用。族正本身就是伴随保甲制出现的，《牌式》规定："纠察匪类，以靖地方。查私宰耕牛、造卖赌具、兴贩鸦片、贩私寓盗、奸拐私铸等事，总难逃族众之耳目，族人一有干犯，刻即密禀查拿，倘稍有容隐，定行一体究治。"利用族人互相了解的便利，使之相互监督，否则"一体究治"维护地方治安。

最后，族正制起到地方基层政权组织的作用。除了前述的职能具有地方基层政权的性质之外，《牌式》还规定，族正要举报节孝、劝农务本、保证婚约、负责立嗣等等，凡地方基层政权经管的事情都涉及了，起到了地方基层政权的辅助作用，或曰准地方基层政权。

第三，族正的赏罚。先说奖赏。江西规定："各族正于给委之后，由该州县汇报查考。该族正果能实力教导，约束有方，如一年之内族人并无违反科条，州县给予匾额，二年道府给予匾额，三年两司给匾，三年之后，该州县禀请宪台，抚宪亲加奖赏。"奖励的方式前三年是州县、道府、两司逐级给匾，三年以后督抚奖赏。广东稍有不同，"如果一年之内，尝租出入无私，族人安静无事，年底地方官给予花红，仍令充当，三年已满，毫无过犯，生员即以优生荐举，详给匾额，以示鼓励"。广东族正有一年的"试用期"，符合政府规定，给予物质奖励，继续充任，满三年的，荐举给匾。总之，对族正的奖励，主要是使其受到表扬获得荣誉。

再说惩罚。江西规定："倘有怠惰徇私等弊，分别斥革、惩儆，另举接充。"广东则要严厉得多，规定："倘敢故违，因仍前弊，尝租不归实用，以及族人造事生端，好勇斗狠，既不规劝，又复徇隐故纵，除本犯按律究拟外，族正副、保甲一例治罪。其有首先寻衅及同恶相济并挟嫌诬禀者，事发之日，依律治罪，如系生监，情轻则传教官当堂责儆，情重则详革究拟，另举充补。尝租一讲入官充公，倘五年后该族众果能悔过自新，出具不敢有犯听处甘结，地方官出具印结。通送听□酌□归返原尝租，以示鼓励。至若一二人一时触忿生殴不及阻止者，仍照常科断，族正到俱免议处。"广东对未尽职责的族正，实行把族产做抵押以观后效的做法，可以说是经济制裁，是很厉害的一招。

此外，为了保证族正权力的顺利行使，《牌式》还规定："族内如有匪类嗔恨族正，禀官究治。冀图报复泄忿，或使妇女□人泼寻衅者，该族正禀县即拿，加倍重处，毋少宽贷。"使族正在族人中站稳脚跟。

第二章 族正制度考辨 109

乾隆四十年（1775）闽浙总督钟音批准的《议设族正副》[1]基本精神与江西、广东族正制相同，由于该文件简略，我们就不拟分析了。

二、族正制在清政权兴衰治乱中的地位

第一，族正制的出现是清朝加强统治的重要措施。传统社会晚期的清王朝出现了族正制，这是一个耐人寻味的问题，究其原因，似有以下三方面组成。

首先，清代的族正制是清朝以孝治天下伦理政治的产物。唐末农民战争给予门阀士族以毁灭性打击，五代以降，宗法关系发展的总趋势是日益松弛化。然而一些朝野人士却一直试图强化宗法制度，以维护社会秩序。在清朝，历史发展特殊，较早进入封建社会而又氏族制残余浓厚、汉化很深对儒家学说推崇备至的满州贵族统治者，同宋明以来强化宗法、伦理政治的中国社会相结合，产生了具有鲜明特色的伦理政治。早在康熙九年（1670），康熙帝在全国颁布了"上谕十六条"，雍正帝又将其逐条解释，成《圣谕广训》，主旨是以孝治天下，清朝通过多种渠道在全国宣讲贯彻《圣谕广训》，人们必须奉《圣谕广训》为行动的圭臬，《圣谕广训》是清朝以孝治天下伦理政治的纲领，[2]它特别强调通过家庭、宗族推行孝治，培养顺民。雍正提出了"笃宗族""立家庙以荐烝尝，设家塾以课子弟，置义田以瞻贫乏，修族谱以联疏远"的具体措施，宗族政策是清帝治国政策的重要组成部分。就在《圣谕广训》出现的

---

[1] 《福建省例》户口例。
[2] 参阅拙作《论〈圣谕广训〉与清代的孝治》，载《南开史学》1988年第1期。

第二年，即雍正四年（1726）定了"选立族正之例"。陈宏谋推行族正制的目的是"广教化"，把宣讲《圣谕广训》作为头等大事，其制定的"牌式"，也是以《圣谕广训》为基础的。清代的族正制是在政府强调灌输儒家伦理，利用血缘关系推行孝治的背景下出现的。

其次，族正制是清朝力行保甲制，维护社会治安的需要。清政府十分重视推行保甲制，早在顺治元年（1644）即议推行保甲，但在当时清朝未能控制全国的情况下，"奉行不力"。康熙四十七年（1708），在社会经济恢复，社会较为稳定，同时也显露出一些社会问题的情况下，又"申行保甲之法"，这次整饬保甲之后，到了雍正朝，在雍正帝强化宗族制度的背景下，便把保甲制与宗族制结合起来。雍正四年（1726）"严饬力行保甲"时，定了"选立族正之例"。乾隆二十二年（1757），为了实际奉行保甲制，乾隆要督抚就"如何设法编查"等问题具奏，后"议准"族正条例，[①]在全国实行。清朝《刑部则例》《户部则例》记载族正制，是隶属于保甲制的。江西族正制的《牌式》第五条"纠察匪类，以靖地方"，发挥着保甲制的职能。晚清冯桂芬追求的"保甲为经、宗法为纬"的社会统治秩序，同清前期族正制出现的历史是一致的。族正制与保甲制有不解之缘。

再次，清代族正制是为遏制宗族势力膨胀出现的。清朝在以孝治天下政策指导下，进一步支持宗族制度，宗族势力发展很快，祠堂、族田、族谱数量迅速增加，"祠堂族长的族权"也膨胀起来，

---

① 《清朝文献通考》卷二一至卷二四《职役》；光绪《大清会典事例》卷一五八《户部·户口·保甲》。

凭借雄厚的宗族经济滋事。江西族正制出现的背景是"每有族中讼事，均取给于公费"。"恃众械斗"，"以致狱讼日多"。[①]广东则为"民间每因尝租充裕，遂起侵占之端"，[②]故设立族正副，"总理尝租"。在族正的职责里，清政府都把族田收入应当使用的范围放在重要位置，规定得十分详细，从经济上控制宗族势力的膨胀。除此之外，对宗族势力的遏制，主要是通过"族正"来实现的。当然，在族众滋事，宗族秩序不稳，宗法、伦理道德的卫道者或无力制止。政府委派族正，给其约束化导族众之责，有用族人管族人的成分，这是问题的一个方面，但还有更重要的一面，即族正制独立于宗族族房长之外，族正具有如下特征：一是受政府委托管理宗族，限制族房长的权力，以免族长操纵之虞，二是有政府支持，名正言顺地管理族众，使其守法，将宗族纳入政府统治体系中。三是族正由族众选举产生，成为宗族的领袖，他有义务对政府负责，如果族众不法，族正亦受牵连，既不能保族众，也不能保身家，任命族正时政府的惩罚规定就是这个意思。前人的研究，颇重视政府对宗族领袖的支持，重视利用宗族上层对族人的统治，而对政府遏制宗族势力忽视了，这应当引起人们的注意。

第二，在社会秩序不稳定的情况下，族正制助长了宗族势力的膨胀。由上可知，清代族正制主要实行于乾隆朝，我们对族正制的认识，也应当扣紧乾隆时期的社会状况。乾隆朝突出的社会问题是人口膨胀和吏治不清。吏治不清是每个王朝中期必然出现的问题，它败坏国家的法律和政策，使人民失去对政府的信任，造成政府对

---

① 《章程》。
② 《广东清代档案录》之《户设·田宅·山坟》。

地方控制的减弱。而人口膨胀是乾隆朝更为突出的社会问题，乾隆六年（1741）全国有一亿四千万人，到了五十五年，则猛增到三亿人。随着宗族人口的增加，宗族制也发生了变化，"族大分祠，各族有之"。①祠堂数量的增加也是清朝支持宗族制度的反映，"凡同姓皆谓族，盖自前清听民间合建宗祠，而族之途遂广，然则何以别亲疏，于是族有分房，如蜂房莲房然，如列室分房然"。②祠堂的增加使宗族组织更为庞大，而且复杂化，宗族势力呈发展状态。

在推行族正制的地区，宗族势力发展很快。江西在乾隆七年（1742）六月通省有祠堂4200个，"是各属境内大半皆有祠堂之户"，③到乾隆二十九年（1764）则发展到祠堂8093处，十二年内将近增加一倍，而且通谱之风很盛，所谓"妄联姓氏，醵金创立公祠构讼"。④江西宗族势力的膨胀，遭到了巡抚辅德的打击。再看广东的族正，乾隆三十一年广东巡抚说该省设立族正副管理义田多年，"而该省聚众械斗之风，全未悛改"。⑤因此请求将丰厚的祠产散给族众。看来江西、广东宗族势力发展很快，族正制并未有效地控制宗族，终于发生了辅德诉诸打击手段的情形。

族正制虽是为遏制宗族势力膨胀出现的，但充任族正的族绅耆老本是宗族内部有影响的人物，政府又委以事权，使得族外耆老在宗族中的领袖地位合法化。他们既对政府负责，更对宗族负责，往往对政府阳奉阴违。由人口急增派生出来的社会问题，也不是族

---

① 《慈南干溪章氏宗谱》卷一一《社庙考·东庄分祠记》。
② 《湘乡胡氏续修族谱》卷首《旧叙》。
③ 〔清〕陈宏谋：《谕议每族各设约正》，《培远堂偶存稿》卷一三。
④ 〔清〕辅德：《复奏查江西祠谱疏》，《皇清奏议》卷五五。
⑤ 〔清〕王检：《清除尝租痼弊疏》，《皇清奏议》卷五六。

正制所能从根本上解决的,在社会问题较多、秩序较为混乱的情况下,族绅成为政府难以控制的地方势力。乾隆帝曾说:"此等所举族正,大半多系绅衿土豪,未必尽属奉公守法之人。况既族众一处,则滋事者必有伊子弟亲党在内,族正转得为之包庇,甚而挟嫌妄举。"[1]绅衿土豪控制宗族的具体事例,如嘉庆时广东海阳县积年械斗案内在籍知县孙晓辉、已革生员林哲"庇护族人,甚至倡议出银派敛斗费,伤毙多命"。[2]可以说,设立族正的社会效果之一,是助长了宗族势力的发展。由于此,在宗族势力有了长足发展的近代社会,我们便看不到大规模推行族正制了。

第三,清代族正制是中国宗法社会背景下中央集权制的特殊产物。传统的中国社会里,宗法关系占有重要地位,国家要完成社会控制,除了专制主义中央集权体制实行对全国的统治外,还必须对政府官员组织难以直接控制的农村基层社会实行"乡治"。

"乡治"的主导思想是儒家倡导的"三纲五常"伦理道德,"礼禁于未然之先",具体做法是利用绅衿、老人充当乡村负责人,维护家庭、家族、宗族、乡里的传统秩序与稳定。如果一个王朝不能处理好上述问题,则难以控制社会。清代推行族正制,承认族正具有一定的司法权力,族正制起着保甲制的作用,族正还行使着类似地方基层政权的作用,族正制可以称得上准地方政权组织。通过族正制,清政权在聚族而居地区,加强了对基层社会的控制,强化了专制主义中央集权的统治。

但是,具有血缘与地缘双重特性的宗族,往往成为地方势力,

---

[1] 《东华续录》卷一一〇,乾隆五十四年七月庚戌。
[2] 《清仁宗圣训》卷九九,嘉庆十年三月丁酉。

控制地方社会秩序，使地方官无法行使对地方的统治，这是专制集权政府不能容忍而又感到棘手的事情。在这种情形之下，通过加强对血缘组织控制求得治理地方、加强中央集权，便会转变为采取限制打击血缘组织的社会影响力，来巩固中央集权。乾隆后期，清朝开始走上了中衰的道路。乾隆君臣就如何控制族人展开的讨论，便能说明上述道理。如乾隆三十三年（1768）福建人御史张光宪奏请设立大姓族长，遭到乾隆帝的斥责。[1]乾隆五十四年（1789）徐嗣曾请求在福建严行族正制，责成族正缚献"匪徒"，有成效者，"赏给顶戴"，乾隆帝认为："若概今族正等自行举首缚送到官，则设地方官何用？是明假以事权，必致倚仗声势、武断乡曲。"[2]没有实行，表明乾隆对族正的担心。这种担心以后变成了现实，宗族势力膨胀，政府社会失控严重，以捻军为例，史称"捻匪与蠹役合而为一，其匪首多系大族"，[3]在捻军和太平军冲击过的安徽和州，"大乱初平"，"强族恣横"。[4]因此，在宗族势力膨胀，中央对地方失控的情形下，族正制势必不能久行。

总之，清政府要求宗族选举产生的族正，是其所在宗族中有影响的人物，可以作为宗族的代表，向政府承诺自治的义务。同时，族正又握有政府予以的权力管理族人。族正既不同于族长，也不同于政府官员，身份具有双重性，成为政府与宗族之间联系的媒介，也可以说是一种"职役"。探讨清代推行族正制的历史，对我们加深了解专制主义中央集权统治，认识宗族制度，明了清代的治乱兴

---

[1] 《清高宗圣训》卷二六四《厚风俗》。
[2] 《东华续录》卷一一〇，乾隆五十四年七月庚戌。
[3] 《东华续录》卷一二五，咸丰三年七月辛亥。
[4] 《游氏六修族谱》，《谱弁》，游智开：《神道碑铭》。

衰及其他社会情况都很有必要。

第五节　近代闽台族正制考述

清朝雍正四年（1726）推行保甲的同时实行族正制："凡有堡子、村庄聚族满百人以上，保甲不能遍查者，拣选族中人品刚方、素为阖族敬惮之人，立为族正。如有匪类，报官究治，徇情隐匿者与保甲一体治罪。"① 该条在乾隆二十二年（1757）正式纳入保甲条例，内容是："聚族而居、丁口众多者，择族中有品望者一人，立为族正，该族良莠，责令查举。"② 乾隆朝是大力推行族正制的时期，特别是福建由于聚族而居，加上漳州和泉州两府械斗严重，在福建（包括台湾）的族正制实践尤为频繁。对于这一时期的族正，学界已经有所探讨，③ 但是有关近代福建族正问题尚未发现有人研究，只有个别论述台湾地区族长的论文，④ 因此笔者试作考察。

---

① 《清朝文献通考》卷二三《职役三》。
② 光绪《大清会典事例》卷一五八《户都·户口·保甲》。
③ 常建华在《清代族正考论》（《社会科学辑刊》1989年第5期）、《清代族正问题的若干辨析》（《清史研究通讯》1990年第1期）、《试论乾隆朝治理宗族的政策与实践》（《学术界》1990年第2期）三篇论文中探讨了清前期设立族正的背景、族正与族正的区分、族正的职能、族正制的意义等问题，其中涉及福建省的族正问题。韩国学者元廷植发表《清中期福建的族正制》（《清史论丛》2000年号，中国广播电视出版社，2001）一文，专门就雍正、乾隆时期为主的福建族正制进行了专门论述，引用了丰富的地方志等资料。
④ 清朝于康熙二十三年（1684）在台湾设一府三县：台湾府和台湾、凤山、诸罗三县，隶福建省；雍正元年（1723）增置彰化县；光绪十三年（1887）改建行省。戴炎辉先生有《清代台湾族长的选充》（《台湾文化》第3卷第6期）一文，可惜笔者未见。

一、19世纪闽台推行族正制的实践

清代地方文献保留了嘉庆、道光初年福建省实行族正制的记载。如嘉庆初年谢金銮任泉州府安溪县官员,当时安溪械斗严重,谢金銮向知府建言:"于是又择其乡之齿长而端悫者立族正及副二人,如古三老啬夫,凡乡有讼事,族人以告族正,小事族正判其曲直,大事则族正自诣县告,或率其人俱至,以俟知县听断。知县有所问,以片纸召族正率其人至。"① 嘉庆十九年(1814)薛凝度任漳州府云霄厅同知,在六十保十三个村庄推行族正族副制度。主要内容是:

> 今本分府到此,与尔众绅士民人共议,每乡佥举设立族正一人、族副一人,饬令该族正副每房设立房长一人,令族正副约束各房长,令各房长约束各房子弟,将禁令各条开列于后。如各房子弟有不遵理法干犯禁示者,即房长惩治之。如子弟不遵房长约束,即有房长禀知族正副惩治之。如仍不遵族正副约束,即族正副督同房长缚送,禀明本分府惩治之……如有扶同徇隐、袒纵不举,以致控告到官,则本分府惟族正副是问,令其将滋事之人缚送到官。如敢仍前抗违,本分府定不能稍事姑容,必痛行惩办。②

该族正制推行是在乡一级,但是要求在乡以下各宗族的房设立房

---

① 〔清〕陈寿祺等纂:道光《福建通志台湾府》引《重纂福建通志》卷二二六《国朝列传·侯官县》,《台湾文献史料丛刊》第二辑,台北:大通书局,第26册,第737页。
② 嘉庆《云霄厅志》卷三《谕禁·谕云霄六十保一十三村族正族副》。

第二章 族正制度考辨 117

长，听命于族正副。房长具体管理族人，族正副同房长有缚送不遵约束子弟到官的权力。许原清道光二年（1822）在福建泉州府同安县任官时。因"同安民好斗，称难治，君先立条约，责族正副约束"。①嘉庆末、道光初，延平、建宁、邵武三府实行联甲之法，各县村庄有聚族而居者，议立族正、族副，协同族长经理。道光六七年之际，兴化府仙游县也存在着族正。②

  道光初针对严重的宗族械斗，清廷完善了政策法规。道光二年刑部奏称："械斗之案。起于闽省漳、泉二属，而粤东惠、潮尤甚，近来江西、湖南、浙江、广西各省，亦间有致毙多命，情近械斗之案。"道光帝认为械斗"最为民俗人心之害"，命令"广东、福建、广西、江西、湖南、浙江各督抚，查明近年械斗情形……详细妥议章程具奏"。③道光二年奏疏表明，尽管政府不断加强治理械斗，而械斗却在不断扩大。因此，刑部新定两条刑律：一条是针对上述六省纠众互斗之案，分别纠众人数和致毙彼造人命数定出的重惩规定；另一条是根据乾隆三十一年（1766）皇帝就广东巡抚王检的请求，决定除对宗族械斗本犯按律严惩外，将祠田分给族人的事例入律，④并增加了惩办不检举械斗之族长、乡约的内容。⑤同年刑部等衙门议定"惩办械斗章程"，被皇帝批准实行。⑥章程中有一条是

---

① 〔清〕周凯：《内自讼斋文选·诰授朝议大夫华亭许君墓志铭》，《台湾文献史料丛刊》第八辑，第153册，第47页。
② 〔清〕陈盛韶：《问俗录》卷五《邵军厅·会茶》；卷三《仙游·竹乂·拦路》，书目文献出版社，1983，第104页、第80页。
③ 《清宣宗实录》卷三二，道光二年闰三月乙未。
④ 《清高宗实录》卷七五九，乾隆三十一年四月壬戌。
⑤ 光绪《大清会典事例》卷八〇四《刑部·刑律》。
⑥ 《清宣宗实录》卷四一，道光二年九月丙申。

"审办械斗案件之地方官宜分别劝惩",为此吏部又详定了"械斗重案地方官议叙议处之例"。①可见重惩械斗,以维护社会秩序是道光初年清政权的为政要务。

道光朝治理宗族械斗与推行族正制密切相关,闽台地区的族正在道光时期有较大发展。在清朝新设政区台湾府,重视设立族正。道光六年(1826)七月户部议准,闽浙总督孙尔準奏,开辟台湾噶玛兰应行查办未尽事宜,共计15条,最后一条的内容是:"编查保甲,设立族正,以资稽查约束。"②皇帝从其所请。在此前后,福建地方官为治理械斗向皇帝上奏建议:

一、编查保甲,设立族正,以资稽查约束也。查噶玛兰远在界外,其地耕种之漳、泉、粤民人,有家室者固多,而无籍游民及犯罪逃匿者亦复不少。今既收入版图,设官治理,必须正本清源,编查保甲,以杜匪徒溷迹。据该镇、道、府议请设官之后,责成印官按照保甲村庄,实力编查,造具烟户清册送查。其单身耕种及雇工、店伙等人,即附入田主、店主户下,责令地保约束,倘有犯罪变名溷迹者,即令该管头人指报。仍于各乡举设诚实总董,协同地保稽查,一家有犯,十家连坐,庶匪徒无从托足。该地漳人最多,泉人次之,粤人又次之。漳州十八姓内,惟林、吴、张三姓最为族大丁多,平日倚恃人众,以强欺弱等事,不一而足。必须佥举族正,秉公约束,庶几返朴还醇。该府杨廷理前经在地选举各姓族正,详请责成约

---

① 《定例汇编》道光三年卷上《吏例·功过》。
② 《清宣宗实录》卷一〇〇,道光六年七月乙未。

束,二年后并无械斗抢劫等案,即属办理得宜。令该地印官查明详请,赏给顶戴,以示鼓励。倘有阳奉阴违,徇私袒庇,察出随时究革,另行举充等情。臣等覆加查核,系为弭盗安民起见,应请悉如所议办理,以靖地方而示惩劝。①

鉴于噶玛兰新设厅,为了控制基层社会,清朝在编查保甲的同时设立族正。

福建泉州府也有关于族正的事例,道光十八年(1838)七月,谕旨:

> 本日据都察院奏、福建晋江县民人王埭良、以焚劫勒索等词。赴该衙门具控,已明降谕旨,交该督抚督同臬司亲提审讯矣。此案据该民人控称、吴罗等纠众持械,掳人勒赎,抢劫财物,纵火烧房,迭控文武各衙门。批府饬县会营讯办,该县不为严究,反赏给吴罗等顶戴,兼充族正房长等情。顶戴为名器所关,该县如果擅行赏给,殊属有违定制。该民人所控各情,是否属实,着该督等逐一研讯,确切查明,照例惩办,毋稍含混,以成信谳。将此谕令知之。寻奏:讯系吴罗族人吴俞,因派王埭良修桥不允,起意将王埭良之侄王赵、王憬、关禁勒索。又乘王埭良家失火,纠抢耕牛。至王埭良京控词内,所称该县赏吴罗等顶戴,系属装点,实无其事。吴俞应照福建民人捉人勒索为首,发新疆给官兵为奴例问拟,王埭良所控掳禁勒

---

① 〔清〕柯培元纂:道光《噶玛兰志略》卷一三《艺文志·文·双衔会奏稿》,《台湾文献史料丛刊》第二辑,第27册,第147—148页。

索得实。余属虚诬，按律拟杖。下部议，从之。①

据此，虽然晋江县并没有授予吴罗等顶戴兼充族正，但是说明族正已经成为控制宗族的主要手段，族正因系官府授予，具有一定的权威与荣誉，官府认为不能轻易给与。皇帝的慎重态度，在转年的谕旨中再次证明。道光十九年（1839）八月，"谕内阁：钱宝琛等奏议覆御史焦友麟广敷教化一折。地方官有教养斯民之责，果能除莠安良，何患奸宄不戢，民俗不醇。毋庸多设科条，转滋烦扰。嗣后朔望宣讲之处，着仍照旧章，责成该州县实力奉行。傥于编查保甲时，访出习教匪徒，立即严拿惩办，以靖地方。所有该抚等奏请分任教官添设族正之处，著毋庸议"。②道光皇帝拒绝了"分任教官添设族正"的建议。

道光二十年（1840）六月，清朝为了惩治宗族械斗，在漳州、泉州推行族正。当时刑部等部议覆钦差兵部尚书祁寯藻等奏《查禁福建漳泉府属械斗章程六条》，内容是：

一、漳泉所属各厅县有素称难治者，实缺少而署事多，官有苟且之心，民无伸诉之路。请令该督抚择州县中操守坚定、实心爱民者调补，如三年中实有成效，保奏鼓励；如有将械斗之案匿不具报及分案办理者，从严参办。

一、漳泉所属各州县下乡，动辄会兵，扰害不可胜言。请嗣后除大伙械斗，或拒捕已成照例会营帮捕外，寻常缉凶案件

---

① 《清宣宗实录》卷三一二，道光十八年七月。
② 《清宣宗实录》卷三二五，道光十九年八月戊子。

不许轻易会营。

一、漳泉乡俗各有家长，应令地方官亲赴各乡，择耆老中有品望者，同姓之乡立族正一人、族副数人；杂姓之乡立党正一人、党副数人。令其约束劝奖，本年内无争斗者县官给匾额花红；一年及六年以上由道府院司给匾，系生员由学政奖拔；查有扶同隐匿一并究治。

一、漳泉大乡各养无赖恶少数十百人，助斗为生，挑衅取利，应严饬地方官查拿究办。

一、漳泉各属好习鸟枪，私藏私造，比户皆然。应令地方官立限收缴，官为给价，移营备用。全缴者给匾奖赏，不缴者按律治罪，并查制造工匠、火药坊肆，一并究办。

一、漳泉各属多买异姓幼子为子，有　人至买数十子者，平时责令贩洋取利，遇有械斗即令持械先驱，生则逼令顶凶，死则藉尸讹诈。应令地方官传集各乡绅耆谕以礼法，正其宗支，劝建义学教导。均应如该尚书等所奏办理。从之。[①]

幸运的是，祁寯藻等人上奏的原折内容尚存，由于篇幅较长，我们选取其中关于选立族长一条如下：

一、遴举乡族各长以重责成也。查漳泉乡俗，各有家长，多系生监或辈行居长者为之，力能箝束一乡。其中原不乏有身家之人，而主持徇纵者亦复不少，应令地方官亲赴各乡，于绅

---

① 《清宣宗实录》卷三三五，道光二十年六月乙酉。

士耆老之中择其有品望者，同姓之乡立族正一人、族副数人，杂姓之乡立党正一人、党副数人，殷勤奖劝，授以章程，令其约束。遇有口角小忿，即凭族党正副秉公剖释；倘有不遵，即时呈送县官，按法处治。如平时不能约束，反致酿成事端，又复挟同徇隐，并不据实禀报，除本犯治罪外，该族党正副一并究治。如实能表率有方，半年内无争斗仇杀者，县官给□□花红，一年以上，道府给匾，六年以上，院司给匾，并树坊于里门，以旌其乡□；生员仍报明学政，优加奖拔，俾邻乡观感，咸昭激劝。①

该奏折档案补充了实录记载简略的不足，如族正是从"绅士耆老"之中选立的，而非仅仅是"耆老"。这次得到皇帝批准的行动，推测较大规模地推行了族正制。

道光二十四年（1844）三月，因平息泉州府马港厅之陈头乡拒捕戕官事件，为了治理陈头乡这个"著名盗区"，刘韵珂等"酌拟四条：一、选立族正族副，以资约束；一、出洋船只编列船甲，严禁偷渡；一、缉捕宜水陆交严；一、绅衿获盗准予优叙。下部议。从之"。②皇帝对于泉州府设立族正的批准，该地区很可能会强力推行。

在道光朝30年的历史上，推行族正几乎贯彻始终。其中道光初年与道光二十几年可以算作两次高潮。

同治朝有一次准许全国各地设立族正的谕旨。同治九年（1870），

---

① 礼部"为内阁抄出祁寯藻等奏"移会，原载台北"中研院"历史语言研究所编《明清史料戊编》第六本589/b—590/a页，下册，中华书局，1987年影印本，第1264—1265页。
② 《清宣宗实录》卷四〇三，道光二十四年三月。

为平定湖南湘潭会党，御史张景青奏预筹解散安插之法，其中有"责成绅士约束，族正劝谕，并令旧日主帅保举差委"。皇帝认为可以采纳，要求："各直省督抚各就该省情形斟酌机宜，妥为筹办。"①此令一出，也会推动地方上实行族正制。

光绪时期台湾推行族正较为普遍。光绪十八年（1892）十二月初七日，台湾南端的恒春县所定《联庄章程》中规定：

> 地保：查定例，保正、甲长、牌头，须选勤慎练达之人点充。如豪横之徒，藉名武断，即行严查究革，从重治罪；果能实力查访盗贼，据实举报，亦按名给赏。再，地方堡子村庄聚族满百人以上者，保甲不能编查，选族中有品望者，立为族正。若有匪类，令其举报，倘有徇情容隐，照保甲一体治罪等语。兹恒邑各庄，均已设有总理，或一人，或两人，事适繁多，不能周转；且其中公事，有非总理所能办者，自应另设地保一人以副之。除车城业已设立外，所有统埔、新街、保力三庄，应各添设一人；其虎头山、网纱等四小庄，合设一人足矣。将来勾摄公事、催完钱粮、稽查赌博娼盗等项，皆责成地保分别承办。尔等务即选举诚实明白一人，禀候本县点验，入卯充当。②

按照清朝保甲体制推行的此联庄之法，在聚族而居的地方是会设立族正的，与地保一道协助总理维护社会秩序。

---

① 《清穆宗实录》卷二九五，同治九年闰十月下庚辰。
② 〔清〕屠继善纂：光绪《恒春县志》卷七《户口（民番）·联庄章程》，《台湾文献史料丛刊》第一辑，第8册，第132—133页。

二、道光年间台湾选立族正的个案分析

雍正元年（1723）清在台湾添设淡水同知，稽查北路兼督彰化捕盗事务，道光中期建厅于竹堑（新竹）。今存道光年间淡水地方组织"竹南三保"的选立基层社会总理、庄正、族正的文书，对于我们认识族正制度是珍贵的资料。关于这个竹南三保，同治十一年（1872）五月初四日所制《淡水分府周，造送淡水厅属各保总理、董事姓名清册》记载了首保本城内、竹南一保—竹南四保、竹北一保—竹北二保、桃涧保、海山保、大加蚋保、拳山保、摆接保、石定保、八里坌保、兴直堡、芝兰一保—芝兰三保、金包里保、鸡貂保共计20个保任职名单，文后盖有"北路淡水捕盗同知关防"，说明是经过官府认定的。其中竹南三保的内容是："乡长沈士生，保长蔡朝阳；吞霄街总理张凤岐、黄有升；白沙墩庄总理陈明元；宛里街至房里总理陈金源；日北山庄总理陈振文。"①可知地方基层组织包括保与街庄，保一级设有乡长、保长，街庄一级设有总理。②竹南三保包括吞霄街、白沙墩庄、宛里街、房里（庄）、日北山庄等。其中"宛里街至房里"省略了一些名称。检同治《淡水厅志·建置志》有"街里"类目，记载淡水城南苑里堡③十五庄（西

---

① 《淡新档案选录行政编初集》，第3998号，《淡水分府周，造送淡水厅属各保总理、董事姓名清册》，《台湾文献史料丛刊》第三辑，第59册，第493—502页。
② 关于清代台湾的乡庄组织，可参见戴炎辉《清代台湾之乡治》第三编，台北：联经出版事业公司，1979。
③ 保甲制度是清代台湾各县厅级以下一部分区划的基础，在道光以前的文献只有"保"字，至咸丰以后始出现"堡"字代替原来之"保"。见陈其南《汉人移民社会的历史政治背景》，收入陈其南《台湾的传统社会》，台北：允晨文化实业有限公司，1987，第34页。据此，则"苑里堡"由"苑里保"演变而来。

南临海）："城南苑里堡十五庄（西南临海）：吞霄街（距城七十里）、吞霄社（七十里）、北势窝社（七十里）、竹仔林庄（七十二里）、五里牌庄（七十五里）、涂城庄（七十五里）、苑里街（八十里）、古亭笨庄（八十里）、山柑庄（八十二里）、榭苓庄（八十二里）、日北庄（八十三里）、昆社（八十三里）、猫里社（八十四里）、房里社（八十二里）、房里庄（八十三里）。"可以帮助我们认识淡水的基层组织。

有关"竹南三保"中的族正资料，收录反映台湾淡水、新竹历史的淡新档案中。淡新档案保留了道光二十三年（1843）的三件文书。

下面依次分析这三件文书：

第一件文书是道光二十三年闰七月十四日呈的《总理、义首等，禀举张妈喜为宛里街庄总理，萧兴等为族正，郑玉馨等各庄庄正》，具体内容是：

> 具金呈台下竹南三保田蓼庄总理梁妈成、宛里街绅士义首陈癸森、街正杨清河、董事陈升、吕加巴、郭天送、庄正郭世富、陈盖淡、苏德、古阿琳、孙朱生、石送、李三才等，为遵谕选举，乞恩给戳办公，以专责成事。缘蒙钧单，饬差对保蔡然，立吊巳革总理郑文博戳记，先行缴销。成等仍即协同，选举诚实、秉正之人，堪充宛里街庄总理，取具认充、保结，禀缴验充，给戳办公等因。窃查总理为街庄之首，必须诚实、秉正、毫无偏袒之人，方堪胜任。兹成等遵谕，在于天后宫佥议，遴选得张妈喜，为人诚实，秉公持正，堪以按充宛里街庄总理额缺；萧兴、李抄、陈乌番、郭玉圭、沈番隆等五名，堪

充宛里街族正；又郑玉馨堪充日北山脚族正，陈赞堪充房里庄正，刘坤堪充西势庄正，张妈爱堪充北势庄正，萧阿富堪充宛里坑庄正，李水堪充山柑尾庄正。但庄中自愿承充者，皆非秉正之人；以上新举族正、庄正，均系诚实、公正，本不肯充当斯缺，应请宪恩宽免赴验，先给戳记，俟宪驾按临之时，再行叩接面谕。理合先具保结禀叩。伏乞大老爷恩准，先给戳记，俾得分交承领办公，以专责成。至各人认充状，俯容另取呈缴，合并声明。叩。

计缴保结状一纸。

〔批〕张妈喜是否堪充总理，候验充，给戳承办。此外各庄正，应俟便道赴乡，察验着充。

私记

至族正一项，应听民间自行举办，毋庸官为给戳。保结附。

私记

道光贰拾叁年闰柒月十四日具　职员陈癸森

盖有戳记九颗

其中八颗均为特授淡水分府曹给：

（1）竹南三保总理梁妈成

（2）苑里街董事陈升

（3）苑里坑庄庄正李三才

（4）竹南三保猫盂庄庄正郭世富

（5）海墘厝庄庄正石送

（6）日北山脚庄庄正苏德

（7）永兴庄庄正陈盖淡

(8)日北山脚庄董事吕加巳

另一颗为：理番分府、给房里社总通事、潘联登长行戳记①

该文件包括以下内容：（1）选举者是身为竹南三保的庄总理、义首、街正、董事、庄正的若干人；（2）该街原任总理郑文博因故被吊销戳记（官府发给的印章），根据制度与官府的要求，庄街的其他负责人选举堪充宛里街庄总理的人选，乞给戳办公以专责成；（3）选举者商议的结果，遴选张妈喜充宛里街庄总理额缺，萧兴、李抄、陈乌番、郭玉圭、沈番隆等五名，堪充宛里街族正，郑玉馨堪充日北山脚族正，陈赞、刘坤堪、张妈爱、萧阿富、李水等5人堪充房里、西势、北势、宛里坑、山柑尾等处的庄正；（4）庄中另有自愿承充者，皆非秉正之人，以上新举族正、庄正，均系诚实、公正之人，请官府宽免赴验，先给戳记，俟地方官莅临之时再当面审定，如此俾得分交承领办公，以专责成；（5）各人认充状，另取呈缴，并缴保结状一纸；（6）官府的批示，有两条：一是"张妈喜是否堪充总理，候验充，给戳承办。此外各庄正，应俟便道赴乡，察验着充"。二是"至族正一项，应听民间自行举办，毋庸官为给戳。保结附"。（7）最后是签章，共有9个，8个是"淡水分府"颁给的，其中反映出地域组织结构是竹南三保—苑里街、苑里坑庄、猫盂庄、海墘厝庄、日北山脚庄、永兴庄两级或三级，各级组织的负责人为总理（保）、董事（街）、庄正（庄，庄亦有董事）。还有一个是房里社总通事的，地位应在保之上，但不直接参

---

① 《淡新档案选录行政编初集》，第352号，《台湾文献史料丛刊》第三辑，第59册，第433—435页。

与保以下选举事务，故签章在后，表明认可选举。值得注意的有两点：一是上述基层组织的戳记上都有人名，与官府的正式官印只属官名不同，说明一定的非正式性，即因人而设，换人即失效；二是签章人名与文件开头部分的选举人不一致，签章无义首、街正，推测义首不属于正式基层组织系统，无戳记，具有一定荣誉性质，而无街正则原因不明。

第二件文书为《乡职等人公同立请帖，请张妈喜任苑里街总理》，内容是：

> 公立请帖字，竹南三保田蔌等庄总理梁妈成、宛里街绅士义首陈癸森、暨街庄董事、庄族正副、庄耆、通土人等，缘我宛里街庄等处，原设总理一名，约束街庄人众，捕盗缉匪等事；必须秉公持正，为众所悦服，方堪胜任。但前总理郑文博缘事示革，现蒙曹厅宪谕，饬成等遴选妥人接充因。兹会众在于慈和宫佥议，遴选得张妈喜观，为人诚实，公正无私，兼之轻财仗义，有厚道长者之风。是以公具请帖，请得张妈喜观出首，听成等佥赴厅主，给戳验充我宛里街庄等处总理，约束街庄民人等众。凡我街庄人等，以及大宗、巨族子侄人等，敢有习玩，不听约束者，我等绅耆、董事、庄族正副，自当帮同捆解，送官究治。至于缉匪捕盗解堑，暨庄中应需一切公费，自当按照田甲、牛只，于联庄公约所定章程，鸠齐生放支用。一面禀请厅主出示，就我三保出产米石，发粜抽分，陆续收存，随起付用，决不敢致负赔累也。今欲有凭，合应公立请帖一道，付执为照。

道光贰拾叁叁年闰柒月　　日公立请帖　职员陈癸森

盖有戳记八颗

其中七颗均为"特授淡水分府曹"给：

（1）竹南三保总理梁妈成

（2）苑里街董事陈升

（3）日北山脚庄董事吕加已

（4）日北山脚庄庄正苏德

（5）海埔厝庄庄正石送

（6）永兴庄庄正陈盖淡

（7）竹南三保猫盂庄庄正郭世富

另一颗为：理番分府房里社总通事潘联登长行戳记[①]

这是选举宛里街[②]总理的文件，虽然在第一个文件所选举的各项职务中有宛里街总理，候选人同样是张妈喜，但是开会议事的地点不同，前一个文件记载是天后宫，而本文则为慈和宫，说明是为选举宛里街总理专门开会。尽管两个文件落款人基本相同，但本次开会的人员似乎增加了一些更普通的人员。文中进一步反映出总理的职责是"约束街庄人众，捕盗缉匪等事"，而"绅耆、董事、庄族正副"遇有不听约束者，"自当帮同捆解，送官究治"。庄总理应需一切公费，按照田甲、牛只摊派。按照联庄公约所定章程执行。

---

① 《淡新档案选录行政编初集》，第353号，《淡水分府曹对张妈喜给发苑里街总理谕令戳记并着该总理传》，《台湾文献史料丛刊》第三辑，第59册，第435—437页。

② 宛里街，文书中也写作苑里街，同指一个地方。事实上，苑与宛两个字读音不同，字义不一，显然原文使用有误，不过我们仍旧保持文书的原文用字。

关于族正副，文中说其有协助庄总理捕盗缉匪的责任。

第三件文书是《淡水分府曹，对张妈喜给发苑里街总理谕令及戳记，并着该总理传知：族正听民间自行举办》，内容为：

> 特授淡水分府曹为给戳饬充事。照得竹南三保苑里街总理郑文博，业经革退，将戳吊销，当经谕饬该处衿耆、铺户，佥保顶充。去后，兹据田藔庄总理梁妈成、董事陈升、吕加巳、义首陈癸森、街正杨清河，及各庄副等，佥举张妈喜一名，为人诚实，堪充苑里街总理；又萧兴、李抄、陈乌番、郭玉圭、沈番隆、郑玉馨等六名，堪充各姓族正；又陈赞、刘坤、张妈爱、萧阿富、李水等五名，堪充各庄庄正，请给谕戳奉公等情。据此，除禀批示外，合行谕知。为此谕，仰新充总理张妈喜，即将发去戳记一颗，遵照祇领。所有应行清庄、联庄一切事宜，务须认真办理，毋得阳奉阴违，致负委任。所保各庄正陈赞等，应候本分府，顺道赴乡，察验着充。至族正萧兴等，应听民间自行举办，毋庸官为给戳。即着该总理，传知遵照，毋违。此谕。
>
> 一、谕仰
>
> 道光贰拾叁年玖月十五日承税房
>
> 关防北路淡水捕盗同知关防
>
> 稿行[①]

该文书批准了地方上推举的总理、族正、庄正等人选。不同的是总

[①] 《淡新档案选录行政编初集》，第354号，《台湾文献史料丛刊》第三辑，第59册，第437—438页。

理官给戳记,负责"清庄、联庄一切事宜";庄正还需要地方官验看后决定,依照前面两个文件落款的庄正族正戳记看,新定五名庄正也应当发给戳记;而族正则不发给戳记,理由是族正属于"民间自行举办,毋庸官为给戳"。戴炎辉先生也注意到上述第三件文书,将其归入清朝任命"族长"的事例。值得注意的是,戴先生还指出竹南四堡内巨姓王、陈等十一姓,每姓举出一人为族长,而发给谕戳,使其约束子弟。并列出淡新档案中后垄街陈姓请求改换族长的事例。① 实际上后垄街属于竹南二保,这样我们看到竹南二、三、四保都设立了管理宗族事务的族正或族长。

关于同治九年(1870)竹南二保后垄街陈姓设立族长的事例,我们稍作考察。《淡新档案选录行政编初集》第386—391号共计六件档案,有咨、金禀、认充报结、单、禀、谕六种文书形式,是后垄街陈姓要求改换族长过程中形成的文书档案。综合这些资料可知:同治九年九月二十四日,后垄街生员陈绍熙、乡耆陈仕乖、职员陈清凉、童生陈大宾、铺户成金号等禀称:

> 伊族内五方杂处,人丁最多,其间贤愚不一,难保无睚(乡)曲等情。叨蒙前厅宪派族长一名,约束族丁,由来久矣。不意族长陈两端年纪老迈,专图生理,遇事惮烦。故自历宪以来,并不领戳办公,废弛年久,无关责成。伊等因公起见,不敢坐视悬旷。爰即公同妥举,查得本族内陈宗器一名,为人秉正,办事谨慎,堪以承充族长。但事未经举禀,无由上

---

① 戴炎辉:《清代台湾之乡治》第三编,台北:联经出版事业公司,1979,第228页。

达。伊等不揣冒昧,敢陈末禀俯□(就近)察核,将情转请,合族幸甚。

十月初三日后垄汛守表示同意,并咨台湾北路淡水总捕分府陈某,十月初四日陈批示同意。又于十月十五日派役员朱忠到后垄街,协同总保立传陈宗器前往以"验充"。十一月十六日朱忠报告前往后垄街的结果,说陈绍熙等请求"先行给发谕戳"与陈宗器,交还了旧族长"两端谕戳"。十一月二十七日,淡水分府陈某给发族长陈宗器"谕戳",同时要求新任族长:"凡族中一切事务,务须妥为经理。如有细故,即排解息事。至族中人等,倘有不安本分,为歹作匪,务即随时禀究,毋稍偏徇,致干究革。"①竹南二保同治九年的这个事例与前述竹南三保道光二十三年(1843)事例相比,官府认可的宗族首领名称不同,后垄街族长是官府所"派"的,说明该族长即族正。原族长一直"并不领戳办公",所谓"不领戳"类似竹南三保,不"办公"则是因"废弛年久"。从行文看,同治九年时族长"领戳办公"是当然的,因此,陈姓宗族提出了"给发谕戳"的要求,也被官府认为实属正常。事实上,台湾的庄长、族正早在乾隆后期就曾设立,而且族正也"给以牌戳,酌加赏劳"。②而道光时代的族正则"应听民间自行举办,毋庸官为给戳"。时隔二十七年,同治时官府又准许给发"谕戳"。在如何处理族正与地方官僚系统的关

---

① 《淡新档案选录行政编初集》,第386—391号,《台湾文献史料丛刊》第三辑,第59册,第474—480页。
② 《大学士公阿等奏折》(移会抄件),原载台北"中研院"历史语言研究所编《明清史料戊编》第二本131—133页,上册,中华书局,1987年影印本,第327—331页。

系上，清朝官府的动摇态度，说明了宗族问题的复杂性，国家需要不断调整政策，以处理政权与族权的关系。

官府任命的族正在不同的时间或地点也称族长，还有其他的资料证明。嘉庆时总督方维甸针对台湾械斗严重，奏请设立约长、族长，责令管束本族本庄，被皇帝肯定而实行。①道光时陈盛韶认为，台湾鹿港厅解决械斗后的逃人问题，"是惟选总理，立族长，信赏必罚。谕以捆送者重赏，窝藏者连坐"。②他的这种想法是以现实存在的总理、族长制度为前提的。所以早在嘉道时期，清朝推行族正制度时就使用了族正、族长不同的名称，而实质是一样的。不过官府认可的族长与民间原有的族长容易混同，两者不同或一致的情形应当都有存在，有时需要仔细辨别。

从上述选举基层社会组织的资料可知，族正属于街庄总理下宗族负责人，族正由民间选举，族正向总理负责。因此，理解族正需放在庄组织里进行。前面的资料中，涉及总理的内容，现在补充说明。陈盛韶《问俗录》记道光十三年（1833）台湾鹿港厅事，有"总理"一条，有助于我们理解台湾基层社会组织。该条说："经理各庄谓董事，通理数庄谓总理。皆有厅县亲笔花押官戳得以红呈……除贡监生员外，一县顶戴又不下数十人……台湾厅县管辖寥廓，事务殷繁，总理之设，诚治台之要法，然必地方官正本清源以服之，听言观行以择之，赏善罚恶以制之，则正人必出。官正于上，总理持正经理于下，匪类无所容身矣。"③总理"通理数庄"，

---

① 《清仁宗实录》卷二二九，嘉庆十五年五月庚辰。
② 〔清〕陈盛韶：《问俗录》卷六，第130页。
③ 〔清〕陈盛韶：《问俗录》卷六，第132页。

不仅有官戳，还有顶戴，是准官员。至于其主要职责清庄与联庄，道光二十三年（1843）十月《竹南三保吞霄街庄合约》就是遵照官府旨意为"清庄联络，防拿盗匪"制定的。具体内容如下：

一约：遵宪谕，巡拿盗匪，各庄派拨壮勇，日夜支更，梭织巡查。如遇盗匪劫抢，以及噗逆侵扰，鸣锣为号，各庄联络，协力攻击。

一约：遇有村庄被盗窃劫，以及道路行旅往来，被盗匪劫抢，喊救闻声，该庄联络，相应协力围拿。如畏缩不前，以及袖手旁观，公议：该庄究盗、赔赃，禀究。

一约：如盗匪被追，走入某庄，该庄不拿，即就该庄究盗、赔赃。另各庄宜建高楼，得以登高瞭望。倘有不遵，惟庄正副是问。

一约：如有勾引盗贼，窝藏匪类者，被众等知觉，即将家资充公，并跟究盗匪拿究。

一约：如有追捉强盗，被强盗毙命者，公议给银壹佰大元，以助棺椁、衣衾之资。如有被强盗打伤者，公议请医调治痊愈。

一约：如有能当场打死强盗者，割耳鼻为证，公议赏银拾贰元。如有能当场拿获强盗者，赏银贰拾元。如有拿获强盗白昼截途者，查实，赏银陆大元。

一约：如良善之人，被人扳累，及恃强欺弱者，众等共相佥呈，公禀究办。

一约：以上佥约条规内，应费用银员，即就街庄铺户人等,匀鸠交出付用,不得临时推诿、延误。违者,公议禀究。

一约:葫芦墩等处,宜暗托妥人打听;遇有盗贼入淡,先报总理,务得确实,公赏银壹大元。立刻飞报各庄正副,及宛里、日北等处袷者、义首。总理集齐壮勇,把截要路,赶信之人,计程十里,赏工资钱贰佰文,合算给领。

一约:每日申刻,各庄正副,宜暗传口号,以免黑夜杀贼错误。

一约:近有一种游手好闲之徒,偷挖园蔬、地瓜;但事虽小,不可不严。自约禁以后,凡有挑地瓜,宜在市廛买卖,不得私买、私卖。如有此情,公罚。①

族正自然也应当担负起上述所"约"各条事务。陈盛韶认为:"且清庄之法,不如联甲。清庄者,实指其人之不善,使无所容。总理之邪者不肯为,总理之正而无势者又不能为。惟选立联首,奉行联甲,以小村联大村,以远村附近村,同心缉捕,保固乡邻,则各庄之正气盛、邪气衰。"②可知清庄就是清理行为不善之村民,使其为村民舆论所不容。而"联甲"或者与约文中"联络"差不多,在陈盛韶看来不如联甲法有效。因此,族正是以纠正族人不善行为为职责的,以协助庄总理清庄,实际上这样的族正类似乡约。当然,捕盗缉匪也属于族正的工作,又属于保甲制的范畴。

事实上,族正所属的保甲系统本身也具有了乡约的性质。如上

---

① 《淡新档案选录行政编初集》,第356号,《竹南三保吞霄街庄合约》,《台湾文献史料丛刊》第三辑,第58册,第439—442页。
② 〔清〕陈盛韶:《问俗录》卷六《罗汉脚》,第137页。

述所列《竹南三保吞霄街庄合约》即采取了"约"的形式，有的文献更直接将"总理"与"乡约"等同："乡约名总理，地方官给戳记，门首悬大灯，亦书总理衔。"[1]

三、道光以降台湾民间契约里的族正

清代台湾民间契约证明，从道光直到光绪年间，族正在民间一直存在并发挥着作用。

民间契约的多种形式文书中，都留下了族正的踪迹。如道光二十年（1840）一件"合约字"，有族正作为知见人的记载。该约内容如下：

> 同立合约字人陈由、吴港、林两协等。缘林两协父于道光十四年间，有给出圳户金长源址四围莉仔仑溪头开通圳道，引水灌溉鲍靴仑庄等处田亩，经呈官存案。但此地俱系沙石，圳道涉漏，虽有泉源，不能通流，至今年久，未能告竣成功，欲行修理，独力难支。爰是招出该庄佃人陈由、吴港等为首，鸠集众佃，相帮合为股伙，按作三股均摊，每股该出银二百员。林两协即将原圳底估作价二百员，陈由等一股，该出现银二百员；吴港等一股，该出现银二百员，以便采枋料、工资、日食等事。倘现银四百员尽用不敷，应作三股，整出现银费用，告竣成功，不得推诿。至于每年所收早、晚二季水租粟及越庄有圳底银，三股均分，不得争长竞短。此系妥议，两相甘愿，不得反悔异言滋事。口恐无凭，同立合约字三纸，每股各执一纸为照。

---

[1] 〔清〕唐赞衮：光绪《台阳见闻录》卷下《风俗》，《台湾文献史料丛刊》第七辑，第122册，第143页。

即日同立合约字三纸，每股各执一纸为照。

一、批明：倘遇洪水不测，损坏圳道，应行通开修理，其费用亦作三股均摊，不得异言，再照。

道光二十年七月　日。

代笔人　林振辉
场人隘首　许云从
知见人族正　林暖
同立合约字人　陈由
林两协
吴港①

在民间合股治理河道灌溉农田的事务中，族正林暖充当"知见人"加以证明。

再如咸丰十年（1860）一件"交换店约字"契约中，有族正的记载：

> 立交换店约字人永邑祠首事江有章、胡廷弼、谢松超等，昔年间祠内有买过李九本城南街东畔瓦屋店连地全坎一进，户名系永邑圣母祠，即当时首事江学成、谢根超、胡连庆、徐万秀等名字，东至林家厝墙园，西至街路，南至林培店地，北至林国翰店，四至界址明白。年配城隍庙仰山书院香灯及各料价银，备载契字内明白。适因与七邑族正林国翰官住店比邻，托中闻众情愿将伊明买本城黄合义，即黄世亮、黄天本、黄世部

---

① 《台湾私法物权编》第三章《物权之特别物体》第七节《埤圳》第三〇《合约字》，《台湾文献史料丛刊》第九辑，第172册，第1168—1169页。

等中街东畔瓦店建地全坎三进，与祀内人等交换，其东西四至座址，并各料银价，亦载契字内明白。时经祀众公议，并为踏明妥贴，俱各喜悦。保此南街之店系永邑祀内明买之业，与他籍外亲人等无干，亦无重张典挂以及交加来历不明情弊；如有此弊，系祀内之人出首抵挡，不干换主之事。从此换后，其南街之店连地基永归林国翰官掌管，任从更改再行建造，祀内之人永无异议。此系二比喜悦甘愿，并非抑勒，口恐无凭，特立交换约字一纸，店契连司单一纸，老契二纸，共四纸，付执为照。

即日当众明立交换约字一纸是实，再照。

光绪十三年六月丈城字第三十六号。

咸丰十年二月　日。

立交换约字人　各首事胡廷弼
江有章
谢松超[1]

契约中出现"仰山书院"，因该书院属于噶玛兰厅（今台湾省宜兰县），故这篇文书记载的事情发生在噶玛兰厅。根据契约中的"七邑族正林国翰官住店"，推测当时可能设立了总管性质的族正。

又如同治时期的两件契约，落款中均有族正。其一为"起耕胎借银字"，落款是：

同治五年（岁次丙寅）十一月　日。

---

[1] 《台湾私法物权编》第一章《总论》第三节《物权之得失》第一六，《交换店约字》，《台湾文献史料丛刊》第九辑，第170册，第125—126页。

> 　　　　　　　为中人族正　光昭
> 　　　　　　　见人堂伯　家亮
> 　　　　　　　在场人亲兄　传成
> 　　　　　　耕胎借银字人　李耀东[1]

其二是"杜卖圳契字",落款为:

> 同治八年十一月　日。
> 　　　　　　　代笔人　庐峻峰
> 　　　　　　　为中人　吴百福
> 　　　　　　　场见族正　吴承泽
> 　　　　　　　　胞俚　关旺
> 　　　　　　　知见男　吴溪河
> 　　　　　　立杜卖圳契字人　吴梓隆
> 　　　　　　　　胞侄　吴义成[2]

"契尾"中有"右给噶玛兰厅业户黄缵绪准此",说明了该契约产生的地点是噶玛兰厅。以上两件契约一件是借钱契约、一件为买卖田土契约,族正或是充当中人,或是作为见证人,以保证经济行为的公正进行。

光绪八年(1882)的一件螟蛉子字据"杜卖孩童字",落款仍

---

[1] 《台湾私法物权编》第二章《物权》第五节《胎权》第五二,《台湾文献史料丛刊》第九辑,第171册,第900页。
[2] 《台湾私法物权编》第三章《物权之特别物体》第七节《埤圳》第五六,《台湾文献史料丛刊》第九辑,第172册,第1247页。

有族正作为证明人:

> 立杜卖孩童字人余干,同妻林氏,有产下第三男,年二岁,名唤南阳,六月三十日辰时呈祥。兹因日食难度,乏粮吃亏,夫妻相议,先尽问房亲人等俱不欲承买外,于是托媒吴懿官引向杜卖与陈贵官为第壹长子。同媒三面议定,养育料肆拾大元正;其银即日同媒交与干夫妻亲收足讫,仍将此男儿南阳随即同媒交与贵官娶过改名换姓。保此孩童系是干夫妻自行之子,与房亲人等无涉,亦无带他人财帛交加不明;如有不明情形,干夫妻出首一力抵挡,与贵官无干。口恐无凭,笔乃有据,即立杜卖孩童字壹幅,付执为照。
>
> 即日同媒干夫妻亲收过杜卖孩童字内养育资肆拾大元正足讫,再照。
>
> 光绪八年桐月　日
>
> 　　　　　　　　代笔人　林春荣
> 　　　　　　　　为媒人　吴懿
> 　　　　　　　　知见族正　林养仁
> 　　　　　　　立杜卖孩童字人　余干林氏
> 　　　　　　　　在场人胞兄　林万成[①]

契约落款的"知见族正　林养仁",说明族正充当证人。

上述契约从道光开始,中经咸丰、同治,直到光绪朝,历经四

---

① 《台湾私法人事编》第四章《亲子》第一三《螟蛉子字据》(一)"杜卖孩童字",《台湾文献史料丛刊》第三辑,第169册,第673—674页。

朝，说明整个19世纪族正在台湾的存在持续不断。族正出现各种民事交易的契约行为中，充当证人或中人，说明族正在基层社会具有一定的公信力，也被官府认可。

其实在官府的告示中，也赋予了族正这种职责。前引道光民间合股治理河道灌溉农田契约，官府也有要求族正参与此类事务的告示，如：

> 一、福抚吴示：闽省滨海环山民间田地，均藉沟渠塘圳，按引灌溉；形势既有不同，得水亦分难易。或自上及下，或按股轮分，自有一定之规，原不容互相争夺。嗣后各该村庄近水之区及按引陂塘沟圳之处，均着本管乡保、族正、里长遵照成规，列榜晓谕。或按股，或分日，务须按次轮流，毋许强争私控。如有恃强妄仟者，重责三十板；聚众报械混争夺者，将首犯枷号两个月，满日重责四十板；其随从之犯，论本家异姓，俱重责四十板。乡保、族、甲长失察一次，重责二十板，纵容者倍之。①

官府要求族正与乡保、里长晓谕民众：自上及下或按股轮分村庄近水之区及按引陂塘沟圳②之处，与民间契约中的内容一致。

光绪十六年（1890）另一件地方官的"谕示"，也反映出族正

---

① 《台湾私法物权编》第三章《物权之特别物体》第七节《埤圳》第一，《台湾文献史料丛刊》第九辑，第172册，第1115页。
② 陈梦林等纂：康熙《诸罗县志》卷二《规制志·水利》记载："凡筑堤潴水灌田，谓之陂；或决山泉，或导溪流，远者数十里、近亦数里，不用筑堤，疏凿溪泉引以灌田，谓之圳。"（《台湾文献史料丛刊》第一辑，第12册，第34页）陂塘沟圳，即水库与水渠。

处理民间农田水利事务：

钦加同知衔、署理宜兰县正堂沈，为给发谕戳，以专责成事。本年闰二月初三日，据监生黄温和，即圳户金源和禀称：缘有职员周家麟，族正吴道中、黄振先，庄民陈九、黄阿荖、詹结等禀称：窃三皂保大礁溪内湖庄系是凶番出没处所，并枕头山、镇平、结首份、永广等庄概系砂砾之地，虽有水源，沙漏地底，本欲垦开成田，乏水可灌，无奈栽种地瓜杂物，又被亢旱，少有收成，以致地段荒芜。迨前年清丈升科纳课，甚属艰难。兹麟等查监生黄温和亦有地段孔多在于该处，且此人诚实可靠，堪以自备工本，开凿圳道，疏通水源，以资灌溉。麟等在外互相妥议，邀其出资，开凿疏通，明议每甲逐年愿贴水租谷四石，分作早晚两季交纳，以资工本，不得抗欠。而黄温和称：开凿圳道，疏通水源，工本浩大，伊虽不惜工本，不辞劳苦，但未签请示谕存案，诚恐后日有土棍将圳头断绝水源，或有奸狡佃人抗纳水租，或有藉端霸占，种种弊窦，贻累匪轻。麟等再四思维，惟有恳请赐准，谕令黄温和自备资本，开凿圳道，疏通水源；一面示谕存案，以垂久远，俾国课有赖，民食有资。爰敢相率沥情，金乞恩准示谕等情一案，经蒙分别示谕等因。和遵即措备资本，多请工人，不辞劳苦，督工开凿。现已水道疏通，垦准给发圳照，并给长行谕戳等情到县。据此，除批示并给圳照外，合行给戳。为此，谕仰大礁溪内湖庄等处圳户金源和，即黄温和即便遵照，立将给发戳记，谨慎收藏，以便逐年盖用串单，向佃量收工本水租谷，以为执凭；

倘有玩田抗纳，许即指名禀追。该圳户务须修理圳道坚固，巡视圳水充足，是为至要，凛之，慎之，切切，此谕。

计发戳记一颗。

光绪十六年闰二月二十九日谕①

这是宜兰县知县的告示，宜兰县隶属于噶玛兰厅，前述咸丰、同治契约文书中也有该厅的，说明噶玛兰厅设立族正也有比较长的历史和一定的普遍性。嘎玛兰开发于嘉庆初年，置厅于嘉庆十七年（1812）。开垦土地后，接着就是开凿陂圳，兴修水利。兴办水利发生的利益争夺比较严重，为了稳定社会秩序，清朝设立的族正也就担负起处理陂塘沟圳水利事务的职能。事实上，早在道光六年（1826），户部议准开辟台湾噶玛兰应行查办未尽事宜中，就已经有"编查保甲，设立族正，以资稽查约束"。②噶玛兰在整个19世纪一直存在着族正。除了水利事宜外，参与处理各项民事也是族正的事务，上述契约文书就是其历史遗迹。

关于噶玛兰的汉人社会结构。在厅县以下设有保，保之下有自然形成的地方自治团体——街和庄。街系人烟稠密的街市，居民以工商为主，为地方交通、产业的中心地；庄的居民大多以耕稼、伐木、捕鱼为业。此外尚有社，社即番人聚居之地。基层社会组织首领有义首（平息反乱的"义军"首领，平乱后仍保持其组织）、总理、街庄正副、董事、头人、绅衿、耆老、族正等。从以上论述可

---

① 《台湾私法物权编》第三章《物权之特别物体》第七节《埤圳》第九十四谕示，《台湾文献史料丛刊》第九辑，第172册，第1334—1335页。

② 《清宣宗实录》卷一〇〇，道光六年七月。

以看出，噶玛兰厅的这种结构与淡水厅是相同的，其原因在于噶玛兰曾经附属于淡水厅。①

四、结语

福建地区聚族而居，宗族组织发达，在清代伴随着人口数量膨胀、土地与其他经济资源相对短缺，族际矛盾突出，械斗频发，尤其以泉州、漳州为最。进入19世纪，械斗等社会问题日趋严重，社会秩序不稳定。从康熙到嘉庆，台湾得到大陆移民的持续开发，19世纪的台湾人口也达到了华南地区的人口密度。进入台湾的移民以福建泉州、漳州，广东潮州以及客家为多，大陆闽粤的族群构架也转移到台湾，台湾的开发史也是族群争夺资源的历史，台湾的械斗也愈演愈烈。清政府控制乡村社会秩序最重要的手段是推行保甲制，其在聚族而居地区的变通做法为族正制。近代闽台地区一直是清朝着力实行族正制的地方，泉州、漳州与台湾的基层社会不断推行族正制，族正在这些地区长期存在并发挥着一定的作用。

清代闽台地区的族正制与治理械斗而变异的联庄制度结合在一起，族正成为保街之下隶属于总理的一级组织，与庄正同处一级，共同维护基层社会的秩序。但是与总理、庄正可以得官府颁发的戳记进入政府行政体系相比，是否给予族正戳记，官府处于动摇状态，族正的民间性更强一些；由于族正的选立也经过官府认可，使得族正成为官府监督控制下的民间组织。族正的职责在于监督族人遵纪守法，防止健讼械斗，平时有教化之责，兼具乡约的性质。族

---

① 参见廖风德《清代之噶玛兰：一个台湾史的区域研究》第四章《农业社会的发展》第三节《汉人社会结构》，台北：里仁书局，1982，第202—216页。

正可以处理族人的诉讼事宜，最大的权力是将不法族人捆送到官。

清朝族正制的实行表明，宗族的发展已经成为闽台地区社会的基本组织形式，政府的统治必须面对宗族。从清前期到近代，清朝族正制的实践积累了丰富的经验，也形成了成熟的做法，这就是上述既监控宗族，又防止族正借官府权威而控制宗族，并使宗族进一步组织化。由于清朝的宗族政策比较得当，基本上将宗族纳入了政府的社会控制范围。19世纪宗族的发展虽然带来一定的社会危机性，但未能逸出政府的统治，更不能威胁政府的统治，从族正看近代中国国家与社会的关系，会给我们诸多的启示。

第三章　多元文类视野下的北方宗族

本章笔者将利用地方志、碑刻、族谱等不同文类的资料，重点讨论山东、陕西、山西、天津等地区的宗族。

第一节　捐纳、乡贤与宗族的兴起及建设
——以清代山西洪洞苏堡刘氏为例

山西省洪洞县苏堡镇刘氏，以葬洪洞曹家谷口祖茔始祖明初人祥公为一世祖，祥子惠，惠子四：伯添、伯恩、伯川、伯道，后从这四兄弟分成四支。清康熙四十六年（1707）伯添长支、祥公十世孙刘镇、刘志始修洪洞刘氏宗谱，其后，乾隆五年（1740）重修，嘉庆十五年（1810）三修，同治元年（1862）四修，光绪二十四年（1898）五修、1932年六修。一般认为北方族谱数量少、内容简单，而像苏堡刘氏六修宗谱，且卷帙可观，资料丰富，实属难能可贵。苏堡刘氏自然也引起学者的关注，作为研究北方宗族与族谱的一个难得个案。新加坡大学许齐雄先生研究了苏堡刘氏的上述六

次修谱，并从宗谱世系图与行序探讨宗族实力，①笔者则想就苏堡刘氏在清代的兴起与宗族建设问题探讨，加强对于明清山西洪洞宗族的认识，②依据的资料主要是苏堡刘氏宗谱乾隆重修本与光绪五修本。③

一、修谱宗旨与谱例

苏堡刘氏的修宗谱活动是在康熙年间开始的，主持者是刘镇、刘志兄弟。保留在《洪洞刘氏宗谱》的资料，以康熙四十六年（1707）山西省泽州府阳城县人、文渊阁大学士兼吏部尚书陈廷敬（1639—1712）的谱序最早，反映了苏堡刘氏修谱的缘起。陈廷敬《洪洞刘氏宗谱叙》指出：

> 刘氏之居洪洞，其为世久矣，而谱牒仅存，其间伪谬踵出者则亦时有。盖吾山右风俗，多有取他姓为嗣，其后子孙遂致混淆而无别。此非嗣之者罪也，罪由取他姓者。何则出为他

---

① 许齐雄：《论山西洪洞苏堡刘氏从清初到民国时期的六次修谱》，王岳红主编《谱牒学论丛》第二辑，山西古籍出版社，2007，第122—134页；许齐雄：《从宗谱世系图与行序探讨宗族实力——以洪洞苏堡刘氏为例》，王岳红主编《谱牒学论丛》第三辑，山西古籍出版社，2008，第141—152页。
② 笔者探讨过明清时期山西洪洞宗族，参见常建华《明清时期的山西洪洞韩氏——以洪洞韩氏家谱为中心》，《安徽史学》2006年第1期；常建华：《明清时代における华北地域の宗族の组织化について——山西洪洞晋氏を例として》，《大阪市立大学东洋史论丛》第15号，2006年11月；常建华：《明清时期华北宗族的发展——以山西洪洞刘氏为例》，《求是学刊》2010年第2期。以上三文均收入常建华《宋以后宗族的形成与地域比较》第三编，人民出版社，2013。
③ 〔清〕刘勷（南汜）等修：《洪洞刘氏宗谱》，乾隆五年（1740）木刻本，六册，河北大学图书馆藏；《洪洞刘氏宗谱》六卷，〔清〕刘殿凤等修，光绪二十七年（1901）刻本，原装十六册，收入《中华族谱集成·刘氏谱卷》，巴蜀书社，1995年影印本，第63页。

姓，嗣者非幼弱无所知识，则贫薄无所自存者也。幼弱则不知所自来，贫薄则不能去之而存，而所谓共祖若父，要皆据膏腴，茂年齿，嗣子斩焉无人，恐一旦为其族属所窥伺，不难窥取他人所有，以杜后起角竞之端。而不知血食自此而斩，子姓自此而淆，伪谬自此而不可禁，冒昧苟且以忘其先，其罪莫有甚于此者。是盖吾土风俗之坏，非独洪洞刘氏为然。而今工部员外郎刘君靖公，独取所存宗谱而亟正之，非所谓能详且慎者欤。刘氏在洪洞既久，其有世次可考者十有三，有名字可纪者凡数百人，其非刘氏而冒姓于刘者，盖亦以数十。员外君皆能指其所自来，今虽未能尽复，而后此可不至混淆也。吾闻东南士大夫遵东晋遗风，颇有能谈氏族者，然好援引急声气，往往取同姓有名于时者，通谱牒而列载其名，如是则与混淆无别者相去有几，而详慎之意亡矣。今观刘氏宗谱而嘉员外君之能不忘其先也。[1]

据此，苏堡刘氏原有"谱牒"，但是"伪谬踵出"的讹误较多，主要问题是异姓为嗣，这一现象不仅是苏堡刘氏，也是山西风俗。在陈廷敬看来，这是忘记祖先的大罪。刘镇修谱旨在订正宗谱的他姓为嗣者。陈廷敬说苏堡刘氏宗谱记载十三世，上谱者数百人，冒刘姓者数十，通过刘镇修谱"指其所自来"，今后不致混淆了。陈廷敬还将苏堡刘氏的这种北方谱与东南士大夫喜欢的通谱比较，认为东南通谱与混淆血缘关系无别，失去了修谱详慎的要求。如此，苏

---

[1] 光绪《洪洞刘氏宗谱》卷首，第372—373页。

堡刘氏修谱详慎继嗣，分别自出与他姓为嗣，构成修谱的动机与谱牒特色。

慎继嗣的观念被苏堡刘氏后人接受，刘绳伊为乾隆重修谱所作跋语指出："宗谱之作，莫非仰体一本同源之意，以杜后世之秦越人相视也。"①专门讨论"慎继嗣"问题，认为：

> 人不幸而胤息艰难，则嫡侄从子均承欢膝下，以绵血食。何至仆仆旁求于痛痒不相关、呼吸不相属者，为揆诸不享之旨，恐欢未必能承，而血食未必能绵也。将欲涕泣告之，使加猛省，革此痼习。而众咻之集又良可虞。且诸大人既寓严明于宽厚，伊惟是恪守成献，勉自附于无改云尔。②

刘绳伊谆谆告诫族人改变异姓继嗣，到达痛心疾首的地步，但是似乎族人仍有议论，加之族尊长辈的宽厚行事，也只好进行教化。刘大悲嘉庆三修谱序指出：

> 顾悲独喜一事，有差慰人心者。近年以来，族人渐知取他姓为嗣之非，无或轻蹈恶俗，有嫡派子孙承祧螟蛉之室近则改归本房者；有出继他姓已阅多年，今乃告于彼族而毅然归宗者。若而人者非天性醇厚讲明大义，焉能一朝猛省，顿改痼习，至于如此……是则我祖父纂辑家乘之功，为更不可

---

① 乾隆《洪洞刘氏宗谱》卷六《跋》，第59页下。
② 乾隆《洪洞刘氏宗谱》卷六《跋》，第60页。

没也。①

可见"慎继嗣"的教化潜移默化发挥作用，苏堡刘氏的族谱亦有移风易俗的功效。

苏堡刘氏原有的"谱牒"，在刘志的《刘氏宗谱序》中有叙述。刘志（1642—1722），字二苏，号箕山，监生考授州同，诰封奉直大夫工部营缮清吏司员外郎，晋赠中宪大夫刑部四川清吏司郎中，又赠资政大夫总督直隶全省河道水利、提督军务都察院佥都御史。刘志说：

> 予家旧有世系图，仿贞下起元例，第规模草创，仅于世次之所由，稍可免于茫然耳。迨今代以世远，后昆绵邈。②

于是刘志与堂弟刘镇倡导修谱，在子侄衮、勷、常的协助下修辑了宗谱。

请求陈廷敬作序的刘镇（1657—1722），字靖公，号敦斋，由廪贡授中书科中书，迁工部都水清吏司员外郎，诰授光禄大夫刑部福建清吏司郎中，当时刘镇与陈廷敬算是下级同僚。刘镇作于康熙五十四年（1715）的《宗谱自序》指出：

> 我洪洞刘氏之先相传为汉后裔，然为世渺矣，远祖有讳祥者始徙居洪洞之苏堡，则洪洞刘氏所自始也。以迄于镇，盖十

---

① 光绪《洪洞刘氏宗谱》卷首，第384—385页。
② 光绪《洪洞刘氏宗谱》卷首，第377页上。

第三章 多元文类视野下的北方宗族 151

世矣，刘氏子孙之在苏堡者遂稍稍繁硕，然亦未尝轻去其乡，故世次绝续皆有可稽，而远祖以上终不可考，此镇辑洪洞宗谱所以止于十余世也。

刘镇强调，虽然洪洞刘氏之先相传为汉开国皇帝刘邦后裔，然而世代邈远，可稽的历史是从始徙居洪洞苏堡的远祖刘祥，从刘祥到刘镇共计十世，远祖以上世次不可考，因此刘镇辑宗谱止于十余世。刘镇在自序结尾还指出：

> 夫谱牒之作，后人推本世德则言其先，而于年代荒远世次缺略者则缺之以俟考，夫亦所以示信也。使后之子孙无失其序，是虽百世犹将识之，又何止于十世乎。①

将谱牒作为"后人推本世德"之作，对于"年代荒远世次缺略者"俟考才能示信于人，"使后世子孙无失其序"，传之久远。

康熙四十六年（1707），入职南书房的著名画家王原祁也应刘镇邀请为刘氏作序。王序主要谈了家乘与史学的关系，认为家乘为一家私书，其法始于史，与史相类，然而也有不同：

> 史彰善而罚恶，家乘则详书其善者，而恶者或缺焉；史贵贵而下贱，家乘则详录其贵者，而贱者亦得并焉；史有一人而旁及数事者，家乘则详述一人之事，而不得多所附载焉。②

---

① 光绪《洪洞刘氏宗谱》卷首，第379—381页。
② 光绪《洪洞刘氏宗谱》卷首《刘氏宗谱序》，第374页上。

并论述了家乘与史相表里的关系,认为家乘其法难于为史,对于苏堡刘氏谱,评价为颇得史意的至详且慎之作。

刘志的长子刘衮(1672—1735)于康熙五十四年作了《后序》,也探讨了家乘与史的关系。刘衮是候补主事原任太原府太原县儒学教谕,他在序文中先是将家乘定义为:"记姓名、具生卒、按世次为一家之私。"接着从"国史"与"家乘"对比的角度,指出家乘制作的原因,他说:

> 盖家乘虽一家之私,而其法实与国史相表里,无论名臣巨卿、孝子列女以至儒林独行之属,皆为国史所取资,即夫按世次、记姓名、具生卒,而其法固已取诸史矣。夫史者其义固将别嫌疑,明是非,存亡国,继绝世,补敝起废,而有关于王道之大者也,故其法加详,若家乘之作,则其义何居。夫法取诸是,则义亦取诸是矣,此家乘之所为作也。

即修家乘有补于国史,有助于明了历史上的存亡继绝、治乱得失。冯尔康先生指出,清朝人编修族谱常有"家之有谱犹国之有史"之说,将家谱与国史类比,用众人皆认可的国史地位来凸显家谱身价,以张扬族谱。族谱同国史类比,体现在:国家修史有制度,宗族修谱有习惯和规约;国史、族谱均笃信"信今传后"的理念,不过国史善恶并书,族谱隐恶扬善,迥然有别;国史、族谱的功用有共同点,即叙彝伦,维人道,均是教化工具,不过国史侧重"鉴治乱、示惩劝",族谱研讨人生经验,寻觅光耀门庭的路。族谱犹国史的见解，释放出民间有史书，民众有历史的信息。[1]刘衮对于家乘与国史关系的论述，与此相类，可以将修家谱视为中国史学民间传统的反映。

刘衮又提出家乘制作的另一个原因：

> 吾刘氏之先居洪洞者十三世于此矣，而未尝有谱也，自洪洞始祖以下，子孙盖数百人，其间绝者、续者与继绝而不得其当者，盖亦皆有，而靖公叔氏官京师，与当世之学士大夫具论宗法，知先人之世系不可不明，而后人之嗣续不可不慎，倘所谓绝者、续者与继绝而不得当者不一一笔之于书，具明其所自，则后之子孙将日即于渎乱而不可复禁，而别嫌明微、存亡继绝之义亡矣。于是上自始祖以迄今兹，为世十三，为人数百有奇，莫不按其世次，记其名字，具其生卒，一一备录之于书，凡若干卷，而名之曰洪洞刘氏宗谱。其文则有世系、籍贯、先像、祖茔、家庙以及历代诰敕、碑表、哀诔、传赞之属，其法则为辨源流、明世次、慎嗣续、录庶孽、避名讳、书爵里、具生卒、纪迁徙、详婚媾、记茔墓，而终以修谱牒、慎传疑。昔先王之立教也，父子有亲，夫妇有别，长幼有序，故其时之民，九族睦而百世以敦。其后王教渐微，渎乱始作，子绝而不嗣者有之，兄亡而弟继者有之，庶孽而干嫡长者有之，不父父而祢祖者有之，以子为他姓后者有之，同姓而为婚媾者

---

[1] 冯尔康：《略述清代人"家谱犹国史"说——释放出"民间有史书"的信息》，《南开学报》2009年第4期。又，关于清以前族谱与国史的关系，笔者指出了元明时期的说法，见常建华《宗族志》，上海人民出版社，1998，第292—293页；常建华：《明代宗族研究》，上海人民出版社，2005，第380—382页。

> 有之，异姓而主祭享者有之，盖至是而渎乱已极矣。后之君子恶渎乱、别嫌疑、明是非、存亡继绝而补敝起废，此家乘之所为作也。

即为了慎嗣续而恶渎乱、别嫌疑、明是非、存亡继绝，这也是维护传统伦理的补敝起废、复兴王教的行为。刘衮认为其叔父靖公刘镇在京城同陈廷敬等士大夫"具论宗法"的内容就是如此。

上面所引刘衮序文还介绍了康熙谱的内容，从辨源流到慎传疑等12项书例。接着在序文中具体解释了各项书例，并总结修谱之义：

> 人莫不推本所先而自出之祖不可泯也，故其法曰辨源流；人莫不欲永其传而昭穆之序不可紊也，故其法曰明世次；世不可绝，祀不可斩，而同姓有方，异姓弗享，古之训也，故其法曰慎嗣续；虽贱必书，虽微必录，而并长比嫡，维祸之阶，古之戒也，故其法曰录庶孽；祖父之名、尊属之讳，有犯必避，重家讳且远嫌也，故其法曰避名讳；终于某官，家于某地，微与远者亦详书纪录，以备考也，故其法曰书爵里；生以正始，死以正终，当存殁之时而年齿具焉，不至有乖长幼也，故其法曰具生卒；其迁也以人，其徙也以地，数传以后而家族在焉，不至有乱世次也，故其法曰纪迁徙；男有室，女有家，合二姓之好而备书于策，明无同姓之嫌，以示别也，故其法曰详婚媾；封树以识之，碑碣以表之，追远之礼备矣，记三代之墓而必以地，使后之子孙无得混淆，示不忘也，故其法曰记茔墓。

第三章 多元文类视野下的北方宗族

夫先世之流传者久矣，后起之生齿亦众矣，苟家乘不备，宗法紊乱，于曩昔所谓绝者续者继绝而不得其当者不一一备录之于书，而具明其所自，则渎乱何由而禁，而于别嫌明微、存亡继绝之义仍无补也，故其法曰修谱牒、慎传疑。以法若彼，以义若此，所谓补敝起废而与国史相表里者也。夫既有取于别嫌明微、存亡继绝之义矣，是虽一家之私，千百世以后其谁能废之乎！[1]

洪洞刘氏谱所列书例，除了与国史相表里外，就是从别嫌明微、存亡继绝的继承"宗法"考虑的。

需要指出的是，通过刘衮谱序概括的《洪洞刘氏宗谱》上述书例，对照谱中刘志、刘镇订立的《条例总论》[2]少了位于修谱牒、慎传疑之前的设家庙、定祭产两条，即刘志、刘镇订立的《条例总论》共计14条。《洪洞刘氏宗谱》谱例是围绕确立明晰、真实的世系制定的，这一点比较突出。

至光绪年间修谱，制定《新谱凡例》，使得《洪洞刘氏宗谱》谱例更加完善。

洪洞刘氏谱牒因是始祖以下四支合谱，故名"宗谱"，又因该谱辑录"历代诰敕、碑表、哀诔、传赞之属"文献，又称为"家乘"，对于谱名比较讲究，[3]谱例严谨，具备深厚的谱学知识。

---

[1] 光绪《洪洞刘氏宗谱》卷首，第378、379页。
[2] 乾隆《洪洞刘氏宗谱》卷首，第1—11页。
[3] 明初人杨士奇注意谱名的区分，家乘以包括文献为特点，族谱记载始迁祖以来的世系，族谱与宗谱、世谱名称可以混用，参见常建华《明代宗族研究》，第382—386页。

苏堡刘氏在刘镇出任京官的时候，邀请到著名士大夫为其谱作序，提升了其宗族与宗谱的地位。为《苏堡刘氏宗谱》作序的巨宦名家前面提到有文渊阁大学士陈廷敬、翰林院侍读学士王原祁，此外还有工部尚书王鸿绪、工部右侍郎周清原、湖广道监察御史王奂曾、吏部左侍郎王九龄、同乡理学家范尔梅，官员中陈廷敬有同省籍关系，王鸿绪、周清原是刘镇在工部工作的上级，刘镇能够得到众多巨宦名家为其作序十分难得。在请序成序的过程中，士大夫探讨了修谱问题，亦反映了康熙末年士大夫对于修谱的关心。

二、设庙置田与宗族组织

据刘志、刘镇所作《祖训》引言所讲："余刘氏既建家庙，复榜家训于两楹。"可知康熙时期苏堡刘氏已经修建"家庙"，当时还公布了《家训》约束族人。《家训》到了后世续修宗谱时则将名称改为《祖训》，符合子孙与祖先的相对关系，表达《家训》的权威性。《祖训》的头两条均与家庙有关，请看：

> 一曰重祀典。礼云：将营宫室，宗庙为先，凡家造祭器为先，则知祀典。其首重也家庙，既建中堂以妥祖宗神主，两厢以贮祭器，洒扫以日，启闭以时，于岁时伏腊、二至二分，享献以敬，毋屑越；品物以恒，毋殊异；尊卑以序，毋僭越；执事以勤，毋惰慢；反是者罚。

> 一曰建宗子。朱晦翁云：家有宗子如国之有君，举族之事皆宜告之，则知宗子之宜建也。宗子者祭家庙时待以主鬯者也。宗子之后，行辈或卑，行尊者毋挟长，位高者毋挟贵。凡

有吉凶诸大事必告以期，毋缺略。至主祭时，宗子居中主鬯，行尊者分列左右稍前，一如《家礼》序次。若宗子中绝，必以其嫡弟之嫡子继之，毋得以庶子为后，其有反是者正之。①

可知苏堡刘氏的家庙按照朱熹《家礼》而建，家庙用来祭祖，处理吉凶诸大事，配合祭祖设置宗子主祭，宗子由嫡长担任。宋以后的民间社会设立宗子很有难度，拘泥于宗法势必难行，重修宗谱的主持人刘勷，特地作《疏附家训后》②讨论朱熹的立宗子之说，强调立宗子不必过分拘泥于嫡庶之分，可以准今权变。

关于苏堡刘氏的宗子问题，咸丰十一年（1861）十四世孙刘肇疆的谱序指出：

我族宗子嫡传至十世而中绝，以吾叔曾祖褒承其嗣衍，至十四世文炯而又无嗣，十五世既乏应嗣之人，而文炯家资又复荡然，则承嗣者无恒产，俯仰维艰，三十年来，此事委措手。然当族乘未修，犹可缓图，兹道光二十七八年间，族长鼎一公特约集族人，合谋筹资为修宗谱计。因思我族宗谱创自先高祖资政大夫二苏公与先叔高祖光禄大夫敦斋公，嗣后续修者二次，皆两祖后裔专任其事。今疆等愧不继先人之志独力营缮，而建宗子一事，家训昭昭，岂复敢坐委耶？查有堂弟毓梧之三子祒祩失怙，依尉氏母家成立，既属闲丁，昭穆亦云相当，因为取名兴宗，禀明族长，由专祠拨付水地若干亩，由宗祠拨付

---

① 光绪《洪洞刘氏宗谱》卷首，第422—423页。
② 乾隆《洪洞刘氏宗谱》卷首，第24—25页。

水地若干亩，邀合族与尉亲同立归宗文券，俾承文炯之嗣，而大宗得以续立，庶不致有违家训，既凡阅我宗谱者亦不致展卷而兴叹也。①

苏堡刘氏宗子的嫡长继承很成问题，嫡传至十世、十四世两度中绝，前一次以叔曾祖褒承嗣，后一次则将出继外亲的族子归宗。除了嫡传血缘继承无保证外，宗子的培养也需要一定的费用，于是苏堡刘氏从专祠、宗祠各拨付水地若干亩，用于立宗子的费用。坚持立宗子，在于维持续立大宗，继承祖训。实际上苏堡刘氏宗族事务主要由族长负责。

康熙六十一年（1722）二月二十一日刘志、刘镇示族人以《修祠训言》，开宗明义，讲二人"构成斯堂，规制草创，殊多未备，所望后之子孙，有猷有为，益所未逮，所深幸已。即不然世守此堂，时加修葺，勿俾倾坏，是亦镇、志之愿也"。②希望祖孙不断修葺祠堂，传之久远。由于家庙依照朱熹《家礼》祠堂之制，清代往往将家庙与祠堂混称，刘镇、刘志这里的"修祠"，就是指修家庙。为了保证祭祖与家庙的费用，刘镇、刘志设置了祭田，《修祠训言》接着讲：

至修葺所需则有祭田租粟在，除备春秋祭享外，尚有可取给，惟在有志者尽心经营，肯向前身任其事。而万一毁坏过多，须大修整，祭田余质不足以给，理宜凡我子孙公摊均出。

① 光绪《洪洞刘氏宗谱》卷首《重修宗谱序》，第386—387页。
② 光绪《洪洞刘氏宗谱》卷首，第425页。

> 但世远支繁，家道兴废难齐，物力难易不等，必待齐出举行，岂不担阁废事，愿我子孙方兴，有力者不诿众，不吝赀，慨然独任为己事。①

主张维持祭田不局限于子孙公摊均出，而要求有力者独任其事。其实这也是刘镇、刘志两位"有力者"独任行为的推广。

刘志、刘镇《条例总论》的"定祭产"条，专门论述祭田，其中说：

> 今为之鸠宗人而衷其赢余之产，而致之庙。又为之立法，曰：某之产几何，为某祖之祭礼几何，通计其一岁之入以为常，而衷其赢余以为垣榱桷之用，使虽有风雨飘摇而不致暴露也。则家庙可不废矣。至于岁易主计、岁又考成，示公也。通岁祭祀之礼必取具乎是，亦犹祭器不以假人，惟士无田，则不敢祭之义。②

可知，刘志、刘镇倡设家庙、祭田时也曾发动族人捐献，才"鸠宗人而衷其赢余之产"，且具体规定费用所祭的祖先，设立"主计"人员，每年考核并更换。

刘志、刘镇后来入祀乡贤祠，事迹之一就是建宗祠、讲宗约以合族。洪洞县儒学公举刘志乡贤的"事实"说：

---

① 光绪《洪洞刘氏宗谱》卷首，第425页。
② 乾隆《洪洞刘氏宗谱》卷首，第9页下—第10页上。

> 本宦因流溯源，念切报本，与弟镇构立先代宗祠，岁时伏腊，合祭先代，即集族人其中，讲宗约，且询苦乐状，故合族无论支派远近，咸知一本亲睦之谊。①

可见刘志、刘镇的建祠讲约，是被作为有目的的宗族建设行为看待的。

苏堡刘氏家庙制度此后得到了完善，祭田增加，对于家庙功能的认识也发生了变化。乾隆四十三年（1778）所立《家庙碑记》说：

> 祠宇之设固以妥先灵奉血食，而岁时伏腊子姓群集，亦所以敦宗睦族，即派远支繁，而木本水源之谊，未必不藉此相会时感发于心，永相好无相尤也。

强调了家庙的敦宗睦族功能。家庙、祭田的完善则表现在：

> 吾族之聚斯出也十有五世，户繁丁盛，人文蔚起，咸蒙我祖宗荫庇。刘氏宗祠其创也，五十余年于兹矣。今者祠宇献庭、斋房、庖厨、剧台无不完备，又有祭田与金供牲醴粢盛之需，凡遇祭日，子姓彬彬，咸集祀事，惟时周敢或替，亦聊以报先祖之明德而已。然天下事守成者固难，而创始者亦不易，惟原建祠之初，则始自吾族诰赠资政大夫讳志、诰授光禄大夫

---

① 光绪《洪洞刘氏宗谱》卷二〇，第915页下。

讳镇，相与以有成也。厥后仕宦归籍者皆有捐金，以奉禋祀，以赡族人，兹计除祭飨及补缺修废外，置祭田六十七亩六分五厘，地畛坐落，详刊碑阴，余金一千四百两，尤赖族之有志者善为经营，力任其职，承承继继，无怠无亏，奉祀事于弗替，斯则予所深望，而亦族人所共仰，庶不负昔日建祠之深意也夫。①

不仅"祠宇献庭、斋房、庖厨、剧台无不完备，又有祭田与金供牲醴粢盛之需"，"仕宦归籍者皆有捐金，以奉禋祀，以赡族人"，祭田的功能除了祭祖扩大到赡族，捐金"除祭享及补缺修废外，置祭田六十七亩六分五厘"，尚"余金一千四百两"，可谓经费充裕。文中还将苏堡刘氏家庙称作"宗祠"，凸显宗族制度。

苏堡刘氏仕宦者所捐的余金，后来也用于购置祭田与房地产。嘉庆十二年（1807）二月二十七日刊立的《家庙继置祭田碑记》，讲到乾嘉时期的族产与赡族问题：

旧石所刊一千四百金，自乾隆四十三年后，乃贸有马头村水地稻地七十九亩有零，添买封里村房产、本村坡地、窑院地亩则较前加多，而金无存矣。当日以金易地，厥有深意，相习为故，如不见之。俾自承祀以来，连年无岁，乙丑颇从裁酌，以田所余散族之不给者五十余千，是不惟有以上奉而并可以下荫，乃以叹古人重圭田之意良切，而我前人之买田而不积金，

---

① 光绪《洪洞刘氏宗谱》卷一六，第873—874页。

为能得古人之深意也。①

可知，苏堡刘氏续置七十九亩农地，加上此前的祭田，则共计一百四十六亩六分五厘。主持这次立碑的刘俨，因其"承祀"，当是苏堡刘氏的宗子。刘俨担任宗子后，当地连年遭灾，于是在嘉庆十年（1805）"裁酌"族田经费，仍"以田所余散族之不给者五十余千"，肯定先前"余金"购田的英明。

前面提到康熙年间刘志、刘镇订立《条例总论》以及《祖训》具有族规的性质，不少内容从家庙规定的角度规范族人。《祖训》共计八条，其内容除了前面提到的头两条重祀典、建宗子之外，其余六条是明嫡庶、正名分、慎嗣继、详婚娶、守世业、厚本支。而明嫡庶、正名分、慎嗣继、详婚娶四条着眼于嫡庶尊卑秩序的维护，确保世系继承的宗法纯洁性；守世业、厚本支两条从敦宗睦族出发，要族人传承族产、确保祭祖，我们不妨将具体规定引述如下：

> 一曰守世业。礼云：父殁不忍执其诗书，以手泽存焉；母殁不忍执其杯棬，以口泽存焉。则知世业之宜守也。世业者大而祭器、祭田、祖宅，小而先人服御之物，皆是也。后人不肖，往往轻弃先代所遗，能像贤者果如是乎？后世子孙毋鬻祭田，毋假祭器，毋质祖宅于人，毋毁祖父名字图章，毋弃祖父校阅书籍，其有反是者，权其所犯轻重，小者罚，大者治

---

① 光绪《洪洞刘氏宗谱》卷一六，第875页。

第三章 多元文类视野下的北方宗族　163

以法。

　　一曰厚本支。《书》云："敦睦九族。"《诗》云："本支百世。"则知本支之宜厚也。家庙既建，非特事具文，隆虚数耳，欲世世子孙对祖宗而思一本之义也。后世子孙凡于岁时伏腊必至，吉凶丧葬必与闻，其有贫薄不给者共周之，毋阋墙，毋雀角，毋以卑抗尊，毋以长虐幼，毋以贫富异情，毋以贵贱杀礼，其有反是者罚，大者治以法。①

祭器、祭田、祖宅以及先人服御之物皆是世业，守之才能像贤，否则为不肖子孙。家庙祭祖可以维护"一本之义"，族人应当"岁时伏腊必至，吉凶丧葬必与闻"，增强互动，互相帮助，救济贫穷，处理好尊卑、长幼、贫富、贵贱关系。《条例总论》共计14条，即辨源流、明世次、慎嗣续、录庶孽、避名讳、书爵里、具生卒、纪迁徙、详婚媾、志茔墓、设家庙、定祭产、修谱牒、慎传疑，在前面刘衮的谱序中介绍过12条，笔者补充过2条，此处不再赘言。

　　道光二十五年正月（1844）族长刘云厓有增订宗族规范，作《家庙新议条规》，小序说：

　　吾族宗祠历年久矣，谱载条规，词严义正，无需妄为增益，奈世道变更，人心不古，前训多违，后弊叠生，爰切时势以立言，揣人情而定规，旧章仍因，补苴缺略。总期先祀永无坠云尔。

---

① 光绪《洪洞刘氏宗谱》卷首，第424页。

针对世道人心的时势变化，增益族规。《家庙新议条规》共计10条，内容可以分为三类，第一类是前四条，讲家庙管理与宗族组织的设置，内容如下：

一、宗庙系礼法之地，当以敬谨为主，办事及与祭之人，不许混行吵闹，搅乱祭祀。倘无忌惮，任意放肆，轻则家法斥责，重则送官究治，自议之役，各宜懔遵，勿得视为虚文。

一、凡有公事，族长支长外，再于管理祠事二十四人之中，择其老练者公同商议，不必拘定，惟四支支长是问，若拘定四支长，各执偏见，恐掣肘之处不止今日。

一、祀事之盛衰，视乎管理之善否，管理之善否，惟在用人。如选定四班，每班头支三人，二支、三支、四支各一人，按次轮流，何庸再议。但人事无常，一支缺数，务得族众详察妥确之人，然后传唤添补，若不考究，冒择接办，则将来侵蚀，势所不免。

一、办事六人内，或有病故者，总要值年办事人，请族众另择端方，以备冬至交代，毋得知其已故，依旧道请，希图省事，推手或有出外者，仍要值年办事人，于冬至前请族众在本支各班内选人代替，如此方不阙支，亦不阙数，毋得明知出外，冒然道请，扰其口舌。[①]

可知，苏堡刘氏此时已设立族长、支长，管理祠事则有二十四人，

---

① 光绪《洪洞刘氏宗谱》卷一六，第879页。

分四班轮流管理，每班六人，头支三人，二支、三支、四支各一人，凡有公事，族长、支长与此值年办事六人商议，办事人员更换，于冬至前由族众选替。

第二类是五至八条，内容是族产管理方面：

一、增置祭田本属美事，但向有因亏公而搪塞者，以致地不敷价。嗣后总要地择膏腴，价定公平，倘田下而价上，经族众查出，除退地价外，罚钱十千文，以低税费。

一、粜卖秋夏租粟，随时定价，不得因人有亲疏而价分低昂，粜卖剩余即管理者用之，亦当照价偿还，不得自谓受劳一年，无妨分食数斗，如此公廉，则往者可封，来者可勉。

一、族人向有借当祠中物件，以理衡之，授受均属非是，久当不归，仍要祠中回赎，其弊皆由接办者不经管稽查之故。以后每逢冬至交代，必须照簿公同点清，不得一味惮劳，沿习故套，致生弊端。如此周密，庶无失遗之患，更可息族人借当之念。

一、祠中器具原为祭祀而设，不宜借用与人，一经损坏，修葺之劳耗费之多，势所必然。但先祖物件必不许子孙借用，似觉过刻，如系本族借用，总宜值年管事人服信方可，设有遗失典当损坏，仍要经手人照管赔补，若亲友问及，概不应许还。违者罚钱十千文，以备办公。[①]

---

① 光绪《洪洞刘氏宗谱》卷一六，第879—880页。

重新规定了增置祭田择地定价、粜卖秋夏租粟定价使用、以理借当祠中物件、归还借用先祖物件等。

第三类是最后两条，为祭祀管理与禁止赌博的规定：

> 一、祭祀之日，祠中惟族长并办事人有饭，其余焚香而已，不得藉此哺饮，坏乱多年旧规，况族大丁繁，尽人留饭，不胜其备，又何必因一饭而使办事人作难，各宜体量。
>
> 一、赌博条款，例载森严，房主邻佑聚财存留等，俱有定罪。祠外铺面，价随时更，总要赁给安分之人，若开赌局，无事受其搔扰，犯案受其拖累，且混称祠堂开赌，听之不雅。自兹议定，每逢冬至接事后，各铺嘱咐不得明作生意暗设赌局，滋生事端。如违立即辞出。①

祭祀之日只管族长并办事人的饭，祠外铺面不得明作生意暗设赌局。

道光时的这次整顿祠堂对于苏堡刘氏意义重大，咸丰元年（1851）族人仰昆谈到此事。他说：

> 吾刘氏宗祠创始有碑记矣，兹不具赘，惟是百余年来管理祠事者，皆力任其职，无怠无亏，敬供禋祀。至道光初，祠中间多浮费，又置买祠右房院，遂亏欠钱文二百余千，当时族长择人帮办，长支中名汝苞字竹士者，因与祠事，目睹心惊，

---

① 光绪《洪洞刘氏宗谱》卷一六，第880页。

深恐愈累愈多，先人之创垂，将因之而坠也。慨然独出己赀二百六十余千，扫清积欠，此道光九年事也。若竹士者可谓尊祖崇祀、善继善述者矣。嗣自十七年以来，祠中诸务亦皆选人分班办理，每年除供祀外，尚有赢余，置典地亩，此又管理诸人克勤克俭，以永祀事者也。①

这就是上述道光二十五年正月（1845）《家庙新议条规》出台的前奏与背景。

三、入祀乡贤祠与助修地方志

苏堡刘氏引以自豪的是，刘志、刘镇以及刘镇的父亲刘我义、刘志的父亲刘我礼，均入祀洪洞县的乡贤祠并祀忠义祠。

苏堡刘氏入祀乡贤祠申报获准的资料，收录到宗谱。洪洞知县薛垲的《乡贤专祠碑记》，记载了苏堡刘氏四人入祀乡贤祠的过程。据《洪洞县志》记载，"薛垲，山东滨州进士，康熙五十一年任。和平慈祥，岁辛丑饥，煮粥赈之，全活无算"。②薛垲在任十一年，终康熙朝，其间于康熙六十年（1721）赈饥业绩突出。《乡贤专祠碑记》说，康熙五十年，刘镇、刘志同心捐赀，"重新学官，缘规制巍峨，工费浩繁"，五十二年始竣，历时三年。邑之绅士耆庶"合词公举两先生乡贤，请详从祀庙庭"。③事实上，不仅是刘镇、刘志从祀县学、入祀乡贤祠，克制公刘我义、克庄公刘我礼二人因

---

① 光绪《洪洞刘氏宗谱》卷一二，第845页上。
② 洪洞县志编委会：《洪洞县志》卷六《官绩志》，2003，第91页。
③ 光绪《洪洞刘氏宗谱》卷一六，第875—876页。

子官分别被诰赠光禄大夫、敕赠儒林郎,①加之热心乡邦事务、救济乡人,均祀乡贤。

苏堡刘氏享有乡贤专祠,因此制定了《专祠祭典》,规定春秋二仲上丁日祭祀克制公刘我义、克庄公刘我礼二人,春秋二仲上戊日祭祀二苏公刘志、敦斋公刘镇,均有相同陈设,分为两种祝文。还制定有《祭仪》,说道:"前一日承祭者盛服,至省牲执事者涤器陈设祭品毕,居期更补服。是夜四鼓,先祭宗祠、副祠毕,乃祭专祠。"②苏堡刘氏拥有了包括宗祠、副祠、专祠的祭祀系统,宗祠即家庙,专祠为乡贤祠,副祠尚不知其所指。

光绪《洪洞刘氏宗谱》卷二〇为"乡贤录",辑录刘我义、刘我礼与刘志、刘镇入祀乡贤祠程序的各类文献。先是刘我义、刘我礼的呈请文献,分为三种类型,第一种是"阖学公呈",题名"山西平阳府洪洞县儒学廪增附生员董勋、许璜、郑殿桂等呈为公举乡贤以光祀典以励风化事",呈报日期是康熙五十三年(1714)十一月,有本学赵、闫两位所批:"乡贤关系大典,据呈众论佥同,舆情允洽,与例相符,并里邻速具甘结,以凭详报。"第二种是"阖邑乡绅公呈",题名"山西平阳府洪洞县进士举人贡监韩象起、王玫、刘周南、董作孚等呈为公举乡贤恳请崇祀以立标准以励风化事"。第三种是"阖邑耆庶公呈",题名"山西平阳府洪洞县耆庶

---

① 据托津等奉敕纂《大清会典事例(嘉庆朝)》卷九《验封清吏司》:"列其应封者之名氏、存故而题焉(本身为授,曾祖父母、祖父母、父母及妻存者为封,殁者为赠)得旨则给以诰、敕(五品以上授诰命,六品以下官员授敕命)。"《近代中国史料丛刊三编》第64辑,台北:文海出版社,1996,第632册,第408页。

② 光绪《洪洞刘氏宗谱》卷一六,第877页。

宋敏、韩居丰、吕奏咸等呈为公举乡贤恳恩转申以昭直道以惬舆情事"。这样三种类型的公举也是三个层次，即儒学廪增附生员"阖学"报告事迹，进士举人贡监"阖邑乡绅"认可，"阖邑耆庶"恳恩请转申上级。

三份"公呈"后是洪洞县儒学开具的"事实"，共计十二条：

一、本宦昆仲孝第素著，品行端方，下帷攻苦，究心理学，为文必准经义，时人以大儒拟之。

一、本宦昆仲著作甚多，辑《学思精录》一书，于理学大有发明，远近学者奉为珪璧。

一、本宦设立义学，后进负笈踵门接踵，皆蒙造就。

一、本宦置义田五十亩，以助婚娶丧葬之不足者。

一、本宦遇本邑年饥，捐谷五百石施粥，贫者仰给。

一、本宦遇山左饥荒，捐银一千余两赈济饥民。

一、本宦延医施药，无力延医者俱来就治，每年生全无算。

一、本宦置立义冢，凡贫乏无地营葬，不致暴露。

一、本宦在漳河遇一妇自溺，询知失赎父罪金四十两，搜箧以济。

一、本宦临终遗命诸子同居不可析爨，凡有当行善事，勿惜重费。

一、本宦子镇、志捐资五千余两重修文庙，焕然一新。

一、本宦子（镇、志）虑潞郡山径险隘，发锸千金，平治百有余里，旅人释陨毙之危。①

上述事迹包括品行学养、理学著述、公益义举、救荒捐施、病葬捐施、救助路人、遗命同居、子侄捐施等。

下面是各级官员的批示。首先是"儒学教谕赵、训导闫看语""乞照验施行"；其次是"本县薛看语""乞照详施行"；再次是"本府祝看语""祈照详施行"；最后是"提督山西等处学政按察使司佥事加二级黄批"，批示以已故贡监生刘我义、刘我礼事迹"该府确勘前来，如详置主入祠，缴结册存"。②由省级学政完结。

再是刘志入祀乡贤祠的各类文献。有举人、贡士、监生的公呈，时间在雍正元年（1723）三月十九日。有翌日洪洞县儒学教谕李艺、训导闫真垧呈请"乞照验转申"文。洪洞县将此驳回，要求"例应具送事实册籍并印甘结，详送过县，转详实行"。③二十四日，洪洞县儒学教谕李艺、训导闫真垧按照要求再次申详，并附儒学廪增附生的甘结与李艺、闫真垧的审核，并开具"事实"十二条。这十二条字数较多，概括起来就是：天性纯孝、爱堂兄弟、业学俱进、治家得法、丕振文教、周济亲邻、修桥补路、拾纸埋骨、捐金施赈、建祠立约、性喜俭朴、诚实为本。二十五日，洪洞知县薛垲批转，确保"所结是实"。再下是平阳知府冯国泰的批转与确保"印结是实"。"印结是实"保证文所属时间为二十九日。最后是山西学政彭某的批准文件。

---

① 光绪《洪洞刘氏宗谱》卷二〇，第907页。
② 光绪《洪洞刘氏宗谱》卷二〇，第910页上。
③ 光绪《洪洞刘氏宗谱》卷二〇，第912页上。

还有就是刘镇入祀乡贤祠的文献。呈请发生在康熙六十一年（1722）八月二十六日，文献类型类似于刘我义、刘我礼。刘镇入祀乡贤祠程序的各类呈请文献也分为三种类型，第一种是"阖学公呈"，第二种是"阖邑乡绅公呈"，第三种是"阖邑耆庶公呈"。洪洞县儒学一次性将这三份呈请转申，十月儒学教谕李艺、训导闫真堋照例呈请，出具"所结是实"证明，并开具刘镇"事实"，具体内容有十条：

一、本宦天性纯孝，幼年丧母，哭泣尽礼。父疾汤药必亲尝，日夕不离左右，及殁，哀毁骨立，三年读礼，未尝露齿。事继母先意承志，能得欢心，祭葬以礼，人无间言。

一、本宦性嗜读书，早年采芹食饩，试必前矛，即暮年致仕家居，白山水陶情外，惟博览史籍，不问世事，尤好劝善感应之书，及得高安朱可亭先生《广惠编》，爱之不忍释手，亟为发刊，公诸同好。

一、本宦操守清正，两任部曹，遇事敬凛，绝无染指。至于谳狱，尤多平反，不为利诱，不为势屈，有古大臣之概。未几引退，恬然淡定，得知止之哲。

一、本宦好善乐施，遇有水旱之年，或施米，或施粥、施钱不等。岁子丑晋省浡饥，偕难兄讳志者及子侄辈捐金助赈，为绅士先，现奉旨给匾旌奖。又同力设立义仓一所，出陈入新，以济乡邻匮乏。至于亲友无力婚丧与欠课欠债者，即为独力资助，人或称颂之，乃谢不敢当，毫无德色。

一、本宦时怀利济，与难兄志捐金创建城南石桥二十四洞，其它桥梁道路遇有倾圮，即为修葺平治，不一而足。

一、本宦善体亲心，方克制、克庄两先生拟修文庙，事未果行，本宦偕难兄志捐金重新，以承先志，又独出已赀，购置学田，以增诵读之费，复同难兄于本村建立义学一所，延师训诲单寒子弟，以广圣天子右文之至意。

一、本宦亲睦宗族，凡子姓有式微者，必加意周恤，以示一体，自予告即散俸余于阖族，使人人均沾君惠，而于难兄志尤极尽祗恭，事必咨请，然后施行，历久靡间。

一、本宦家教甚肃，训诲子侄，不辞反复告诫。其筮仕者必时时勉之以清勤忠慎，其家居者必时时勉之以宽和谦忍。复为孙辈广延名师，日夜训课，使知读书务本。

一、本宦律己端方，林下十余年并无片纸以干当道，即至亲密友有来相求者，虽其事无甚轻重，亦必婉颜谢曰不能，誓不开端破格。

一、本宦宅心浑厚，凡待人接物，一皆坦易平真，居恒绝无富贵骄人之态，人咸乐为亲近。盖棺后亲友及四方来奠诔者数千人，洪洞绅士里民无论识与不识，莫不叹为古之遗爱，理合具呈，伏祈照册施行，须至册者。[①]

知县薛垲、县丞骆振基、典史顾士淇批转了这些开具"事实"的文献，确保"印结是实"。再下是平阳知府冯国泰的批转文件。

比较康熙朝、雍正朝审批呈报乡贤文献，发现两朝有所不同。

---

① 光绪《洪洞刘氏宗谱》卷二〇，第924页上—第925页上。

康熙朝的重视基层舆情公论，雍正朝的似乎看重审批程序过程的严谨。

有关刘镇事迹的以上诸条，"本宦"后的四字是高度概括，毋庸赘述，其中不少事情是与兄刘志共同完成的。苏堡刘氏经过先后三次地方上的呈请，进入乡贤祠，即康熙五十三年（1714）呈请刘我义、刘我礼入乡贤祠，康熙六十一年（1722）呈请刘镇入乡贤祠，雍正元年（1723）呈请刘志入乡贤祠，刘镇与刘志的呈请时间上接踵而行，大约同时。苏堡刘氏入祀乡贤祠，也正是在地方上威望急速上升之时。

雍正时期苏堡刘氏积极赞助编修地方志，同时刘氏也大量进入地方志记载。雍正七年（1729）清修《一统志》，檄取直省所属各志乘，洪洞知县余世堂正拟拮据经营。刘勩时官监察御史，给假暂归，得知修志，慨然相助。余世堂为雍正《洪洞县志》所作序言说："侍御刘公南汕给假旋里，公暇之余，力成其事……此固诸君子校雠编辑之功，而实刘公仔肩之绩也。"① 当时刘勩热情表达对地方志纂修的大力支持，他说：

> 斯一邑之公事，亦我朝之盛典也。某世叨国恩，诸事悉图报效，而吾家之在洪邑，凡可以便舆情，利乡里者，悉不敢诿居人后。况兹举上为国家备文献，下为吾邑发幽光，讵能默然已乎！今兹志局之所需无巨细，予伯季愿力任之。余以事系一邑，辞之者再，而公志益坚，爰同胞兄弟，共捐赀三百金，自

---

① 雍正《洪洞县志》，余世堂《洪邑志序》，第3页上、第4页上。

设局,讫告竣之日,凡局中日用,及一切工匠之费,莫非公之力成始而成终者也。

刘勷同胞兄弟捐赀自设局为修县志共献力量。余世堂对刘勷代表的苏堡刘氏慷慨义举赞不绝口:

> 公为洪邑名族,其先世俱以宦显。居乡接物,悉本谦和笃厚之心。故通邑咸目为义门,历数传而家声弗替。公家义举,如助饷赈饥、修学建桥诸大事,美不胜收,而公之乐善好义,益光前烈。宜乎德日崇,名日厚,为一邑矜式也!……公之功,直与邑志为不朽矣。爰志之以彰公之功,并以励世之慕义而起者。①

苏堡刘氏义举众多,称其为洪洞名族恰如其分,的确为一县的榜样,其在当地社会的影响力可以想见。

雍正朝推行社仓,苏堡刘氏积极捐助。雍正六年(1728)知县余世堂"率绅士捐银买社仓房屋并加修理的倡导",②洪洞绅士捐银37笔,多者捐银40两,最少者1两,捐40两者共计4人均为刘姓,有刘衮、刘常、刘襃三人出自苏堡刘氏,另一位是城内的刘绰,③另

---

① 民国《洪洞县志》卷一六,余世堂《捐资修志序》,第379页。
② 雍正《洪洞县志》卷三《官司志·公廨》,第6页下。
③ 刘绰,世居城内,与苏堡刘氏不同宗,亦是洪洞盐商,刘绰子刘藩长时任福建盐运使、刘业长为云南按察使。参见《雍正朝朱批奏折汇编》,第308号,《福建盐运使刘藩长奏谢恩补盐运使暨准在任守制并请恩赏祖父封典折》,雍正六年九月初六日具折,第13册,第369—370页。

第三章 多元文类视野下的北方宗族 175

有当行捐银80两,高暹、升元捐银百两,均为商家。可见苏堡刘氏捐银较多,收入地方志的这些记载,彰显了苏堡刘氏对于洪洞地方社会的贡献。

苏堡刘氏的著名人物进入地方志。刘我义、刘我礼、刘志、刘镇进入雍正《洪洞县志》卷四《人文志·乡贤》,雍正志乡贤列入19人,苏堡刘氏4人,比例较高,占到四分之一。雍正《洪洞县志》卷九《艺文杂志》收录朱轼所作《刘大夫志墓志铭》《刘大夫镇墓志铭》。

四、仕宦与经商

康熙、雍正之后,苏堡刘氏成为地方的望族。同在平阳府的翼城人高祚昌为光绪《洪洞刘氏宗谱》所作谱序,评价到清代宗族、山西宗族特别是苏堡刘氏:

> 我国家重熙累洽,久道化成,凡世家大族,食德服畴,戒骄敦朴,处农商而出仕宦,得以优游于化日之舒长,常荫其孙子,而永保其世业。吾晋土厚水深,民情简质,士大夫承陶唐之遗风,恭让亲睦,饘粥聚处,不忍轻去其乡。以故宗支蕃衍,所在尤多望族。若刘氏之居苏堡者,又其着焉者也。刘氏之先好行其德,自明季已推重于时,暨国朝康、雍以来,家道隆隆日起,其后伟人杰士接踵而生,出任封疆,入跻九列,别历中外,负重寄膺,特简者代不乏人。用是门地才望,尝为他

族冠；簪缨旗常所从来远矣。①

作于光绪二十四年（1898）的这篇谱序，展示的是清代世家大族"处农商而出仕宦""永保其世业"的繁盛景象。山西的士大夫亲睦聚处，宗支蕃衍，尤多望族。可见晚清宗族发展，山西亦复如此。苏堡刘氏属于著名望族，康、雍以来，家道隆起，高官辈出。

事实上，苏堡刘氏就是如同上述谱序中所说的"处农商而出仕宦"的宗族。苏堡刘氏的发家史应从刘应春开始，同里韩象翃所作刘应春碑文记载：

> 公讳应春，号小溪，世居茹去里苏堡村……自祖如梅为一乡善士，父进臣耕读传家，为洪邑望族。公生而负姿英异，气象端凝，幼习举子业，辄试不售，遂投笔营产，精意筹划，不数年而什一之息，家成素封。至恤贫周急，同里颂为惠人。处人接物，绅袊钦其谦光，而且寿逾古稀，德隆尊达，所以应圣主崇尚之典，享有司上宾之讌，佥曰允宜。公男四：伯我仁煮海齐鲁，媲美陶朱，不幸早殁。幸而叔男我礼克成兄志，转输多方，山左有难兄难弟之称，仲男我义恪守先业，不隳家声，而迁葬之志不遂，倏焉云亡。季男汉髫年游泮，棘闱弗摄，邀恩贡例，职居少尹，若孙或名列郡佐，或驰驱胶庠，玉树芝兰，森森成立。②

---

① 光绪《洪洞刘氏宗谱》卷首《增修宗谱序》，第360页下。
② 光绪《洪洞刘氏宗谱》卷一八《乡饮大宾小溪刘公碑文》，第888页下—第889页上。

第三章 多元文类视野下的北方宗族 177

刘应春是苏堡刘氏八世孙，他的父祖即六七代都是"耕读传家"，实际上可能就是农户。刘应春生于万历十九年（1591），殁于康熙七年（1668），享年七十九。应春"投笔营产"，靠"什一之息，家成素封"，可见是经商发家。特别是他的长子我仁、次子我礼都在山东经营盐业，壮大了家业。至于三子我义居家无特别事迹，季子汉靠恩贡为监生，职居州县辅佐官，孙辈则就学入官者增多。文中说应春父辈已经是"洪邑望族"，则恐有拔高之嫌。刘应春被乡里推举为乡饮酒礼大宾，表明在乡里有着崇高的威望。

刘应春子侄靠盐业发家还有其他资料证明。康熙八年（1669）的《小溪公八十序》谈到苏堡刘氏："昔耕读传家，令器有四，致猗顿者有人，拾青紫者有人，课桑麻者亦有人。"①经商、做官、务农皆有族人。刘我仁"尝一游山东，为盐监之科"。②刘我仁、刘我礼二人"废举历下，娴猗顿、计然之策，每期年一归省"。③作于康熙十七年（1678）的《克庄公六十寿文》，记载刘我礼建议整顿盐务：

当其时，鹾政之敝已极，自翁之至，而屡建条议为请，因革损益，悉协其宜。赋税素常经，得翁之经划而惟正有供矣；解运愆当期，得翁之建白而按时输发矣；引目多壅滞，翁力为设法而额定销均矣；私贩多出没，翁数祈缉禁而奸宄敛迹矣。以至于严关权、平春运，种种良法美意行之，故二东之盐务得

---

① 光绪《洪洞刘氏宗谱》卷九，第798页上。
② 光绪《洪洞刘氏宗谱》卷一一《洪洞刘氏先世合传》，第821页下。
③ 光绪《洪洞刘氏宗谱》卷一一《刘赠君先生传略》，第822页下。

以安上而全下者，咸仰其持筹之力，握算之功。①

文中的"二东"当是指河东盐务、山东盐务，刘我礼在这两处经营盐业颇有建树。刘我礼之子二苏公刘志继承父业，父子将苏堡刘氏的财富达到极盛。戴璐《二苏公六十寿序》记载：

（刘志）甫弱冠从其父克庄先生游于齐鲁，出其胸中所蕴，以谋十一，不数年而资拟陶顿……虽累千金不以靳……岿然巨富，自人视之，不知为素封子也。②

"累千金""巨富""素封子"这些表示富有的词汇，充分说明刘我礼、刘志父子代表的苏堡刘氏的财富充裕程度。

刘志之后的盐官，要数玄孙刘肇丰了。刘肇丰字岐周，号松厓，据说他"不屑屑举子业，后游滨滦，留意盐策，乃循例为运同"。③做了盐官。刘肇丰生于乾隆七年（1742），卒于嘉庆十九年（1814），是乾嘉之际苏堡刘氏的经商者。刘肇丰的儿子刘汝苞道光九年（1829）整顿祠堂，出己赀二百六十余千扫清积欠，恐怕也是同其家富足有关。

苏堡刘氏上述经营盐业活动，既是经商，也是做官，官商不分，有助于发家、增长财富与官宦交友，提高地位，建立社会关系的网络。

---

① 光绪《洪洞刘氏宗谱》卷九，第799页上。
② 光绪《洪洞刘氏宗谱》卷九，第801页下。
③ 光绪《洪洞刘氏宗谱》卷一九《松厓公墓记》，第901页下—第902页上。

如果单从做官来看，苏堡刘氏始于刘镇。朱轼所作刘镇墓记铭说："（刘镇）曾祖廷弼公、祖小溪公、父崇祀忠义克制公，皆潜德不仕，以公贵并赠光禄大夫。"①刘镇"岁壬申贡于乡，例得京职，又十四年选授水部员外郎"。②"壬申"为康熙三十一年（1692），"又十四年"，即康熙四十五年（1706），这期间刘镇以监生入京，官至工部员外郎，活动在京城官场。这时苏堡刘氏也致力于教育，刘镇欣赏洪洞县人范凝鼎的才学、品德，范凝鼎秋闱屡荐不售，刘镇"以端方廉洁，才堪任用特荐，终未报。康熙壬午，设帐于苏堡刘氏，历四十余年。刘氏子弟，多所成就"。③从康熙四十一年（1702）约到乾隆十年（1745）左右，范凝鼎培养了不少苏堡刘氏子弟。

刘志、刘镇以后，苏堡刘氏可以说是官员辈出，出现了督抚这样的高官。乡人韩垧这样评价："吾邑论世族者，必推苏堡刘氏，而乾嘉之际尤称全盛。"④我们可以从民国《洪洞县志》卷一三、卷一四的《人物志》观察到苏堡刘氏的人才情况。其卷一二《列传》中，清代列人物44人，而苏堡刘氏有14人，将近占到三分之一。我们列表来看其具体情况：

表3-1：民国《洪洞县志·人物志·列传》之苏堡刘氏人物一览表

姓名	字号	亲缘	学宦	事迹
刘我义	字克制	应春次子	赠光禄大夫	乡饮大宾，祀乡贤，性谨厚，好施予。

---

① 光绪《洪洞刘氏宗谱》卷一九《刘公墓记铭》，第894页上。
② 光绪《洪洞刘氏宗谱》卷一九《刘公墓记铭》，第894页上。
③ 民国《洪洞县志》卷一二《人物志上·文苑》，第213页。
④ 光绪《洪洞刘氏宗谱》卷一一《松坪公传》，第842页下。

续 表

姓名	字号	亲缘	学宦	事迹
刘我礼	字克庄	我义弟	考授州同赠资政大夫	祀乡贤，性孝友，尤多义举。山左旧有醵务，尝往经理之。
刘志	字二苏	我礼子	同上，例贡生	祀乡贤，居家勤俭，而轻财尚义。
刘镇	字靖公	我义子	廪贡生，以监生授中书科中书	迁工部员外郎，升刑部郎中。祀乡贤，以孝称，为官廉，赡宗族，捐学田，办赈济，获御匾。
刘勤	字思赞 号南沚	志次子	以例贡授刑部郎中	京察一等，擢监察御史，巡视京师中城执法不挠。乾隆元年升直隶河督，溃堤解任。
刘光晟	字寅宾	勤之子	二品荫生，以同知补用	乾隆时备资采办洋铜五十万斤，需十四万金，躬督运缴，尽行报效。
刘秉愉	字孝征	绳伊长子	例贡生，任刑部郎中	转广东督捕二司，补湖南粮道，摄按察使篆，官至湖北按察使。
刘秉憻	字信中	绳伊次子	乾隆壬午举人	授内阁中书，前后历京秩四十余年。
刘秉恬	字德引 号竹轩	绳伊三子	乾隆辛巳乙榜进士	授内阁中书，以进剿金川办粮运功授四川总督，后任云南巡抚、兵部侍郎、仓场总督等，嘉庆元年与仲兄同入千叟宴。
刘大惥	字慕宗	光晋三子★	例贡捐资	授刑部郎中，总办秋谳。京察一等，授四川盐法道，寻除贵西监司。居乡好施予。

续 表

姓名	字号	亲缘	学宦	事迹
刘大懿	字坚雅	光晋七子 **	乾隆丁酉举人	家素封，以助川饷，议叙刑部员外郎，历福建粮道、台湾道、甘肃安肃道、按察使、署山东布政使等。
刘宝第	字松坪	秉愉子	嘉庆丙辰举孝廉方正	因东河之役投效，分发为官，历任大名府同知、宣化府同知、天津府道、广东按察使等。
刘肇淮	字季海	大哲四子	道光乙酉举人	大挑二等，署神池县教谕，选授辽州训导。善文，尤工诗。

说明：*刘大悫，光绪《苏堡刘氏宗谱》世系图作"刘大悫"，为光晋三子。**刘大懿，光绪《苏堡刘氏宗谱》世系图为光晋六子。

由上表可知，苏堡刘氏有刘秉恬1人为进士，有刘秉愉[①]、刘大懿、刘宝第、刘肇淮4人为举人，其余多贡生。为官最高者亦为刘秉恬，官至总督；其次是刘勷，为河督；此外，布政使、按察使级别的有刘秉愉、刘大懿、刘宝第3人；其余多是御史、道台一级。值得注意的，苏堡刘氏的一些为官者是靠捐纳获得的，清制通过纳捐取得的贡生称例贡、增贡、附贡、廪贡，表中刘志例贡、刘镇廪贡、刘勷例贡、刘秉愉例贡、刘大悫例贡，均是异途出身。此外，刘大懿以助川饷议叙刑部员外郎，刘宝第因东河之役投效分发为官，均靠捐钱升官。苏堡刘氏除了依靠科举外，还凭借财富使得一

---

① 《清高宗实录》卷九六三，"乾隆三十九年七月丁丑"条记载，刘秉愉已被革职，中华书局，1985，第12册，第1072页上。

些子弟进入官场，发迹并保持较高的社会地位。

《列传》之后是《文苑》，苏堡刘氏有数人位列其中。请看下表：

表3-2：民国《洪洞县志·人物志·文苑》之苏堡刘氏人物一览表

姓名	字号	亲缘	学宦	事迹
刘绳祁		应春次子	廪贡生	博学好古，书法冠时，尤精篆籀之学。
刘宝筏	字雨香号春帆	秉恬第三子	以荫生廷试擢取同知	改刑部主事，旋迁郎中。尤工书法，随父秉恬缮写奏牍，召试多士。
刘肇绅	字子约号默园	大懿仲子	监生援例授两浙钱清场盐大使	历任至湖北盐法道、署按察使。姿性风雅，工书法。
刘肇疆	字晓山号柳桥		增生	性端方，学问纯粹，教授生徒，务贵严饬。有诗作，子长年亦工诗。
刘汝楫	字莲艇		贡生	选授五台县教谕以体弱未任，工诗，尤精楷书，兼涉星算医卜，侨寓江南十余年。

说明：《文苑》尚有苏堡人刘韶、刘钟郁等人，尚不能断定这些人就是"苏堡刘氏"家族，故未列表中。

卷一四《义行》中多有苏堡刘氏人物。请看下表：

表3-3：民国《洪洞县志·人物志·义行》之苏堡刘氏人物一览表

姓名	字号	亲缘	学宦	事迹
刘应春		应春次子	廪贡生	博学好古，书法冠时，尤精篆籀之学。
刘衮	字仲补	志长子	由廪贡官太原县教谕	复捐授工部营缮司员外郎，康熙辛丑督办山陕赈务，与弟勤倡捐一万六千金，粟数千石。
刘衷	字丹诚		例贡	议叙太仆寺少卿，好施舍，亲族称贷，积两万余金，悉焚其券。举乡饮大宾。
刘光晋	字西屏	衮子	由例贡授刑部员外郎	乾隆丁卯，南省赈务与山右铜政并行，慨捐十三万金，赏加光禄寺少卿衔。
刘方溥	字鉴塘		由贡生官兵部郎中	擢江西南康府知府，居乡为善慨捐，至金川伊犁军饷，山右耗铸铜斤，前后几十万余金，奖叙悉辞不受。
刘大慧			例贡，候选道	乾隆壬辰，金川之役，首倡万金，以佐饷糈。复劝其族姓捐资十万。时从弟大惷督办军饷，大慧助力甚多。
刘大惷			例贡授都察院都事	嘉庆二十二年，割己田兴工重浚河渠，灌溉如故。
刘肇丰		志之玄孙	监生，盐运司运同衔	乡饮大宾，倡义乐输，倡捐千金，修城南涧河。
刘汝苞	字竹士		州同衔	乐善好施，济族赡贫。尝以盐筴客历下，购地掩骨。
刘绳伊	号耕岩		由廪贡援例授户部员外郎	乐善好施，捐资修桥补路。

说明：★刘大惷，洪洞县志编委会标点本民国《洪洞县志》将"惷"改为"哲"，误；据光绪《苏堡刘氏宗谱》世系图还原。

表中人物多是例贡、廪贡，即通过纳捐取得的贡生资格甚至进入官场，也凭着用较多的钱财进行捐施活动，获得"义行"的好评。如刘衷，乾隆十六年（1751）山西遭受自然灾害，清廷讨论是否动用捐输存库银两，谈到"绅士刘衷等业邀议叙"，可见刘衷有过大的捐输因此要议叙，而正值清廷要灾蠲赋税钱粮，刘衷"其户下应蠲仅四百余两，为数无多无庸予蠲"。[1]对于普通百姓而言四百余两不是小数，而对于刘衷来说则"为数无多"，可见其财力。乾隆二十六年（1761）山西所在的河东盐务"遴选新商"，盐政奏请，经军机大臣会同山西巡抚等议准，送到刘衷等人，[2]可见刘衷是与官府有密切联系的盐商。再如刘衷的儿子光晌、光曙、光昶，刘裒的儿子大慭、孙子肇彭（刘大慧子），乾隆二十四年（1759），西域平定，屯田塞外，长芦、山东众盐商捐银20万两，以备屯田之费，盐商中就有刘光晌、刘光曙、刘光昶被清廷给予七品顶戴，刘大慭、刘肇彭给予八品顶戴。此外，刘勤的儿子光昱，为现任陕西延安府知府，也被记录一次。[3]刘志有四子：裒、勤、褒、衷，其中裒、勤、衷的子孙5位是盐商，都参与了本次捐助活动，并得到了官品。

卷一四《艺苑》中的苏堡刘氏人物有刘秉慎，秉恬之从弟。工弹琴，兼善弄笛。素爱古书奇画，尤精篆刻。工绘事。

民国《洪洞县志》卷一七《艺文志·著录》反映了洪洞县著

---

[1] 《清高宗实录》卷三八〇，乾隆十六年正月癸卯，第6册，第5页上。
[2] 《清高宗实录》卷六三六，乾隆二十六年五月庚戌，第6册，第107页下—第108页上。
[3] 〔清〕黄掌纶等撰，刘洪升点校：嘉庆《重修长芦盐法志》卷五《盛典》，中国科学出版社，2009，第84—85页。

述面貌。其编排方式按城乡分为合县城各人、城各家人、合县四乡各村、四乡各村各家人著录四种类型。照顾到城乡、个人与家族的著述，家族著述是当地重要的社会文化现象。在"四乡各村各家人著录"一类，共13家，71人，计186种。其中苏堡的著录全部是刘氏，具体情况如下：

表3-4：民国《洪洞县志·艺文志·著录》清代苏堡一览表

序号	著者	书名
1	刘我礼	《学思精录》
2	刘勤	《南汜奏牍》
3	刘绳祁	《午庄随笔》《午庄印谱》《作舟拓翠》
4	刘秉恬	《竹轩学古集》《公余集》《竹轩奏牍》《竹轩诗稿》《述职吟》《督饷集》《觇光集》
5	刘大鳀	《苇闲诗文稿》《苇闲尺牍》《知冰轩语录》
6	刘秉慎	《谨堂印谱》
7	刘宝筏	《春帆诗稿》
8	刘肇绅	《四书句辨》《墨园诗集》
9	刘师录	《大清通礼》《品官》《士庶仪篆》《历代泉币图考》
10	刘肇兴	《湘帆诗草》
11	刘肇疆	《柳桥诗稿》
12	刘肇淮	《虹桥吟稿》《薇蘅簃诗草》
13	刘汝辑	《寄情草》
14	刘韬	《心出家庵诗草》
15	刘长年	《寿朋逸稿》
16	刘榿	《秋舲吟稿》
17	刘钟郁	《戏鸿轩诗草》
18	刘以衡	《芷坪印谱》

苏堡人的著述全部是清代刘姓人所作，约占"四乡各村各家人着录"的十分之一，比重较大。不过上述18人的著录，不全是"苏堡刘氏"，也有少数其他刘氏的。从上表来看，清代"苏堡刘氏"蔚然成为文化家族，在文学艺术上取得了可观的成绩。

五、《清实录》中的苏堡刘氏官员

以上论述涉及多位为官从政的苏堡刘氏人物，由于资料出自地方志、族谱，不免赞扬乡族的成分，至少不会谈负面的内容。不过《清实录》则不同，它在相当程度上是国家行政的记录，较高级别的官员会出现在《清实录》中。从《清实录》看宗族人物，会有不同的历史记忆方式，反映出族谱、地方志不同的宗族人物面貌，并且建立起家族与大历史的关系。笔者通过检索《清实录》，获得以下几位苏堡刘氏人物的事迹。

刘志次子刘勷，雍正、乾隆两朝实录留下20条资料，雍正1条，乾隆朝19条。雍正十二年（1734）十二月，吏部遵旨将情愿河工效力人员带领引见，鸿胪寺卿刘勷被授为河东副总河，加佥都御史衔。[①]十三年（1735）十月，刘勷为直隶河道水利总督。[②]乾隆元年（1736）二月，永定河东沽港上年堵筑之处漫溢二十四丈，皇帝以刘勷到任未久可原，未加处分。[③]四月，直隶副总河定柱奏与总河刘勷会议河务。乾隆帝告诫："河工之利弊是显而易见之事，将来自难逃朕之洞鉴，岂先人之言所能隐饰乎？看汝是一极不安分

---

① 《清世宗实录》卷一五〇，雍正十二年十二月己未，中华书局，1985，第2册，第860页上。
② 《清高宗实录》卷四，雍正十三年十月上丙子，第1册，第225页下。
③ 《清高宗实录》卷一二，乾隆元年二月上己巳，第1册，第365页上。

之人，汝当小心，朕训不可数得，朕宥不可屡邀。戒之戒之。"①可见，河工是只能兴利除弊的事情，刚即位的皇帝行政讲求实效，新上任的刘勷将面临考验。乾隆帝警告的虽是副总河定柱，总河刘勷也难逃责任。六月，刘勷奏请永定河南北两岸并天津道属之津、静、青、沧四州县，一切岁抢堤埽工程，令该管厅员与地方官协同办料，承修防护。下部议行。②又奏请天津、大名、清河、永定、通永、五道所属河道堤埝民修工程，于每年霜降后责令厅汛各员，同岁修工程据实确估，发价兴修。下部议行。③十一月，工部议覆，刘勷疏言青龙湾减水坝距河身四里余，难资分泄，请将坝基移建河滨，应如所请。从之。④十二月，工部议覆刘勷疏陈河务四条。从之。⑤

乾隆二年（1737）二月工部议覆，刘勷疏称北运河筐儿港南坝台、出水雁翅堤工苇朽，应改建草坝一百二十四丈。又西岸杨村北头庙前，东岸卧佛寺后身，应改建草坝一百四十二丈七尺五寸。又北头庙前排桩迤南一带老岸塌卸，应接建草工一百七十七丈九尺五寸，估银一万一千六百两有奇。应如所请。从之。⑥刘勷又奏，春融工程妥协，永定河凌汛又逾，恳请叩送。⑦三月，署天津镇总兵黄廷桂奏报得雨麦况，被乾隆帝警告其当体恤民瘼，办理实政。要

---

① 《清高宗实录》卷一七，乾隆元年四月下，第1册，第452页上。
② 《清高宗实录》卷二〇，乾隆元年六月下甲子，第1册，第488页下。
③ 《清高宗实录》卷二〇，乾隆元年六月下丁丑，第1册，第500页下。
④ 《清高宗实录》卷三〇，乾隆元年十一月上壬寅，第1册，第620页下。
⑤ 《清高宗实录》卷三二，乾隆元年十二月上辛未，第1册，第639页。
⑥ 《清高宗实录》卷三七，乾隆二年二月下丙子，第1册，第672页下。
⑦ 《清高宗实录》卷三七，乾隆二年二月下，第1册，第680页下。

求将此旨与刘勷同看，一样要求。①四月，工部议准，刘勷疏称南运河自全漳归运以来，向因汛水泛涨，无由宣泄，急需挑挖建坝，通共估银九万二千两。时已春融，若俟题覆到日发帑兴修，恐致迟误。随檄令天津河道在于预备十万两银内酌拨购料，多募人夫，上紧兴修，俟领钱粮到日照数还项。从之。②六月，刘勷疏报工程水势事宜。得旨："知道了。运河浅阻之处，当极力督催挑挖之，毋以移明厅汛在案，即为了事也。"③谕总理事务王大臣："春夏以来，畿辅地方雨泽愆期，自六月十三日后迭沛甘霖，已极沾渥。而近日连阴，大雨如注，又有淫潦之虑……至于河工堤岸，宜预为保护，以防溃决。倘有被冲之处，即应抢修。"④要求刘勷等官员留意，不可疏忽。七月，乾隆帝指出："朕因刘勷人甚平庸，不胜南河之任，是以用为直隶总河，以事简工平，谅伊自能竭蹶办理。且屡加训诲，又命总督李卫协助之。今年春夏之间亢旱，想李卫办理一切赈恤事宜，无暇顾及河工。查二十九日之雨，尚非浸淫霖潦者比，而一经山水骤发，刘勷遂束手无策，且备料又复不全，不足抢救，是伊平时漫不经心，甚属溺职。著该部严察议奏。"堤工还是有冲绝之处，乾隆帝要求刘勷等官员筹划抢修事宜。⑤刘勷以河工疏防革职，留工效力赎罪。⑥八月，协办吏部尚书事务顾琮会同直隶总督

---

① 《清高宗实录》卷三九，乾隆二年三月下，第1册，第706页上。
② 《清高宗实录》卷四一，乾隆二年四月下辛巳，第1册，第737页。
③ 《清高宗实录》卷四五，乾隆二年六月下，第1册，第788页下。
④ 《清高宗实录》卷四六，乾隆二年七月上丁亥，第1册，第793页上。
⑤ 《清高宗实录》卷四六，乾隆二年七月上甲午、乙未，第1册，第797页。
⑥ 《清高宗实录》卷四七，乾隆二年七月下壬子，第1册，第818页上。

李卫、总河刘勷筹划永定河工。①接着，罢直隶河道总督刘勷任，以协办吏部尚书事务顾琮署理。②

四年（1739）十月，刘勷的治河官宦生涯有了结局。当时直隶河道总督顾琮奏：

> 蓟运河昔由天津大沽迤南，兜转海口，趋北塘而达。嗣因入海有风波之险，乃于大沽迤北开新河一道，避过海嘴，计长二十余里。河身本不深通，面底亦不广阔，帮船必俟夏汛潮水充盈，始可攒度。且风浪排击，岸坍易塞，弁丁守候。重运耽延。今逐一测量筹划，必得大加挖，以面宽八丈、底宽四丈、深一丈为度。每年即有沙淤，酌动岁修银，量为疏浚，即可仍复深通。估需银二万两。据原任河臣刘勷呈称，情愿捐资解交道库，为挑河之用，以赎前愆。查刘勷本非熟悉河务，兼之老疾缠延，可否准其出资效力，俟工竣遣令回籍。谨与督臣孙嘉淦面商会奏。得旨："着照所请行。"③

刘勷因治河不利导致溃堤被罢免，鉴于其"本非熟悉河务，兼之老疾缠延"，批准刘勷"出资效力，俟工竣遣令回籍"。

刘勷之子刘光晟继续步入官场。乾隆九年（1744）三月，谕：

> 近来各省钱价日加昂贵，民间日用不便，朕时时留心筹

---

① 《清高宗实录》卷四八，乾隆二年八月上己未，第1册，第822页下—第823页上。
② 《清高宗实录》卷四九，乾隆二年八月下丙子，第1册，第833页上。
③ 《清高宗实录》卷一三，乾隆四年十月下，第2册，第556页上。

划,曾谕山东、山西等省巡抚,于该省开局鼓铸,以济民用,铜觔取于何处,令该抚悉心妥议具奏。今据阿里衮奏称:山西购觅铜觔,惟有招选殷实商人采买洋铜之一法,现有平阳府洪洞县监生刘光晟家道殷实,呈称世受国恩,心切报效,情愿领办洋铜,以资鼓铸,少尽犬马微劳等语。阿里衮既称刘光晟情愿承买洋铜,办公效力,着即准其承办。其如何给与铜觔价值及一切运费等项之处,着该部详悉定议具奏。①

乾隆帝指示山西等省觅铜铸钱,山西巡抚阿里衮建议采取招选殷实商人采买洋铜,并以刘光晟家道殷实情愿承买洋铜报告,获得同意。六月,山西巡抚阿里衮奏:

> 户部咨开,刘光晟运办洋铜,议照范毓馪办运西安、保定、陆路定价每百觔价脚银十四两之例,询明该商,自备资本,出洋采办,俟回时给价,抑或先行量给价脚,于就近藩库内拨发。臣即传询该商,据称自备资本,买铜五十万觔,照例定限一年,运回交局。其价脚银两,俟回时具领。奏入,报闻。②

范毓馪亦为晋商,为皇家办铜,刘光晟此举表现是"世受国恩,心切报效"。

乾隆十二年(1747),乾隆帝又面谕山西巡抚准泰,刘光晟

---

① 《清高宗实录》卷二一二,乾隆九年三月上戊子,第3册,第726页下。
② 《清高宗实录》卷二一八,乾隆九年六月上庚戌,第3册,第808页上。

"情愿急公，不领铜价"，要"善为鼓舞"。此后，刘光晟净赔铜价，不久无力再办。①

刘光晟的办铜获得成功。十七年（1752）二月，乾隆帝谕：

> 阿思哈奏晋省鼓铸停炉缘由一折。虽据称现在所铸钱文，可敷三四年搭放兵饷接济之用，不致一时缺乏等语。但钱文为民间日用必需，晋省现在开炉鼓铸，虽刘光晟捐办铜觔，已经用完，自宜即行设法采办，源源接铸，以资民用。若遽将炉座停歇，工匠彻散，不独钱价渐昂，于闾阎生计无益。即如阿思哈所奏，现在商酌复铸，将来设局开炉，未免又多一番糜费。晋省殷实之户多于他省，或动官项，俾其领价承办，陆续运局应用则所铸钱文充裕，兵饷得以应期搭放，市价自必日就平减。其应如何定以官价遴选殷实之人、具领承办之处，着传谕阿思哈，令其速行办理。②

当时晋省鼓铸钱文，"可敷三四年搭放兵饷接济之用，不致一时缺乏"，与刘光晟捐办铜觔有直接关系，乾隆帝要求传谕阿思哈继续采取用晋省殷实之户承办，显然是在推广刘光晟的成功经验。六月，山西巡抚阿思哈奏：

> 遵旨筹办晋省鼓铸铜觔，惟有招商承办之法。臣广行召

---

① 乾隆十二年十二月二十六日准泰奏折、刘光晟赔钱事，均转自陈东林《康雍乾三帝对日本的认识及贸易政策比较》，《故宫博物院院刊》1988年第1期，第18页。
② 《清高宗实录》卷四〇八，乾隆十七年二月上甲辰，第6册，第359页上。

募,据本省商民呈称,情愿出赀垫办,购买后分作五年运到,按年领价,其官价请照乾隆九年刘光晟采买洋铜例,每百觔给脚价银十四两。但恐该商垫用过多,或致办运迟误,并请按每年应办之数,先给脚价三分之一,余俟头运铜觔交足我给。报闻。①

山西鼓铸铜觔继续采取招商承办,照乾隆九年刘光晟采买洋铜例实行。

地方志记载,刘勤罢官后"尝以报效国恩勖光晟",光晟受到父亲鼓励与支持,自备十四万两银,由乍浦出洋办得铜觔。刘勤受到皇帝褒嘉,"以二品荫生,简发直隶,以同知补用"。②

刘镇的曾孙、刘绳伊长子刘秉愉、三子刘秉恬的事迹也出现在实录中。刘秉愉任湖南粮道办理漕粮,乾隆三十年(1765)皇帝赞扬他,"能查核具禀,颇属留心任事",询问军机大臣:"该员平日居官如何?"要漕运总督杨锡绂查明据实覆奏。寻奏:"粮道刘秉愉操守谨饬,性情朴直,办理粮运事务颇知奋勉。"③看来刘秉愉属于勤政的官员。三十六年(1771)三月,刘秉愉为湖北按察使,④十二月因办理刑名案件中"引律未协,臬司更无可辞咎,现将刘秉愉交部察议",⑤受到皇帝的批评。三十八年(1773)二月,吏部议

---

① 《清高宗实录》卷四一七,乾隆十七年六月下,第6册,第470页上。
② 民国《洪洞县志》卷一二《人物志上·列传》,第197页。
③ 《清高宗实录》卷七四六,乾隆三十年十月上乙卯,第10册,第213页下—第214页上。
④ 《清高宗实录》卷八八〇,乾隆三十六年三月辛亥,第11册,第790页下—第791页上。
⑤ 《清高宗实录》卷八九八,乾隆三十六年十二月辛巳,第11册,第1105页下。

准所刘秉愉奏"请严定外省官员失察子弟干与公事处分。如听信子弟借办公事以致营私滋弊者,照应得罪名革职。未经舞弊而与人接见出入无忌者,照约束不严例降一级调用。该管上司明知属员子弟滋弊,不行查参照徇庇例降三级调用。仅止失察降一级留任,兼辖上司俱照失察例罚俸一年。从之"。①可见刘秉愉留心官员教育子弟问题,还制定了官场条例。不过同年十二月,由于"刘秉愉感中风邪,精神惝恍,察看病势非旦夕可痊,请解任回籍调理"。②被批准。

刘秉恬官至总督,《清史稿》卷三三二有传,《实录》留下的记载最多。乾隆三十年(1765)五月甲申,吏部带领京察保送一等之翰林院侍读卢文弨等57员引见。③得旨俱准其一等加一级,其中就包括刘秉恬。刘秉恬对于政事也有很好的建议,同年十月,户部议覆:

给事中刘秉恬奏称,两江总督例并管盐政,而盐政奏事如提引等案皆不列衔,于政体未协。应如所请,嗣后除寻常等事听盐政自行陈奏,其有关钱粮如提引等案,无论题奏俱令总督会衔长芦、河东等处盐政,一体令该省督抚会衔题奏。从之。④

朝廷采纳了刘秉恬建议有关钱粮如提引等案,无论题奏俱令总督会

---

① 《清高宗实录》卷九二六,乾隆三十八年二月庚申,第12册,第441页下。
② 《清高宗实录》卷九四八,乾隆三十八年十二月戊戌,第12册,第853页下。
③ 《清高宗实录》卷七三六,乾隆三十年五月上甲申,第10册,第105页上。
④ 《清高宗实录》卷八二一,乾隆三十三年十月上癸未,第10册,第1153页下。

衔长芦、河东等处盐政题奏。三十五年（1770）五月刘秉恬以鸿胪寺少卿为左副都御史，六月为刑部侍郎，七月调补兵部侍郎，又补授仓场侍郎，此后办理漕运等事，屡次出现在《实录》中。三十七年（1772）六月，因乾隆帝进剿四川大小金川土司，分西、南两路筹办粮运各事宜，其西路著派刘秉恬前往专办。乾隆帝认为："刘秉恬人颇明白奋勉，此事尚所优为。"①可见当时刘秉恬颇得皇帝的好感与信任。办理两路军营粮运事务，给与钦差大臣关防，刘秉恬的官名为督理粮饷侍郎。南路自雅州至打箭炉，西路由灌县至桃关，各站均系内地。刘秉恬先在西路，后改南路，督粮颇见成效，屡获乾隆帝好评。十二月清兵攻下小金川，乾隆帝以"刘秉恬自派赴南路办粮以来，一切均能奋勉，且由达乌亲往美诺督率挽运，不辞劳瘁；鄂宝在西路经理粮运亦能悉心筹办，妥速无误，并著加恩赏戴花翎"。②两路大军会合后，乾隆帝指示清军统帅即当乘胜直剿金川，粮运尤关紧要，令刘秉恬等留驻美诺，办理降番等事。四川总督文绶因袒护欺饰阿桂等事被革职，乾隆帝指示："即将文绶发往伊犁，令其自备资斧，效力赎罪，以示炯戒。其四川总督员缺，著刘秉恬补授，仍在美诺、布朗郭宗等处督办粮运，经理诸务。所有总督印务，著富勒浑暂行署理，留于省城。"③此后，刘秉恬办事也颇得乾隆帝多次嘉奖，三十八年（1773）二月，乾隆帝颁发谕旨："刘秉恬向在军机处行走有年久经历练，而又不肯稍存畏难之见，不辞劳瘁，动合机宜，深得大臣实心体国之道，实能副朕委任，深

---

① 《清高宗实录》卷九一一，乾隆三十七年六月丙戌，第12册，第200页下。
② 《清高宗实录》卷九二三，乾隆三十七年十二月丁丑，第12册，第387页上。
③ 《清高宗实录》卷九二三，乾隆三十七年十二月丁亥，第12册，第402页上。

用嘉慰。似此勤劳军务，即与统兵督战无异，刘秉恬着交部照军功议叙，以示优奖。"①将后勤保障等同前方督战，评价很高。四月，乾隆帝谕："内外大臣中有奉职恪勤、扬历宣劳，并现在军营督率转饷、劳绩懋著者，宜晋宫衔，以示优眷。"②其中四川总督刘秉恬等加太子少保。不过六月后刘秉恬的官场前途发生逆转，正当清军筹措兵力准备最后对金川土司发动总攻之际，六月初一日夜，金川土司乘夜前来抢占底木达、布朗郭宗。虽然主要责任由于四川提督董天弼怯懦玩误，被革职，然而刘秉恬也难逃干系，乾隆帝说：

> 至此次贼人侵扰，原属猝不及防，其疏忽尚不足为刘秉恬责。惟董天弼本属罢软无能之人，前经切谕刘秉恬，令其留心查察，倘不实心任事，即行据实参奏治罪。乃董天弼始则擅离防守之地退居美诺，温福处尚知其行为，刘秉恬岂漫无见闻？迨经温福饬责，移往底木达，又不在官寨驻守，另立一小营安住，以致被贼乘间袭占。董天弼种种乖方，刘秉恬因何均不早参奏？该督之咎，实在于此。刘秉恬着交部严加议处。③

从此，刘秉恬不再被乾隆帝充分信任。由于小金川僧格桑攻占底木达等处并扰及木果木军营之事，乾隆帝进一步处罚刘秉恬：

> 此次贼匪滋扰，皆由董天弼玩误所致，实属死有余辜，

---

① 《清高宗实录》卷九二七，乾隆三十八年二月己丑，第12册，第474页上。
② 《清高宗实录》卷九三三，乾隆三十八年四月戊午，第12册，第565页上。
③ 《清高宗实录》卷九三七，乾隆三十八年六月丙午，第12册，第611页下。

而刘秉恬之罪，亦与董天弼相去无几。前因刘秉恬在军营督办粮运诸务，颇能奋勉出力不辞劳瘁，是以加恩授为总督，并赏戴孔雀翎，晋阶太子少保。今以防守后路紧要大事贻误若此，实不能复为宽解，若不加以惩儆，转似朕有意曲庇，何以服众人之心？即刘秉恬自问，亦何颜复戴花翎，忝任总督乎？此事若在他人，即当重治其罪，第念刘秉恬系初经任用之汉人，且平日办理他事尚属认真，姑从宽典，刘秉恬毋庸俟该部严加议处，即将伊总督及所加宫衔概行革退，拔去孔雀翎，以示炯戒。仍加恩赏给按察使衔，在军营随同办事，俾励后效。①

此后，刘秉恬官职回到按察使衔，成为需要戴罪立功人员，留在前线，旋并削衔。乾隆帝并未善罢甘休，七月，再降旨惩处：

> 是美卧沟之失守，致贼匪侵占肆扰，皆由董天弼所误，实属死有余辜。而平时措置失宜，又复漫无觉察，酿成事端，刘秉恬之咎亦实无可逭。前降旨将伊革去总督，仍赏按察使衔，在军营随同办事，尚不足以抵其罪。刘秉恬着革职，留于军营，自备资斧，效力赎罪。如不知感激愧愤，复有贻误，一经将军总督等奏闻，即行正法示众。②

刘秉恬被彻底革职，自备资斧，军前效力赎罪。不过乾隆帝为了战

---

① 《清高宗实录》卷九三七，乾隆三十八年六月甲寅，第12册，第625页下—第626页上。
② 《清高宗实录》卷九三八，乾隆三十八年七月丁卯，第12册，第650页下—第651页上。

第三章　多元文类视野下的北方宗族

事,还是给刘秉恬以余地:

> 至刘秉恬从前贻误之罪,实难曲为宽贷,现又明降谕旨,将伊革职。但伊现在巴朗拉一带办事,若即去其顶戴,恐一切呼应不灵,著仍遵前旨,暂留翎顶,令其奋勉自效。①

刘秉恬被暂留翎顶,此后《实录》称其为"前任四川总督"。根据后来的记载可知,刘秉恬因木果木一案,赔偿五万余两白银。②乾隆帝筹备收复小金川,两路运粮,决定:

> 着派按察使郝硕前往同刘秉恬督办西路粮运,刘秉恬益当感激朕恩,努力自效,务使粮运源源接济,以裕军储。③

刘秉恬从事熟悉的督办西路粮运,可以把事情做好。不久,刘秉恬上书自责:"臣奉旨摘去翎顶,实深感畏。缘臣识见不到,智虑未周,不能先事豫筹,致滋贻误。臣惟有矢此血诚,勉图报称。"乾隆帝批示:"览。看汝如何效力赎罪耳。"又批:"董天弼之事,安得谓之智虑不到,此一节百喙莫辞,尚得巧辩乎?"④依然余怒未消。四十年(1775)二月,鉴于金川用兵所拨军需银两已至四千余万,将来奏销颇属不易,乾隆帝:"派鄂宝、桂林、刘秉恬会同富勒浑、文绶办理军需奏销,实心稽核,勿使承办之员朦混浮开。若查办未能

---

① 《清高宗实录》卷九三八,乾隆三十八年七月丁卯,第12册,第653页下。
② 《清高宗实录》卷一〇一五,乾隆四十一年八月丁卯,第13册,第624页上。
③ 《清高宗实录》卷九三九,乾隆三十八年七月甲申,第12册,第687页上。
④ 《清高宗实录》卷九四〇,乾隆三十八年八月己亥,第12册,第706页上。

妥协，致有冒销舞弊之处，惟伊五人是问。目今军务将竣，有应陆续稽核者，鄂宝等当以次清厘，勿致临时匆遽。"①不过由于刘秉恬督粮失信用事，乾隆帝对他的信任有了转机，九月，乾隆帝谕：

> 刘秉恬前此获罪，原系总督任内之事。伊自革职后，驻扎楸砥，总理粮运，两载以来尚能留心经理，妥协尽力，并着加恩赏给兵部郎中，仍赏戴花翎。刘秉恬务宜以副朕格外加恩至意。②

刘秉恬自然益加奋勉，十二月，乾隆帝将其补授吏部侍郎员缺。刘秉恬时在军营办事，其未到任之前所有吏部侍郎事务，由工部侍郎董诰暂行署理。四十一年（1776）四月，转吏部右侍郎刘秉恬为左侍郎。不过，由于金川战役军需报销繁难，乾隆帝认为："恐未必果能依限完竣，而其中应行查核，使帑项不致虚悬，更非可潦草塞责。看来刘秉恬、富勒浑、鄂宝等尚不宜即赴新任，若不将军需全局办清，难离川省。"③四十三年（1778）九月办理军需报销快要结束，因"查乾隆十二三年，钦差大臣兆惠留川核办军需销算，只将准驳各条并银米收支各数分析奏定，移交督臣策楞归案具题登覆承办"。乾隆帝指示："川省前次军需奏销，既系归于督臣核覆登答，富勒浑、刘秉恬即可于明岁三四月间来京供职。其有复经部议驳查之案，即交文绶督率承办各员详慎确核，明晰登覆完案。"④四十四年正月，乾隆帝谕：

① 《清高宗实录》卷九七六，乾隆四十年二月丁亥，第13册，第34页上。
② 《清高宗实录》卷九九〇，乾隆四十年九月己酉，第13册，第215页上。
③ 《清高宗实录》卷一〇一五，乾隆四十一年八月丁卯，第13册，第625页下。
④ 《清高宗实录》卷一〇六六，乾隆四十三年九月丁酉，第14册，第264页下。

> 闻刘秉恬之母年逾八旬，现在患病颇重，病中思念其子甚切，刘秉恬承办军需奏销业将完竣，着即驰驿迅速回京侍奉。伊母闻子克日回京，自必心生欣喜，病势或可渐痊。将此速行传谕知之。①

同年十二月的记载说刘秉恬守制已届一年，因陕西巡抚一时不得其人，暂令署理。②则刘秉恬其母已亡，刘秉恬在家乡守制将近一年。四十五年（1780）四月，署陕西巡抚刘秉恬为署云南巡抚。四十六年（1781）八月，署云南巡抚刘秉恬同时暂署云贵总督，俟继任者到任为止。刘秉恬在云南办理铜盐、兴修水利，颇得皇帝嘉奖。四十八年（1783）正月，实授刘秉恬为云南巡抚。不过乾隆帝对于刘秉恬并不十分放心，于是以"刘秉恬稍有才干，尚能办事，但其平素操守如何之处，著传谕富勒浑秉公据实覆奏"。③七月，刘秉恬奏到滇三载有余，恳请陛见，获准。九月，由于云南省赵州知州彭焕解运京铜，共短少铜二万二千余觔，乾隆帝认为："是此事实由该督等滥行派委所致，所有短缺铜数及脚价银两，即着富纲、刘秉恬照数分赔，以示惩儆。"④五十年（1785）四月，刘秉恬办理的一件事情甚得皇帝满意：

> 据刘秉恬奏，查明滇省历来文武官员去思德政等碑一百余

---

① 《清高宗实录》卷一〇七四，乾隆四十四年正月丁酉，第14册，第421页。
② 《清高宗实录》卷一〇九七，乾隆四十四年十二月丁卯，第14册，第704页上。
③ 《清高宗实录》卷一一七三，乾隆四十八年正月癸丑，第15册，第730页下。
④ 《清高宗实录》卷一一九〇，乾隆四十八年十月庚午，第15册，第919页下—第920页上。

座，非地方官民所建，即营兵卫役所立，现在逐一扑毁，其拆下碑石、亭顶、亭座、砖瓦等项，收贮省城，以备官工需料等语。所办甚当。已于折内批示矣。①

乾隆帝还要求各省查办类似者。五十一年（1786）五月，乾隆帝对于刘秉恬有一个评价：

> 刘秉恬历任巡抚，其初到云南声名甚属平常。近闻伊能遵朕教诲，痛自改悔，无似前声名平常之事，而于办理铜盐诸政，亦能迅速妥协。督抚大吏身任封疆，总应洁己奉公，实心办事，期于无忝厥职。该督等果能事事留心，改过从善，岂惟伊等之福，且亦朕之福也。似此方能长荷朕恩，而朕亦实不愿伊等有舛法营私之事。②

虽说是肯定刘秉恬的工作，也含有警告其不能出错的意思。闰七月，刘秉恬审案欠妥，乾隆帝将其调离云南：

> 该抚从宽免其革任之案，不一而足。若此次再行留任，则外省督抚益不知所惩儆。但念刘秉恬平日尚能办事，且在京大员中籍隶晋省者甚少，沈初现在出差，刘秉恬着即来京署理兵部侍郎事务。③

---

① 《清高宗实录》卷一二二八，乾隆五十年四月壬辰，第16册，第465页。
② 《清高宗实录》卷一二五四，乾隆五十一年五月丙辰，第16册，第854页上。
③ 《清高宗实录》卷一二六〇，乾隆五十一年闰七月庚辰，第16册，第952页。

虽然不满意刘秉恬，但是鉴于刘秉恬平时办事尚可，没有对其重惩。五十二年（1787）正月，调补刘秉恬以仓场侍郎员缺，负责漕运事务。五十七年（1792）二月京察，不少在京各部院三品以上大臣俱着交部议叙，其中包括侍郎刘秉恬。

嘉庆初年，乾隆帝为太上皇，刘秉恬仍供职京师。嘉庆四年（1799）九月，调仓场侍郎刘秉恬为兵部右侍郎。五年（1800）正月转兵部右侍郎刘秉恬为左侍郎，同年逝世。嘉庆十四年（1809）因清理仓储，特派大臣侍卫等分班盘验，查出亏缺数目。已经过世的刘秉恬也难逃其责，着落分赔。纵观刘秉恬一生，可以说是为清廷鞠躬尽瘁，其仕途坎坷，但总而言之还是受到乾隆帝信任的重臣。

刘大懿的记载出现于乾嘉两朝实录。乾隆五十七年（1792）二月，吏部带领京察保送一等之内阁侍读那淇等二百五十九员引见，其中包括刘大懿，得旨："俱准其一等加一级。"[①]六十年（1795），将福建盐法道刘大懿调补台湾道，令其留心台湾事务。[②]嘉庆十年（1805）十一月，以甘肃甘凉道刘大懿为按察使。十一年（1806）五月，因为回避问题，得知宁夏府知府何道生与臬司刘大懿系属儿女姻亲。[③]十五年（1810）十月己亥，甘肃按察使刘大懿为福建按察使。十六年（1811）十月，又调刘大懿为山东按察使。十八年（1813）九月，审理直、鲁八卦教案件。十九年（1814）四月，御史孙汶奏各省赴京控案，咨交本省督抚，均有逾限未结者，而山东

---

① 《清高宗实录》卷一三九六，乾隆五十七年二月壬子，第18册，第751—752页。
② 《清高宗实录》卷一四八四，乾隆六十年八月壬午，第19册，第1099页下；卷一四八六，九月己酉，第3册，第91页下。
③ 《清仁宗实录》卷一五二，嘉庆十年十一月壬戌，中华书局，1986，第2册，第854页上；卷一六一，嘉庆十一年五月丙子，第16册，第854页上。

省为甚,请旨饬令迅速办结。其中山东省竟有八十九案之多,名列前茅。嘉庆帝责成山东巡抚同兴与藩司朱锡爵、臬司刘大懿三人即速分提审办,勒限一年,全数办结。五月,嘉庆帝又指出山东省积案逾限未结者几及百件,皆由巡抚藩臬因循疲玩、不认真清理所致。朱锡爵、刘大懿终年安坐省城,一任地方要务延搁废弛,咎无可辞,朱锡爵、刘大懿交部加等议处。不过同兴、朱锡爵、刘大懿虽已分别降革,仍系听候查办,继续办理八卦教案。二十年(1815)十二月,嘉庆帝再次指出,东省积案繁多,"同兴、朱锡爵、刘大懿前在山东诸事废弛,以致案牍尘积,京控日多,可恶已极。今该司等认真整顿,一载有余,已将积案全清,实属可嘉"。[1]刘大懿与山东省其他地方官一同清理了积压的审理案件。在乾隆末年与嘉庆朝的宦海生涯,刘大懿的主要职务是道台、按察使,政绩还是不错的。

嘉庆朝的官员还有刘宝第。嘉庆二十四年(1819)闰四月,任命直隶天津道刘宝第为广东按察使,随后改为云南按察使。道光元年(1821)二月,刘宝第以不胜任休致。[2]

道光时期的苏堡刘氏官员有刘肇绅。道光元年四月,谕内阁:

> 浙江平湖县知县刘肇绅,海疆三年俸满,经该省题请升衔留任。朕闻刘肇绅洁己奉公,尽心民事,洵为知县中出色人

---

[1] 《清仁宗实录》卷三一四,嘉庆二十年十二月己巳,第5册,第170页上。
[2] 《清仁宗实录》卷三五七,嘉庆二十四年闰四月壬辰、甲午,第5册,第704页下、706页上;《清宣宗实录》卷一三,道光元年二月戊戌,第1册,第256页下。

第三章 多元文类视野下的北方宗族 203

员。着以该省同知升用,遇缺即行奏补该部知道。①

知县刘肇绅工作出色晋升为同知。十二年(1832)闰九月,军机处应皇帝要求调查盐道刘肇绅居官如何,奏报"刘肇绅公事认真,尚无得规瞻徇情弊",得旨"刘肇绅着送部引见"。②可见刘肇绅十来年在官场颇有办事认真的好评。

由上可知,雍乾之际特别是乾隆前期,苏堡刘氏刘志的子孙刘勷、刘光晟,刘镇的曾孙刘秉愉、刘秉恬共计三代人身为官员,发挥着较为重要的作用。除了刘勷因堤溃丢官,其他人都忠于职守,对国家有建树,受到皇帝的赞扬,官场生涯算得上完美。即使是嘉道时期,刘大懿、刘宝第、刘肇绅身为按察使或道台,官位虽不如雍、乾之际的前辈,也是较高的官位,维持着家声。清中叶的苏堡刘氏确实是官商结合的名门望族。

六、结语

笔者近年来研究洪洞宗族,探讨过韩氏、晋氏、刘氏三个宗族。这些宗族有一些共同性,基本上是经商致富后,走科举仕宦之路,产生了进士进入中高级官僚队伍,官商结合保持家道。在著名士大夫倡导下进行宗族建设,加上受到官府推行乡约教化,使得宗族组织化。这些宗族在嘉靖、万历时期进入全盛。而且全盛时期是在三四代人之际,令人联想起"富不过三代"的老话,或者可以反过来说,宗族走向全盛需要三四代人的奋斗。

---

① 《清宣宗实录》卷一七,道光元年四月戊申,第1册,第324页上。
② 《清宣宗实录》卷二二二,道光十二年闰九月己丑,第4册,第307页上。

具体来说，韩氏盛于韩文及士奇、廷伟子孙三代，大约是在成化到嘉靖时期。晚明时期韩氏还有进士出现，清代的韩氏也出了一些中低级官员和不少生监。晋氏的宗族组织化经过晋伟、晋朝臣、晋应槐、晋承宠四代在嘉靖、万历时期完成的，这一过程又可划分为修谱、建祠、立规三个阶段，至清朝康熙、雍正时期由晋淑淹等人完善。刘氏在明朝初年由河南光州迁到洪洞，居住在城内德化坊，刘廷相、廷臣于嘉靖十六年（1537）同时中举，开启刘氏文运，传为美谈，经过子孙应时、应科、应元、承宠、承绪三代人达到全盛。

苏堡刘氏则有所不同，起家较晚，是在清代康、雍之际崛起的。苏堡刘氏虽然也是经商起家，虽有依靠科举正途成为高官者，但主流则是凭借捐纳异途进入官场，从事经济活动较多，也是官商结合，形式有所差异。苏堡刘氏同官府有较多的互动，并依靠捐施义举为乡梓公益事业做出贡献，获得声誉，享有较高的社会地位。由此可见，在清代捐纳是家族兴起的重要手段，苏堡刘氏具有凭借经济实力进入官场的商宦合一的特色。

苏堡刘氏持续性地修谱，除了一般性的尊祖敬宗收族的道理外，强调详慎继嗣、分别自出与他姓为嗣，构成修谱的动机与谱牒特色。表明该族修谱的宗法观念较强，同样在宗法观念影响下，该族强调立宗子。苏堡刘氏重视祠祭祖先，不断扩充家庙与祭产。家训族规、宗祠管理制度在清中叶得到了完善。

苏堡刘氏凭借捐施义举有四人进入乡贤祠，极大地提高了在地域社会的声望。同时，由于赞助修地方志，得到县官的大力赞扬，大量苏堡刘氏进入地方志恐怕与此有关。《洪洞县志》以入仕为主要条件的列传人物、以捐施为主要内容的捐施人物，多有苏堡刘氏，同该族拥有较大财富直接关联，苏堡刘氏主要通过纳捐取得例贡、廪贡成为监生进入官场，凭借捐施升官并获得好评。

苏堡刘氏对于清朝统治有高度认同，致力于报效国恩，虽然该族依靠财富捐纳为官，但是似乎为政较为廉洁，同时该族科举不第者转向文化事业，文学艺术取得成绩，演变为文化家族。一般认为捐纳者为了赚回财富多会贪污，并且不学无术。然而苏堡刘氏与此不同，体现出忠君爱国、好文行善、热心地方公益的特色。

第二节　碑刻所见明清民国陕西宗族制度与风习

陕西省古籍整理办公室所编"陕西金石文献汇编"，已经出版《安康碑石》《高陵碑石》《华山碑石》《汉中碑石》《潼关碑石》《澄城碑石》《咸阳碑刻》《户县碑刻》《富平碑刻》《大荔碑刻》等，其中包含不少有关明清民国时期的宗族文献史料，非常珍贵。陕西碑刻文献的资料价值是多方面的，已有学者利用碑刻探讨移民宗族问题。[1]笔者则利用陕西碑刻资料论述宗族制度与教化的风习，[2]不足之处还请有关专家学者批评指正。

---

[1] 张建民：《碑石所见陕南之移民宗族——以湖广移民为中心》，引自陈锋、张建民主编《中国财政经济史论稿——彭雨新教授百年诞辰纪念文集》，湖北人民出版社，2012。利用其他资料探讨陕西省宗族的论文主要有秦燕《明清时期陕北社会宗族的形成与发展》，《中国历史地理论丛》第3辑，2002。

[2] 相关研究可参看胡中生《清代徽州家族教化体系探讨》，《传统中国社会与明清时代——冯尔康先生八十华诞纪念论文集》，天津人民出版社，2013。

一、碑谱与墓祭

汉代谱牒已有碑谱形式。陈直先生指出:"汉代碑文无不叙述世系,通常是先叙得姓的起源,再叙高曾祖父的官位。最突出者,有孙叔敖碑阴及赵宽碑两种,世系最为详悉,知道当日必根据于家谱,不啻汉人石刻的家谱。"①这种将谱系刻于石碑的传统流传后世。

北宋欧阳修曾作"世次碑"。苏洵则于墓旁立族谱亭,把谱系同墓祭相结合,石谱增强了收族的作用。即所谓"立亭于高祖墓茔之西南而刻石焉,既而告之曰:凡在此者,死必赴,冠娶妻必告,少而孤而老者字之,贫而无归,则富者收之,而不然者,族人之共诮让也,岁正月,相与拜奠于墓下"。②欧阳修、苏洵是北宋倡导修谱者,他们重视石谱保护宗族谱系,既是传统做法,也是为了宗族教化。

元代人也多将族谱刻于石碑,元人的石谱往往是刻在墓碑的阴面,还往往置于宗族祠堂。元代这种将族谱刻于墓碑放置祠堂的做法,其原因:一是认为石谱不易损坏,可长期保存;二是兵火之后所修族谱,人们忆及的先世较近,石谱只是一种简单的世系图,适于刻碑阴;三是元代的先茔碑记载祖先的世系,有的记载形式类似族谱图。有人径把先茔碑作为族谱,也有人把墓铭作为族谱,刻于墓碑之阴的族谱同先茔碑墓铭作用相同。③

---

① 陈直:《南北朝谱牒形式的发现和索隐》,《西北大学学报(哲学社会科学版)》1980年第3期。
② 〔宋〕苏洵:《嘉祐集》卷一四《苏氏族谱亭记》。
③ 常建华:《宗族志》,上海人民出版社,1998,第276—277页。

明清以来的陕西宗族保留了将谱系刻石的传统。明初散居陕西咸阳地区泾阳、三原一带的张氏，嘉靖十三年（1534）清明节立《张氏先系之记》碑，由王承裕撰，"举其五世以上者书之"。①西安附近的高陵王氏，万历二十九年（1601）《王氏祠堂记》说："立石碑一座于祠堂之中，即刻初祖道彬公为一世，下以世世考妣以次分刻，亦如长龛。"②如同龛中神主牌位所刻列祖石碑，成为碑谱。该碑应是今存"毗沙里王氏合祭先祖祠"碑石，碑身正中镌刻"始祖讳道宾公位""二世彦实公位"。以下三至十一世分考妣列于左右，三世考6人，妣4人；四世考16人，妣12人；五世考30人，妣26人；六世考60人，妣54人；七世考80人，妣56人；八世考40人，妣16人；九世考50人，妣31人；十世考35人，妣25人；十一世考5人，妣4人。③可见立于祠堂之中的这一碑谱，除了记忆世系功能之外，是为了祠堂祭祖活动所需。

　　西安府富平县张桥镇李堡李氏祖宗墓地，存有家谱碑，清乾隆二十年（1755）清明日立。《李氏祖墓家谱碑》记载："始祖讳敬，自韩家村分派而来，历年久远，家谱失传，始祖母姓氏不著，二世祖兄弟六人，名讳惟一尚存，至伯、仲、叔、季次序俱泯没焉。合族每念及此，未尝不痛叹于无徵也。今乃各输赀共议立碑于始祖、二世祖墓前，欲书生者之名，以彰在天之泽，而云仍繁盛，不及悉载，故追述三世而下各门前代之绅衿处士、德劭年高，勒诸贞珉，

---

① 李惠等注考：《咸阳碑刻》，下册，三秦出版社，2003，第528页。
② 董国柱编著《高陵碑石》，三秦出版社，1993，第160页。
③ 董国柱编著《高陵碑石》，三秦出版社，1993，第161页按语。

一以昭积厚流光之验，一以启木本水源之思云尔。"①接着，该碑还表列二至十一世祖先名讳，分五系。二世祖世爷居中，左右排列。

关中地区的户县阎氏重视将谱牒刻石。清道光十二年（1832）所立《重修敏庵公十五世谱牒记》说：

> 余阎氏东户长门之有谱也，肇□于曾祖行映北公讳极，邑庠生，于雍正十二年考核敏庵公以下世系，叙为十二世谱牒而刊之于石。王丰川先生为文以记其事，今墓前所竖之碑是也。顾迨今复百余年矣，风雨剥蚀，多渐灭，难于考认。而后起者，丁口日繁，支分派别，有问其子孙而不知系何宗派者。今岁孟春，余与族弟佾生伯锜、太学生伯智相与翻旧谱，考墓石，询父老，于前谱之十一世、十二世有未及列名者，为补入之；有书名时年尚幼，而与后之称名不同者，为更正之；以后增叙三世，是为十五世谱牒，仍依前所叙昭穆章程，勒之于碑，而增其式廓焉。②

该户族雍正十二年（1734）所叙世系十二世，道光十二年补充三世。此外，阎氏东户二门效法长门，于道光十七年（1837）也修石谱。该年所立《阎氏东户二门谱牒记》作者十二世孙映洲说："余幼时，记祖父见长门谱牒修成而二门无谱，邀同门父老共祈长门伯祖汉滨公考核古刹钟磬，并查各家神主，缮修数月，稿已成，而中

---

① 刘兰芳、刘秉阳编著《富平碑刻》，三秦出版社，2013，第180—181、56页。又，文中"无微"一词原文作"无徵"，疑有误改之；引文中对原文个别标点有改动。
② 刘兆鹤、吴敏霞编著《户县碑刻》，三秦出版社，2005，第530页。

阻，不获终其事。"①数十年后，至"前岁清明，众见坟墓荒凉，已植柏八十余株；今春拜扫时，又各以无谱牒碑碣为叹"。②看来该族认为谱牒是祖坟的重要组成部分，无石刻谱牒，成为拜扫祖墓活动的缺憾。经过努力，阎氏二门终于写成自己的石谱。

二、族会合族

关于祭祖的地点。明万历陕西朝邑县的礼俗是："乡人祭于墓，士大夫起祠堂，墓祭亦不废。"③反映了当时祭祖的一般情形，庶民墓祭，士大夫除了墓祭还有祠祭。此外，还有家祭，清乾隆西安府富平县风俗，元旦"每族数世祖考共为画像，子孙会拜毕，共欢饮，曰'节坐'"。④家祭元旦进行，墓祭在清明，祠祭则在冬至和元旦。

西安附近的高陵王氏，万历二十九年（1601）《王氏祠堂记》记载了该族议于清明、冬至岁举二祭：

> 祭时合族长幼咸集，洁具牲□，随俗因时，不拘品数。大祭如参神、进馔、初献、亚献、终献、侑食、阖门、启门、受胙、辞神之礼，一毫不得怠忽。小祭从俗，先四拜，诣神主前进爵上香，读祝复位，再四拜之仪，必须敬谨，祔位分献。幼

---

① 刘兆鹤、吴敏霞编著《户县碑刻》，第531页。
② 刘兆鹤、吴敏霞编著《户县碑刻》，第531—532页。
③ 〔清〕王学谟纂修：《续朝邑县志》卷四《礼俗》，四库全书存目丛书，齐鲁书社，1996，史部第196册，第733页。
④ 〔清〕乔履信纂修，徐朋彪、徐国娟校注：《富平县志校注》卷三，西北大学出版社，2016，第54页。

与卑者举行序立之时,各照行辈年齿,世为一班,俱北面,以宗子为祭主,或年高辈尊、德谊素著者。祭毕,燕于祠堂,大小皆与,以行辈为座次,卑幼者献爵于尊长,卑幼自相勘酬,尽欢而散。岂不情意通融,而和气洋溢哉。①

可见大祭、小祭不同,祭毕于祠堂举行宴会,通过敬酒等活动,通融情谊,洋溢着和气,达到合族的目的。

西安府富平县张桥镇吴村吴氏,明万历四十二年(1614)四月下旬立《吴仲明墓表》,记载了吴氏宗族清明祭祖的情况。该族高祖明初择居该县八龙原东,生七子一女,女归赵门,后七子散居。赵村有祖坟一座,该地四十三亩未分,除安葬外,七支轮流耕种。该族清明祭祖,不仅宰猪一口,还有伶人排列,鼓乐盛张。立碑之时,该族已有十余世,于是纠合七支族众,议立石碑一通,石桌八张等,继续清明祭祖。②可见,该族万历末年进行清明祭祖仪式,是为了合族的需要。

墓祭普遍存在,清代同州府大荔县的两个事例值得注意。《李氏先茔碑》由十二世孙立于清嘉庆十九年(1814)闰二月清明,显然是为了清明墓祭祖先。碑上书:"始祖讳清甫,元初自蜀之梓潼县来同,卜居城东北之邓家庄,坟墓在焉。越五世,典科。公讳靖,迁居槐垣村,立祖者是,俗呼为'科子坟'。其南坟自夔州而下又各迁居冯村斜里李家斜,许庄小坡底云。"碑文正中下有字:"科

---

① 董国柱编著《高陵碑石》,第160页。
② 刘兰芳、刘秉阳编著《富平碑刻》,第160、38页。

子之名无考,今许庄坟有科子树一株,是坟或初亦有此树云。"①可见许庄镇的李氏是元初始祖以下五世祖,应是明代人,清嘉庆设立李氏先茔,于清明祭祀。东七乡下庙村有道光二十七年(1847)制《重修祖茔碑文序碑》,系杨氏所立。该族始祖世籍蒲阪,元末明初,移居游家斜村,后又移新茔于此。当时,杨氏七门新修祖茔,再议"七门每岁户首,不论贫富,轮流充当。所有陪户,各归各门"。②

纪念祖先,一般是元旦拜贺,清明墓祭,而祠祭主要是在冬至。清雍正十三年(1735)潼关《郭族祖茔碑记》记载,该族祖茔在村北,有三百户,"照伯、仲、叔、季,分列四门,而祖茔惟一。自冬至祭典、元旦拜贺外,每清明前二日共赴茔域,以展报本追远之思"。③澄城罗家洼乡庄郑金榜家所存道光十九年(1839)《祠堂庄院祭田器具存记碑》,讲到该祠堂也有清明节大戏、冬至小戏,二节与元旦节等都有祭品。④冬至祭祖如户县康熙五十一年(1712)立《王氏祠堂记》碑记载,王氏祠堂"祭期定于每年冬至,以为天运之伊始故也"。⑤这些重要祭祖的日子,是宗族聚会的时间。乾隆四十二年(1777)《张门家庙记》说,该族"置地一十三亩,以为出产供祭之资。所以数年来祀事丰洁,族人乐聚"。⑥于是创盖祠堂。1916年户县《建修方氏宗祠碑记》就说:

---

① 魏叔刚等编著《大荔碑刻》,陕西人民出版社,2013,第86页。
② 魏叔刚等编著《大荔碑刻》,第328、112页。
③ 刘兰芳、张江涛编著《潼关碑石》,三秦出版社,1999,第217页。
④ 张进忠编著《澄城碑石》,三秦出版社,2001,第70、177页。
⑤ 刘兆鹤、吴敏霞编著《户县碑刻》,第418页。
⑥ 刘兰芳、张江涛编著《潼关碑石》,第159页。

"今而后，岁时祭祀，族之人燕会一堂。"[1]宗族为了祭祖或专门筹措经费，重要的是这些祭祖活动的同时要进行宗族教育，实为族会。族会依据祭祖时间可以分为清明会、冬至会，或统称为祭会。

有些宗族分春秋祭祖，陕南安康地区白河县卡子乡东坝黄氏在中秋节祭祖。乾隆三十三年（1768）所立建祠碑《督率联族引》讲到，该族乾隆十五年（1750）由南迁白，同本接踵而来，"有族贤中也氏者谓：远迁异域，恐其后代日久遗忘，与商请谱，且聚费作祠，以为远迁垂远之举，以立联宗报本之义，效乎祖地之模"。[2]于是，乾隆二十七年（1762）前往江西宗祠求请全谱，以笃宗族一本之义。接着，又有建祠倡议："凡我宗人共秉仁孝之心，毋废先灵之祀，审己量力，各捐财资，以开百代祠庙之基。且因同谱而合族，合族而报祖，报祖而倡后，则人伦明于千古，世系昭于百代。"[3]民国八年（1919）《东坝黄氏祠堂碑》记载：乾隆三十三年诸族捐银六十两生息，举办祭会，命名为"敦本堂"。因而"祭必立祖，塑谷祖、绣祖、图南祖遗像祀之。祀期八月中秋，分为三庄，以次递祭，给香仪三十五缗。仿祖居太祖行傩接案遗意，十三日顶香鼓吹，迎于去年坐案者之家，至祖堂，行妥神礼。祭日质明而始行事，衣冠雍肃，彬彬乎礼乐之选矣"。[4]该族塑三位祖先像，祭祖分三庄依次进行，还按照当地傩祭太祖从祖居进行的民俗，十三日将太祖由坐案者之家迎至祖堂，祭日祭祖。特别是祭祖仪式结束后，还有阅读族谱、考察文艺与经书的活动。《东坝黄氏祠堂碑》

---

[1] 刘兆鹤、吴敏霞编著《户县碑刻》，第560页。
[2] 李启良等搜集整理：《安康碑版钩沉》，陕西人民出版社，1998，第263页。
[3] 李启良等搜集整理：《安康碑版钩沉》，第264页。
[4] 张沛编著《安康碑石》，三秦出版社，1991，第369页。

说:"彻馔后展读宗谱,俾各知其所自出,油然起孝友之念。祭毕而燕,父老各极其欢。与祭子弟,士子课以文艺,幼童试背经书,以鼓励之。"①可见该族利用中秋祭祖对族人进行的教育。

安康唐氏的清明会引人注目。道光十年(1830)所立《唐氏阖族置地碑》记载,乾隆五十二年(1787)"阖户族商议,照丁拨钱一百文,共约十数余千文",②至嘉庆时置地一分,接年取稞,以至嘉庆十三年(1808),置地基一所。通过照丁摊钱、置产取租,置办了祠堂地基。道光十六年(1836)的《唐氏祠堂地产纠纷调处碑》又指出:本户拨钱存积置业,契粮"始祖名下完纳,取稞修理祠堂,清明会使用祭扫坟茔三十余年"。③该清明会由众首人经理,经费长年办会使用。这一碑刻落款是"清明会户族人等"。同治五年(1866)立的《唐氏清明会护坟禁碑》记载,经族人唐大金等查知,商允本族众清明会经埋各首人等,将被盗卖的坟地购回,刊石立界"契载清明会,永远为公,春秋祭扫"。④由此可见,清明会是唐氏宗族祭祖组织,设有会首,每年有春秋两次扫墓祭祖活动。

此外,华阴县红岩村孟氏宗祠立有道光十三年(1833)《记事碑》,谈到组织寒食墓祭的情形,相当于清明会。该族"遇寒食佳节,会头人随带利息钱文杜峪口拜坟者,人有十丁,每丁散钱五十文。先坟不至于冷落矣。会头奉先理事,实甚殷劳,俾受钱一千文"。⑤为了保证地处偏远的祖坟得到祭扫,该族补助扫墓者钱文,

---

① 张沛编著《安康碑石》,第369页。
② 张沛编著《安康碑石》,第143页。
③ 张沛编著《安康碑石》,第147页。
④ 张沛编著《安康碑石》,第230页。
⑤ 张江涛编著《华山碑石》,三秦出版社,1995,第410页。

特别对于"会头"嘉奖。碑文作者还将这种行为称作"聊效苏老之族约",即效法苏洵《族谱亭记》重视墓祭。

汉中地区南郑县谭氏宗族冬至会亦是以坟会为基础的。光绪十九年(1893)《谭氏新建祠堂碑记》说,该族仅历六世,分门别派者数十家,人丁不可胜数,惜无庙祠以妥先灵,"乃于同治七年冬倡立冬至会。每摊拨钱贰串文,责成族孙五品经管,以为建祠本"。至光绪间建立宗祠,"约计费金六百余串,会内所积不足,又于各摊坟会拨钱数十余串,幸赖众力,卒成盛事"。[①] 坟会应该是较早清明墓祭的组织,其所筹集的经费帮助新设祠祭冬至会祭祖,而冬至会的筹集经费亦同坟会的族人按丁摊钱方式。

安康市忠义乡杨博村李氏,世居楚省(今湖北),元末楚乱,始祖志通与祖母携子侄八人依据陕南,分为八门。明末兵燹,子孙星散,二门老茔尚存,赖近处三、七门后出钱积有一会,先祀尚可进行。又创修祖祠,清宣统三年(1911)勒碑于李门历代宗祖老茔,以报本追远。[②]

三、祠堂族长的功能

祠堂是祭祀祖先的所在,也是管理族人的地方,祠堂的维护也是宗族的重要事务。现存陕西祠堂碑刻资料,保留了祠堂这些功能的记载。

清中叶之后,陕西建祠增加。以安康为例,明成化年间刘千斤、石和尚之乱后,安康地区田荒人少,唐氏祖先从湖北麻城迁居

---

① 陈显远编著《汉中碑石》,三秦出版社,1996,第350页。
② 李启良等搜集整理:《安康碑版钩沉》,第479—480页。

于此，至清已十数世。唐氏原来只有墓祭，乾隆五十三年（1788）该族的三族商议，照丁拨钱一百文，嘉庆十五年（1810）又获地基，于道光十年（1830）建祠。①成氏是始祖由湖北游宦汉中，解任后迁居安康，到咸丰元年（1851），已二十余代。嘉庆十五年，该族以祖遗放牛产业开垦招佃，取租生息，收益颇大。于是初置家佛堂一院，于道光九年拆旧建新，复于道光二十六年（1846）新建拜殿三间"俾后之祭祀者亦有所资凭藉焉"。②紫阳县龙潭乡唐氏，光绪七年（1881）建成宗祠，要求"宗人拜献有时，一登斯堂，当亦念派别支分，无非同原而共本。由是敦礼让、重温存，不以微嫌而失和气，不以细故而滋讼端"。③该族还有学舍一院，为同宗公业，重视宗族教育。紫阳县高桥乡庞氏，该族盘溪公于道光四年（1824）邀集同宗修支谱，捐祭资，咸丰九年（1859）捐私业作祠基，兴工修造，于光绪二年（1877）祠堂告竣。后族人迎主开祭，并置祠侧祭田。④安康石梯乡九条沟徐氏，明代由湖北迁来，同治八年（1869）商议集资置地建祠，于光绪二十六年（1900）兴工，二十八年告竣。⑤石梯乡唐氏，明代迁处斯地，清代创修家祠上殿，兵建乐楼、厨屋，历多年至同治乐楼被毁，光绪十九年（1893）兴工重修，二十一年告竣，清明节勒碑纪念。⑥上述6个事

---

① 李启良等搜集整理：《安康碑版钩沉》，第240页。
② 李启良等搜集整理：《安康碑版钩沉》，第242页；又，北方宗族建家佛堂、家祠的事例，可参见王霞蔚《金元以来山西汉人世侯的历史变迁——以平遥梁瑛家族为例》，《中国社会历史评论》第11卷，2011。
③ 李启良等搜集整理：《安康碑版钩沉》，第248页。
④ 李启良等搜集整理：《安康碑版钩沉》，第257页。
⑤ 李启良等搜集整理：《安康碑版钩沉》，第258页。
⑥ 李启良等搜集整理：《安康碑版钩沉》，第262页。

例，多是明代迁居安康的，但直到清中后期才建祠，建祠需用资金较大，筹措历时较久，有4例直到光绪年间建成，建祠不是一件容易的事情。

关于祠堂祭祖。西安"孟姓阖族有公地一段，佃给耕种，每年收取租钱以备清明祭祀之用，该族轮流主祭收租"。①嘉庆十三年（1808）三月初八日，族众赴祠祭祖。澄城清咸丰四年（1854）《杨氏祭先祠记碑》有条规七条，主要是有关元旦、清明、冬至三个节日祭祖的规定，每次都要献牲一，不下一百二十斤，还要准备香烛若干，元旦还要有炮仗若干，清明、冬至则要有黍稷若干。杨氏还有演戏祭祖，清明演大戏一台，冬至演小戏一台。祭祖的费用，出自当值祭先者于先一年所收夏麦租与秋租。当值祭先者还经理、照管其他祠堂事务，负责祠堂账目。②

有的祠规主要是有关祭祖事宜的。富平县东上官镇嘴头村孟氏祠堂有民国二年（1913）所立《玉范祠堂重修记》，该族旧有祠堂三间，清同治时毁于战火二间，余一间祭祀先祖，后竟然这一间也倒塌。于是族人只好以破烂神轴每于正月元旦轮流奉祀，宣统三年（1911）族人重修祠堂，民国元年落成，阖族之人奉主入祠。乃定《规则五条》：

年节备供饭一桌，酒菜九碟，好纸三拘，三十日洒扫庭除，陈设祭器礼物，是晚起祭，初二日晚三更祭毕。初三日收

---

① 常建华主编《清嘉庆朝刑科题本社会史料分省辑刊》，上册，天津古籍出版社，2019，第607页。
② 张进忠编著《澄城碑石》，第184页。

第三章 多元文类视野下的北方宗族　217

撤祭器，各礼物同众议存妥当之家。

清明前一日早晨打扫庭院，备金颗五百，好纸三拘，巳刻邀同合族之人祭扫老坟。

十月一日早晨，庭院扫净，备好纸三拘，制造棉衣。是夕，邀同合族之人焚化寒衣。

冬至辰刻，打扫祠堂，备好纸三拘，晚间同合族之人焚化纸钱。假如演戏，则供饭烟茶，令管祠人自备，其余用项则合族量摊，而事后贴出清单，以供众览。

祠堂门前不准堆积粪土，或麻柴拥塞门口。门内不准存放麻捆以及棺材木料，祭器礼物不准借用。置于桌椅，本族有事，由管祠人经手借出。如有损失，照样补赔。

以上诸事，循规而行。如有违者，令管祠人邀同合户之人议罚。①

孟氏祠堂事务集中在元旦祠祭祖先、准备清明墓祭、十月朔烧寒衣、冬至祠祭，还有保证祠堂通畅、不得占用公共空间以及保护祠堂公物的规定，祠堂设有管祠人，遇事管祠人与族人商议。

祠堂也是族长代表宗族管理族人的场所。南郑光绪十九年（1893）《谭氏新建祠堂碑记》记载："今既立祠，示一本也，千枝发于斯，万派流于斯，使不申明此意，设正章程，保以为尊祖敬宗，一脉相传也哉。今于族间择一端方正直之人，立为族长。凡有顽梗之徒，乖舛人伦，忤触尊长，悖亲向疏，毁骂祖先，责成族

---

① 刘兰芳、刘秉阳编著《富平碑刻》，第221页。

长约束；不遵教者，立即送县，以不孝治罪。"[1]谭氏立祠以妥先灵，表达祖先崇拜、源远流长之外，特立章程即族规以尊祖敬宗，立族长约束族人，维护孝道礼教秩序。并具体规定六条，责成族长管理：

> 一、族间有忤逆不孝、抵触父母者，杖五百，罚香火钱贰仟文。
> 一、族间有乖舛人伦、尊卑倒置者，逐出不准入庙。
> 一、族间有毁骂尊长、以下犯上者，量力责罚。
> 一、族间有乏嗣者，不准异姓乱宗。
> 一、族间有身为贱役、忝辱先祖者，不准入庙。
> 一、族间有孀妇，能守则守，不能守则嫁，不准招婿。[2]

规定了族人忤逆不孝、乖舛人伦、毁骂尊长、异姓乱宗、身为贱役以及招婿的惩处办法。

具有综合性的族规是户县方氏宗族。民国二十四年（1935）《方氏祠堂购置祭田碑记》指出："考文公家礼，首冠祠堂，盖祠堂为尊祖敬宗收族之凭借，所以正人伦、笃恩爱，其关系于人心世道者，固至重且巨也。"[3]该族依据朱熹《家礼·祠堂》建祠以尊祖敬宗收族，达到正人伦、笃恩爱，治理人心世道的目的。该族族规七条如下：

---

[1] 陈显远编著《汉中碑石》，第350页。
[2] 陈显远编著《汉中碑石》，第350页。
[3] 刘兆鹤、吴敏霞编著《户县碑刻》，第580页。

一、每选族长，须公正廉明，家道殷实者为合格。

一、族长任期以二年为限，但连选得连任。

一、族长如有不德，经阖族公议，即时更换。

一、春秋展祭，大不道有辱祖先者，不许入祠。

一、族长对于经费处分，与合族公议，不得擅专。

一、每年清明，族长须出入账目揭晓，俾众周知。

一、凡种祭田，每忙后须将租课完纳，否则扯出另租。[1]

前三条是族长选举、任期、更换的规定；第四条规定族人行为不得有辱祖先，否则不许入祠祭祖；第五、六条是关于族长公议经费、揭晓账目的规定；第七条则是祭田管理方面的。

值得关注的，是安康地区石泉乡三岔河刘氏祠堂民国二十三年（1934）所立的家规。刘氏家规六条，第一条讲"经理祀产事务，必选族中公正无私者充当"；第二条规定"入祀助祭，必先衣冠整齐"；第三条为办会账目公开；第四条是关于祠产田地的；第六条要求"经理首人由族人举替"；关键是第五条，内容是："（前缺）祠下子孙如有忤逆不孝，逆伦悖族，不行正道，为非作歹者，一经拿获。祠堂会议，轻则背石、加杖，重则沉江、坠滩。"[2]碑中说设立支祠后，召集会议，议决家规六条，声称："禀官立案，请示勒碑。"这种将族人处死的做法，恐怕是官府难容的，或许是因为特殊动荡年代宗族势力有所坐大所致。

---

[1] 刘兆鹤、吴敏霞编著《户县碑刻》，第580页。
[2] 张沛编著《安康碑石》，三秦出版社，1911，第386页。

四、宗族与官府

宗族是在儒家意识形态下出现的,也得到官府的支持。但是官府最关心的是社会秩序的维护,宗族一旦组织化,也被政府所防范。对于宗族而言,祠堂族长的权力需要族规的确认,因此族规是否合乎国法就成了正当性的重要来源。一般来说,宗族会将族规向县级官府申报,一旦获得批准,就具有了合法性与权威性。官府则通过批准族规,防止族法大于国法,支持在国家法规、政策范围内的宗族活动。

安康地区汉阴县涧池王氏晚清时期的宗族活动就显示出与地方官府的密切互动关系。该族祖籍衡南,乾隆初年自楚来陕,卜居治城东路涧池铺。嘉庆以后开始攒积经费,据同治四年(1865)所立《涧池王氏后裔增补族规禀词及汉阴厅抚民分府批示与告示碑》记载:

> 迩来置产,现收租二百有奇。祀典孔昭,礼仪卒备。斯诚祖宗之荣施,子孙之攸赖也。第继往必须开来,承先尤贵善后。爰鸠宗枝,重象增订。自今伊始,以二百余石之租,除春秋报享支用外,存放生息,建祠宇,立有家塾,恤孤孀,继绝世,救残废,赈荒岁,助嫁娶,其子弟有游泮林、登贤书者,视存息多寡,分别奖给。议立章程,列款勒石。又照原契录册二本请印,一存厅案,一发领执,永远遵守。

这是碑中部分王氏"增补族规禀词",可知该族将"祀典"

及其管理族产章程向官府"请印"批准,其族产用途主要是建祠宇、立家塾以及救助、慈善、奖学事项。碑文接着是"汉阴厅抚民分府批示","奉陈宪批:据禀,建祠宇而行家塾,恤孤孀以助嫁娶,谊笃彝伦,情致雍穆。存济人利物之心,开移风易俗之渐。缕列条陈,均堪矜式。着即刊勒碑珉,妥为经理,用昭久远,是为至要"。[1]官府批准王氏将章程并将禀、批勒石公示。

此外,还有光绪二十六年(1900)所立《涧池王氏后裔增补族规禀词及汉阴厅抚民分府批示与告示碑》,不仅可以得知新增补的内容,还可以了解同治年间那次章程的细节。具体情形是这样的,光绪元年(1875)王氏又向汉阴厅抚民分府呈递禀词,一是因为"今秋会内置买刘姓房屋,鸠建祠宇,绘图以凭兴造而便遵照"。二是由于"前定章程,尚有遗漏,复集阖族,大同酌议,增补数条,用昭美备"。于是"奉厅吴宪批:据禀称,祠图及续议增补数条,逐细核阅,均属妥洽,著即照办存案可也"。该碑还录下了公示内容,其中谈道:

> 前于同治五年建修宗祠时,拟定祠规十一条,禀请前宪陈批准在案,复于同治七年续补祠规五条,禀请前任吴宪,亦经批准在案。原期族内人等恪遵祠规,永远奉行,乃有不法之徒任意妄为,霸宗祠之业,骗宗祠之稞,以致虽有祠规,不能遵行,理合禀请示禁等情。据此,除禀批示外,查阅两次历定祠规十六条,均皆法良意美,敦本睦族,何竟未能一体遵奉。

---

[1] 张沛编著《安康碑石》,三秦出版社,1911,第234—235页。

推原其故，虽由良莠不一，实因法令未行，不思礼典与宪典并重、家法与国法两惟，与其远鸣官府，何若近咨党正。为此，示仰该族人等知悉，嗣后遇有顽梗之徒，背规违条，恃强逞习，不由族长、户首约束者，许该户首等集传祠内，无论亲疏远近，尊卑长幼，申明家法，从重责处。倘负固不服，捏控图累，除词不准外，定以不孝之罪严行惩治，而户首、族长等，亦当秉公慎重，毋得徇挟私嫌，致酿事端。泐诸（琐）珉，各宜凛遵。切切特示。①

官府协助宗族要求族人遵守祠规家法，以维护社会秩序。

国家承认并保护宗族规约，其原因一是缘于官府对义门的表彰，二是源于对义庄规条的保护。于是明清时期出现了宗族将族规向地方官申请并得到保护的社会现象。②

五、结语

近世陕西宗族仍有祖先崇拜的传统，通过保存祖先以来的世系和祭祖活动以实现尊祖敬宗凝聚族人，这在碑刻中留下了历史文化记忆。宗族通过清明、冬至等岁时节日祭祖聚会，这种族会是宗族存在的基本形式。这些都说明陕西宗族具有的特质，也符合北方宗族的一般性特点，诚如学者所指出的："清明会是华北乡村比较普遍

---

① 张沛编著《安康碑石》，三秦出版社，1911，第328—329页。
② 常建华：《宗族志》，第466—471页；常建华：《明代宗族研究》第七章《明代族规的兴起》，上海人民出版社，2005，第307—344页。

的宗族组织和宗族活动。"① "北方宗族不被学者看重,若给祖坟以应有的地位,以之为视角观察宗族史,可知它是北方宗族存在和活动的特点。"②

同时,我们也应注意到:明代中后期以降,陕西宗族更通过设置祠堂组织化,祠堂成为宗族祭祖、管理的重要场所。伴随祠堂祭祖活动的是族长的作用得到保障,以祠规、祭田管理等形式出现的族规成为宗族组织的章程。宗族以族会、族长、族规得到强化,与之相适应,是加强了对于族人的管理和教化。这种情形不为陕西独有,其他省区的宗族亦是如此,属于共同历史进程的社会变迁。

上述历史进程与社会变迁是宗族与官府互动过程中完成的。官府支持宗族强化对于族人的管理,借助宗族治理地方。宗族凝聚力强化的同时,社会秩序得以维护,中华礼仪之邦添加了宗族文化色彩。

第三节　近世山东莒地宗族探略
——以民国《重修莒志·民社志·氏族》为中心

中国宗族研究,探讨宗族发展的历史过程与地理分布是十分重要的方面,有助于认识宗族的形态以及检验人类学有关宗族理论的适用性。在研究宗族的资料方面,除了族谱、契约文书、碑刻等资料之外,地方志也是重要的基本文献。方志在说明宗族的发展过

---

① 韩朝建:《清明会与宗族结构——以民国河北栾城县寺北柴村为例》,《民俗研究》2015年第5期。
② 冯尔康:《清代宗族祖坟述略》,《安徽史学》2009年第1期。

程与地理分布方面，非常有效。将近30年前，台湾人类学者陈其南尝试利用方志《氏族志》探讨中国宗族的发展问题，[①]对于英国著名人类学家弗里德曼等有关中国宗族的研究多有匡正。陈其南先生论述了自清中叶章学诚之后方志《氏族志》体例的演变，指出了民国二十四年（1935）修讫浙江《鄞县通志》于氏族部分最为精详，不过该文重点是对光绪府州县厅乡土志的探讨。其实与民国《鄞县通志》几乎同时问世的山东《重修莒志》"民社志"之"氏族"二卷，经过认真地采访调查，介绍了莒地宗族的状况，极有价值。[②]该志陈其南未加引用。以往的宗族研究中经常引用清代一些著名学者或官员，如顾炎武、方苞、张海珊、陈宏谋等论述南方人聚族而居、祠堂林立，对北方宗族多避而不谈，即或言之，自是北不及南，仿佛北方没有宗族更没有宗族组织与宗族制度一般。陈先生也承袭以往，认为中国宗族聚居形态地理分布南北差异很大，宋以后江南属于宗族社会，而北方则否。不过，就是在陈其南所引清人冯桂芬的资料即说："今山东、山西、江西、安徽、福建、广东等省，民多聚族而居。"[③]认定北方的山东、山西也多聚族而居，只是冯桂芬的说法没有引起陈先生的特别注意。因此，我想以《重修莒志》

[①] 陈其南：《方志〈氏族志〉体例的演变与中国宗族发展的研究——附清光绪〈乡土志〉总目录》，《汉学研究》1985年第3卷第3期，第797—843页。后该文略去《乡土志》目录，更名为《方志资料与中国宗族发展的研究》，收入陈其南《家族与社会——台湾与中国社会研究的基础理念》，台北：联经出版事业公司，1990，第215—257页。

[②] 庄陔兰：《重修莒志》，莒县新成印务局，1936；收入《中国地方志集成·山东府县志辑》卷四〇《民社志·氏族上》，第62册，第305—321页；卷四一《民社志·氏族下》，第322—339页。

[③] 〔清〕冯桂芬：《显志堂稿》卷一一《复宗法议》，续修四库全书，上海古籍出版社，2002，第1536册，第23页下。

为例，论述北方山东人聚族而居的"宗族团体"形态，说明当地宗族组织的存在与普遍性，而莒地宗族发展是一个历史过程。

山东省东南部的临沂市莒南县与日照市莒县，历史上长期为一个行政单位，通常称为莒县或莒州。莒地以丘陵、山地为主，平原为辅。该地区历史悠久，商朝属姑幕侯国，西周属向国，春秋属莒国，战国先属齐，后属于楚国莒邑。从秦到元近1600年间均称莒县，莒县秦属琅琊郡，西汉属兖州刺史部城阳国，东汉属徐州刺史部琅琊国，三国魏属青州城阳郡，西晋与东晋十六国刘宋属徐州东莞郡，北魏属南青州东莞郡，北齐属南青州义塘郡，北周属莒州义塘郡，隋属琅琊郡，唐与五代属河南道密州，北宋属京东东路密州，金属山东东路莒州，元属益都路莒州。明清莒县改称莒州，明下辖沂水、日照二县，属山东布政司青州府，清下辖又增蒙阴为三县，属山东布政司沂州府。民国莒州复称莒县，先后隶属山东省岱南道、济宁道、琅琊道，1928年莒县直隶于山东省政府。1940年莒县抗日民主政府成立，翌年莒南县抗日民主政府成立，原来的莒县至此分为莒南县与莒县两个行政区。

莒地宗族已有整体性的研究，[①]个案研究则有大店庄氏、日照

---

① 宋华丽：《明清山东莒州的移民传说与宗族》（北京师范大学历史学院，2009，硕士论文），依据近百部莒州族谱等丰富的资料，对明清山东莒州的移民传说演变与宗族建构的关系进行了研究，重点在移民传说的演变方面。莒县图书馆藏有丰富的族谱，该馆长杜树景对于莒地族谱与宗族有所探讨，见杜树景《莒州望族考略》，《日照史话》2005年第1—3期；以及杜树景《莒地家谱收藏与研究概述》。

丁氏、北汶战氏等，[①]需要继续探讨。笔者将主要依据庄陔兰主编的民国《重修莒志·民社志·氏族》资料，制成表格（本节后附表），统计分析，综合性地探讨莒地宗族。

一、莒地宗族的分布、始迁

1913年，改莒州为莒县，分全县为36区，1929年划全县为10区，1931年划全县10区为332乡镇，辖庄村2585个，1934年设县志局重修莒志，发起人是县长与十区的区长。民国《重修莒志》卷二二《舆地志·建置下》列出区乡镇村，可备查阅。《重修莒志》民社志的氏族介绍是按照10个区划分的。

宗族的各区分布。表中总计196个族姓，不过，第55号、94号分别分布三个区，第25号、49号、101号、114号、121号、133号分别分布两个区，这种跨区的宗族应当分别计算在不同区域内，这样就增加了10个宗族，两项合计为200个宗族。

十个区的宗族分布如下：一区35个，二区7个，三区22个，四区48个，五区19个，六区9个，七区10个，八区17个，九区16个，十区24个。其中，一区、四区分布的宗族最多，合计83个；三区、十区在20个以上，合计46个；五区、八区、九区在11个以上，合计

[①] 张同旭、杜树景：《试谈莒州北汶战氏家族之兴替》，《日照史话》2005年第4期；刘少华：《科举家族与道德权威：日照丁氏家族研究》、宋祥勇：《明末至民初山东科宦家族的发展与转型——以临沂大店庄氏为例》二文，均为山东师范大学2008年度硕士学位论文，修改稿均收入朱亚非等著《明清山东仕宦家族文化》第五章《日照丁氏家族》（第240—305页）、第七章《大店庄氏家族》（第352—429页），山东人民出版社，2009；陈祥龙：《莒南县大店庄氏家族教育成功的原因及启示》，《山东教育学院学报》2010年第2期，第69—73页；韩同春：《大店庄氏》，《寻根》2013年第2期，第133—137页。

52个；二区、六区、七区分别分布10个以下，合计26个。总之，莒地各区分布着一些宗族，其中一区、四区最为集中，三区、十区也较为集中。

表中莒地的宗族姓氏共计90个，有的族姓分属不同宗族，具体姓氏与分族数量如下：丁（2）、于（2）、孔、王（18）、仇、牛、公、毛、文、白、石、史、仕、朱（3）、汪、吕（2）、宋（2）、李（11）、吴、何（3）、邢、车、孟（2）、岳、林（2）、邵（2）、来、季（2）、周（2）、姜、沪、柳、苑、侯、马（6）、高（2）、涂、徐（4）、袁、夏、郝、秦（2）、糖（3）、祝、孙（4）、原、盛（2）、陈（13）、张（10）、庄（2）、曹（2）、尉、彭、程（2）、宁、单、风、皖、东（2）、杨（2）、贾（4）、贾刘王、葛（2）、蒲、赵（5）、熊、臧（2）、管、迟、刘（11）、厉、滕、蔡、樊、鲁、郑（2）、巩、阎、战（2）、卢（2）、锺、薛、薄、戴、谢、韩、聂、魏、谭、庞。这其中一姓10个宗族以上的有王（18）、李（11）、陈（13）、刘（11）、张（10）五大姓，四个以上宗族有马（6）、赵（5）、徐（4）、孙（4）、贾（4）五姓，二三个宗族有丁（2）、于（2）、朱（3）、吕（2）、宋（2）、何（3）、孟（2）、林（2）、邵（2）、季（2）、周（2）、高（2）、秦（2）、糖（3）、盛（2）、壮（2）、曹（2）、程（2）、东（2）、杨（2）、葛（2）、臧（2）、郑（2）、战（2）、卢（2）25姓，有孔、仇、牛、公、毛、文、白、石、史、仕、汪、吴、邢、车、岳、来、姜、沪、柳、苑、侯、涂、袁、夏、郝、祝、原、尉、彭、宁、单、风、皖、贾刘王、蒲、熊、管、迟、厉、滕、蔡、樊、鲁、巩、阎、锺、薛、薄、戴、谢、韩、聂、魏、谭、庞

55姓，其中贾刘王属于合姓，按照一种计算。也就是说，表中莒地姓氏中，有一多半是单姓宗族，其余是同一姓氏有数种不同宗族存在，一般来说，这些姓氏属于大姓，所以姓氏所含的不同宗族也多。

  移民史与宗族史的研究已经揭示出族姓始迁，祖与祖先始迁时间、地点以及原因诸种要素，往往具有传说的性质。就莒地族姓迁来问题而言，宋华丽认为保存至今的较早的莒地族谱创修于明代中后期，其谱序开始出现有关家族来历的说法，尚未构成完整的移民故事，此时的家族也尚未刻意进行家族的建设活动。明清易代莒地家族兴起一股创修族谱的风潮，逐渐形成洪武海州的移民传说，还通过修墓、立祠、建庙等方式建构家族。清代中后期莒地家族吸收了苏北"洪武赶散"的传说，与本地洪武海州的移民传说融合，形成了更加丰富的移民故事，莒地家族更运用联宗、合谱等手段壮大家族实力。清末民国时期各地移民传说的趋同和鲁苏北之间的交流往来，家族建设不断受到宏观社会背景的影响，最终形成内容空前丰富的"洪武二年、海州东海十八村"传说，这一传说直到今天仍为人津津乐道。洪武海州的移民传说也叠加了以下几种历史背景，即宋金时期的红袄军起义，元末的红巾军起义，明初的卫所调动，清初的海州迁海。[1]这些看法有助于我们分析民国《重修莒志·民社志·氏族》的记载，即这些记载是在移民传说的背景下形成的，不能将其全部视为具体的真实的历史。当然，也不能将所有移民、祖先的有关记载作为后世建构处理。为了更全面认识莒地宗族，我

---

[1]　宋华丽：《明清山东莒州的移民传说与宗族》，第30、52、68、78、79页。

想以下还是应清理出《重修莒志·氏族》的有关记载，以便我们分析讨论以及判断。

莒地宗族绝大部分是明清时期来此的，也有少部分记载是明以前的。其中10号四区张仙小河王氏，北宋官东海，元居云台山下当路村，元末迁莒；20号八区大店王氏，南宋末由青州迁莒，洪武迁大店；24号六区仇家管庄仇氏，宋元祐为青州守，12世迁莒；26号八区公家庄公氏，宋宣和来蒙阴，明季16世迁沂，17世迁莒朱陈店；43号三区东门楼庄李氏，一至三世当元世祖时，授职百户；61号一区史家庄林氏，原籍福建侯官县，远祖仕金陵，弃官隐于海东，避红巾乱徙莒；62号四区前花泉沟庄林氏，元初迁居林茂庄；66号五区东莞镇季氏，始迁祖先，金明昌间自江苏灌云县徙莒；①89号四区埠南夏氏，始迁祖九畴，元时迁莒；91号四区石河乡郝氏，原籍洪洞，元末兄弟八人东来，其一来莒；97号四区法牛山祝氏，原籍江西德新县，迁居沂水县，宋时迁莒；103号一区云里盛氏，宋元以来世居于莒；124号四区前石崮后张氏，始迁祖镇，原籍寿光县，元末来莒；142号四区门楼庄杨氏，原籍北平容城县，宋代迁莒；147号四区虎爪庄贾氏，始迁祖汝相，元宰相居贞弟居训之子；157号十区东埠村赵氏，始迁祖子友子先，元顺帝四年，自江苏东海县迁莒。上述16个事例中，20号王氏南宋末迁莒，24号仇氏宋元祐为青州守迁莒，26号公氏宋宣和来蒙阴，97号祝氏宋时迁莒，103号盛氏宋元以来世居于莒，142号杨氏宋代迁

---

① 宋华丽对于东莞镇季氏有专门讨论，认为季氏金、元时已居当地，民国年间东莞季氏才与宋金时期红袄军领袖季先联系起来，这与海州移民有关，不仅是要证明本族至少在宋金时期已经世居本地，更是为了证明自己同样是南来的，向海州移民故事靠拢。见《明清山东莒州的移民传说与宗族》，第73—75页。

莒；这6例说是宋代来莒，其余10例均说是元代迁莒的。

从迁出地来看，有明确记载的宋代分别是山东青州、江西德新县、北平容城县，元代分别是东海、海东、江苏灌云县、山东寿光县。此外，还有四例虽然是明代迁莒，但是资料当中有宋金元时期活动的记录，如75号一区韩家菜园马氏，原籍山西洪洞县，元至正迁居海州，复迁海东县，洪武年间，始迁祖母携三子有用、有册、有圃至日照县，有册来莒；87号九区朱梅庄徐氏，原籍江苏昆山大桥村，元至正二十年（1360）兄弟叔侄14人避乱至海东党琅村，寄居八载，洪武三年（1370）始祖有安迁莒；129号八区大店镇庄氏，庄氏之莒南在金以前，洪武初年东海十八村迁莒朱陈店；161号三区双凤山后管氏，原籍胶东，宋时因避金乱迁居海州，洪武二年（1369）来莒。此四例金元时期迁至莒地附近，明初再迁莒，迁莒前的地方是海东县、日照县、海东、海州，由此再前的迁出地是洪洞县、昆山县、胶东。

明代迁莒的事例最多。其中记载为"明"的有14、18、71、84、93、104、111号计7例，为"明初"的有3、8、13、23、38、41、48、50、51、73、90、98、99、119、122、125、130、133、134、138、139、140、146、149、165、166、169、174、178、182、196号计31例，为"明中叶"的有135、186号2例，为"明末"的有1、21、42、47、49、54、63、76、96、128、144、148、180、187号计14例（其中21、148、180号为"明季"，与"明末"放在一起），以上"明"的有7例，为"明初"的有31例，为"明中叶"的有2例，为"明末"的有14例，总计54例，集中在"明初"，高达31例，"明末"的14例也颇为可观。

以明朝年号论，洪武时期最为集中。为"洪武"的有6、12、25、32、55、57、59、67、69、77、79、81、94、101、105、109、116、126、159、161、175、185号计22例，为"洪武初"的有2、33、45、65、129、132、184号计7例，为"洪武元年"（1368）的有106、107、112、113、114、115、117号计7例（包括"洪武戊申"的有107、115号计2例），为"洪武二年"的有7、15、19、22、29、37、46、53、60、64、74、92、141、150、163、168、192号计17例，为"洪武三年"的有87、152号2例，为"洪武四年"的有7号1例，为"洪武八年"的有195号1例，为"洪武十二年"的有88号1例，为"洪武二十三年"的有160号1例，以上洪武年间的共计59例。

洪武朝之外，为"永乐"的有30、72、155、188号4例，为"永乐二年"（1404）的有118号1例，永乐年间计5例；为"正统"的有145号1例，为"正统三年"（1438）的有82号1例，为"正统十四年"的有156号1例，即正统年间3例；为"景泰"的有28、56、131、170号4例，为"景泰三年"（1452）的有52号1例、为"景泰四年"的有115号1例，景泰年间计6例；为"成化"的有141、144号2例，为"成化三年"（1467）有123号1例，为"成化四年"有85号1例，为"成化七年"有40号1例，计成化年间5例；为"弘治"的有86号1例，为"弘治三年"有171号1例，计弘治年间2例；为"正德"的有176号1例；为"嘉靖"的有17号1例，为"嘉靖二年"（1523）的有118号1例，为"嘉靖八年"的有16号1例，计嘉靖年间3例；为"隆庆四年"（1570）有144号1例，为"隆庆万历"有137号1例，计隆庆年间2例；为"万历"的有27、39、58号

3例，为"万历初"有80号1例，为"万历二年"（1574）有154号1例，计万历年间5例；为"天启"的有121号1例，为"天启六年"（1626）有100号1例，计天启年间2例。以上总计32例，以上各朝分布较为均匀，相对而言永乐到成化以及万历朝事例较多，明早期迁民、万历朝长达47年，这些因素可能影响到统计结果。

清代迁莒宗族远较明代少。为"清初"的有2、31、34、36、70、143号6例（含34号鼎革之际）；为"顺治初"的有164号1例，为"顺治四年"（1647）有172号1例，计顺治年间2例；为"康熙初"的有173号1例，为"康熙三十五年"（1696）有127、179号2例，计康熙年间3例；为"乾隆"的有44、151、158、162号4例，为"乾隆初年"的有83号1例，为"乾隆二十年"（1755）的有136号1例，为"乾隆四十五年"有110号1例，为"乾隆末年"的有183号1例，计乾隆年间8例；为"嘉庆初"的有164号1例；为"咸丰四年"（1854）的有177号1例。以上总计21例，各朝分布较集中在乾隆之前，似乎清初、乾隆朝宗族移动较为明显。

综上所述，从莒地宗族迁来时间的记载来看，[①]我们发现似乎在朝代交替时期，特别是皇朝初年迁居的事例较多。如宋末、金初、元末，明初、明末清初，战争带来动荡，人口迁徙、谱牒亡佚、朝廷新政都会影响到族姓的迁徙，这些历史年代，出于宗族记载或口耳相传，新修族谱时载入，具有一定真实性；同时在相当程度上，也是宗族对于动荡时期或特殊事件的历史记忆，未必是实指，具有文化性、社会性以及历史想象。

---

① 族姓进入莒地后再迁，以首次迁入时间计算。

第三章 多元文类视野下的北方宗族

莒地宗族迁徙记忆最为集中的是明初，这里的"明初"，一是文献中出现的"明初"字样，同时包括文献标明洪武、永乐的时期。①明初采取迁民政策，文献有所揭示。50号十区桑园李氏，"原籍江南海州当路村，李氏兄弟三人，奉迁民令北徙，一居赣榆县黑林河西，一居赣榆县龙庙河南，桑园李氏即其三人之一。始祖至八世均失讳，以下兄弟四人，曰象山、曰亦川、曰连庆、曰季贞，分四支，后四支迁居日照县郑家结庄，今传至十九世"。②这一资料将海州移民传说与明初"迁民令"联系起来。

我们先具体考察这一时期入莒宗族的迁出地记载。

表中迁莒宗姓的原居地分布较广。山东省有黄县（3号）、济阳（7号）、诸城（8号）、历城（9号）、新城（13号）、新泰（17号）、淄川（18号）、青州（20、24、34号）、即墨（27号）、泰安（30号）、长山（49号）、临沂（47、112号）、乐陵（118号）、临朐（125号）、安邱（12、59、126号）、益都（155号）、蓬莱（169号）、福山（159号），河南省有汤阴（60号），河北省有枣强（46、73、88号）、涿州（106号），山西省有祁县（14号）、洪洞（29、79、81、182、195号），北京（166号），江苏省有沙河（35号）、八里庄（40号）、桃源（42号）、高邮（54、64号）、句容（119号）、沛县（163号），安徽省有歙县（37号），浙江省有萧山

---

① 将"明初"限制在洪武、永乐，主要考虑这两朝有较大规模的迁民之举。有关研究参见徐泓《明洪武年间的人口移徙》，《历史与中国社会变迁研讨会论文集》，台北："中研院"三民主义研究所，1982，第235—294页；《明初的人口移徙政策》，《汉学研究》1988年第6卷第2期，第179—190页；《明永乐年间的户口移徙》，《国家科学委员会研究汇刊：人文及社会科学》1911年第1卷第2期，第96—218页。

② 民国《重修莒志》卷四〇《民社志·氏族上》，第312—313页。

（65号），湖南省有慈利（152、188号），江西省有乐安（44号）。以上共计有山东、[①]河南、河北、山西、北京、江苏、安徽、浙江、湖南、江西10省市，分布较广。

值得注意的是另有几个迁出地数量集中，即莒州的日照、江苏的东海以及山西的洪洞。洪洞作为北方移民的传说地，莒地也有宗族上溯于此，如29号五区孟疃白氏，始迁祖营洪武二年由洪洞县打水巷子迁莒；79号四区孤山庄马氏，原籍洪洞县，洪武年间分居莒、安邱、沂水；81号五区石岭子高氏，原籍洪洞潦洼村，始祖显，洪武年间迁莒；182号四区三山阁氏，明初自洪洞县迁莒；195号五区谭家秋峪谭氏，一世祖真，洪武八年（1375）自洪洞县迁临朐县谭马庄，汪鉴战绩，事详《明史》，二世渊后分三支，宣德时第三支等迁莒，与邻区谭氏合谱。此外，75号一区韩家菜园马氏，原籍洪洞县，元至正年间迁居海州，复迁海东县，[②]洪武年间，始迁祖母携三子至日照，第三子有册来莒。91号四区石河乡郝氏，原籍洪洞县城阴孝义村，元末兄弟八人东来，其一来莒。139号四区万家山万氏，原籍洪洞县，后迁居东海乐古村，明初兄弟四人迁莒。155号七区北汀水赵氏，原籍枣强县，后迁洪洞县，明初迁至益都县老鸹窠庄，永乐迁莒北汀水。虽然这些记载并不是说从洪洞迁莒，但还是追溯到洪洞，可能受到移民传说的影响，155号资料中老鸹窠的记载，令人联想到洪洞大槐树移民传说中也有老鸹窠的

---

① 宋华丽指出："莒地大部分族谱显示，明代中后期，莒州的移民主要来自山东省内，自称此时来自江苏的只是少数。"宋华丽：《明清山东莒州的移民传说与宗族》，第57页。
② 民国《重修莒志》卷四〇《民社志·氏族上》，第317页上。按：历史上并无海东县，这一记载只是传说。

故事。①

由东海迁莒的事例众多，有6、10、15、21、22、28、39、52、53、55、67、74、90、94、99、129、131、132、133、139、140、157、160、170、171、178、185、189、192号，计29例。值得注意的有二事：一是其中有2例的具体迁出地是"十八村"，即74号一区侯家庄侯氏，原籍东海十八村，始迁祖美，洪武二年（1369）迁至莒南十五里黄花店。129号八区大店镇庄氏，庄氏谱牒记载，相传原籍东海十八村，洪武初年迁莒朱陈店。其实根据当地碑刻记载，金以前莒南已有庄氏，可能庄氏并不清楚自身早期的历史，才"相传原籍东海十八村"。二是6、10、21、22、160、178号6例资料记载具体迁出地为"当路村"，不过6、160、178号是"东海县当路村"，而另外的3例是说从东海到了"云台山当路村"，再迁莒地。

海东也多被记载为莒地宗族的迁入来源地。有23、25、32、38、41、45、87、122、130、140、165、175、196号13例，还有间接的来源地是海东，如32号先到沂州，38号经过诸城，130号八区水沟坡曹氏。明初，由江苏海东曹家村迁诸城、安邱等县，景泰年间迁于莒。特别是有3例也提到"十八村"，即41号四区大路西宋氏，始迁祖宜明初由海东十八村迁莒。95号二区新旺唐氏，原籍海东十八村簸箕掌，始迁祖瀛海于隆庆四年（1570）迁莒东新旺庄。140号一区东关董氏，洪武初，由海东十八村迁莒县四关。此外，23号十区王家黄所王氏，原籍江南海东当庐村，明初迁莒。"当庐

---

① 参见赵世瑜《祖先记忆、家园象征与族群历史——山西洪洞大槐树传说解析》，《历史研究》2006年第1期。

村"即"当路村"。

另一个迁出多发地是海州，有19、33、50、51、84、141、149、161、167号，计9例。其中141号的具体迁出地也是"十八村"，即五区张解董氏洪武二年（1369）由海州十八村迁居张解。19、50号的具体迁出地则是"当路村"。而84号四区前逊峰庄徐氏，则是将"当路"与"十八村"合二为一，洪武二年由"海州安东县当路十八村"迁居诸城县凤凰墩。

还可留意者，前述迁出地有明代江苏的桃源县（在今泗阳），而海东的事例中45号迁出地是海东桃源村，海州的事例中51号迁出地是海州桃源村，或许桃源也是移民传说产生的。

我们再考察另一个迁出地日照。有11、48、69、75、92、113、94、107、113、114、115、117、174、194号，计14例。值得注意的是，有的宗族是从海州、东海到日照的。如东海的事例有93、101、117、113、114、115、117、194号8例，其中114、115、117号有车疃的移民传说。114号十区北店陈家薛庆二区陈嘉西楼陈氏，原籍东海县大村，始迁祖坤，洪武元年迁居日照县车疃庄，后三支迁莒。115号十区草岭后陈氏，洪武元年陈赵氏率六子自东海迁日照西车疃，十世景泰四年迁莒。117号十区陈家庄陈氏，原籍东海县大村，始迁祖震，洪武元年迁居日照县车疃庄，又迁莒北。莒地陈姓宗族有日照县车疃庄迁莒的说法。海州的事例有92号1例，海州的事例还具体提到"十八村"，说四区圣旨崖秦氏，原籍江苏海州十八村，洪武二年（1369）迁日照县团林堡，四世世渊正德年间来莒。此外，106号一区东关陈氏，原籍东海县大村，二世祖兑，洪武元年自东海迁日照车疃庄，九世迁诸城，十世迁莒。

107号一区陈家屯陈氏,二世祖震,洪武由东海陈家大村,迁日照县车疃庄,再迁莒。

根据上述"十八村""当路村"的故事,与东海、海东、海州密切相关。此三地作为移民迁出地的事例众多,直接迁出41例,间接迁出3例,即使迁出地日照也多有从东海、海州迁入的记载,达到9例,总计上述事例为51例,说明东海、海东、海州是莒地移民来源的认同地。"十八村"的故事有8例,分布在宋、徐、侯、庄、唐、董(2例)、秦7姓。"当路村"的故事有9例,分布在王(6例)、李、臧、鲁4姓。① "十八村"以及"当路村"的故事,是移民传说的核心与标志。

需要指出的是,东海、海东、海州实为一地。历史上海州作为州与东海郡交叉,海州得名东魏,隋唐亦曾名之,金设海州,元为海州路,明清为海州,隶属江苏淮安府。然而海州之地两汉为东海郡,魏晋因之,隋唐亦曾有过。所以,东海与海州所指为同一地区。② 海州也与东海县交叉,南朝齐置东海县,隋改广饶县为东海县,1912年以海州改东海县,治所在今江苏连云港市西南海州镇。后移治江苏东海县。③ 海州与东海很容易混在一起。历史上无海东地名,因海州临海,东海的倒文为海东,民间记忆口耳相传的海东应指东海,即海州。海州,即今连云港市一带,地处南北交通要

---

① 按:87号徐氏原籍江苏昆山,元至正二十年避乱至海东党琅村,"党琅村"或许是"当路村"的音变,未统计在内。
② 雍正《江南通志》卷六《淮安府》,景印文渊阁四库全书,(台北)商务印书馆,第507册,第265—268页。
③ 复旦大学历史地理研究所:《中国历史地名辞典》,江西教育出版社,1986,第183页。

道,与莒州接壤,是外来的南方移民必经之地,所以成为移民的迁入地的历史记忆。

同时,"十八村""当路村"等确为连云港市下属地名。云台山位于江苏省连云港市东北30多公里处,即花果山、田横岛所在地,原本是黄海中的一列岛屿,后经多年地质变迁,海水逐渐退去,清康熙末年才显出陆地。明顾乾《云台山三十六景图》之第二十九景"梵宫竹径"写道:"当路村,东山,华岩庵,长廊古殿,曲径通幽,修竹成林,自然深邃。"清人丁耀亢著《续金瓶梅》以云台山为背景,记载:"南北磊,古洞幽深,十八村,贤人隐迹。"还说:"又买了两张云台山十八村出贤人的图儿,那锯树留邻、耕牛护主的故事,件件俱有。"此外,还有"大村",又名大陈村、大义村,亦名戴村(音),在今花果山的入口处,历史悠久。[①]106号一区东关陈氏、107号一区陈家屯陈氏、112号六区东艾家庄陈氏、114号十区北店陈家薛庆二区陈嘉西楼陈氏、117号十区陈家庄陈氏,原籍均为"东海县大村",指的就是上述"大村"。除了这些陈氏族姓,170号九区洙边刘氏,也"原籍海州"。十八村、当路村成为东海(海州)移民的标识地,类似洪洞县大槐树移民传说。

《重修莒志》的作者也注意到当地移民的东海现象,《民社志·氏族》的引言说:

> 氏族之兴,肇自古昔,以官以邑,各有原本,莒之已嬴,今竟阙如。晋宋以来,诸葛、徐、刘、臧氏诸族,文学勋名大

[①] 此段综合了互联网上"东海十八村"的讨论,系山东、江苏一带"东海十八村"移民后裔的探讨。

显于世，而求其遗裔，渺不可得。今之诸氏，多于明初来自东海，以前皆无可考。盖肇松南徙，隶属金元，板荡流离，而缙绅编户，具祸以烬，岂不痛哉！①

看到了莒地谱牒或民间传说一般都将自己宗族历史追溯到明初的情形，特别集中于东海，可见这些历史记忆与民国时期民族认同、文化认同、地域认同的时代潮流有关。明初移民历史满足了时代与社会的认同需求。

莒地宗族也有从明初移民的角度看待当地宗族来源的。如185号九区涝坡卢氏，其谱序说：

> 卢氏之先，出于江西吉水县滩头镇，祖翁职拜统制，祖母何氏。宋时镇守东海，遂籍于东海之代村焉。越元而明，洪武中迁民，有徙于江南者，有徙于燕京者，有徙于山东者，既不一其省矣。即在山东，而诸城、沂州、沂水、日照，又不一其郡县矣。②

据此则莒地居民多出于明初移民，来源多样。不过，宋华丽指出，莒地众多家族在清初都忽然声称是洪武海州迁民的后代，然而"洪武海州迁民"未见于官方的文献资料，清初康熙年间鲁南苏北一带的迁海事件似乎为这一传说提供了最直接的素材。③

---

① 民国《重修莒志》卷四〇《民社志·氏族上》，第305页上。
② 民国《重修莒志》卷四一《民社志·氏族下》，第337页下。
③ 宋华丽：《明清山东莒州的移民传说与宗族》，第40页。

军籍移民占有一定比例。明确记载军籍的事例，有103号一区云里盛氏，宋元以来世居莒地，自元至清，"族大人众，立盛疃、吕庄两社，分居天安、朱车两牌。考盛氏隶军籍封二百户者，一在顺天椿树胡同，一在辽阳，而莒有昭信校尉盛伯通，皆同族也"。①表中第37、43、54、62、104、118、152、156号，8例与军籍有关，37号十区泉子头汪氏，洪武二年（1369）始迁祖桂自歙县赴日照，以指挥世袭镇守海口镇家此，后世迁莒。43号三区东门楼庄李氏，一至三世当元世时，授职百户。54号一区大湖何氏，始迁祖柱，原籍江苏高邮洲八里桥，洪武初以军功世袭莒州百户。62号四区前花泉沟庄林氏，元初迁居林茂状，为季千户手下之百户。104号一区小堂前盛氏，始祖胶州灵山卫指挥，明来莒，住城里小堂前。118号一区城里西街张氏，始迁祖海原籍乐陵，从明太祖开国，以功封千户，世袭武略将军，子孙袭职，永乐二年（1404）调莒州所正千户。152号一区赵家楼村赵氏，原籍湖南慈利县，始迁祖名一以战功授指挥使，洪武三年（1370）来莒。156号十区下家庄赵氏，原籍合肥，正统十四年（1449）赵敬以正千户职从指挥张仪破敌有功，升安东卫指挥佥事，世袭八世，遂家莒。上述事例中，第43、54、62号资料都说始迁祖始为百户，分别是元、明两个时期；第105号说始迁祖为千户，第156说是原为千户，后升为指挥佥事；第37、104、152号说始迁祖是指挥使。8例当中，有6例发生在明代，具体说是洪武3例，永乐、正统各1例，还有1例应当也是明初的。明朝莒州设千户所，清朝裁撤，雍正志载莒州有军屯24个，②

---

① 民国《重修莒志》卷四一《民社志·氏族下》，第322页上。
② 民国《重修莒志》卷二一《舆地志·建置上》，第172页下。

当是明朝设立。我们推断这些宗族有些是明朝初年由于卫所驻防或者军籍身份居住莒地，待后世脱离军籍转化为当地民户。也有可能是宗族的移民传说利用了明初卫所调动的背景，回顾本族在明初的户籍情况，表明自己的正统身份。①

二、莒地宗族的分衍

主要讨论分支与传代问题。

莒地宗族的分衍情况。从有明确记载分支的世代来看，二世分支有1、2、20、52、65、71、74、76、92、103、109、122、123、126、129、131、155、158、178、196号，计20例；三世分支有7、10、15、17、26、66、127、130、152、193号，计10例；四世分支有18、55、56、67、111、140号，计6例；五世分支有49、63、166号，计3例；六世分支有21、36、61、154、161号，计5例；七世分支有38号1例；八世分支有45、94号2例；九世分支有50、99、128号3例，十世分支有95号1例。多数情况下都有分支，但未提及世代，这其中不少是始迁时代就分支，也有不能确定世代的情况。根据我们的统计，可以得出大致的看法，莒地宗族迁入后，常常会分成支派分衍，一般是始迁或二世分支，三四世分支也较多，五六世分支也有，甚至还有七世至十世者。

分支一般是兄弟之间进行，也存在堂兄弟之间，如第87号九区朱梅庄徐氏，原籍江苏昆山，元至正二十年（1360）避乱海东，洪武三年始祖有安迁来，传至九世，有堂兄弟七人为七大支，传至

---

① 宋华丽：《明清山东莒州的移民传说与宗族》，第44—45页。

二十七世。再如119号一区城里东街张氏，原籍江苏句容，明初来莒，一世英，至延嗣、延祚、延祥、延祯堂兄弟四人分支，散居各处村庄，传至十七世。

初次分之后，还会再次分支。如4号三区汀沟于氏，始祖来莒，有子三人，一居浔沟，一居邑城东关，一莒城南于家庄，族系繁衍，支派遂分南北。浔沟村一支洪武初迁入，一世至五世失讳，六世祖自强下分七支。141号五区张解董氏，始迁祖好友、好文、好胜三人，洪武二年由海州十八村迁居张解，初分二大支，后分八支，散居各处村庄，传至二十三世。旭东宗族的资料中，都说分为几大支，可能是针对小支而言，就是说这些宗族分成大支若干代之后，可能会在分成小支。

分支数量。莒地宗族迁入后分为二支的，有2、10、15、20、21、23、28、31、36、37、40、47、61、62、63、66、68、90、93、100、103、135、141、143、150、151、192、196号，计28例；三支有3、4、6、7、25、39、41、42、51、59、67、69、76、78、92、90、101、113、114、115、118、121、125、131、132、140、154、155、158、160、166、168、171、172、191号，计35例；四支有1、8、17、26、35、46、50、56、65、74、116、119、120、123、126、183、189号，计17例；五支有29、48、49、52、72、94、109、129、145、170号，计10例；六支有56、73、78、83、103、129号，计6例；七支有38、50号，计2例；八世有29、44、45、53、95、161号，计6例。如此看来，莒地宗族分支多是二、三支，以三支最多，四支也有一定数量，部分宗族分支五、六支，分支最高的达到七、八支。

莒地宗族的分衍世代数量。我们分段考察,十世以下的事例中,五世,177号咸丰始迁;七世,158号乾隆始迁;八世,28、44、110、136、175、193号,计6例,除了28号"万历"、175号"清初"始迁外,其余4例都是乾隆始迁;九世,34、162号2例,前为"明清鼎革"、后为乾隆始迁;十世,33、36、127、143、156、173号,计6例,其中33号嘉靖始迁,127、173号均为康熙始迁,36、143号均为"清初"始迁,156号正统始迁。总之,大致来说,十世以下迁莒的时间为清代,七至九世约在乾隆时期,十世约在康熙时期。

十一世至二十世的事例中,十一世,31、39、56号3例分别是清初、万历、明末始迁;十二世,90、121、169、172、197号,计5例,分别在明初、天启、洪武、顺治、明末始迁,时间跨度经历有明一代,并达到清初,可见是很不准确的,这些宗族对于早期历史并不清楚;十三世,6、27、42、196号4例分别是洪武、万历、明末、明中叶始迁;十四世,2、16、90、121、149、151号,计6例,分别在清初、嘉靖、天启、明初、乾隆始迁,同样时间跨度很大,从明初到清中叶;十五世,61、74、94、99、108、153、193号,计7例,分别在元末、洪武二年、明、明初、嘉靖二年、不知、成化始迁,主要分布在明前期;十六世,1、47、100、108、112、132、135、190、196号,计9例,分别在明末、嘉靖八年、天启六年、洪武、明初、洪武初、明中叶、明季、明初始迁,时限在有明一代,相对而言明初较为集中;十七世,17、25、29、49、52、53、63、65、72、109、130、131、134、160、164、189号,计16例,分别在嘉靖、洪武、洪武、明末、景泰、洪武、明末、洪武初、永乐、明初、明初、景泰、万历、洪武、顺治、康熙始迁，分布情况类似十六世；十八世，54、78、111、124、131、171、174、175、195号，计9例，分别于洪武初、不知、明、元末、景泰、元、弘治三年、明初、洪武、洪武始迁，明初较为集中；十九世，20、21、22、50、55、56、67、86、92、95、96、104、123、125、129、134、150、155、176、178、190号，计21例，分别于洪武、明季、洪武、明初、洪武、景泰、洪武、弘治、洪武二年、隆庆四年、明末、明、成化三年、明初、洪武初、洪武初、洪武二年、永乐、正德、明初、成化始迁，集中分布于明代隆庆之前；二十世，9、12、13、18、32、38、41、46、59、64、81、88、89、91、110、128、131、133、140、147、163、167、182、192、194号，计25例（数量较大，其中包括了"二十余世"）分别于洪武二年、洪武、明初、明初、洪武、明初、明初、洪武二年、洪武、洪武二年、洪武、洪武十二年、元、元末、不知、明季、景泰、明初、洪武初、元、洪武、明初、洪武二年、不知等始迁，集中于元末与洪武时期。需要说明的事，一族不同分支的分衍世代会有不同，我们采取分别放入不同世代的方式，如131号九区店头曹氏，景泰由东海迁莒，二世分三支，长支传至十七世，二至十八世，三支二十世，于是笔者将133号分别放入十七世、十八世、二十世。

二十一世至三十世。二十一世，7、23、30、51、70、82、101、105、118、144、145、152、161、165、166、188号，计16例，分别于洪武四年、明初、永乐、明初、清初、正统三年、洪武、洪武、永乐二年、明末、正德、洪武三年、金、明初、明初、永乐始迁，集中于明初时期；二十二世，10、40、48、69、75、76

第三章　多元文类视野下的北方宗族　245

号6例，前3例分别是元末、成化七年、明初，后3例均于洪武时期始迁；二十三世，8、126、141号3例，分别于明初、明季、洪武始迁，时间跨度很大；二十四世，19、85、94号，分别于洪武二年、成化四年、明始迁；二十六世，189号，不知始迁；二十七世，87号，于洪武三年始迁；二十八世，26、103、113号，分别于景泰、宋、洪武元年始迁；二十九世，107、114、115号，均为洪武年间始迁；三十世，24、62、66、106、112、114、117、142号，计8例；分别于宋元祐间、元初、金、洪武元年、洪武元年、洪武元年、洪武元年、宋始迁，集中于宋金元与洪武元年，很可能是世代遥远，推广到明朝开国以及以前的朝代。此外，三十七世有97号1例，始迁于宋。

综上所述，1935年纂修《莒志》时，莒地宗族分衍世代主要集中在十七至二十一世，数量分别是十七世16例、十八世9例、十九世21例、二十世25例、二十一世16例，总计87例，其他每个世代的数量则较少，这反映出的问题是什么呢？就历史时段来说，这正符合莒地诸多宗族明初迁莒的记载，对此我想可以分为两个层面来理解：一是清代修谱建构本族明代的历史；二是这既可理解为移民传说的萌芽，①也可理解为确有明初迁莒的历史，因为莒地明代谱序说明宗族已有修谱等活动，明代莒地宗族对于祖先历史或许记忆模糊，但是不能排除他们或许是明初迁来的。根据莒地宗族世代在明清时期的代数，从明朝建立的1368年至修志的1935年历经567年，传统说法30年一世，则从明建立到1935年应产生18.5世，30年为一

---

① 宋华丽：《明清山东莒州的移民传说与宗族》，第19—23页。

世，时间偏长，如果按照25年一世的说法，则应产生22代，折中这两种计算方法的结果，也可以说大致在二十世左右。我们统计的结果这一时间段集中于十七至二十一世，中间值为十九世，基本符合所存时代的数量匹配，所以这一统计大致是合理的。表中莒地宗族所传世代数量以十九世、二十世最高，均为20多例，说明了这种合理性。如果高于或低于十七至二十二世的数量，而说自己是明初迁莒的，则可能是移民传说的记忆认同，未必是事实。

三、莒地宗族建设

《重修莒志》的《民社志·氏族》依据了大量族谱才得以修成，但是诸多族姓条下并没有说明该族族谱的情况，无记录这并不完全说明该族就没有族谱。[①]当然，有的族姓条目中谈及族谱的情况，为我们认识当地族谱提供了资料。

有的族姓条目谈及存有谱牒的情况。如记载族中有谱，1号七区丁家孟堰村丁氏，按支抄录成谱，曾以抄谱与《日照丁氏族谱》印证。3号一区前于家庄于氏，有谱《于氏四公族谱》。4号三区汀沟于氏，南北两派均有谱牒，称为南谱、北谱，据北谱罗列出分支情况。24号六区仇家管庄仇氏有祖谱。63号一区邵家泉头邵氏，有《河南古共邵氏宗谱》。81号五区石岭子高氏，有谱在北石岭。83

---

① 如第101号十区大铁牛庙九区十字路孙氏，《重修莒志》没有提到孙氏的谱牒，笔者知该族存有乾隆年间所修族谱四函，有1935年所修谱，首列庄陔兰所写《孙氏族谱序》，可见庄陔兰阅读过大铁牛庙孙氏的族谱。又如，第170号九区洙边刘氏，《重修莒志》没有提到刘氏的谱牒，笔者阅读《中华刘氏统宗世谱·齐悼惠王肥公大系山东莒南洙边捧成堂支谱》，知该族自康熙元年至2010年共计十修，1937年庄陔兰为七修本作《重修刘氏族谱序》，庄陔兰阅读过洙边刘氏族谱无疑。

号一区城里涂氏有谱。90号九区夏家沟夏氏，各支有谱。142号四区门楼庄杨氏，有族谱。182号四区三山阎氏，有草谱。195号五区谭家秋峪谭氏，谭家沟二村与临朐谭氏合谱。上述资料透露出莒地宗族谱牒名称、祖谱、草谱、支谱、合谱、保存地等信息。

旧谱存毁与新修的信息也有。旧谱被毁，15号四区王标庄源河庄王氏，六世庄始修谱牒。18号四区垛庄王氏，十一世端人始修谱。67号八区后悔子坡季氏旧谱失传。137号六区络河崖单氏同治初"捻乱"谱毁，待修。或谈到续修新谱，103号一区云里盛氏，隆庆二年水灾旧谱亡，后人能记忆者，另立新谱，遂以宁为一世。129号八区大店镇庄氏，旧谱毁于明季兵燹，有谱牒《朱陈店庄氏族谱》。①161号三区双凤山后管氏有谱乘，同治十一年（1872）重修告竣。174号一区陵阳庄厉氏旧谱失于捻乱，续修谱以十二世为始。由上可知，咸丰年间的"捻乱"造成了莒地宗族谱牒的丧失比较严重。4号三区汀沟于氏，光绪三十一年（1905）修谱。

有的族姓条目中，引述了族谱序言。如5号七区新庄孔氏，系孔子后裔，明末迁莒；乾隆时始迁祖76代孙兴平迁新庄，录有《莒州族人支谱序》，系乾隆戊申孔宪培所作。10号四区张仙小河王氏，录其《小河王氏族谱叙》。185号九区涝坡卢氏各有谱，并引谱序。186号十区坪上镇卢氏有谱，引谱叙。这4篇谱序介绍了所在宗

---

① 大店镇庄氏清代修谱七次，第一次顺治十八年（1661），第二次康熙四十七年（1708），第三次乾隆十一年（1746，始刊印成书），第四次乾隆四十年（1775），第五次嘉庆六年（1801），第六次道光十二年（1832），最后一次始于光绪三十一年（1905），成于宣统二年（1910），谱名《朱陈村庄氏族谱》，清末谱于1993年、2010年影印，流行较广。影印本名为《鲁莒大店庄氏族谱》。2010年影印本附有庄维林、庄宿庭《大店庄氏今昔》一文，颇具概括性。

族的分衍情况。

特别珍贵的是，135号五区古柳村程氏，列出了《程氏族谱凡例》，非常珍贵，我们引出：

阅世生人，阅人成世。父子兄弟，而长幼尊卑之谊分，直系父子，横系兄弟，系连为本支，系断为分支。限于幅而五世一抬，此世系之所以作也。长则命字，伯仲以分，贞下起元而书子，继子书嗣，无子书止，皆于表乎详之。维桑与梓，必恭敬止，父母之邦，未可轻弃，于是乎纪里居。伉俪敌体，阴教攸寄，今日为吾之妻者，异日即为子之母，其所从出之人可不知其姓字哉？于是乎纪外家。上世委蜕，未知葬地，中古而还，兆域以立，但世阅沧桑，家或衰替，流离播迁，则墓门莫记者有之，于是乎纪兆域。女称女子，甥为外孙，以其血脉相属业，女性之纪，又何可少哉！数十旧名，原属一脉，散见旁出，难入世系，是为遗讳，可弗纪哉！墓志墓铭，人籍以传，石有时泐，事实泯焉，防其损坏，著之简编，士谨姱修，砥躬立志，嘉言懿行，足垂燕翼，则实录宜详矣。族人命名，往往无纪，祖孙重复，莫可辨析，定以金水相生，庶不紊矣。士知读书，女慕贞洁，行苟中虑，胡可湮灭，录厥节孝，传乎弗歇，同姓异派，虽非骨肉，往来同好，情谊自笃，况百世不婚，周公定制，班行之序，庸可紊之，异姓承祧，非礼之正，胡广刘封，古有冒姓，但叙入本支，则涉混淆，置焉不录，又近苛刻，列之于后，情分兼得，虽养子也，可无憾矣！凡此皆例不可阙者，爰列之于首。①

《程氏族谱凡例》介绍该谱的体例书法，可知有世系表，五世一抬，表中讲求书例，强调纪里居、外家、兆域、旧名、收录墓志铭，以五行相生维族人命名，记载女性节孝事迹，将异姓承祧列于谱后通融，颇具特色。特别是纪外家，其他族谱较少，值得关注。

莒地宗族祠堂不少。当地"冬至日，各家祀先祖于祠堂"。②可见立祠祭祖在莒地相当普及。

莒地族姓中有53个宗族拥有祠堂，有的宗族支派也有，不止一处。拥有祠堂的有1、2、3、4、8、10、12、14、15、17、21、22、29、35、40、44、46、49、50、51、56、82、84、86、87、92、93、94、99、105、111、118、121、126、128、129、131、133、139、140、141、142、145、154、161、164、165、167、170、172、175、178、193号，拥有数个支祠的事例有40号三区黄埠庄宋氏分二支，二支祠堂各一。84号四区前逊峰庄徐氏，分为五支，第三支有支祠、五支有祠堂。121号一区张家庄四区坡西川里张氏，张家庄有二支祠。17号四区河圈庄王氏，有祠堂二处。141号五区张解董氏，有祠堂二处。

宗族祠堂的命名，一般是"祠堂"，也有"支祠"，支祠之上的祠堂，是宗祠、先祠、祖祠、始祖祠，如称"始祖祠"，10号四区张仙小河王氏，始祖祠在中村（后支），支祠在北杏者三，在仲

---

① 民国《重修莒志》卷四一《民社志·氏族下》，第328页下—第329页下。
② 嘉庆《莒州志》卷四《秩祀》，收入《中国地方志集成·山东府县志辑》，第61册，第475页上。

崮者一。51号十区北泉子头李氏，始祖祠在北泉子头，支祠在东辛兴。再如称"祖祠"，46号四区中至镇李氏，先由枣强迁临淄，清初再迁莒，在临淄单家庄立祖祠。49号六区水由一区江庄李氏有祖祠。140号一区东关董氏，祖祠设在县城东门外，支祠在大官庄。又如称"先祠"，50号十区桑园李氏，有先祠与支祠二。还有称"宗祠"，142号四区门楼庄杨氏，宗祠在宋古庄。此外，管镇对于"族中义举，如宗祠祭田，多所擘划"。①

宗祠、先祠、祖祠、始祖祠设置地点往往是始迁地，或是城中，便于支派族人祭祖。2号十区鲍家壮丁氏，祠堂在日照城内。上述140号东关董氏祖祠设在县城东门外，此外，161号三区双凤山后管氏，宗祠在山后庄，支祠在小匋庄、莲池寺。还有家祠，如29号五区孟疃白氏，有合族家祠一所。不过"家祠"往往称支祠或者分支之下的祠堂，如94号二区九里坡六区汇泉子十区唐庄唐氏，家祠在唐庄。178号十区壮冈镇鲁氏，家祠在壮冈北门里。支祠、家祠所在地也是聚居地的村庄附近。如129号八区大店镇庄氏，始祖茔、祠俱在大店镇。154号四区赵家新庄赵氏，有祠堂在本庄。193号九区曲流河聂氏，祠堂在本村。

宗祠祭祀始祖，支祠祭祀支祖，长支祠往往兼有祭祀始祖功能，如4号三区汀沟于氏分为七支，长支祠堂在淳沟，也是始迁祖祠，祭法分公祭、长支祭。121号张氏支祠平时奉其支祖，年节合祭始迁祖。

资料中一般没有设置祠堂的年代，只有少数记载。如118号

---

① 民国《重修莒志》卷六五《文献志·人物十·耆德上》，第595页下。

一区城里西街张氏，张氏祠堂康熙初年创建于城西，毁于地震，三十六年（1697）重建。133号八区仕沟四区西尚庄彭氏，嘉庆十一年（1806）始建祠堂，位于仕沟村中。35号七区朱家庄朱氏，嘉庆二十三年（1818）立祠堂。60号一区东关及岳家庄岳氏，岳家春生家前庄里祠堂一座；小柳行一支道光五年（1825）重修五穆王祠，岁时合族共祭。172号十区刘家东山刘氏顺治四年（1647）迁莒，九世建祠堂，当是在清末。一些自称明代迁莒的宗族建立祠堂的世代较晚，如111号五区杨家庄子陈氏明时迁莒，九世始立祠堂；126号五区井邱镇张氏洪武迁莒，十三世祖建祠堂、义学；165号四区邱家沟刘氏明初迁莒，十四世创立祠堂。推测这些事例可能发生在清初。总的感觉似乎清代建立祠堂较多。另据资料记载，170号的洙边刘氏祠堂始建于康熙十七年（1678）。①

莒地宗族祠堂在"捻乱"时遭受毁坏。如1号七区丁家孟堰村丁氏，本庄立祠堂，咸丰毁于捻。

莒地宗族制定的族规、祭法与家训约束族人，这些资料保留下来一部分。既有清代的，还有民国的，我们具体分四个时期，略做考察。

第一个时期，清初康熙时期两个宗族的事例，保留了较早的资料。

其一是康熙时期祠堂碑记与家规。118号一区城里西街张氏，有《西街张氏奉先祠碑记》：

---

① 《中华刘氏统宗世谱·齐悼惠王肥公大系山东莒南洙边捧成堂支谱》，上册《洙边刘氏家族简介》，2010，第45页。

人之有先，犹水之有源，木之有本，何可忘也。殷之先籍乐陵，功在胜国，膺恤典，封世袭千户，于莒卜茔土城，后三世单传，复卜茔于土城前。四世祖克承前业，逮曾王父昂藏负异姿，臂力绝伦，上官称真将军，王父天性温醇，甘忍让，咸目为长者，先大人尚气节，广交游，而刚方嫉邪，偶有过激，先慈大人辄阴为调剂，且视弟视侄，无间于子，悉竭十指之所得，以资其成立，遇戚党比邻之急，倾箧周之，己虽饥寒弗计焉。故今蒙其遗泽者，匪独不肖也。殷尝思历食先德，而烝尝之报，止于岁时谒墓，未以家堂香火，致追远之诚，自视缺然。奈析箸时，尚无枝栖，立祠付之虚愿，拮据频年，始购数椽，仅蔽风雨，经戊申地震，城乡室无遗存，蜗庐又不可问矣。惊喘甫定，稍免露处，始就所居，结茅为祠，苦隘甚，以力薄迟久未扩，比年托先荫，颇获温饱，丁丑复叨圣恩，遂卜迁于舍之南，易茅以瓦，展拜之下，视旧地为萧爽，先灵庶妥，而殷之积愿亦略释矣。后之子孙入此祠业，念缔造之艰，勿忘修葺，且各思有以自振，勿贻先人羞。康熙三十七年岁次戊寅十世孙殷谨识。[1]

上文介绍了城里西街张氏创立祠堂的过程，可知宗族立祠不易。张氏最初祭祖是岁时谒墓的墓祭。"张氏祠堂，于康熙初年创建于城西小湖村。"[2]然而也仅仅是"始购数椽，仅蔽风雨"，又毁于地震，震后在居所"结茅为祠"，苦于狭小。康熙三十六年（1697）才卜

---

[1] 民国《重修莒志》卷四一《民社志·氏族下》，第324页。
[2] 民国《重修莒志》卷四一《民社志·氏族下》，第324页上。

迁居所之南，"易茅以瓦"，像个样子。如此，张氏祭祖有墓祭，有祠祭。

张殷创建祠堂后，制定了家规。《训后家规十则》说：

> 奉先祠落成，余既为文以记之，垂示后人者，殊有书不尽言，言不尽意之憾。复约举宜遵宜敬者失调，胪列于后：
>
> 一、祭祀必谨。孝友必笃，亲恩罔极，万难补报，不孝何以为子，知有孝矣。若一祖先祭祀阙略，何以为敬其所尊，或与兄弟骨肉参商，何以为爱其所亲，吾子孙当父母在时，需效古人养志之义，极力尽孝，祭祀祖先，至诚如在，友爱兄弟，相好无尤，总宜完得一个孝字。
>
> 一、敦睦本支，无忘故旧。子孙递传，而后各立门户，遂分彼此，不知溯本穷源，实同出于属离者也。尔曹务须亲逊以杜争端。至于故旧，虽非本族，然缔姻结契，其来已久，宜周恤其急，含容其短，无非推奉先之义以相及也，念之念之。
>
> 一、务本业。世之贫无立锥、衣食不能自谋者，动以无所依赖为辞，然往往千金之子，一败涂地，皆失其本业使然也，宜以为戒。秀者尽心经史，朴者肆力农桑，即或觖望，为之愈专愈笃，不得见异思迁。谚云："皇天不负苦心人。"自获稽古逢年之报。
>
> 一、济贫乏助婚丧。认苟有赢余，用如泥沙，固为败子，如当用不用，虽堆金积玉，亦守财奴耳。吾子孙傥邀天眷，衣食足给，遇乏之无告者，及婚之不能完丧之不能举者，量力捐资，不必求其感，责其报。

一、定行次。每见同堂子弟，各叙行次，成为莫辨，情谊因疏，不可目为细故。自孙自我出者，后幸生齿浩繁，必合而为一，挨次排行，如分门各叙，即启衰败之渐，非我子孙也。

一、禁放债。语云："利令智昏，原不宜贪。"如克勤克俭，谨守所得，自不至于败落，何必放债以图微利，须知钱入人手，缓之则遭坑遭骗，急之则招怨遭尤，害所必至，利安在哉！

一、勿惑妇言。妻贤祸少，其言其可一概不听哉！至于离间家庭，挑逗是非之语，一为所惑，不惟骨肉参商，甚且父子相夷。语云："妇有长舌，为厉之阶。"早早识破，急掩其耳。

一、勿出入衙门。输税奉官，斯时诚为要务，称觥介寿，古人曾跻公堂，衙门亦非绝迹处也。但是非关己，而出入其地，败名渝节，惹祸找尤，莫此为甚，宁可藏头，切勿著足。

一、勿近匪人。与不善人居，如入鲍鱼之肆，择交岂可不慎，至于匪人所言所行，无非败类，一与沾染，不惟无益，而且有损，品行身家，必为所累，一遇此辈，急须远避。

一、禁赌博流荡之事。赌博为罪，饮酒宿娼，俱可破家，然饮酒尚寻其地，宿娼尚需其人，赌博则无地不可，无人不可，小则疏慢亲友，大则破坏家门，鼠窃狗偷，无所不至，须宜严禁。

康熙戊寅清和月十一日六十岁隽西老人勒于奉先祠西壁[①]

---

① 民国《重修莒志》卷四一《民社志·氏族下》，第325页。

定于康熙三十七年（1698）的这十条家规，可以分为三方面的内容：一是凝聚宗族，如祭祀必谨、敦睦本支、定行次3条即是；二是改良宗族生活，如务本业、济贫乏助婚丧、禁放债、禁赌博流荡之事四条；三是调整关系，如勿惑妇言、勿出入衙门、勿近匪人三条，对于夫妻关系、官民关系、社会关系提出要求，处理好家族内部关系与外部关系。

其二是92号四区圣旨崖秦氏。该族至1936年传世十九世，十世述烈、景烈制定《责罚八则》，第十世到十九世恰好十世，每世按照25—30年，则十世为250—300年，当是在清初顺康时期，《责罚八则》规定：

一、存项必公举宽裕者管理，富者不得推诿，贫者不得争执，且不宜久存，三年必须清查。

二、祭田祠堂不许族人看守佃种，且祠堂静锁，不许无故出入。

三、茔树不许私伐，中有枯树，看守人须秉管理人验明，作价以备功用。

四、公茔不许私葬，必须会同管事人，相其无碍先茔，不乱昭穆，方准附葬。

五、春秋二祭，一世、二世合族轮流供祭，祭仪须有定制，不得忽丰忽俭，至各支祖祭，各支办理。

六、祠祭春寒食冬十月一为期，各支人须于祭日午前会集，有事者必先期报名，误则责罚。

七、祠中几案及一切祭器，登明册簿，交管事者收藏，不准乱用，有损坏须致声管事者，不准交待时遽有短少。

八、下犯上，少陵长，必会同族长拘至祠堂，焚香后责罚，总宜公正，不得徇情，抗违者合呈送官。①

可知这是祠堂管理规则，侧重于禁戒。其中第一、二两条是祭田收入、耕种的规定，第三、四两条是族墓管理的，第五、六两条是祠祭的，第七条为祠堂器物管理的，第八条是维护宗族长幼秩序与族权的。秦氏宗族的族长与祠堂发挥着管理作用。

以上两个事例的宗族规范各有侧重，张氏属于较为全面的族规，秦氏属于祠规；前者城居，后者乡居，均有祠堂，用来祠祭祖先、管理族人。

第二个时期，清中期的事例。有129号八区大店镇庄氏，保留下来两种家训。《九世位中仁圃斋治家十二忌》录八条：

一忌内外不肃，二忌契买侍女，三忌纵容子弟，四忌不敬师友，五忌托大妄费，六忌不良嗜好，七忌交易准折，八忌苛待佣工。

《十一世瑶留有余斋忠言十二则》录十则：

一戒食鸦片，二戒贿买科名，三戒结交官府，四戒争讼，五戒赌博，六戒好古董，七戒造华屋，八戒务名无实，九戒游

---

① 民国《重修莒志》卷四〇《民社志·氏族上》，第320页。

闲无业,十戒损人利己。①

关于十一世庄瑶(1791—1865),字琪园,号漱泉,嘉庆二十一年(1816)丙子科中举,嘉庆二十二年(1817)丁丑科进士,任工部都水司主事,道光二十年(1840)任河南河北兵备道,后任河南彰怀卫道,身先士卒,政绩卓著,受到当地百姓爱戴和道光帝的赞许。与林则徐督修黄河,曾为河南河朔书院捐俸。庄瑶卸官回籍曾办"东墅",作为族人子弟读书场所。辞世获赠太仆寺卿,入祭乡贤祠。②

庄位中教导族人如何"治家",应当是他上了年纪以后的乾隆晚期。③"治家"八条忌言告诫一个仕宦兼有商业的家族谨慎生活。

庄瑶的"忠言",则是要求族人在社会问题丛出的道光咸丰时期安分守己、保持家道。

第三个时期,晚清的事例。光绪时期有三个事例,其一,4号三区淳沟于氏,关于其"祭法分合族公祭及长支自祭":

合族公祭,每岁二次,春祭清明节,冬祭冬至节,由族长

---

① 民国《重修莒志》卷四一《民社志·氏族下》,第327—328页。
② 民国《重修莒志》卷六四《文献志·人物九》,第577页。
③ 庄位中,字参一,号含真,嘉庆二年(1797)所作《参一庄公传》记载,乾隆后期他以贡生曾为鱼台、即墨官员,退老回籍后,"乃率族人立祠堂,修谱牒、先茔,皆树木勒石……其戒后人有十二忌、九戒,立言皆自辛苦中得来"。见《朱陈村庄氏族谱》家传,2010年影印本,第22页。又,庄虔玉:《大店庄氏世家功名官职一览表》记载,"庄位中功名岁进士,时为乾隆十五年至二十五年之间,庄位中官即墨县教谕"。见《莒南文史资料》第一辑,1989,第269页。

及各支长率阖族风行。祭品由族茔祠堂祭田收入项下购置。

长支自祭,自恭惠公椿龄始,于光绪三十一年修谱时列入,著为定例。每岁亦二次,旧历正月初二日及八月十六日,由长支支长率本支风行。祭品由淳沟村各户自备,他支欲随班行礼者听。

《合族规约》光绪三十一年(1905)重定:

一、祖茔祠堂祭田,皆就近由支长推人管理,每岁收支账目,编册呈报族长核阅,并于春祭日在祠堂宣告族众,如有赢余,另账储蓄,以备修葺祠堂,及族中特别功用。

一、管理祭田,不限年度,其不称职者,每年报账后,由族长撤革,另由族众公推职。如本人不愿续管,亦须报账后辞退,不得任意半途谢却。如管理不善,经族长、族众发觉弊端者,须随时惩办,不得援议亲议贵之说,任意宽免。

一、祖茔祠堂树株,由管理祭田者,派人看护,如有损坏,管理者应负全责。倘族间有不肖子弟偷剪窃伐者,得随时报告族长,严加惩治。如管理瞻徇情面,知而不举,一经查出,与窃伐者受同等之处分。

一、凡春冬两祭,各村各支,应按辈次,分遣代表,到祠行礼,如有无(下缺)[1]

---

[1] 民国《重修莒志》卷四〇《民社志·氏族上》,第306页。

该规约主要确立了宗族祭祖的制度，支、族的关系，祖茔祠堂的管理，从中看出族长的选举、职责权力等。

其二，2号十区鲍家壮丁氏，有《祭法十则》与《祭规》，《祭法十则》规定：

一、与祭必有衣冠；
二、冲稚不可与祭；
三、入门不可高声；
四、入室不可闲语；
五、摆供不用家人；
六、行礼必序长幼；
七、奠灌不可急遽；
八、撤馔不可忙乱；
九、馂余必依年齿；
十、祭肉不可自检。

《祭规》：

春秋两祭，为长支者要到，有科名者要到，庙门内不得吸烟高谈，族长灌奠，各宜立候，按序行礼，勿得暂离，族长如有故不能亲到，须择子弟代之，以备商议公事。①

---

① 民国《重修莒志》卷四〇《民社志·氏族上》，第305页上。

从文中"庙门内不得吸烟高谈"的用语推测,《祭规》《祭法十则》有可能是晚清民国时代制定的。

其三,161号三区双凤山后管氏,有关始祖茔的制度,《山后始祖茔祭田条约》规定:

> 祖茔旧有柏树十株,因祭乏资,于光绪八年,鬻树十株,入钱一百六十千,是年十六世孙廷鹗典试湖北,奉严命捐钱二十千,合树价卖菜园一处,地三亩五分,盖屋二间,招人佃种,兼令守墓,每年除租钱十三千,以供祭享之费,恐久而就湮,勒石以志,复立条约如左:
>
> 一、每年于寒食节,经管者即用租钱办祭馔一筵,香楮十提,合族同来祭奠,各村不得无人,用钱多少,同众按账支销。
>
> 一、所入租钱,祭资外如有赢余,经管者收存,或年来修墓,或从后立祠,族人不得妄争,如有不肖子孙,希图分肥,及一切不顺情理等事,经管者即拓此碑,呈请官府惩治。
>
> 一、祭田不准本族人佃种。
>
> 一、林中如有事故,经管者主持同酌办,不准各执一说,互相争论,以致无所可否。
>
> 一、经管者须公同保举公平之人,不准争管,亦不准互推。
>
> 光绪十一年八月管氏合族公立[①]

---

① 民国《重修莒志》卷四一《民社志·氏族下》,第333页。

这一始祖茔祭田的管理制度，主要用于墓祭，第二条中说赢余的祭资"或从后立祠"证明该族光绪十一年（1885）尚无祠堂。祭田的耕种强调"不准本族人佃种"，这与上引清初《责罚八则》第二条："祭田祠堂不许族人看守佃种"一致，可能是当地的习俗。

还有《管氏先茔永停附葬条规》，对于了解宗族墓地管理很有用处。该条规说：

> 本支西茔，卜兆自高祖，东茔卜兆自曾祖，以下分为四房，陆续附葬，百年以来，已无隙地。查《大清通礼》所载，凡品官封爵坟墓，俱有尺丈，以备设石人、石兽、石望柱之地。乃近年以来，无识子孙，泥于风水，不顾祖茔堂向有无妨碍，妄行丛附，以致各相争执，多生事端。除已呈明奉批立案外，特此勒石，俱列条规于左：
>
> 一、停葬以后，其有不肖子孙，私向茔中点穴者，责成守茔人，即速向各家报告，各家长齐集祠堂，将该不肖子孙，重责百棍，如不服从，公同呈请州堂，严加责处。
>
> 一、新设墓田一区，在西茔之北，以备老四房贫无支茔者葬用之地，葬满以后，再行添设。
>
> 一、如有贿嘱守墓人，匿报窃行葬埋者，查出除将守墓人开除外，仍齐集将该坟墓开掘，勒令迁葬。
>
> 一、茔中树木，责成茔户看守，如有私向刊伐者，即速报告，齐集照条规则治。
>
> 一、如有私行点穴者，守茔人报告以后，各家长即期基禁止，如或托故不到之人，扭到祠堂，则打百棍，并逐出祠堂，

不得附主。

一、如有不肖地师，图贿私行点穴者，即以有意间人骨肉，坏人坟墓，呈请官府惩治。

光绪二十六年二月勒石①

该族对于解决族人葬地很用心，从文中使用"祠堂"的用语来看，光绪二十六年（1900）已经有了祠堂。

第四个时期，民国的事例。同样是161号三区双凤山后管氏，该族新设祭田，制定管理规则：

> 民国二十四年一月，管李氏遵夫鋆遗嘱，将坐落小匋庄祖遗中地六十二亩，宅基三处，做祖翁平远公祭田，子孙不得典卖，并招集亲属会议，规定管理办法，缮具清册，呈请县府备案，登载县志，永垂久远。

《祭田管理之规定》：

> 一、出祭田者管鋆，自愿将小匋村祖遗地六十二亩，宅基三处，捐作祖父平远公祭田。
> 一、管理祭田，命嗣子廷德、廷俾轮流管理，以三年为期，至期公同监视人结束清白，将账目移交，不得有拖欠缓交等情，亦不得要求连任，违者议罚。

---

① 民国《重修莒志》卷四一《民社志·氏族下》，第333—334页。

一、规定每亩租粒谷子一斗，豆麦共一斗，如遇饥馑之年，悬殊太甚，准管理人声明监视人，酌量减纳。

一、祭祀以清明、冬至、年节、忌辰为正祭日，供菜纸箔当丰厚，如俭啬失当，监视人应随时指摘，不得瞻徇废公。

一、监视人以平远公子孙为率，公推三人或五人。

一、房屋修葺，由管理者随时检点，如墙倒屋坏，由管理者负责修造，惟不得逾额支销。

一、祭田应收租粒，除正当各项开支，若有赢余，管理人同监视人交殷实商家，或善于生理致富户，周年按一分行息，每年结束一次，如管理人自愿经理，须得监视人认可，方能有效。

一、祭余籽粒，其他用途，以周急济饥为正用，管理者公同监视人酌议，不得擅专登册报销。

一、祭余租籽变款，积累既多，管理者可声明监视人，斟酌添买房产，作永远之基业。①

该规定基本上是沿袭传统，说明民国时期宗族在莒地仍在发展。

此外，还有两种不明时代的规训。29号五区孟疃白氏，有《家训》："以勿凌异姓，不讼同族，富必为善，贫则安分，世世相传，奉以为法。"②50号十区桑园李氏，有《条规》15则（实为14则），即敦和睦、励人品、厚基业、置祭田、清厘公项、修祠宇、致诚敬、敬祭祀、谨威仪、严次序、禁喧哗、享祭余、明婚礼、择管理

---

① 民国《重修莒志》卷四一《民社志·氏族下》，第334页。
② 民国《重修莒志》卷四〇《民社志·氏族上》，第310页下。

人诸条。根据行文用语，推测这两种规训可能是清代的。

族田问题。莒地宗族拥有族田的事例38个，分别是第3、4、8、15、17、20、29、35、48、50、51、60、67、74、84、85、87、92、105、107、111、122、126、127、128、129、131、133、135、148、160、167、171、172、178、187、191、196号，族田名称最多的是祭田，还有就是茔地，茔地、祭田有始祖的，有支祖的，还会有宅基等其他族产，如第4号三区汀沟于氏，祖茔祭田中地40亩，祠堂祭田中地20亩，各支茔地祭田中地60亩，这里的"中地"推测可能是中等之地的意思。8号三区王家小义水王氏，祠堂祭田1亩1分，又4分；祖茔祭田1亩；50号十区桑园李氏，老祠堂祭田23亩1分7厘，支祠祭田6亩半，茔6亩，宅基5分4，茔祭田41亩8分8厘；51号十区北泉子头李氏，始祖茔地5亩3分2厘，祭田10亩，茔地30亩5分8厘，祭田26亩7分3厘，茔地6亩4分3厘；第60号一区东关及岳家庄岳氏，有始祖茔地1亩2分、茔地四处、桥一座，祭田8分，宅基一所；春生家前茔地9亩，祭田20亩。分支祭田如第74号一区侯家庄侯氏，长支祭田8分，二支祭田8分，又1亩3分，三支祭田1亩。第84号四区前逊峰庄徐氏，三支祭田5亩，五支有祭田3亩。这些事例中祭田规模大的41亩、40亩、26亩、23亩、20亩（60亩的系各支合计，不算），分支祭田，不超过6.5亩。

有的宗族拥有祭田山场。第87号九区朱梅庄徐氏，有祭田一处山场625亩，祭田一处山场47亩，一处山场14亩3分。第127号十区大坊前张氏，有始迁祖祭田山场一处，约百亩，另一处山场约20亩。第172号十区刘家东山刘氏，有祭田山场一处150亩。山场的面积较大，以上3姓5处地产。两处较小的分别是14亩3分、20亩，

第三章 多元文类视野下的北方宗族 265

中等的47亩，较大的两块是100亩、150亩，最大的625亩。此外，17号四区河圈庄王氏，有"场"一处，或许也是山场，也不知有多大。

有些族田单位称为"大地"。如17号四区河圈庄王氏，有祭田大地10亩。第107号一区陈家屯陈氏，有祭田大地4亩。第145号一区齐家庄贾氏，有祭田大地20余亩。第160号十区臧家庄臧氏，有祭田六处，共大地14亩6分6厘，坐落焦庄家后二处共5亩8分，东北岭4亩7分6厘5毫，又1亩3分，东岭1亩2分，4亩地东头1亩6分。第187号一区城里谢家胡同锺氏，祭田坐落郭外北栈大地4分，又坐落贾家庄后大地2亩。关于"大地"的含义，我们看到"大地"不大，有的才4分地，160号事例告诉我们，大地是六处加起来的，所以"大地"的意思应当是"加起来的地亩"之意。上述事例中较大的"大地"为一二十亩。

关于族田的规模，除了以上列举的15例外，其他20例的情况是：5亩以下7例，即3号1亩2分，20号5亩，48号2亩，122号4亩余，131号2亩，148号5亩，191号2亩；6亩至10亩7例，即17号6亩，67号10亩，36号6亩，105号6亩，128号10亩又6亩，129号6亩，196号6亩4例；11亩至20亩，即35号10余亩，92号10余亩，143号18亩，20号20亩；21亩至30亩，62号22亩，167号30亩；31亩至40亩，即178号约40亩；41亩至50亩，即29号50亩，126号50亩；百亩以上，即126号百余亩，171号160亩。由此可知，祭田事例数量集中在10亩以下，有14例之多，约占总数的三分之二，其中又以4亩至6亩最多，有9例，这应该是茔地祭田的一般规模。11亩至50亩计7例，按每10亩分为一阶段，共4段，各有一二个事例，应当属于较多的数量、较大的规模。百亩以上有2例,属于规模大的族田。前面谈到山场,有百亩以上的两处,百亩以上山场祭田合计4个,也算可观。上百亩的族田除了山场,也会作为他用,如第126号五区井邱镇张氏,八世祖设义田百余亩做牧牛场,后归学田;十三世祖设祭田50亩。作为纯粹的祭田,几亩地或者几十亩地在莒地就够用了。

资料中一般不说族田的来源,只有个别资料涉及。如第171号九区聚将台刘氏,长支八世安珠自出赋地祭田160亩。第67号八区后悔子坡季氏,有祭田赋地十亩,强调"赋地"向国家交赋的土地,可能也是族人捐献。

族田的功用,除了祭祖之外还可助学。嘉庆《莒志》记载:

> 程迈,柘石村人,同堂兄弟八人,友爱最笃,六世同居,宗族至百余口,迈总理家政,一堂之上,雍雍如也。效范公义田法,除地百余亩,为程氏兄弟游学资。迈卒,弟超继之,超卒,迈孙世法继之,一时游庠序者,接踵十余人。乾隆辛巳,督学闵鹗元旌其门曰:群伦重望。[①]

程迈仿照范仲淹设置义田助学,不仅是设置祭田祭祖。

上述事例表明,宗族制度建设与组织化需要借助官府的支持。如92号四区圣旨崖秦氏《责罚八则》大约是清初顺康时期制定,第八条规定:"下犯上,少陵长,必会同族长拘至祠堂,焚香后责罚,

---

① 民国《重修莒志》卷六五《文献志·人物十·耆德上》,第592页上。

总宜公正，不得徇情，抗违者合呈送官。"官府支持宗族管教族人，以维护乡族社会秩序。161号三区双凤山后管氏，光绪二十六年（1900）《管氏先茔永停附葬条规》说："近年以来，无识子孙，泥于风水，不顾祖茔堂向有无妨碍，妄行丛附，以致各相争执，多生事端。除已呈明奉批立案外，特此勒石，俱列条规于左。"民国二十四年（1935）新设祭田，要求"子孙不得典卖，并招集亲属会议，规定管理办法，缮具清册，呈请县府备案，登载县志，永垂久远"。官府保护宗族财产，维护族长祠堂对于本族的管理。宗族与官府存在着互动，主要特征是宗族借助官府，官府支持族权。

四、结论

本节依据民国《重修莒志·民社志·氏族》呈现了莒地宗族的状况。

莒地各区分布着宗族，其中一区、四区最为集中。莒地的196个宗族，其姓氏共计90个，有一多半是单姓宗族，其余是同一姓氏有数种不同宗族存在，一般来说，这些姓氏属于大姓，所以同一姓氏所含的不同宗族也多。

莒地宗族除了少量宋金元时期的之外，绝大部分是明清时期来此的，明代迁莒的事例最多，集中于明初特别是洪武时期。这与洪武移民传说有密切关系，未必是真实的历史。清代迁莒宗族远较明代为少，较集中在乾隆之前，似乎清初、乾隆朝宗族移动较为明显。从莒地宗族迁来时间的记载来看，朝代交替时期、特别是皇朝初年迁居的事例较多。

光绪《莒州图志·氏族志序》的作者单锐说当地：

> 隋唐洎宋，显族无闻。惟元代季氏，始为莒大姓耳。元明之际，迭经毛贵、孙古朴、董彦杲等之乱，民族殄耗，殆难缕数。观于明人作《邓弼传》，谓元末盗贼蜂起，往往数百里无人烟，莒民族姓，孑遗盖仅。每曰邑人各姓族谱，多于洪武初自他地迁来，知旧族凋零澌灭，不如新族之蕃衍矣……明之陈、庄，清之庄、管，同为当时著姓，今且方兴未艾，而考其原始，皆由明初迁自他郡。可知莒人之氏族，多非金元以前之氏族矣。①

这是晚近地域认同的莒民多明初外地迁民说的反映。

宗族迁出地数量集中在莒州内的日照，外省江苏的东海以及山西的洪洞。洪洞为北方移民的传说地，由东海迁莒的事例众多，海东、海州也多被记载为莒地宗族的迁入来源地，东海、海东、海州是莒地移民来源的认同地，分布在宋、徐、侯、庄、唐、董、秦7姓的"十八村"故事与王、李、臧、鲁4姓的"当路村"故事，是移民传说的核心与标志。移民中军籍也占有一定比例。

迁入莒地宗族，常常会分成支派分衍。一般是始迁或二世分支，三四世分支也较多，五六世分支也有，甚至还有七世、九世者。分支通常是兄弟之间进行，也存在堂兄弟之间。初次分支后，还会再次分支。分支多是二三支，以三支最多，四支也有一定数量，部分宗族分支五六支，分支最高的达到七八支。

1935年纂修《莒志》时，莒地宗族分衍世代主要集中在十七

---

① 民国《重修莒志》卷七七《志·旧志序例》，第780页。

至二十一世，数量分别是十七世16例、十八世9例、十九世21例、二十世25例、二十一世16例，总计87例，以十九世、二十世最高，均为20多例。这些宗族可以说是长期聚族而居。

  莒地宗族普遍拥有自己的谱牒。族谱有祖谱、草谱、支谱、合谱等形式。《程氏族谱凡例》介绍该谱的体例书法，其纪外家有特色。咸丰时期的"捻乱"造成了莒地宗族谱牒的丧失比较严重。

  莒地宗族祠堂不少，有53个宗族拥有祠堂，有的宗族支派也有，祠堂不止一处。宗族祠堂的命名一般是"祠堂"，也有"支祠"，支祠之上的祠堂，是宗祠、先祠、祖祠、始祖祠，宗祠祭祀始祖，支祠祭祀支祖，长支祠往往兼有祭祀始祖功能。总的感觉似乎清代建立祠堂较多。莒地宗族祠堂在"捻乱"时也遭受了毁坏。

  莒地宗族制定的族规、祭法与家训管理祠堂、规范祭祖、约束族人，这主要是清代的，也有个别民国的资料。

  莒地宗族拥有族田的事例38个，宗族拥有祭田山场一般规模以4亩至6亩最多，较多的规模为几十亩。百亩以上属于规模大的族田。莒地族田主要是祭田与茔地，主要用于维护墓祭与祠祭、表达祖先崇拜，也有宗族互助、族人教育的功用。

  综上所述，莒地宗族的组织化、制度化建设主要是清代进行的，晚清持续着这种建设。莒地宗族修族谱、建祠堂、立族规、置祭田较为普遍，宗族在支长、族长以及祠堂管理下运作和维持秩序。这样的宗族形态与中国南方地区没有太大区别。

  莒地具有浓重的家族社会色彩。所谓"莒人性重保守，以家族为本位，一家之事统于父母，一族之事统于尊长。父母在子孙不得分财异居，家有析产出继重要事，必取决于族长。故无宗法者，犹存族系，尤重嗣续，嫡长而外，即支庶无子，亦必立嗣"。①族系、族长在莒地社会发挥着重要作用。

表3-5：《重修莒志·民社志·氏族》宗族资料一览表

序号	名称	始迁祖、时间、地点	分衍	谱牒	祠堂、族规	族田
1	七区丁家孟堰村丁氏	邦宠、明末、日照	二世后下分四支，传至十六世	按支抄录成谱	本庄立祠堂，咸丰毁于捻	
2	十区鲍家庄丁氏	清初，日照	二世分二支，传至十四世		祠堂在日照城内，有祭法祭规	
3	一区前于家庄于氏	旺、明初、黄县	分三支，居住30余村	于氏四公族谱	祠堂在村北	一亩二分
4	三区汀沟于氏	文登、黄县赤山	三支，分南北，六世下分七支	南谱、北谱	祠堂在汀沟，祭法分公祭、长支祭；有合族规约，光绪重定	祖茔祭田中地四十亩，祠堂祭田中地二十亩，各支茔地祭田中地六十亩
5	七区新庄孔氏	明末迁莒；乾隆、兴平，孔子七十六代孙迁新庄	传至七十六代	有谱牒；录《莒州族人支谱序》，乾隆戊申孔宪培作		
6	二区王家山庄王氏	洪武，东海县当路村迁莒，明季迁王家山	分三支，传十三世			
7	三区团林庄王氏	洪武四年，士能，由济阳迁莒	三世分三支，传至二十一世			

① 民国《重修莒志》卷四二《舆地志·风俗·社会现状概略》，第347页上。

续 表

序号	名称	始迁祖、时间、地点	分衍	谱牒	祠堂、族规	族田
8	三区王家小义水王氏	明初,化鸾,由诸城迁莒	后四支,传二十三世		祠堂在诸城西乡西安庄	祠堂祭田一亩一分,又四分;祖茔祭田一亩
9	三区王家台子王氏	洪武二年,由历城县迁莒	传二十世			
10	四区张仙小河王氏	北宋官东海,元居云台山下当路村,元末迁莒	三世分前后二支,张仙村为前支,传二十二世	录《小河王氏族谱叙》	始祖祠在中村(后支),支祠在北杏者三,在仲崮者一	
11	四区东山望王氏	日照迁来,与东海高崮崖同宗	传二十余世			
12	四区小河子崖前泥牛寺王氏	洪武,安邱	传二十余世		有祠堂	
13	四区河崖庄及东云门王氏	明初,由新城迁莒	传二十世;东云门王氏明中叶迁来			
14	四区陡阿王氏	明,山西祁县				
15	四区王标庄源河庄王氏	洪武二年,东海郭家村迁莒	三世分二支	六世庄始修谱牒	十一世懋晋创立祠堂	十二世澍创制祭田
16	四区西唐庄王氏	兄弟二人嘉靖八年由墩头迁西唐庄,各分五支	传至十四世			
17	四区河圈庄王氏	嘉靖,乙,新泰县迁莒	三世下分四支,传十七世		祠堂二处	祭田六亩,祭田大地十亩,场一处

续 表

序号	名称	始迁祖、时间、地点	分衍	谱牒	祠堂、族规	族田
18	四区垛庄王氏	明初,淄川迁莒	传二十世	十一世端人始修谱		
19	五区棠棣沟王氏	洪武二年,海州当路村迁安邱,十世来莒	传二十四世,分住五六十村			
20	八区大店王氏	南宋末由青州迁莒,洪武迁大店	二世分二支,传十九世			祭田一处;一支茔地二十亩,祭田五亩
21	八区山头渊王氏	汉王陵后,由东海迁云台山麓当路村,明季避兵难迁莒	六世分二支,传十九世		祠堂在山头渊	
22	九区良店王氏	汉王陵后,隐居云台山麓当路村,洪武二年宏爵迁莒	传十九世		祠堂在后良店庄	
23	十区王家黄所王氏	原籍江南海东当庐村,明初迁莒	分长次二支,传二十一世			
24	六区仇家管庄仇氏	宋元祐为青州守,十二世迁莒	传三十余世	有祖谱		
25	二区牛家店子八区牛家沟牛氏	洪武,自海东迁莒	分三支,传十七世			

第三章 多元文类视野下的北方宗族

续 表

序号	名称	始迁祖、时间、地点	分衍	谱牒	祠堂、族规	族田
26	八区公家庄公氏	宋宣和来蒙阴，明季十六世迁沂，十七世迁莒朱陈店，康熙间十九世迁公家庄	三世分四支，传二十八世			
27	一区毛家屯毛氏	万历自即墨迁莒毛家屯	传十三世			
28	八区文家水磨文氏	景泰，由东海来莒	分二支，传八世			
29	五区孟疃白氏	洪武二年，营，洪洞迁莒	分五支，传十七世		合族家祠一所，录《家训》	祭田五十亩
30	七区石家屯石氏	永乐靖难护驾，自泰安迁莒置十六屯，始祖查袭职百户	传二十一世			
31	四区大路西史氏	清初，城南迁此	分二支，传十一世			
32	四区仕家沟仕氏	洪武，天贵，海东迁沂州、莒州	传二十余世			
33	一区朱葛湖朱氏	洪武初，海州迁莒，嘉靖间雯为始祖	传十世			
34	五区东莞镇朱氏	明清鼎革，青州衡王之后迁莒	传九世			
35	七区朱家庄朱氏	江南沙河迁莒	分四支		嘉庆二十三年立祠堂	祭田十余亩

续 表

序号	名称	始迁祖、时间、地点	分衍	谱牒	祠堂、族规	族田
36	七区土山庄朱氏	清初，由莒南怪章庄迁土山	六世分二支，传十世			
37	十区泉子头汪氏	洪武二年，七十五世桂，自歙县赴日照，以指挥世袭镇守海口镇家此，八十六世迁莒	八十七世分二支，传九十四世			
38	四区河北村吕氏	明初，海东迁诸城，再迁莒	传二十余世			
39	八区吕家崮西吕氏	万历，东海迁莒	分三支，传十一世			
40	三区黄埠庄宋氏	成化，江苏八里庄迁莒	分二支，传二十二世		二支祠堂各一	
41	四区大路西宋氏	明初，宜，由海东十八村迁莒，或由诸城	分三支，传二十世			
42	一区郭家园李氏	明末，宏煕，江苏桃源迁日照，后迁此	分三支，传十三世			
43	三区东门楼庄李氏	一至三世当元世祖时，授职百户	分八支，传十七世			
44	三区招贤庄李氏	乾隆，若卜由乐安迁莒	传八世		祠堂在本镇	

第三章　多元文类视野下的北方宗族　275

续 表

序号	名称	始迁祖、时间、地点	分衍	谱牒	祠堂、族规	族田
45	四区川里李氏	洪武初，海东桃源村迁临朐，后迁莒	八世时勉下分四支			
46	四区中至镇李氏	洪武二年，复立，枣强迁临淄，清初迁莒	十世分四大支，传二十世		临淄单家庄立祖祠	
47	四区李家路西李氏	明末，三茂，由临沂迁此	分二支，传十六世			
48	四区杏山峪东庄李氏	明初，朝道，由日照迁此	分五支，传二十二世		祠堂在本庄	祭田二亩
49	六区水由一区江庄李氏	明末，长山迁莒	五世分支，传十七世		有祖祠	
50	十区桑园李氏	海州当路村奉迁民令北徙，其一至赣榆，九世迁莒	九世分四支，传十九世		先祠、支祠二，录《条规十五则》	老祠堂祭田二十三亩一分七厘，支祠祭田六亩半，茔六亩，宅基五分四，茔祭田四十一亩八分八厘
51	十区北泉子头李氏	明初，元自海州桃源村迁莒	分三支，传二十世		始祖祠在北泉子头，支祠在东辛兴	始祖茔地五亩三分二厘，祭田十亩，茔地三十亩五分八厘，祭田二十六亩七分三厘，茔地六亩四分三厘

276　清代宗族研究

续 表

序号	名称	始迁祖、时间、地点	分衍	谱牒	祠堂、族规	族田
52	十区东崖上庄李家崖上庄李氏	景泰三年，东海李家大村迁莒	二世分五支，传十七世			
53	九区官地村吴氏	原籍歙县迁东海县，洪武二年迁莒	分八大支，传十七世			
54	一区大湖何氏	柱、洪武初，高邮	传至十八世，分居二十余村			
55	九区何家相邸八区何家店子一区何家村何氏	洪武，东海	兄弟五人之三人来莒，传至十九世			
56	八区邢家水磨邢氏	景泰，东海	分四支，传至十九世		在水磨	
57	三区车家曲坊车氏	洪武，县内				
58	六区孟家庄孟氏	闻道，万历，邹县	孟子后代，闻道为六十二代，传至七十三代			
59	六区东西孟家哨孟氏	希重，洪武，自邹县至安邱再至莒县西孟家哨庄	传至祥字辈二十世，上溯邹县始祖七十五世，又，孟子后裔五十四世时思陪洪武自邹县迁至莒东孟家哨庄已二十一世			

第三章 多元文类视野下的北方宗族 277

续 表

序号	名称	始迁祖、时间、地点	分衍	谱牒	祠堂、族规	族田
60	一区东关及岳家庄岳氏	东关支正德、孔、弟、孜三人，榆次；岳家庄一支洪武二年从汤阴县迁居莒北，传十七世；小柳行一支嘉靖六年支祖子康迁往小柳行道光五年重修五穆王祠，岁时合族共祭		有谱	春生家前庄里祠堂一座	始祖茔地一亩二分、茔地四处，桥一座，祭田八分，宅基一所；春生家前茔地九亩，祭田二十亩
61	一区史家庄林氏	避红巾乱，由海东徙莒	六世分二支，传十五世			
62	四区前花泉沟庄林氏	元初	分二支，传至三十世			
63	一区邵家泉头邵氏	明末，安徽太平府	五世分二支，传至十七世	河南古共邵氏宗谱		
64	四区后法牛村邵氏	洪武二年，高邮	传至二十余世			
65	一区西旺疃来氏	洪武初，萧山	二世分四支，传十七世			
66	五区东莞镇季氏	先，金明昌间，江苏灌云县	分两支，传至三十世			
67	八区后悔子坡季氏	洪武，东海县或东莞镇	四世分三支，传至十九世	旧谱失传		始祖茔，祭田赋地十亩
68	一区大湖庄周氏	道光元年，长山县	分二支，传七世			

续 表

序号	名称	始迁祖、时间、地点	分衍	谱牒	祠堂、族规	族田
69	四区岳疃庄周氏	廷明,洪武,日照	三支,传至二十二世			
70	四区姜家庄姜氏	益都,清初	五人分居各地			
71	四区方城胡氏	明胡深被难,自处州来	传至二十世			
72	三区柳家庄柳氏	子棚,永乐,河东	二世分五支,传至十七世			
73	三区苑家庄苑氏	明初,枣强县,分四支				
74	一区侯家庄侯氏	祖美,洪武二年,东海十八村	二世分四支,传至十五世			长支祭田八分,二支祭田八分,又一亩三分,三支祭田一亩
75	一区韩家莱园马氏	原籍洪洞,元至正迁居海州,复迁海东县,洪武年间,始迁祖母携三子至日照,有册来营	传至二十二世			
76	二区马家河水马氏	明末,江南	二世分三支,传至十一世			
77	三区马家店子马氏	洪武				
78	四区后逊峰前街马氏	信	分三支,传至十八世			

续　表

序号	名称	始迁祖、时间、地点	分衍	谱牒	祠堂、族规	族田
79	四区孤山庄马氏	洪武，原籍洪洞				
80	五区北官庄马氏	禄，万历初年，山西	后分二支，传至十四世			
81	五区石岭子高氏	显，洪武，洪洞	传至二十余世	有谱在北石岭		
82	十区高家东山庄高氏	文孔，正统三年，江南	二世分三支，传二十一世		祠堂在庄西	
83	一区城里涂氏	光人，乾隆初年，从江西新建县逃荒	分二支	有谱		
84	四区前逊峰庄徐氏	升，明，堵城	川生五子，传至十五世		三支有支祠，五支有祠堂	三支祭田五亩，五支有祭田三亩
85	四区凤崖徐氏	泰名，成化四年，高密	传至二十四世	有族谱		祭田六亩
86	八区筵宾徐氏	本，弘治，东海	传至十九世		祠堂在东筵宾	
87	九区朱梅庄徐氏	原籍昆山，元至正二十年避乱海东，洪武三年始祖有安迁来	传至九世，有堂兄弟七人为七大支，传至二十七世		祠堂在朱梅庄	祭田一处山场六百二十五亩，一处山场四十七亩，一处山场十四亩三分
88	二区厉家团袁氏	洪武十二年，枣强县	传二十世			
89	四区埠南夏氏	九畴，元	传至二十余世			

续 表

序号	名称	始迁祖、时间、地点	分衍	谱牒	祠堂、族规	族田
90	九区夏家沟夏氏	原籍东海,明初迁居日照,又迁莒	分三支,传至十二世	各支有谱		
91	四区石河乡郝氏	原籍洪洞,元末兄弟八人,其一来莒	传至二十世			
92	四区圣旨崖秦氏	原籍海州十八村,洪武二年迁日照,四世来莒	传至十九世		祠堂在圣旨崖,有责罚八则,十世制定	祭田十余亩
93	五区留村秦氏	原籍东海,明代先居日照,后迁留村				
94	二区九里坡六区汇泉子十区唐庄唐氏	洪武由东海县迁出,长支住唐庄,后分五支	传至二十四世		家祠在唐庄	
95	二区新旺唐氏	原籍海东十八村,应海于隆庆四年迁莒	下分八支,传至十九世			
96	七区唐家湖唐氏	原籍山西翼城,贯武明末迁来	传至十九世			
97	四区法牛山祝氏	原籍江西德新县,迁居沂水县,宋时迁此	传至三十七世			
98	三区山沟庄孙氏	明初来莒				
99	八区昔林泉孙氏	明初,东海迁莒	后分七支,传至十五世		祠堂在昔林泉	

续 表

序号	名称	始迁祖、时间、地点	分衍	谱牒	祠堂、族规	族田
100	九区柳沟孙氏	因法，天启六年	三世分二支，传至十六世			
101	十区大铁牛庙九区十字路孙氏	原籍东海县，洪武迁居日照	五世分三支，传至二十一世			
102	三区招贤原氏	咸丰，自掖县来莒				
103	一区云里盛氏	宋元以来世居，又南乡马鬐窑盛氏，小河庄盛氏	新谱二世分二支，传至二十八世	隆庆二年旧谱亡，后立新谱		
104	一区小堂前盛氏	胶州卫指挥，明来莒	四世分五支，传至十九世			
105	一区城里东街陈氏	山，洪武，涿州	四世分六支，传至二十一世		祠堂在陈家窝疃	祭田六亩，在城西
106	一区东关陈氏	二世祖兑，洪武元年，自东海迁日照，九世迁诸城，十世迁莒	传至三十世			
107	一区陈家屯陈氏	二世祖震，洪武戊申迁东海，迁日照，再迁莒	十四世敬，天启年间分居，传至二十九世			祭田，大地四亩
108	三区小罗庄陈氏	童，嘉靖二年，日照	传至十五世			

282　清代宗族研究

续 表

序号	名称	始迁祖、时间、地点	分衍	谱牒	祠堂、族规	族田
109	四区杏山峪西村陈氏	洪武	二世分五支，传至十六世			
110	四区西尚庄陈氏	十祖清居沂水，二世文贯至正三年迁莒	传至二十余世			
111	五区杨家庄子陈氏	百万，明，诸城	四五世分居，传至十八世		九世始立祠堂	九世置祭田二十二亩
112	六区东艾家庄陈氏	陈乾，洪武元年，迁日照，未几迁临朐，一支又迁临沂，二十一世迁莒	传至三十世			
113	七区山后庄陈氏	震，洪武元年，东海迁日照，再迁莒	分三支，传至二十八世			
114	十区北店陈家薛庆二区陈嘉西楼陈氏	坤，洪武元年，东海迁日照车疃庄，后三支迁莒	三支传至三十世，又一支传二十九世			
115	十区草岭后陈氏	陈赵氏，洪武戊申率六子自东海迁日照西车疃，始祖兑，十世景泰四年迁莒	分三支，传至二十九世			
116	十区坪上陈氏	洪武，淮东	二世分四支，传至二十二世			

续 表

序号	名称	始迁祖、时间、地点	分衍	谱牒	祠堂、族规	族田
117	十区陈家庄陈氏	震，东海，洪武元年迁日照车疃庄，又迁莒	传至三十世			
118	一区城里西街张氏	始迁祖海原籍乐陵，明太祖千户，永乐二年子孙调莒	隆庆年间分三大支，传至二十一世		张氏祠堂康熙初年创建于城西，毁于地震，三十六年重建，祠堂有碑记，《训后家规十则》	
119	一区城里东街张氏	原籍句容，明初来莒	一世英，至延嗣等堂兄弟四人合卖，传至十七世			
120	一区东关张氏	原籍临沂，迁莒，又于乾隆四十五年迁居东关	迁居东关后分四支，传至八世			
121	一区张家庄四区坡西川里张氏	天启间，数支子日照迁莒	分三支，传至十四世，云字辈为日照十二世，四区另有两支张氏与该族有关联		支祠在张家庄者二，平时奉其支祖，年节合祭始迁祖	
122	一区藉庄张氏	明初，海东	二世分六支，传至十六世			祭田四亩余
123	三区宅科庄张氏	昊，成化三年，济南	二世分四支，传至十九世			

284　清代宗族研究

续　表

序号	名称	始迁祖、时间、地点	分衍	谱牒	祠堂、族规	族田
124	四区前石崮后张氏	镇，元末，寿光	传至十八世			
125	五区北关庄张氏	垂统，明初，临朐	分二支，传至十九世			
126	五区井邱镇张氏	德邻，洪武，安邱	二世分四支，传至二十三世，散居十余村		十三世祖建祠堂、义学	八世祖设义田百余亩做牧牛场，后归学田；十三世祖设祭田五十亩
127	十区大坊前张氏	鸿吉，康熙三十五年，日照	三世分六大支，传至十世			始迁祖祭田山场一处，约百亩，另一处山场约二十亩
128	四区庄家山庄氏	荣，明季，海东迁海曲再迁莒	九世分支，传至二十世		东莞旧有祠堂	祭田十亩，凤韶祭田六亩
129	八区大店镇庄氏	庄氏之莒南金以前，庄谱记载，洪武初年东海十八村迁莒朱陈店，始祖瑜	二世分五支，传至十九世	旧谱毁于明季兵燹，有谱牒《朱陈店庄氏族谱》	始祖茔祠俱在大店镇，九世有治家十二忌，十一世有忠言十二则	祭田六亩
130	八区水沟坡曹氏	明初，海东迁诸城、安邱等，景泰年间再迁莒	传至十七世			

第三章　多元文类视野下的北方宗族　285

续　表

序号	名称	始迁祖、时间、地点	分衍	谱牒	祠堂、族规	族田
131	九区店头曹氏	景泰，东海	二世分三支，长支传至十七世，二至十八世，三支二十世		祠堂在店头村西	祭田二亩
132	八区大店尉氏	洪武初，东海	共三支，六世共分八支，传至十六世			
133	八区仕沟四区西尚庄彭氏	寿长，明初，东海	迄今十九世，传至二十余世		嘉庆十一年始建祠堂，在仕沟村中	
134	三区程家曲坊程氏	明初				
135	五区古柳村程氏	原籍安邱兴，明中叶迁古柳	分两大支，传至十六世	程氏族谱		
136	一区车辋沟宁氏	原籍汶上，晢生，乾隆二十年迁莒	传至八世			
137	六区络河崖单氏	隆庆、万历间，高密		同治谱毁于捻		
138	六区北汶冯氏	明初				
139	四区万家山万氏	原籍洪洞，迁居东海，明初迁莒			祠堂在日照万家坪	
140	一区东关董氏	洪武初，海东十八村	三世分为三大支，传至二十世		祖祠设在县城东门外，支祠在大官庄	

286　清代宗族研究

续 表

序号	名称	始迁祖、时间、地点	分衍	谱牒	祠堂、族规	族田
141	五区张解董氏	洪武二年，海州十八村	初分二大支，后分八支，传至二十三世		有祠堂二处	
142	四区门楼庄杨氏	宋代，容城	传至三十余世	有族谱	宗祠在宋古庄	
143	七区马坡杨氏	清初，日照	分二支，传至十世			祭田十八亩
144	一区城里后营贾氏	原籍益都，明末	传至二十一世		有祖茔碑记	
145	一区齐家庄贾氏	保德，正统间，为官于莒	前后分五支，传至二十一世		祠堂在齐家庄	祭田大地二十余亩
146	三区贾家岭贾氏	明初				
147	四区虎爪庄贾氏	汝相，元	传至二十余世			
148	七区贾刘王氏	明末，登州府宁海州	三姓结为兄弟，为一族		墓祭	祭田五亩
149	四区葛家同葛氏	明初，海州	传至十四世			
150	四区葛家坡子葛氏	宏，洪武二年	后分二支，传至十九世			
151	四区河西庄蒲氏	木芳，乾隆，淄川	分二支，传至十四世			
152	一区赵家楼村赵氏	原籍湖南慈利，名一，洪武三年来莒	三世分六支，传至二十一世			
153	三区绪密赵氏	原籍密云，始迁祖能	传至十五世			

第三章 多元文类视野下的北方宗族 287

续 表

序号	名称	始迁祖、时间、地点	分衍	谱牒	祠堂、族规	族田
154	四区赵家新庄赵氏	原籍枣强，后迁益都老鸹窠庄，万历二年迁莒	六世分三支，传至十七世		有祠堂在本庄	
155	七区北汀水赵氏	原籍枣强，后迁洪洞，明初迁益都老鸹窠庄，永乐迁莒	二世分三支，传至十九世			
156	十区卞家庄赵氏	原籍合肥，正统十四年家莒	传至十世			
157	十区东埠村赵氏	元顺帝四年，东海迁莒				
158	一区城里熊氏	原籍南昌，一信乾隆年间来莒	二世分三支，传至七世			
159	五区龙宿村臧氏	瑾，洪武，登州府，福山县				
160	十区臧家庄臧氏	胤祚，洪武二十三年，东海	四世分三支，传至十七世			祭田六处，共大地十四亩六分六厘
161	三区双凤山后管氏	原籍胶东，避金乱迁居海州，洪武来莒	六世分八大支，传至二十一世	有谱乘，同治十一年重修告竣	宗祠在山后庄，支祠在小甸庄、莲池寺；有始祖茔碑志，祭田条约，永停附葬条规，祭田管理	
162	十区李家桑园迟氏	迟迨，乾隆，日照	传至九世			

续 表

序号	名称	始迁祖、时间、地点	分衍	谱牒	祠堂、族规	族田
163	一区北关刘氏	洪武二年,沛县	传至二十世			
164	一区南关刘氏	绪,顺治初年,海东	传至十七世		祠堂旧在南关	
165	四区邱家沟刘氏	才胜,明初,海东	传至二十一世		十四世创立祠堂	
166	五区大马桩刘氏	尔玑,明初,北京南土埠村	五世以下分三支,传至二十一世			
167	五区沈流幢刘氏	兴元,初,海州	传至二十世		祠堂一所	祭田三十亩
168	五区家头庄刘氏	彦称,洪武二年,自内江来潍县,成化再迁莒	迁莒分三支,传至十八世			
169	九区十字路刘氏	胡,洪武初,蓬莱	记载十二世		八世若藩崇祀乡贤	
170	九区洙边刘氏	伯元,景泰,东海	分五大支		祠堂在洙边西街	
171	九区聚将台刘氏	弘治三年,东海	三支,传至十八世			赋地祭田一百六十
172	十区刘家东山刘氏	垣,顺治四年,日照	分三支,传至十二世		九世建祠堂	祭田山场一处一百五十亩
173	十区后野泉刘氏	可训,康熙初年,赣榆县	传至十世			
174	一区陵阳庄厉氏	明初,日照	传至十八世	旧谱失于捻乱,新谱以十二世为始		

第三章 多元文类视野下的北方宗族　289

续 表

序号	名称	始迁祖、时间、地点	分衍	谱牒	祠堂、族规	族田
175	八区下河滕氏	洪武，海东	传至十八世另一支清初来，传八世		祠堂在下河	
176	五区蔡家沟蔡氏	正德，益都	传至十九世			
177	三区招贤镇樊氏	泰清，咸丰四年，博兴	传至五世			
178	十区壮冈镇鲁氏	嗥，明初，东海	二世分六大支，传至十九世		家祠在壮冈北门里；有祭法，共祭、分祭	祭田约四十亩，五世所设
179	四区北杏庄郑氏	希忠，康熙三十五年，日照	传至十七世			
180	九区郑家相邸郑氏	元伯，明季，日照	传至十六世			
181	三区招贤巩氏	嘉庆初年，乐安				
182	四区三山阎氏	明初，洪洞	传至二十余世	有草谱		
183	三区涝坡战氏	友仲，乾隆末年，黄县	三世分四支，传至八世			
184	六区北汶战氏	洪武初				
185	九区涝坡卢氏	洪武中，东海	传至十八世	各有谱，引谱序		
186	十区坪上镇卢氏	瑶，明中叶	传至十三世	有谱，引谱叙		
187	一区城里谢家胡同锺氏	菊，明末，益都	传至十二世			祭田大地四分，祭田大地二亩

续 表

序号	名称	始迁祖、时间、地点	分衍	谱牒	祠堂、族规	族田
188	七区夏庄村薛氏	海,永乐年间,湖南慈利县	传至二十一世,蔓延莒南十八村			
189	十区山底村薄氏	东海	四世分四支,传至二十六世			
190	九区戴家扁山戴氏	好礼,成化年间,滨县	传至十九世			
191	九区十字路谢氏		分三大支			祭田二亩
192	四区前逊峰前后裴家峪韩氏	前逊峰壮韩氏洪武二年,东海;前裴家峪韩氏,日照;后裴家峪韩氏,清初,毛山坡	前逊峰壮韩氏分二支,传至二十世;前裴家峪韩氏分二支,传至二十世;后裴家峪韩氏,分二支,传至十三世			
193	九区曲流河聂氏	成化,云台山	传至十五世		祠堂在本村	
194	十区柳沟魏氏	智明,自东海迁日照,再迁莒	传至二十世			
195	五区谭家秋峪谭氏	真,洪武八年,自洪洞迁临朐,宣德时迁莒		谭家沟二村与临朐谭氏合谱		
196	八区庞家店庄庞氏	明初,海东	二世分二支,传至十六世			祭田六亩

第三章 多元文类视野下的北方宗族

第四节　高凌雯《志余随笔》所见天津的族姓与谱牒
——兼论谱牒为方志重要资料来源

天津地方志的修纂史上，高凌雯是一位重要人物，他是民国《天津县新志》的总纂，其所著《志余随笔》实乃修志的经验之谈。高凌雯，天津人，字彤皆，清末生民国卒，清光绪十九年（1893）举人。《志余随笔》为学者所重，来新夏先生点校该书，并为之作《前言》，称赞该书"资料搜集之广，尤可为修志者法"，①其中引用谱牒资料颇多，于此可见族谱有资于修志。反之，从地方志也可了解其所利用的族谱情况，并从所记内容进入地方历史，特别是居民的历史。因此，笔者意在通过分析《志余随笔》所引谱牒资料，探讨天津人族姓的由来、族谱状况以及谱志的关系。

一、《志余随笔》所引谱牒史源及其考证人物价值

高凌雯说编纂天津方志时，"各家谱牒寓目者凡三十二姓，皆于选举荐绅人物，有资考证"。②可见他利用谱牒修志的作用主要体现在谱牒有助于选举、职官、人物的编撰与了解。他所寓目的谱牒应是当时天津存世的主要族谱，有32姓之多。直接引用的谱牒姓氏，有靳氏、李氏、梅氏、陈氏、黄氏、殷氏、费氏、倪氏、赵氏、武氏、华氏、邵氏、金氏、徐氏、刘氏共计15姓，占到所寓目

---

① 高凌雯：《志余随笔》，前言，引自天津市地方志编纂委员编著《天津通志·旧志点校卷》，下册，南开大学出版社，2001，第687页。
② 高凌雯：《志余随笔》卷一《天津通志·旧志点校卷》，下册，第696页。

者的一半。

高凌雯修志,很注意用谱牒资料作为证据。如志稿中有李瑞璋,即"据李氏家乘为之"。①无谱牒资料为据,修志或有缺憾。如张霙的父亲闻予,有弟名念兹,惜"张氏宗谱已佚,若闻予、若念兹,皆不能举"。②谱牒保存资料的功用明显,高凌雯便说:"明人文字,传于今犹可得见者……《津门诗钞》存刘公诗三首,云得自刘氏家谱。"③

高凌雯看重谱牒的重要原因是谱牒人物资料往往根据碑刻,比较可信。如他说:"靳氏家谱谓其先人仕卫职有功者,事迹载城楼碑。"④靳氏从城楼碑考证先人仕卫职有功,高凌雯在方志中采用靳氏家谱。再如,"北仓赵氏,原籍江南。永乐二年有名赵全者,以指挥使自会州卫迁武清,此赵谱所载,而《天津卫志·官籍》载有赵金、赵德全,俱江南人。则金或全之误……则赵全或即赵德全亦未可知"。⑤这是依据谱牒推测卫志记载错误的事例。

但是,谱牒记载并不一定严谨,甚至前后矛盾,需要辨正。如"县志《殷尚质传》亦录卫志,其死绥一节,则采《明史稿》。公亦有墓碑,且近在城西,人亦未之知也。最奇者殷氏族谱开首即录碑文,大书'予谥忠勇',而县志沿《明史稿》之讹,作'忠愍',殷氏子孙又沿县志之讹亦改称'忠愍'"。⑥殷尚质事迹见于《明史

---

① 高凌雯:《志余随笔》卷五《天津通志·旧志点校卷》,下册,第723页。
② 高凌雯:《志余随笔》卷三《天津通志·旧志点校卷》,下册,第709页。
③ 高凌雯:《志余随笔》卷五《天津通志·旧志点校卷》,下册,第725页。
④ 高凌雯:《志余随笔》卷一《天津通志·旧志点校卷》,下册,第696页。
⑤ 高凌雯:《志余随笔》卷三《天津通志·旧志点校卷》,下册,第707页。
⑥ 高凌雯:《志余随笔》卷三《天津通志·旧志点校卷》,下册,第704页。

稿》,记载尚质死后谥为"忠愍",但是城西尚质墓碑记载其谥为"忠勇",当以墓碑记载为是。县志采《明史稿》误,殷氏族谱录碑文又据县志改订,反误。又如,"黄东为钊长孙,明明载诸墓志,卫志谓东袭指挥佥事,升都指挥佥事。黄氏族谱,既载墓志而世系竟无东名,亦可异矣。且以承袭年祚远近计之,必东以下再有一世,方能衔接,是谱中断二世"。①这些谱牒编纂者虽然搜集了比较原始的资料,但是疏于考证,行文中常出错误。

谱牒也记载有根本就不准确的,需要谨慎辨别,不能拿来就用。如"李经世附传,采自李氏家谱,其事其文,居然小说也。余为别缀以词,庶可避俗就雅,若直录之,则真豆棚瓜架之谈矣"。②在高凌雯看来,李氏家谱中李经世的记载类似传闻,如果直接采用将成为民间笑谈,所以他特加说明,以免误导。

有的家谱甚至攀附名人,不足采信。高凌雯举例:"有人持家谱请著录,乃前明开国勋臣,累世禁卫大臣,鼎革且有死节者,此胜朝望族也。然卫志修于康熙初,距明不及三十年,阀阅之盛,并无一言及之,是为可疑。"③这种谨慎求真的态度,保证了高凌雯修志既利用谱牒又不轻信谱牒的恰当做法。

由于高凌雯看到谱牒当中的碑刻墓志传记资料,有助于修志存史,他在《天津县新志》卷二四单列"碑刻"一类,其中就有采自于《徐氏家谱》的《徐城墓志铭》《徐嘉贤墓志铭》。④

---

① 高凌雯:《志余随笔》卷三《天津通志·旧志点校卷》,下册,第705页。
② 高凌雯:《志余随笔》卷二《天津通志·旧志点校卷》,下册,第701页。
③ 高凌雯:《志余随笔》卷一《天津通志·旧志点校卷》,下册,第694—695页。
④ 高凌雯:《天津县新志》卷二四《天津通志·旧志点校卷》,中册,第1045、1048页。

二、《志余随笔》所见高凌雯对于谱牒学的见解

高凌雯通过阅读天津的谱牒文献，特别是修志中的考辨，对于谱牒也提出了自己的看法。如他认为，谱牒世系的长短、本旁支的详略，关键在于家族是否有老谱，世系不可靠的主要原因在于修谱者对祖先的记载出于追溯，他说：

> 明卫官家有谱者梅氏，世系太长（开国永乐已传三世）。陈氏世系太促（永乐初至明末仅历四世）。黄氏世系中断，殷氏、靳氏、费氏，大率仅载世系本支而旁宗不及，盖皆前无谱由后追溯，故叙述不详。惟倪氏具稿稍先，在明末已有底本，分支别派，尚觉清晰。余阅诸家谱牒，往往有创无因，尝有浅论以为修谱有法固善，否则宁详毋略，纵不合法，亦胜于无，所要者订年续修，莫令失坠耳。①

有创无因造成世系记载不准，因此修谱要宁详毋略，订年续修，保留历史记忆。

谱牒记载如出于追溯，更加之文学形式，会影响史料价值，修谱应当避免。高凌雯讲道："靳氏自永乐北迁，累袭卫职。至乾隆初，始立谱，子孙追述祖德，不以记传而以七言歌行出之，故事迹隐而不著。"②

也正是基于上述认识，高凌雯认为民间修谱与"官谱"应有所

---

① 高凌雯：《志余随笔》卷二《天津通志·旧志点校卷》，下册，第702页。
② 高凌雯：《志余随笔》卷三《天津通志·旧志点校卷》，下册，第705页。

第三章 多元文类视野下的北方宗族　295

区别,在于知祖先、明亲疏、详记载,而非明嫡庶、名位贵贱。高凌雯比较欧阳修所修族谱与清代族谱说:

> 欧阳文忠公辑族谱,但书名缀世系而已,盖犹官谱旧式也。今谱必书字及妻室、生卒年月日时、葬地方向,或病其繁赜,谓为不古,非也。盖古者世官之制,谱掌于官,仅以记宗支,明嫡庶,使无淆乱。今谱藏与家,欲使子孙详知其祖先,油然动追远之思,故不嫌繁琐,此时势之异也。惟谱以明亲疏,不在名位贵贱,今有详叙官阶使后人生轩轾之心,已失谱意。又有于名下论赞数语,类于注考,更失谱法矣。①

古今异势,应理解今人,不必一定以古绳今。

囚谱牒资料有助于修志辨别人物,族谱最好将传记资料别为一编。高凌雯指出:"科名、仕宦、封赠,皆最荣幸难得之事,凡祖先既有者亦不可湮没,修谱者应与传志、行状,别为一编,附谱而行,以存一家掌故。"②

高凌雯认为,谱牒记载人物要详略得当,官绅尤为重要。他说:"明以卫官治卫人,官即绅也。上下相习,疾痛相关,勤于职者,必不乏人。卫志简略,遗迹多湮,其见于诸家谱牒者若殷氏、靳氏、梅氏、黄氏,则又详者不要,要者不详。"③即要者应详,不要者或可不详。

---

① 高凌雯:《志余随笔》卷二《天津通志·旧志点校卷》,下册,第702页。
② 高凌雯:《志余随笔》卷二《天津通志·旧志点校卷》,下册,第702页。
③ 高凌雯:《志余随笔》卷三《天津通志·旧志点校卷》,下册,第704页。

三、天津人的由来：入籍与定居

天津地区的居民历史虽早，但是设立官府则较晚。金朝有直沽寨，元置海津镇，明改天津卫，清割静海、沧州、武清为天津县。自明永乐年间得名"天津"，随后明设天津左卫、天津右卫、天津卫，英宗时建城，始见城市雏形。

天津城市史应当是从明朝正式开始。高凌雯对此有深切的感受，他说："天津户籍最早者，大率由永乐迁来。"①指的就是卫籍军户是天津人重要来源。《志余随笔》列举了不少事例说明天津族姓来源于明永乐时期迁来的卫所军人。如黄氏："黄胜以燕山卫所总旗，从靖难军立功，累升指挥佥事。永乐二年，调天津左卫，管卫事。"②再如梅氏："梅氏为明驸马都尉梅殷后，及读其族谱，世系极详。梅殷生景福、景福生敬，敬生满儿，为天津卫指挥使。满儿为太祖命名，其调卫当在永乐二年……梅谱原起于满儿，其于殷则追书之，殷次子景福见《明史》，景福子敬未知所据，然梅氏必不伪造，或者满儿于殷为曾孙行，系出别支，年远遂有传闻之误耳。"③又如陈氏："陈氏族谱载，始祖一青，二世进，三世以智，四世应夏。应夏县志列入国朝人物。案：一青自永乐二年以千户调天津，证诸官籍，确载其名，而传之国初，其间只历二世，恐有阙失。"④此外，本节第一部分提到的北仓赵氏，永乐二年赵全以指挥使自会州卫迁武清。

---

① 高凌雯：《志余随笔》卷四《天津通志·旧志点校卷》，下册，第717页。
② 高凌雯：《志余随笔》卷三《天津通志·旧志点校卷》，下册，第705页。
③ 高凌雯：《志余随笔》卷三《天津通志·旧志点校卷》，下册，第706页。
④ 高凌雯：《志余随笔》卷三《天津通志·旧志点校卷》，下册，第706页。

永乐之后来津的军人也陆续入籍。如武氏："武嵩龄，大同人，明季官指挥佥书，管城守营事，擢辽阳都司。鼎革后，以天津为其旧治，移家居焉。有子七人，孙二十人。其谱牒自嵩龄以下甫三世而已断，今天津武氏多其后裔而莫能上溯矣。"[1]再如倪氏，"卫制先入学而后袭官者有之，如尚殷质是也。倪氏家谱载倪思立万历二年武进士，袭职与发科不应相距三十年之久，二者必有一误。且已袭官，能否许应乡会试，其制已无考"。[2]显然倪氏可袭官，原本属于军籍。

明代因经商等原因来津定居者也有。如"华氏有由嘉靖间迁来者，曰北华，其发科自华典始；一支由康熙初迁来，曰南华，其发科自华兰始，两系同宗，原籍无锡，惟西南华家庄，别为一族，与城华不相涉"。[3]

清朝废除明朝的卫所，在天津设立行政机构县州府，天津的城市性质更加突出。各地来津的族姓增多，如"邵氏本姓刘，新莽时改姓周，后又冒姓邵。其族谱云，顺治初充务关椽，康熙元年务关移天津，与之偕来，遂入籍。以此可证务关南移之日"。[4]明朝运河有七大钞关，武清县河西务是其中之一，清康熙初钞关从河西务移驻天津，划归天津道兼理。邵氏原在河西务税关任职，亦随务关迁移而入籍天津。又如金氏："金公平，谱名安平，康熙间自会稽来天津……若金镕、若金滙荥、若金铭，虽同姓而各为一族矣。金滙荥之后今在太原，金镕即金刚愍公父，其族繁衍，自山阴迁天津，其

---

[1]　高凌雯：《志余随笔》卷三《天津通志·旧志点校卷》，下册，第707页。
[2]　高凌雯：《志余随笔》卷六《天津通志·旧志点校卷》，下册，第730页。
[3]　高凌雯：《志余随笔》卷三《天津通志·旧志点校卷》，下册，第708页。
[4]　高凌雯：《志余随笔》卷三《天津通志·旧志点校卷》，下册，第708页。

谱牒上起于元，绳绳继继，派别厘然。"①金公平是清康熙间自浙江会稽迁来天津的。

外地来津定居者不少是冒籍者。冒籍主要因科举考试为盐商、灶户设籍而产生。高凌雯说："商、灶两籍，肇自明代。商籍为盐商子弟侨居而设，日久遂开冒籍之门。凡客游兹地者，因其亲族，缘引入场甚或异姓投考，至中式后有改归原籍之例，因以复姓，后以冒滥裁革，而灶籍如故。灶籍为沿海州县灶户而设，弊在一人而备二名，于此试之，未售者再于彼试之，谓之跨考。"②冒籍的具体事例，如"徐金楷初名金楷，俞金鳌初名金鳌。旧志选举班可考。当是金氏入籍早，其后浙人来此冒籍者，因以冒其姓也"。③

总而言之，高凌雯对于谱牒资料与修地方志的关系有清醒认识，他尽可能利用天津的谱牒，作为《天津县新志》重要的史源，同时对于谱牒记载多方比证，谨慎采纳，保证了《天津县新志》的质量。高凌雯修志过程中得出对于谱牒以及与地方志关系的看法，也是关于谱牒学、方志学的珍贵经验之谈。《志余随笔》颇多记载高凌雯寓目的谱牒资料，为我们了解天津的谱牒留下了珍贵的记载。根据高凌雯《志余随笔》所记谱牒资料，我们也了解到天津的族姓由来与城市的历史。

---

① 高凌雯：《志余随笔》卷三《天津通志·旧志点校卷》，下册，第709页。
② 高凌雯：《志余随笔》卷六《天津通志·旧志点校卷》，下册，第730页。
③ 高凌雯：《志余随笔》卷三《天津通志·旧志点校卷》，下册，第709页。

第五节　清乾嘉刑科题本所见北方宗族札记

　　明清以来宗族组织普及化，尤以南方地区显著。对于北方宗族问题，较早的有影响的看法是日本的华北满铁调查，认为华北平原的宗族罕见，有的也很弱。之后的学者继续在英国人类学家莫里斯·弗里德曼华南宗族研究基础上加以比较，试图揭示华北宗族的特色。人类学者兰林友认为，华北祭礼习俗表明，华北宗族的外在物化标志，即起着功能性作用的宗族聚合手段很少见，但在宗族的象征文化方面则呈现较显著的迹象。与华南宗族相比，华北的宗族是表达性的、文化性的，或者说是意识形态性的。从完备的宗族要素角度来审视，华北宗族是一种残缺宗族。[1]他还认为，美籍学者黄宗智、杜赞奇挑战弗里德曼的宗族解说模式，以外显姓氏符号进行华北地方社会的宗族建构。然而，山东后夏寨存在着同姓不同宗的社会事实，可知以姓氏符号建构的宗族，不足以解释华北村落实际亲属结构和复杂的村落政治现实。[2]民俗学者刁统菊指出，杜赞奇在《文化、权力与国家——1900—1942年的华北农村》中使用了一个广义的宗族概念：由同一祖先繁衍下来的人群，通常由共同财产和婚丧庆吊联系在一起，并且居住于同一村庄。这显然忽略了华北村落还有多姓聚居的可能。通过对山东南部村落的研究，可知姓氏之间的联姻在村落的形成上发挥了主要作用，村落目前的结构形

---

[1]　兰林友：《论华北宗族的典型特征》，《中央民族大学学报》2004年第1期。
[2]　兰林友：《"同姓不同宗"对黄宗智、杜赞奇华北宗族研究的商榷》，《广西民族学院学报（哲学社会科学版）》2005年第5期。

态是多姓聚居而非多族聚居。①她还注意到山东莱芜七月十五请家堂仪式承担、发挥、操作、延续了宗族的组织功能，在宗族文化的传承上具有重要意义。②

在华南宗族研究基础上开展华北宗族研究的美国人类学家孔迈隆的《中国北方的宗族组织》一文，则是华北宗族研究的重要成果。该文对比华南与华北宗族形态，不仅讨论华北宗族世系问题，还讨论了分门现象、祖容、墓祭等，提出了不少值得注意的观点。③后续的研究者韩朝建指出：山西代县的宗族礼仪中容的祭祀，同时融合了影、神主、祠堂、族谱等诸多宗族要素的形制和功能，能够区分和组织不同的人群。容在清代地方社会变动以及宗族庶民化的催生下得以流行，并最终成为华北宗族的重要表征。④他还指出："清明会是华北乡村比较普遍的宗族组织和宗族活动。"⑤宗族分门问题，则有钱杭、任雅萱的研究。⑥华北宗族研究中还有一些值得注意的看法，如认为"北方宗族不被学者看重，若给祖坟

---

① 刁统菊、杨洲：《多姓聚居与联姻关系——华北村落的另一种形态》，《河北师范大学学报（哲学社会科学版）》2006年第2期。
② 刁统菊、孙金奉、李久安：《节日里的宗族——山东莱芜七月十五请家堂仪式考察》，《民俗研究》2010年第4期。
③ 孔迈隆：《中国北方的宗族组织》，《亚洲研究》1990年第49卷第3期。中文一文收入马春华《家庭与性别评论》第4辑，社会科学文献出版社，2013。
④ 韩朝建：《华北的容与宗族——以山西代县为中心》，《民俗研究》2012年第5期。
⑤ 韩朝建：《清明会与宗族结构——以民国河北栾城县寺北柴村为例》，《民俗研究》2015年第5期。
⑥ 钱杭：《沁县族谱中的"门"与"门"型系谱——兼论中国宗族世系学的两种实践类型》，《历史研究》2016年第6期；钱杭：《分"门"与联宗——读山东〈莱芜吕氏族谱〉》，常建华、夏炎主编《日常生活视野下的中国宗族》，科学出版社，2019；任雅萱：《分"门"系谱与宗族构建——以明代山东中部山区莱芜县亓氏为例》，《中国社会经济史研究》2017年第2期；任雅萱：《大户与宗族：明清山东"门"型系谱流变与实践》，《史林》2021年第1期。

以应有的地位，以之为视角观察宗族史，可知它是北方宗族存在和活动的特点"。①北方宗族发展与南方宗族的趋同现象。②此外，华北宗族研究还注意到圣裔宗族、流域性宗族、不同民族的宗族等多种问题。③

以往明清华北宗族的历史研究，利用族谱、地方志、碑刻、文集等较为多元的资料，探讨的问题较为广泛，不过仍然需要我们进一步挖掘资料、扩展视野，深入对于华北宗族的认识。应当引起我们注意的是，清朝处理命案形成的刑科题本，涉及宗族纠纷，可以用来研究宗族问题。④笔者阅读清乾隆、嘉庆朝刑科题本时，注意到有关直隶、山西、山东、河南、陕西等省宗族的一些记载，辑出略作考察，以对当时北方宗族有所认识。

直隶。河间府阜城县民人葛玉喜因争产逼迫期亲服婶葛赵氏自缢死案，据葛玉喜供：

> 嘉庆十一年三月十九日，堂嫂李氏因病死了。到二十三日，小的邀同哥子葛玉璞去向婶母分地。婶母说他只有三十八亩地，要留起十亩自己养老，再留十亩嫁孙女儿，还要当卖三亩殡葬堂嫂李氏使用，下剩十五亩听小的合葛逊分罢。葛逊应

---

① 冯尔康：《清代宗族祖坟述略》，《安徽史学》2009年第1期。
② 王日根、张先刚：《从墓地、族谱到祠堂：明清山东栖霞宗族凝聚纽带的变迁》，《历史研究》2008年第2期。
③ 参见常建华《近十年明清宗族研究综述》，《安徽史学》2010年第1期；《近年来明清宗族研究综述》，《安徽史学》2016年第1期；《明清北方宗族的新探索（2015—2019年）》，《安徽史学》2020年第5期。
④ 这方面的先行研究是冯尔康先生的《18、19世纪之际的宗族状态——以嘉庆朝刑科题本资料为范围》一文，《中国史研究》2005年增刊。

许把十五亩地分给小的们一半,小的就去央王洪幅面同族长葛士林写立分单走散的。①

葛氏有族长主持分家事务。

山西。平阳府汾西县贺生正"种族中公地,每年地租银二两,族人轮流收租。乾隆二十四年(1759),分轮该族弟贺生让收租"。②族中有公地,由族人轮流收租。

族长的记载较多。嘉庆元年(1796)三月二十六日,太原府阳曲县王法旺扎伤同祖堂兄王法明身死案,官府"传该族长到案。讯据族长王德有供:王法旺父亲王奇有与王法明父亲王奇思是同胞兄弟,王法旺是王法明大功堂弟,小的绘具宗图呈验"。③这是族长作证,族长绘具了宗图说明宗亲关系。

族长家也是宗族活动场所。嘉庆十四年(1809)正月初一日,霍州直隶州民秦凤有扎伤秦不奈何身死案,据秦凤有供:

是本州人,年四十三岁,种地度日。生父梁得学,小的自幼过继与母舅秦太雾为子,继父身故,继母张氏,年六十三岁。女人赵氏,两个儿子。秦不奈何是继父的缌麻堂侄,同村没仇。小的们村外有坡一道,遇有重车往来,要雇牲口帮套过坡。各村轮流揽住。小的们族中应拉一股,又按户分派,小的

---

① 常建华主编《清嘉庆朝刑科题本社会史料分省辑刊》,上册,天津古籍出版社,2019,第50页。
② 中国第一历史档案馆、中国社会科学院历史研究所编《清代土地占有关系与佃农抗租斗争》,下册,中华书局,1988,第617页。
③ 常建华主编《清嘉庆朝刑科题本社会史料分省辑刊》,上册,第292页。

也有分的。嘉庆十四年正月初一日早，小的们族人到族长秦克昌家拜祖，因族中没有宗祠，大家公议要把阖族在坡帮拉车辆钱文，不许入己，存公生息，建造宗祠，众各依从。小的因穷苦不允，秦不奈何作骂小的抗违公议。小的回骂，秦不奈何把小的左腮颊打了两掌，没有成伤。小的要想走避，又被他扭住要打，小的着急将身侧闪，拔出身带小刀扎伤他右臀。秦不奈何弯腰拾石，小的又用刀向他右腿扎去。不料手势过重深至右胯旁透出。秦不奈何倒地，停不一会就死了。①

该族元旦齐集族长家有祭祖活动，"因族中没有宗祠，大家公议要把阖族在坡帮拉车辆钱文，不许入己，存公生息，建造宗祠"，可见这个在乡村的普通农民宗族，利用共有经济，积累资金，准备设立宗祠祭祖。这个案例也说明，贫穷族人并不情愿加入这个宗族建设计划，与宗族存在矛盾。

有的宗族设有户长，置办公产。汾州府汾阳县任氏族内有公置户长地三十九亩，一向是户长经管，收租津贴办理公事使用。从前是任士喜父亲任敏林与任世畛充当户长，嘉庆十九年（1814），族众查知任敏林们私把公地出典十二亩，就公议任世胡接充户长，地没赎回。二十四年二月，任士喜因他父亲病故，仍要接充户长，嗔族众不依争闹。任清枢同族众告蒙讯明，因任士喜无力赎地，断着同族备价回赎，把任士喜责处，不许再充户长，取结完案。②由上

---

① 常建华主编《清嘉庆朝刑科题本社会史料分省辑刊》，上册，第372页。
② 杜家骥主编《清嘉庆朝刑科题本社会史料辑刊》，第1册，天津古籍出版社，2008，第391页。

可知，该族的户长即族长，选举族人担任，户长支配公置地。

山东。嘉庆七年（1802）七月初八日，山东青州府安邱县民张二安因救护母亲殴伤缌麻服兄张三留身死案。据张沣供：

> 小的是张二安们族长，又是东邻，今年七十三岁。已死张三留的老子叫张湟，合张二安的老子张源是同胞兄弟。张源过继给他从堂伯张廷策为子，如今张李氏是张三留缌麻服婶，张二安是缌麻服弟，现有宗谱可查。七月初八日早上，听说张三留合张二安的母亲争吵打架，张二安把张三留打伤抬回家里。小的因年老有病，没有过来查看。到早饭后，张三留就因伤死了。是实。①

该族有宗谱、族长。山东沂州府郯城县民戴从章殴伤大功服兄戴从陇身死案。据戴从章供：

> 已死戴从陇是小的大功堂兄，并没仇隙。嘉庆十二年四月里，小的用京钱二十七千买戴从陇的父亲戴奉来一亩五分地，立有文契，价已交清。随后，戴从陇因他父亲把地价卖贱，要向小的回赎，小的不肯，戴从陇就不许小的耕种。小的到案下呈告，蒙批族长查处。②

该族亦有族长的存在。

---

① 常建华主编《清嘉庆朝刑科题本社会史料分省辑刊》，上册，第416页。
② 常建华主编《清嘉庆朝刑科题本社会史料分省辑刊》，上册，第435页。

河南。南阳府邓州民路齐等因不允借钱殴缌麻服兄路鹏汉身死案，据凶犯路齐供：

> 已死路鹏汉是小的共高祖缌麻服兄，素好无嫌。小的族中有公地一段，收得租课，卖钱预备修理宗祠费用，小的合路传经管。嘉庆二年十二月十五日早，小的们邀同族长路各公并族众同到宗祠算账，共存租课钱十六千七百文。路鹏汉说要借用，小的合路传因是公项，不肯借给。路鹏汉不依，争吵，路各公喝散。①

该族有族长、宗祠、公地，公地收入可用来修理宗祠，族长管理宗祠，族人预借公项资金被拒导致纠纷。另一起案例，也能看到族长的身影。光州直隶州息县人吴丰，五十三岁，身为族长，无服族侄吴辉南占种孀婶邓氏地亩，不分粮食，邓氏不依，投知族长吴丰理论，吴辉南躲避出去。嘉庆四年（1799）九月初八日夜，吴辉南回家，随后吴丰拿着火把，同吴三、吴学圣前来，村斥吴辉南不应占种地亩。吴辉南说他多管，彼此争吵，最终酿成命案。②族长在宗族中发挥调停族中矛盾的作用。

陕西。乾隆时期有两条族长的资料，乾州直隶州永寿县樊伯友等因争分地亩殴伤樊绪英身死案，据凶犯樊伯友供：

> 樊绪英是小的无服族兄，素没仇隙。小的们祖遗公共坡

---

① 常建华主编《清嘉庆朝刑科题本社会史料分省辑刊》，上册，第474页。
② 杜家骥主编《清嘉庆朝刑科题本社会史料辑刊》，第1册，第7—8页。

地三顷,乾隆五十三年上,凭族众议明,写立分单,按照三老房三股均分。三房族兄樊绪英、长房族侄樊师孔各分地一顷,小的是二房,分了一顷。内中各有十几亩碛确荒地,小的们费用工力开垦成熟,耕种完粮。樊绪英自己懒惰,没有开垦。到六十年六月里,樊绪英说从前分地不公,要把这两房种熟的地合总另分。①

该族有"祖遗公共坡地三顷","按照三老房三股均分",据官府断案"嗣奉督抚两院批饬,审拟招解,遵即提齐犯证,并传族长到案,覆加研讯"。②还有族长。乾隆六十年(1795)十一月初七日,汉中府宁羌州罗登华殴伤同曾祖堂弟罗登荣身死案。该案"讯据族长即尸父罗伟供:罗登荣是小的次子,小的与罗登华的父亲罗才是共祖弟兄,儿子罗登荣是罗登华小功服弟,小的绘具宗图呈验"。③亦有族长。

嘉庆朝也有两条族长的资料,嘉庆十二年(1807)三月初八日,榆林府怀远县民人刘怀等勒死刘进杰假妆自缢私埋案。"刘进杰喊骂,刘怀拉其投族长报官。"④陕西延安府肤施县民杨助清为索分钱财扎伤无服族兄杨锐身死案。据凶犯杨助清供:

> 已死杨锐是小的无服族兄,素没嫌隙。嘉庆十六年五月二十六日,小的听得族叔杨其庆卖地得钱四百一十千,分给杨

① 常建华主编《清嘉庆朝刑科题本社会史料分省辑刊》,上册,第536页。
② 常建华主编《清嘉庆朝刑科题本社会史料分省辑刊》,上册,第536页。
③ 常建华主编《清嘉庆朝刑科题本社会史料分省辑刊》,上册,第538页。
④ 常建华主编《清嘉庆朝刑科题本社会史料分省辑刊》,上册,第600页。

锐钱四十千文，心想同是侄子，杨其庆止分给杨锐钱文，心里不服。因杨其庆是族长，不敢向说。①

该族有族长，依据法律"杨助清合依同姓服尽亲属相殴至死以凡论、斗杀者绞律，拟绞监候"。②案件双方系无服族兄弟，属于"服尽亲属"，是宗族关系。

综上所述，嘉庆朝刑科题本中的宗族资料，北方的上述五个省份，远比不上南方的浙江、江西、广东、湖北、湖南等省丰富，更显得弥足珍贵。有关直隶、山西、山东、河南、陕西的这些宗族资料表明，嘉庆时期的清中叶，北方上述五省存在着宗族，多数有族长管理，族长成为北方宗族组织的重要表征。诚如王洪兵的看法：清代华北乡村社会的宗族活动普遍存在于社会生活的各个领域，在处理民众纠纷的过程中，州县官吏重视发挥乡村宗族的作用，多将民事诉讼案件转交宗族调解；而宗族组织为协调族群利益，维护宗族秩序，将调解族内纠纷作为其基本职责。③有的宗族还有宗谱、公有地以及宗祠，似乎表明宗族在趋向组织化、制度化。刑科题本反映的这些北方宗族属于乡村农民宗族，经济状况一般，在宗族建设中，贫穷的族人无力参与，并不十分热心，因此在宗族建设中产生纠纷，宗族也无力解决贫穷族人的生活问题。

---

① 杜家骥主编《清嘉庆朝刑科题本社会史料辑刊》，第1册，第200页。
② 杜家骥主编《清嘉庆朝刑科题本社会史料辑刊》，第1册，第200页。
③ 王洪兵：《清代华北宗族与乡村社会秩序的建构——以顺天府宝坻县为例》，《东北师范大学学报（哲学社会科学版）》2014年第6期。

第四章　刑科题本反映的乾嘉时期南方宗族

清朝刑科题本更多呈现的是南方宗族纠纷,借助这些案例可以更深入了解各地普通民众参与宗族的实态。

第一节　共同体与社会:清中叶浙江的宗族生活形态

如何认识明清时期的宗族,特别是"江南"的宗族,日本学者滨岛敦俊先生的"江南无宗族"论值得注意。2010年复旦大学召开的"明清以来江南城市的发展和文化交流国际学术研讨会"上,滨岛先生提出"江南无宗族"论,[①]他认为宗族是一种超越家族的概念,对内部成员拥有控制力的父系血缘社会组织或社会集团,或者可以说是"血缘共同体",而有时兼有一种基层社会的效能,特别是兼地缘性的组织,后者可以称为"乡族"。宗族的效能主要在于保证家族的再生产,其中包括人的再生产和生活的再生产。江南三

[①] 滨岛敦俊教授的有关完整论述,见他的专题论文《明代江南は「宗族社会」なりしや》,山本英史编《中国近世の規範と秩序》,东洋文库,2014,第94—135页。

角洲并没有父系血缘共同体的基层组织,或者说考究江南三角洲地方社会或乡村社会的特性、结构、效能之时,"宗族"这一概念并不是不可缺少的因素。[①]在滨岛敦俊先生看来,宗族应是"血缘共同体",而明清江南地区没有这样的群体。看来究竟如何界定"宗族"与"宗族社会",应当引起同行的高度重视。

日本史学界,著名史家仁井田陞早在1956年就提出宋以后中国社会同族"共同体"理论,认为同族"共同体"内"伙伴平等原则"未能贯彻始终,宗族内部存在着严重的"支配与被支配的关系",主要是指主佃关系。[②]仁井田陞是从阶级分析的视角看待宋以后宗族共同体的社会属性。看来日本学术界虽然强调从"共同体"理解宗族,但是问题意识不尽相同。其实,早于上述日本学者,西方学术界已有共同体的论述。1887年,德国现代社会学的奠基人之一,斐迪南·滕尼斯著《共同体与社会》阐明人类的群体生活为两种类型:共同体与社会。这两种类型的产生基础:"共同体的类型主要是建立在自然地基础之上的群体(家庭、宗族),此外,它也可能在小的、历史形成的联合体(村庄、城市)以及思想的联合体(友谊、师徒关系等)里实现……血缘共同体、地缘共同体和宗教共同体等作为共同体的基本形式……与此相反,社会产生于众多的个人的思想和行为的有计划的协调,个人预计从共同实现某一种特定的目的会与己有利,因而聚合一起共同行动。社会是一种目的的

---

① 邹振环、黄敬斌主编《明清以来江南城市发展与文化交流》"圆桌讨论"部分之"江南无'宗族'",复旦大学出版社,2011。此说会上引起争论,徐茂明发表《江南无"宗族"与江南有"宗族"》(《史学月刊》2013年2期)进行商榷。
② 参见井上徹著《中国的宗族与国家礼制:从宗法主义角度所作的分析》,钱杭译,上海书店出版社,2008,第9—11页。

联合体。"①滕尼斯还更直接表达了共同体与社会的本质特征:"人的意志在很多方面都处于相互关系之中……关系本身即结合,或者被理解为现实的和有机的生命——这就是共同体的本质……一切亲密的、秘密的、单纯的共同生活,被理解为在共同体里的生活……共同体是古老的,社会是新的,不管作为事实还是作为名称,皆如此……共同体是持久的和真正的共同生活,社会只不过是一种暂时和表面的共同生活。因此,共同体本身应该被理解为一种生机勃勃的有机体,而社会应该被理解为一种机械的聚合和人工制品。"②据此,共同体是作为共同生活的人的关系的结合,我们应在这个意义上把握宗族共同体。

因此,探讨宗族,从宗族生活入手是最基本的途径。利用清朝内阁刑科题本研究宗族,冯尔康教授做了很好的尝试,冯先生注重宗族社会的细部状况,探讨了宗亲间生活上的互动,公共财产问题,政府的宗亲法及其影响。侧重宗族社会功能与性质的讨论,方法论上则具有从日常生活看宗族状态的研究取向。③我也利用乾嘉时期的刑科题本探讨江西日常生活,从生命的角度论述了江西宗族,江西宗族作为生命共同体,拥有宗谱,记载宗族事务;宗族拥有公产,为族人服务(水塘灌田,祠堂、祠田祭祖,有坟地为族人下葬);宗族组织节庆活动,祀神祈求丰年;祭田往往由族内各支

---

① 斐迪南·滕尼斯著:《共同体与社会》,林荣远译,译者前言,商务印书馆,1999,第ii-iii页。
② 斐迪南·滕尼斯著:《共同体与社会》,第52—54页。
③ 冯尔康:《十八、十九世纪之际的宗族社会状况:以嘉庆朝刑科题本资料为范围》,原载《中国史研究》2005年增刊,收入常建华主编《中国社会史经典精读》,高等教育出版社,2014,第558—582页。

轮管办祭，宗族的祭田或由族人耕种或佃于外姓；宗族拥有公田、祖祠甚至钱会，清廷保护宗族祀产。①江西之外，刑科题本中还有其他省份宗族的大量记载，其中浙江省颇为突出，而清代浙江宗族的研究成果并不多见。②浙江的杭嘉湖三府属于狭义的"江南"，③本节利用刑科题本探讨浙江宗族虽不是专门研究"江南"有无宗族问题，但还是有可能从一个侧面涉及对于"江南宗族"的认识，同时也会涉及宗族"共同体"阶级关系问题。

刑科题本资料因其特性，可为我们认识宗族生活形态提供新的视角。我选取乾嘉时期刑科题本④记载较多同时又是宗族基本问题予以研究，探讨宗族的祭祖、服制与同族以及同族观念，祠堂、族长与房分，祭田与坟山等，加深对于宗族经济、宗族组织、宗族共同体的认识。

---

① 常建华：《生命•生计•生态：清中叶江西的日常生活》，《上海师范大学学报（哲学社会科学版）》2016年第5期，第117—118页。
② 明清时期浙江宗族研究的重要成果，有日本学者上田信《地域与宗族——浙江省山区》（刘俊文主编《日本中青年学者论中国史》宋元明清卷，上海古籍出版社，1995）一文，主要使用宗谱以及方志资料，讨论宗族结合与地域社会的关系，所论事例集中在浙江衢州、金华、绍兴诸府。与此研究问题意识接近的，还有中国学者钟翀《北江盆地：宗族、聚落的形态与发生史研究》（商务印书馆，2011）一书，探讨浙东北江盆地特别是金华府的东阳县宗族。此外，温州等府宗族也有一定的研究成果，可参看常建华《近十年明清宗族的研究综述》，《安徽史学》2010年第1期；《近年来明清宗族研究综述》，《安徽史学》2016年第1期。
③ 据赵尔巽等撰《清史稿》卷六五《地理志》，乾嘉时期浙江省领府十一：杭州府，嘉兴府，湖州府，宁波府，绍兴府，台州府，金华府，衢州府，严州府，温州府，处州府。（中华书局，1976，第8册，第2127—2153页）其中九个府名称沿用至今，处州府今改丽水市，严州府今为杭州府下桐庐县、淳安县和建德市。
④ 乾隆时期的刑科题本主要依据中国第一历史档案馆、中国社会科学院历史研究所编《清代地租剥削形态》（中华书局，1982）、《清代土地占有关系与佃农抗租斗争》（中华书局，1988）两种。嘉庆朝刑科题本主要依据杜家骥主编《清嘉庆朝刑科题本社会史料辑刊》，天津古籍出版社，2008；常建华主编《清嘉庆朝刑科题本社会史料分省辑刊》，天津古籍出版社，2019。

一、宗族共同体：祭祖、服制与同族意识

宗族作为共同体，祭祖习俗是其重要的认同途径，而五服丧服的服制是共同体亲属远近结构的表达，体现同族意识还表现在日常的称谓等方面。

（一）祭祖习俗

元旦祭祖是清代普遍的节日习俗，宗族往往设置祭田，各房按年轮值。浙江王沅科砍伤小功堂叔王得政身死案反映出祭祖的习俗：

> 王沅科曾祖王章成生子四人，向有祭田四房轮值，每于除夕、元旦，点大庆一对、烧锭六千，系值年之人办理。嘉庆元年，轮应王沅科值年，除夕悬像仅点小庆一对、烧锭一千，王得政因其短少庆锭斥骂。正月初一日，王沅科仍点小庆一对、烧锭一千，王得政辱骂，并称不许值年。①

初二日，王沅科用柴斧砍死王得政。

绍兴府的事例较多，我们做一考察。嘉庆十八年（1813），诸暨县民周帼玉因担保钱殴伤大功服兄致死案，据周帼玉供词，他"与周维成、周维静们三房每年清明轮流值年派钱祭祖"。②周姓三房清明节轮流祭祖，清明祭祖一般是墓祭。这种轮流祭祖也见于嘉庆二十三年嵊县民钱世荣因售卖祭田戳伤大功堂兄钱世宣身死案，

---

① 郑秦、赵雄主编《清代"服制"命案——刑科题本档案选编》，中国政法大学出版社，1999，第416页。
② 杜家骥主编《清嘉庆朝刑科题本社会史料辑刊》，第1册，第242页。

第四章　刑科题本反映的乾嘉时期南方宗族　313

钱世荣"祖父钱华亮名下有祭田九亩零，轮流收租值祭"。①嵊县的陈姓"族中有祭田八亩，轮流值祭，又祖坟山一处，培养松木成林……（嘉庆六年五月）初八日邀同族众在陈成宇家议立禁单，内写禁止盗卖坟荫、鸣官革胙，贴在祖堂门首"。②祖堂应当是祠祭的场所。会稽县王氏也是轮祭祖先，有公共祭田五分，上年交租归作下年祭祀。嘉庆十一年（1806）轮该王得贤值祭，"正月二十六日，王得贤祭祖，胞伯同在公堂散胙"。③这是正月在公堂祭祖。以上诸暨、嵊县、会稽诸县事例表明，绍兴府有正月、清明在祠堂或祖坟祭祖习俗，一般是不同房分轮流值祭。

宁波府奉化县张显刚供称："支祖有祭田五亩，各房轮值收租办祭，余钱按丁派分。嘉庆十一年十二月十四日，祭辰是小的值祭，张显帼们到祠拜祖散胙后，小的与张名锦、张南山结算祠账。"④该族年底在祠堂祭祖，与会稽县王氏一样，祭祖后要"散胙"，族人分享祖先的赐福。

金华府浦江县徐姓高祖派下共分七房，"有祖祭田四十亩，向系七房分种，每年交谷一半归公办祭完粮，各房长轮年在祠收管"。⑤应是各房轮流在祠堂办祭。

衢州府江山县郑彩阳供："乾隆二十四年上，父亲在日把己业郑淑仪名下山田一亩二分一厘零卖给族内作为始祖祀产，每年收租

---

① 杜家骥主编《清嘉庆朝刑科题本社会史料辑刊》，第1册，第383页。
② 常建华主编《清嘉庆朝刑科题本社会史料分省辑刊》，上册，第678页。
③ 常建华主编《清嘉庆朝刑科题本社会史料分省辑刊》，上册，第700页。
④ 常建华主编《清嘉庆朝刑科题本社会史料分省辑刊》，上册，第709页。
⑤ 常建华主编《清嘉庆朝刑科题本社会史料分省辑刊》，上册，第692页。

谷一石二斗，各房轮流值祭。"①

温州府泰顺县民胡期旦"家有四房，轮收祭田"。②嘉庆十二年（1807）平阳县林昂拔称："二月二十九日，伊等赴祖坟祭扫。"③这也是墓祭祖先。

处州府缙云县陈姓供称："族内有公共山地七亩，坐落黄连坑地方，与祖坟界址毗连。嘉庆二年三月初八日，小的们同陈得通、陈连儿到坟拜扫。"④这是清明墓祭祖先。

以上6个府的资料是浙江祭祖习俗的反映，说明祭祖是宗族认同的基础。

（二）服制与宗族

五服即丧服制度，它是依据生者和死者的亲疏关系，在哀悼死者时所穿服饰轻重、服丧时间长短上加以区别，共分为斩衰、齐衰、大功、小功、缌麻五个服别，故称为"五服"。这是《仪礼·丧服经传》反映出的父子宗亲丧服制度。⑤

中国第一历史档案馆、中国社会科学院历史研究所编《清代地租剥削形态》《清代土地占有关系与佃农抗租斗争》两书中，有50个浙江事例，从中找到12个"依同姓服尽亲属相殴至死者以凡论"的事例，列表4-1如下（表中将上述二书分别简称"形态""斗争"）：

---

① 杜家骥主编《清嘉庆朝刑科题本社会史料辑刊》，第1册，第176页。
② 杜家骥主编《清嘉庆朝刑科题本社会史料辑刊》，第1册，第276页。
③ 常建华主编《清嘉庆朝刑科题本社会史料分省辑刊》，上册，第710页。
④ 常建华主编《清嘉庆朝刑科题本社会史料分省辑刊》，上册，第665页。
⑤ 参见常建华《宗族志》，上海人民出版社，1998，第159—165页。

表4-1：乾隆刑科题本中的浙江宗族案件判决法律依据事例

序号	时间	地点	关系与法律	出处
1	十七年	绍兴府萧山县	无服族叔，依同姓服尽亲属相殴至死者以凡论	形态上，85页
2	四十四年	衢州府常山县	无服族兄，依同姓服尽亲属相殴至死者以凡论	形态下，461页
3	三十一年	处州府庆元县	无服族侄，依同姓服尽亲属相殴至死者以凡论	形态下，569页
4	二十二年	台州府黄岩县	无服族叔，依同姓服尽亲属相殴至死者以凡论	形态下，635页
5	二十六年	台州府宁海县	无服族祖，依同姓服尽亲属相殴至死者以凡论	形态下，641页
6	三十二年	金华府浦江县	无服族弟，依同姓服尽亲属相殴至死者以凡论	形态下，650页
7	三十六年	绍兴府诸暨县	无服族叔，依同姓服尽亲属相殴至死者以凡论	形态下，661页
8	三十八年	台州府仙居县	无服族叔，依同姓服尽亲属相殴至死者以凡论	形态下，672页
9	十五年	绍兴府余姚县	无服族叔，依同姓服尽亲属相殴至死者以凡论	斗争上，235页
10	八年	金华府义乌县	无服族叔，依同姓服尽亲属相殴至死者以凡论	斗争上，323页
11	三十六年	金华府东阳县	无服族侄，依同姓服尽亲属相殴至死者以凡论	斗争下，501页
12	二十八年	金华府东阳县	无服族叔，依同姓服尽亲属相殴至死者以凡论	斗争下，656页

南开大学中国社会史研究中心暨历史学院、中国第一历史档案馆编《清嘉庆朝刑科题本社会史料辑刊》收录93件有关嘉庆朝浙江刑科题本中，共计18件刑科题本记载了"同姓服尽亲属"案例，我们制成下表：

表4-2：嘉庆刑科题本中的浙江宗族案件判决法律依据事例

序号	时间	地点	关系与法律	出处
1	六年	衢州府龙游县	无服族弟，依同姓服尽亲相殴至死者以凡论	第1册，12页
2	九年	绍兴府嵊县	无服族叔，依同姓服尽亲属相殴至死者以凡论	第1册，62页
3	十年	处州府龙泉县	无服族侄，依同姓服尽亲属相殴至死者以凡论	第1册，67页
4	十一年	严州府仙居县	无服叔祖母，依同姓服尽亲属相殴至死者以凡论	第1册，88页
5	十年	绍兴府诸暨县	无服族侄，依同姓服尽亲属相殴至死者以凡论	第1册，99页
6	十五年	衢州府江山县	无服族侄，依同姓服尽亲属相殴至死者以凡论	第1册，176页
7	十八年	宁波府奉化县	无服族侄，依同姓服尽亲属相殴至死者以凡论	第1册，249页
8	十九年	衢州府江山县	族人，依同姓服尽亲属相殴至死者以凡论	第1册，262页
9	二十年	绍兴府诸暨县	无服族祖，依同姓服尽亲属相殴至死者以凡论	第1册，282页
10	二十年	处州府龙泉县	无服族兄，共殴致死应同凡论；无服族弟，依同姓亲属相殴尊长减凡斗一等律	第1册，296页

第四章 刑科题本反映的乾嘉时期南方宗族

续 表

序号	时间	地点	关系与法律	出处
11	二十三年	绍兴府诸暨县	无服族兄,依同姓服尽亲属相殴至死者以凡论	第1册,374页
12	二十三年	台州府宁海县	无服族侄,依同姓服尽亲属相殴至死者以凡论	第1册,381页
13	二十三年	绍兴府诸暨县	无服族侄,依同姓服尽亲属相殴至死者以凡论	第1册,386页
14	二十四年	绍兴府诸暨县	无服族弟,依同姓服尽亲属相殴至死者以凡论	第1册,396页
15	二十四年	绍兴府余姚县	无服族侄,依同姓服尽亲属相殴至死者以凡论	第1册,397页
16	二十四年	绍兴府诸暨县	族人,依同姓服尽亲属相殴至死者以凡论	第1册,405页
17	十七年	台州府黄岩县	无服族弟,依同姓服尽亲属相殴至死者以凡论	第3册,1160页
18	十四年	宁波府奉化县	无服族叔,依手足殴人成伤律,笞三十,系服尽尊长应减一等,笞二十	第3册,1736页

以上两个表格共计30个事例,其分布台州府5例、金华府4例、绍兴府11例、衢州府4例、处州府3例、宁波府2例、严州府1例,这7府中,绍兴府高居榜首,值得注意的是金华府4例都是乾隆朝的。表中涉案人员关系虽然都是同姓服尽的宗族成员,也有无服族兄

弟、无服叔侄的区分，有的径说"族人"，当时较远的关系。虽然出了服，仍以兄弟、叔侄相称，可以视为"亚亲属"关系，亦即宗族关系。

五服内的亲属关系，体现在多种服制上。我们由远及近予以介绍：

缌麻服。先看4例乾隆朝的，乾隆二十一年（1756）处州府遂昌县民王隆丁戳伤缌麻服叔王观福身死一案，三法司认为，应如浙江巡抚所题"王隆丁合依卑幼殴本宗缌麻尊属死者斩监候律，应拟斩监候，秋后处决，照例刺字"。①王观福是王隆丁共高祖的缌麻服族叔，法律中的"本宗"表达的是宗族关系，官府还使用了"亲房支长"的用语，庄民将王隆丁称作"族恶"，王隆丁供词谈到"族婶""近房"，这些都是宗族观念的反映。乾隆四十九年（1784）金华府汤溪县民陈廷翰戳伤共高祖缌麻服兄陈阜义身死案，"陈廷翰合依卑幼殴本宗缌麻兄死者斩监候律，拟斩监候，秋后处决，照例刺字"。②乾隆六十年（1795）杭州府钱塘县民沈嘉禄殴伤缌麻服族弟沈成魁身死，"沈嘉禄合依本宗尊长殴缌麻卑幼至死者绞律，拟绞监候，秋后处决"。③嘉兴府海盐县民冯廷松殴伤姑表缌麻服兄钱维贤身死一案，"冯廷松合依卑幼殴外姻缌麻兄死者斩监候律，应拟斩监

---

① 中国第一历史档案馆、中国社会科学院历史研究所编《清代地租剥削形态》上，第106页。
② 中国第一历史档案馆、中国社会科学院历史研究所编《清代地租剥削形态》上，第207页。
③ 中国第一历史档案馆、中国社会科学院历史研究所编《清代地租剥削形态》上，第251页。

候,秋后处决"。①

再看3例嘉庆朝的,绍兴府诸暨县民赵家庭殴伤赵锦川身死案,据赵家庭供:"已死赵锦川是小的缌麻服叔,同村居住,素好无嫌。族中有资字号公山一处,安葬祖坟,四周种植荫木。嘉庆七年十二月二十四日赵锦川与赵均来们在山上盗砍松树,父亲路过看见,喝阻不依,回来告诉堂叔赵西川并叫小的同去拦阻。"赵家庭用柴刀致伤赵锦川身死。三法司审判结论:"赵家庭合依卑幼殴本宗缌麻尊属死者斩监候律。"②这也是缌麻服叔侄关系,侄致死叔,赵家庭供词也将事情放在"族中"叙述。还有2例,嘉庆二十三年(1818)台州府太平县武生郑兆魁殴毙索欠之缌麻服侄郑中英案,审判词有:"郑兆魁合依尊长殴缌麻卑幼至死者绞律,拟绞监候,秋后处决。"③还是缌麻服叔侄关系,只不过是尊长殴卑幼。嘉庆九年(1804)严州府淳安县民胡大高等因误砍小树事共殴缌麻表兄身死案,结果是"其殴伤外姻缌麻服兄律,应杖一百"。④

小功。嘉庆二年(1797)浙江王沅科砍伤小功堂叔王得政身死案,"王沅科合依谋杀缌麻以上尊长已杀者斩律,拟斩立决"。⑤宁波府鄞县民陈大河殴伤小功服弟陈性贤身死一案,三法司同意浙抚判决"陈大河合依本宗尊长殴小功卑幼至死者绞监候律,应拟绞监

---

① 中国第一历史档案馆、中国社会科学院历史研究所编《清代地租剥削形态》下,第620页。
② 杜家骥主编《清嘉庆朝刑科题本社会史料辑刊》,第1册,第40页。
③ 杜家骥主编《清嘉庆朝刑科题本社会史料辑刊》,第1册,第366页。
④ 杜家骥主编《清嘉庆朝刑科题本社会史料辑刊》,第1册,第426页。
⑤ 郑秦、赵雄主编《清代"服制"命案——刑科题本档案选编》,第416页。

候，秋后处决"。①台州府宁海县民黄怀有因禁止砍伐公地树木纠纷殴伤小功堂弟黄怀智身死案，据黄怀有供："已死黄怀智是小功堂弟，素来和好，没有嫌隙。嘉庆十六年二月初十日上午，小的与堂兄黄怀江、族人黄怀修、黄元清们因公共的土名门前坛沙地恐被水冲，邀黄元杰在祖堂屋内公议，把地边种的树木存留捍卫，不许族众砍伐。黄怀智走来不依，小的把他村斥。"②最终判决为"黄怀有合依本宗尊长殴小功卑幼至死者绞律，拟绞监候"。③这种共曾祖小功兄弟关系的案例还有3例：嘉庆二十二年（1817），绍兴府山阴县民单如山因工价之争将本宗小功兄单如占殴毙案，依据律载："卑幼殴本宗小功兄死者斩。"④嘉庆二十四年（1819）绍兴府诸暨县民边帼丰因财礼之争被小功服堂兄边帼兆殴毙案，"边帼兆合依本宗尊长殴小功卑幼至死者绞监候律，拟绞监候，秋后处决"。⑤嘉庆二十一年（1816）湖州府长兴县民邱炳球殴伤小功堂弟邱炳珏身死私和匿报案，"邱炳球合依尊长殴小功卑幼至死者绞律，拟绞监候，秋后处决"。⑥

大功。是共祖关系，发生在堂兄弟之间案件颇多。乾隆四十四年（1779）梁得院戳伤大功兄案，"梁得院合依卑幼殴本宗大功兄死者斩律，拟斩立决"。⑦嘉庆十年（1805）宁波府奉化县民卢运太

---

① 中国第一历史档案馆、中国社会科学院历史研究所编《清代地租剥削形态》下，第552页。
② 杜家骥主编《清嘉庆朝刑科题本社会史料辑刊》，第1册，第192页。
③ 杜家骥主编《清嘉庆朝刑科题本社会史料辑刊》，第1册，第193页。
④ 杜家骥主编《清嘉庆朝刑科题本社会史料辑刊》，第1册，第345页。
⑤ 杜家骥主编《清嘉庆朝刑科题本社会史料辑刊》，第1册，第395页。
⑥ 杜家骥主编《清嘉庆朝刑科题本社会史料辑刊》，第3册，第1872页。
⑦ 郑秦、赵雄主编《清代"服制"命案——刑科题本档案选编》，第219页。

勒死堂弟图赖案，判案依"故杀大功堂弟绞监候律"。①嘉庆十八年（1813）绍兴府诸暨县民周帼玉因担保钱殴伤大功服兄致死案，查例载："卑幼殴大功兄死者斩。"②嘉庆十八年台州府黄岩县民蒋绍名因争分遗产戳伤大功堂兄致死案，"蒋绍名合依卑幼殴大功兄死者斩决律，拟斩立决"。③嘉庆二十一年（1816）温州府泰顺县民包夏高等谋杀大功服兄包长位身死案，"包夏高合依谋杀缌麻以上尊长已杀者斩律，拟斩立决，照例告行刺字"。④嘉庆二十一年绍兴府萧山县民楼瑞骕因加涨房价殴伤堂弟楼瑞胜身死案，"楼瑞骕合依本宗尊长殴小功卑幼至死者绞监候律，拟绞监候，秋后处决"。⑤嘉庆二十三年（1818）绍兴府嵊县民钱世荣因售卖祭田戳伤大功堂兄钱世宣身死案，结局是"合依卑幼殴本宗大功兄死者斩律，拟斩立决"。⑥

兄弟。杭州府昌化县民吴加有因卖公山打死胞兄案，据吴加有供：

> 已死吴发成是小的胞兄，同居各爨，平日和好，并没嫌隙。小的家有土名木竹坪山场一处，原是小的与哥子未分公业。嘉庆九年二月初九日早饭后，有邻居程明德到小的家闲谈，小的因贫苦难度，要将小的名下应分公山一股，托程明德

---

① 杜家骥主编《清嘉庆朝刑科题本社会史料辑刊》，第1册，第109页。
② 杜家骥主编《清嘉庆朝刑科题本社会史料辑刊》，第1册，第243页。
③ 杜家骥主编《清嘉庆朝刑科题本社会史料辑刊》，第1册，第250页。
④ 杜家骥主编《清嘉庆朝刑科题本社会史料辑刊》，第1册，第315页。
⑤ 杜家骥主编《清嘉庆朝刑科题本社会史料辑刊》，第1册，第322页。
⑥ 杜家骥主编《清嘉庆朝刑科题本社会史料辑刊》，第1册，第384页。

觅主出卖。适哥子走来听见，不许小的售卖，小的说只卖自己一股，叫哥子不要拦阻，哥子不依，就用右手扭住小的胸衣，要去投族理论，小的不肯同去，程明德上前劝解，小的向程明德告诉苦情，原说如此穷苦，外人也应顾恤，何况弟兄，原想感动哥子应许分卖的意思。哪知哥子愈加生气，定要拉投族长，把小的胸衣拉住倒走，被门槛一绊哥子仰跌倒地，小的一同带跌仆压哥子身上……不料哥子跌压内损，到初十日午后就死了。①

三法司判决："吴加有合依弟殴胞兄死者斩律，拟斩立决。"皇帝改为"吴加有改为应斩，着监候，秋后处决"。②这一事例中兄弟关系是在宗族中展开的，因"公业"产生矛盾，请族长解决纠纷，都说明此点。

另一起案件也类似。嘉庆十九年（1814）温州府泰顺县民胡期旦致伤胞弟胡期位身死及胡陈氏自缢身死案，据胡期旦供："与三弟胡期位分居各爨，向没嫌隙。小的家有四房，轮收祭田，坐落水碓头，向系小的耕种还租。"嘉庆十六年（1811），因收租胡期位与胞兄胡期旦争割田稻，被胡期旦推跌致伤死。其妻胡陈氏亦被胡期旦之子胡东受殴逼，气愤自缢身死。此案涉及胡东受殴逼期亲服婶胡陈氏自缢身死，并胡期旦致伤胞弟胡期位身死。法官认为"胡东受系陈氏期亲服侄，自应按律问拟，胡东受除殴伤期亲叔母轻罪不议外，合依卑幼因事逼迫期亲尊长致死者绞律，拟绞监候，秋后处

---

① 杜家骥主编《清嘉庆朝刑科题本社会史料辑刊》，第1册，第60—61页。
② 杜家骥主编《清嘉庆朝刑科题本社会史料辑刊》，第1册，第61页。

决。胡期位系胡期旦胞弟，胡期旦合依殴期亲弟至死者，照本律满徒加一等例，杖一百流二千里"。①这个案子也是发生在四房轮收祭田上，既是家庭问题，也是宗族问题。

殴伤亲叔的案例也有。嘉庆十九年（1814）嘉兴府嘉兴县民李二观因索分地价误伤胞叔李文山身死案，结果是："李二观合依侄殴叔至死者斩律，拟斩立决。"②

（三）同族、族人与族众

宗族成员自认为是同族关系。嘉庆十五年（1810）衢州府龙游县民徐阿顺因承佃土地纠纷殴毙同村人祝秋苟案，据徐阿顺供："祝秋苟的同母异父兄弟徐上九三是小的同族，佃种祀田三亩。"③嘉庆二十四年（1819），绍兴府余姚县民邵僭良因割公共学田稻谷被邵成秀殴毙案，邵文瀛供称："邵僭良是小的父亲，与邵田氏、邵成秀都是同族无服。邵田氏家有四房公共义学田十亩零，先曾并卖与有分的邵陈氏为业，后因邵田氏要多分田价，控县断令赎回归公。因田价没有交齐，田仍邵陈氏租给邵成秀佃种。"④这里引出一个概念"有分"，即作为"同族"对公共义学田享有一定的权利。

"有分"的观念，还有其他事例。嘉庆七年（1802）绍兴府诸暨县民赵家庭因口角打死小功服叔案，"赵西川把赵锦川拉住问他因何私砍坟荫，赵锦川说是有分公山，大家砍得"。⑤族人对于

---

① 杜家骥主编《清嘉庆朝刑科题本社会史料辑刊》，第1册，第276—277页。
② 杜家骥主编《清嘉庆朝刑科题本社会史料辑刊》，第1册，第273页。
③ 杜家骥主编《清嘉庆朝刑科题本社会史料辑刊》，第2册，第618页。
④ 杜家骥主编《清嘉庆朝刑科题本社会史料辑刊》，第1册，第397页。
⑤ 杜家骥主编《清嘉庆朝刑科题本社会史料辑刊》，第1册，第40页。

族中安葬祖坟的公山"有分"。嘉庆十一年（1806）温州府平阳县余维月供："余嘉芽开店得利，他店基本是祖遗公共，与小的都各有分。"①

绍兴府嘉庆九年（1804）嵊县民邢加汶因口角打死无服族叔案的口供，更加反映了同族的观念。据邢加和、邢加连同供："小的们与邢加汶、邢孙兆们都是同族，有公共坟山一片，添养松木，恐日后族人私砍，二月初四日在小的邢加和家设酒立议公禁，邢加汶、邢孙兆都来吃酒。"②邢氏认可的同族，也称作"族人"，对于"公共坟山"他们"设酒立议公禁"。对于这起案件的官府审判意见也值得注意："查邢孙兆系邢加汶无服族叔，应同凡论，邢加汶合依同姓服尽亲属相殴至死以凡论、斗杀者绞律，拟绞监候，秋后处决。"③出了五服的"无服"关系，仍是叔侄关系，尽管法律"依同姓服尽亲属相殴至死以凡论"，与平民之间相殴致死判决相同，但是也承认这种"同姓服尽亲属"关系，当然这种关系有别于服内亲属关系。法律上，族内关系依照尊卑长幼关系处理。

"族人"用语的事例还有杭州府海宁县，"有杨五族人杨汝明，与乾隆十二年，将田四亩卖与郑鲁山为业"。④再有宁波府奉化县民江伦爵殴死差役宋云案。据监生江家受供："嘉庆十三年七月里，族人江梅芳们兴修社庙，因监生捐钱十千文未付，同族叔江伦爵把监生运回租谷五担截留作抵。监生气忿，就说他们平空截谷，

---

① 常建华主编《清嘉庆朝刑科题本社会史料分省辑刊》，上册，第708页。
② 杜家骥主编《清嘉庆朝刑科题本社会史料辑刊》，第1册，第61页。
③ 杜家骥主编《清嘉庆朝刑科题本社会史料辑刊》，第1册，第62页。
④ 杜家骥主编《清代土地占有关系与佃农抗租斗争》上，第427页。

赴县具控。经族长江配高调处，呈县息销。"①"族人"的事务经族长调处，显然是宗族内部发生的。

将同族作为"族人"的观念，也可以同时使用"族众"表达。如台州府宁海县民黄怀有因禁止砍伐公地树木纠纷殴伤小功堂弟黄怀智身死案，据黄怀有供：已死黄怀智是小功堂弟，"嘉庆十六年二月初十日上午，小的与堂兄黄怀江、族人黄怀修、黄元清们因公共的土名门前坛沙地恐被水冲，邀黄元杰在祖堂屋内公议，把地边种的树木存留捍卫，不许族众砍伐"②。"族人"在祖堂屋内公议"族众"之事，是从同族观念出发的。

再如，绍兴府诸暨县民陈宁来等因田租之争殴毙陈之聘案，据陈宁来供："陈之聘是无服族弟，同村居住，素好无隙嫌。小的族内有公共祀田二亩零，坐落郭姓房屋旁。嘉庆二十三年十二月间，郭姓因要造屋，情愿出田十四亩向小的们调换。经陈良伦、陈之新公同议明换给，将田分给族众佃种。陈之聘、陈良伦们分种田八亩五分，父亲与陈之新们分种田五亩五分。二十四年五月二十五日，投明族众议租。"③该事例中的"无服"关系属于"族内"，公共祀田分给族众佃种，由族众议租。官府判词则说："此案陈宁来因无服族弟陈之聘与伊父陈虔榛并族人陈之新等议交公共田租起衅争殴……陈宁来合依同姓服尽亲属相殴至死以凡论，共殴人致死，下手致命伤重者绞监候律，拟绞监候，秋后处决。该抚疏称：陈之新、陈宁秀与陈之聘均无服制，应各照余人律，杖一百。无干省释。祀田仍

---

① 杜家骥主编《清嘉庆朝刑科题本社会史料辑刊》，第3册，第1736页。
② 杜家骥主编《清嘉庆朝刑科题本社会史料辑刊》，第1册，第192页。
③ 杜家骥主编《清嘉庆朝刑科题本社会史料辑刊》，第1册，第396页。

饬令该族议明租赀，照旧分种。"①将该案作为宗族事务处置，使用了"族人"的用语，祀田租赀令"该族议明"。

单独出现"族众"的事例还有。一是处州府缙云县民人陈连儿推跌俞章氏受伤身死一案，嘉庆二年（1797）三月初八日，陈得通、陈连儿等到坟拜扫，见坟旁山地开垦种作，问是陈得通将地卖与俞四明管业，他们恐有碍祖坟，叫他备价赎回，陈得通回复没钱，族长陈三多等"议令族众出钱公赎，大家应允"。②族众服从族中公议。二是嘉庆七年（1802）绍兴府嵊县民人陈阿谨等共殴陈祥陇身死一案，"据陈允怀投称：伊父陈祥陇因欲砍卖祖坟山上树木，经六年，值祭之陈培因邀同族众写贴禁单，初九日早，伊父前往争吵，被陈培因纠同陈阿谨等殴伤身死"。③族众参与族中祖坟山上树木保护禁单的书写张贴工作。三是嘉庆二十四年（1819）绍兴府诸暨县民楼性葵因欠租混赖被族人楼元武殴毙案，据楼元武供："小的家有公共祠堂一所，置有祀田，向系族众佃种还租，是楼治典、楼候柏在祠经管账务。"④族众耕种族中祀田，向祠堂交租。

上述12例，分布在杭州、衢州、绍兴、宁波、温州、台州、处州7府，绍兴府6例较多，发生在绍兴府的事例分布在余姚、嵊县（2例）、诸暨（3例）3县。

二、宗族组织：祠堂、族长与房分

宗族共同体不仅是习俗、观念与亲属制度上的，也是组织化

---

① 杜家骥主编《清嘉庆朝刑科题本社会史料辑刊》，第1册，第396页。
② 常建华主编《清嘉庆朝刑科题本社会史料分省辑刊》，上册，第665页。
③ 常建华主编《清嘉庆朝刑科题本社会史料分省辑刊》，上册，第678页。
④ 杜家骥主编《清嘉庆朝刑科题本社会史料辑刊》，第1册，第405页。

的，祠堂族长以房分为基础，管理族人。

(一) 祠堂

祠堂是祭祖的场所。衢州府常山县江姓有出租祀田的事例，乾隆四十四年（1779）"十一月十六日族人在祠祭祖"。①宁波府奉化县民张显刚掷伤张显帼身死案，张显帼是张显刚无服族弟，张显刚支祖有祭田五亩，各房轮值收租办祭，余钱按丁派分。嘉庆十一年（1806）十二月十四日，张显刚值祭，"张显帼们到祠拜祖散胙后"，②张显刚与张名锦、张南山结算祠账，张显帼先要分钱回去。张显刚不允争闹，被张显刚用碗掷伤身死。这两例都是在宗族祠堂祭拜祖先。

宗族祭祖以祭祀田产作为经济保障，宗族祠堂管理祀田成为重要事务，祠堂处理宗族内部因祭祖田产等引起的纠纷。绍兴府诸暨县民楼玘美殴伤无服族兄楼可久身死一案，余思田有祀田三十亩零，托楼玘美经手转租，楼可久等向来租种三亩五分，每年交租钱六千四百文。嘉庆二十三年（1818）三月间，余思田有急用，要楼玘美一总拿出租钱，把田都租给他，任凭自种转租。楼玘美当交钱六十五千文把田租下。八月十三日，楼可久弟兄同到楼玘美店内仍要租种那三亩五分，楼玘美说要自种。楼可久们不依，被劝散。楼玘美因胞兄楼林美在田工作，前往告知，"同到宗祠投族理论"。③诸暨县民楼性葵因欠租混赖被族人楼元武殴毙案，据楼元武供："小

---

① 中国第一历史档案馆、中国社会科学院历史研究所编《清代地租剥削形态》下，第461页。
② 常建华主编《清嘉庆朝刑科题本社会史料分省辑刊》，上册，第709页。
③ 杜家骥主编《清嘉庆朝刑科题本社会史料辑刊》，第1册，第373页。

的家有公共祠堂一所，置有祀田，向系族众佃种还租，是楼治典、楼候柏在祠经管账务。楼性葵承种祀田一亩五分、地一亩五分，议明每年田还租谷三石、地租钱七百文。十九年起至今六年，欠租不还。二十四年七月十三日，楼治典、楼候柏在祠收租。"[1]可知该族祀田归祠堂管理，有专人在祠堂经管账务，在祠收租。这两例都发生在绍兴府诸暨县楼姓宗族。嘉庆六年（1801）金华府浦江县民人徐贤万戳伤徐厚尧身死一案，该族"有祖祭田四十亩，向系七房分种，每年交谷一半归公办祭完粮，各房长轮年在祠收管"。[2]各房房长在祠堂收管祭田收入，办理祭祖事务。

宗族祠堂也被用于族人的住宿等需求。台州府黄岩县民人胡显址戳伤茅高能身死一案，嘉庆五年（1800）三月间，胡显址住屋塌倒，"借住宗祠，五月内，被族弟胡显江控，蒙案下饬差押逐"。[3]

此外，严州府遂安县民汪岁初等因拔豆误会致死邻人毛赐贤案，乾隆五十六年间，汪姓因修祠乏费，经族长汪之河将山地一半得价押与汪必凤管业。[4]该族有修祠的计划。

宗族祠堂，绍兴府诸暨县民楼玘美的事例中称作"宗祠"，还有"公堂""祖堂"的用语。绍兴府嵊县民人陈阿瑾等共殴陈祥陇身死原谋陈培因在监病故一案，"六年五月初间，陈祥陇又要盗砍祖坟树木，在各处寻觅买主。经当年值祭的陈培因查知，初八日邀同族众在陈成宇家写立禁单，黏贴祖堂门首"。[5]祖堂应是该族祠

---

[1] 杜家骥主编《清嘉庆朝刑科题本社会史料辑刊》，第1册，第405页。
[2] 常建华主编《清嘉庆朝刑科题本社会史料分省辑刊》，上册，第692页。
[3] 常建华主编《清嘉庆朝刑科题本社会史料分省辑刊》，上册，第680页。
[4] 杜家骥主编《清嘉庆朝刑科题本社会史料辑刊》，第2册，第569页。
[5] 常建华主编《清嘉庆朝刑科题本社会史料分省辑刊》，上册，第678页。

堂。绍兴府会稽县民人王十九等共殴缌麻服侄王得贤身死一案，据王十九供：嘉庆十一年（1806）轮该王得贤值祭，"正月二十六日，王得贤祭祖，胞伯同在公堂散胙"。①祭祖散胙的"公堂"当是宗族祠堂。

以上9例发生在衢州、宁波、绍兴、金华、台州、严州、绍兴7府，可见宗族设置祠堂祭祖、管理祭祀祖先的田产具有一定的普遍性，其中绍兴府诸暨、嵊、会稽3县各1例，可见该府祠堂较为盛行。

（二）族长

族长具有解决族内纠纷的责任，地方官认可族长的这种权责。绍兴府余姚县乾隆三年（1738）胡姓宗族内部因土地典赎争控，经"族长胡圣臣等将胡新宝先典后退，及虎廷玉不交找价情由供覆在卷"。②族长的处置成为官府断案的依据。金华府东阳县"乾隆二十六年，邵亨全欠租一石九斗五升，邵亨鏽投明族长理讨"。③

杭州府昌化县民吴加有因卖公山打死胞兄案，吴家有土名木竹坪山场一处，原是兄弟俩未分公业。嘉庆九年（1804）二月初九日早饭后，有邻居程明德到吴加有家闲谈，吴加有因贫苦难度，要将其名下应分公山一股，托程明德觅主出卖。适哥哥吴发成走来听见，不许售卖，吴加有说只卖自己一股，叫哥哥不要拦阻，哥哥不

---

① 常建华主编《清嘉庆朝刑科题本社会史料分省辑刊》，上册，第700页。
② 中国第一历史档案馆、中国社会科学院历史研究所编《清代土地占有关系与佃农抗租斗争》上，第233页。
③ 中国第一历史档案馆、中国社会科学院历史研究所编《清代土地占有关系与佃农抗租斗争》下，第655页。

依，就用右手扭住其弟胸衣，要去"投族理论"，弟弟不肯同去，哥哥"定要拉投族长"，[1]被门槛绊倒，跌压内损而死。可知，吴氏有族长，可以为族人解决纠纷。宁波府奉化县民江伦爵殴死差役宋云案，涉案监生江家受供称："嘉庆十三年七月里，族人江梅芳们兴修社庙，因监生捐钱十千文未付，同族叔江伦爵把监生运回租谷五担截留作抵。监生气忿，就说他们平空截谷，赴县具控。经族长江配高调处，呈县息销。"[2]可见族长"调处"族人矛盾，得到县官的肯定。

族长具有管理祀田的职责。乾隆四十四年（1779）衢州府常山县江姓出租祀田的事例，"据地保童文盛呈报：伊族有祀田二十七亩，族人江树祥思欲承种。族长江加增同伊胞兄江兆元令出顶钱存祠，方许承种"。[3]族长对于族人承种族中祀田规定了预交押租的条件。嘉庆十五年，衢州府江山县民郑彩阳因祀产租谷纠纷砍死无服族侄郑五喜案，三法司同意浙江巡抚的意见："郑彩阳历年垫纳银米，令该房族照数偿还。其独收租谷追出，分给办祭。田契给还，饬交族长收执。"[4]官府认为族长应保管该族祀田的田契，亦即承认族长的管理权。

宗族往往拥有公共山地，族长也具有管理的责任。严州府遂安县民汪岁初等因拔豆误会致死邻人毛赐贤案，汪岁初与毛赐贤邻村居住，毛赐贤之父"有土名黄荆坞山地共一亩二分六厘，与汪姓

---

[1] 杜家骥主编《清嘉庆朝刑科题本社会史料辑刊》，第1册，第60—61页。
[2] 杜家骥主编《清嘉庆朝刑科题本社会史料辑刊》，第3册，第1736页。
[3] 中国第一历史档案馆、中国社会科学院历史研究所编《清代地租剥削形态》下，第460页。
[4] 杜家骥主编《清嘉庆朝刑科题本社会史料辑刊》，第1册，第176页。

祀产合业，各管六分三厘，向给汪必凤佃种纳租，并未分界。乾隆五十六年间，汪姓因修祠乏费，经族长汪之河将山地一半得价押与汪必凤管业"。①看来族长具有处置祀产的权力。处州府缙云县陈连儿因族亲地亩事推跌俞章氏致死一案，陈姓族内有公共山地七亩，与祖坟界址毗连。嘉庆二年（1797）三月初八日，陈姓族人到坟拜扫，见坟旁山地开垦种作，问是陈得通将地卖与俞四明管业，族人恐有碍祖坟，叫他备价赎回，陈得通回复没钱，"陈三多议令族众出钱公赎，大家应允"。②这个陈三多，年四十九岁，是陈姓族长。这是族长处理族产公共山地的事例。

以上7个有关族长事例，分布在杭州、绍兴、宁波、衢州、严州、处州6府，具有一定的普遍性。

（二）房分

宗族的基础是分房结构。前述衢州府江山县郑姓的事例，出现"房族"的用语，实际上是指宗族的分房或房长、族长。如果说该事例的"房族"属于官府用语，民间的事例也有。处州府龙泉县民方启浩因争山场事致死无服族侄孙案，方启浩"故族方輀选于康熙五十三年向周允相转买吴鼎成土名茶坞山一片，葬有曾祖方尚潮坟冢，方成发们祖上于雍正年间向吴惟彪买得茶坞山一片，山界毗连。乾隆五十年间，有房族方富孙要在这山内葬母"。③

还有"亲房"的用语。绍兴府嵊县民人陈阿瑾等共殴陈祥陇身

---

① 杜家骥主编《清嘉庆朝刑科题本社会史料辑刊》，第2册，第569页。
② 常建华主编《清嘉庆朝刑科题本社会史料分省辑刊》，上册，第665页。
③ 中国第一历史档案馆、中国社会科学院历史研究所编《清代地租剥削形态》上，第67页。

死原谋陈培因在监病故一案，据其子陈允怀供："已死陈祥陇是小的父亲，嘉庆五年父亲把公共祭田八亩，租与程彦化佃种后，是亲房陈士林赎回的"。①"亲房"似是亲戚的意思。

宗族分房，会设有房长。如金华府浦江县徐姓"有祖祭田四十亩，向系七房分种，每年交谷一半归公办祭完粮，各房长轮年在祠收管"。②各房房长在祠堂收管祭田收入，办理祭祖事务。

分房可以是在世兄弟间进行。乾隆二十八年（1763）台州府仙居县彭炳龙等将族内茔田重佃收有顶佃钱文的事例，彭炳龙等兄弟3人有"三房公众茔田十亩，又公山一片"。③嘉庆十八年（1813）绍兴府诸暨县民周帼玉因担保钱殴伤大功服兄致死案，周帼玉"与周维成、周维静们三房每年清明轮流值年派钱祭祖"。④嘉庆十九年（1814）温州府泰顺县民胡期旦致伤胞弟胡期位身死及胡陈氏自缢身死案，胡期旦"家有四房，轮收祭田"。⑤

兄弟分房的结构延续下去，对于后代而言，就成为祖先以来的房派。衢州府江山县民郑彩阳因祀产租谷纠纷砍死无服族侄郑五喜案，乾隆二十四年（1759），郑彩阳的"父亲在日把已业郑淑仪名下山田一亩二分一厘零卖给族内作为始祖祀产，每年收租谷一石二斗，各房轮流值祭"。⑥这是父辈以来各房轮祭，还有祖辈以来的事例，嘉庆二十年（1815），绍兴府诸暨县民翁周远砍伤无服叔祖

---

① 常建华主编《清嘉庆朝刑科题本社会史料分省辑刊》，上册，第676页。
② 常建华主编《清嘉庆朝刑科题本社会史料分省辑刊》，上册，第692页。
③ 中国第一历史档案馆、中国社会科学院历史研究所编《清代地租剥削形态》下，第438页。
④ 杜家骥主编《清嘉庆朝刑科题本社会史料辑刊》，第1册，第242页。
⑤ 杜家骥主编《清嘉庆朝刑科题本社会史料辑刊》，第1册，第276页。
⑥ 杜家骥主编《清嘉庆朝刑科题本社会史料辑刊》，第1册，第176页。

翁庭三身死案，翁周远"祖上派分五房，长幼两房已绝，遗有两户坟地钱粮共一钱二分零，无人完纳。有公地柏树两株，每年采摘柏子卖钱完粮"。官府认为"绝户钱粮既系公地柏树收花抵完，应令各房轮年收花完纳，以杜争端"。[①]事实上该族分为3个房派，官府认可房派轮管公共坟地。处州府龙泉县民金华振等共殴张炳华身死案，嘉庆十九年（1754）冬间，"张火荣修理祖墓，垫用钱八百文。族众公议各房分摊"。[②]这也应该指的是较大的房派。

宗族分房的事例往往语焉不详，我们只知道分房而已。嘉庆二十四年（1819），绍兴府余姚县民邵偕良因割公共学田稻谷被邵成秀殴毙案，"邵田氏家有四房公共义学田十亩零，先曾并卖与有分的邵陈氏为业，后因邵田氏要多分田价，控县断令赎回归公"。[③]

上述涉及宗族分房问题的事例共计11个，分布在衢州（2个）、处州（2个）、绍兴（4个）、金华、台州、温州6府。

三、宗族经济：祭田与坟山

祭祖作为宗族的重要事务，往往设置祭田作为保障。祖坟埋藏祖先，坟山也有树木，成为宗族经济的一部分。

（一）坟山

浙江族姓往往有公共山场，作为祖坟，故又称坟山。山场种植树木，亦是公产，族人有卖山场或者盗砍树木，产生纠纷。族姓为了维护公共利益，也有订立公约的。

---

① 杜家骥主编《清嘉庆朝刑科题本社会史料辑刊》，第1册，第282页。
② 杜家骥主编《清嘉庆朝刑科题本社会史料辑刊》，第1册，第295页。
③ 杜家骥主编《清嘉庆朝刑科题本社会史料辑刊》，第1册，第397页。

绍兴府的事例最为丰富。该府诸暨县赵姓有公共资字号公山，安葬祖坟，四周种植荫木。嘉庆七年（1802）因族人在山上盗砍松树，发生命案。[1]诸暨周姓，祖上派分五房，长幼两房已绝，遗有两户坟地钱粮共一钱二分零，无人完纳。有公地柏树两株，每年采摘柏子卖钱完粮。[2]嵊县邢姓，有公共坟山，嘉庆九年（1804）因添养松木，恐派下子孙私砍，在邢加和家设酒立议公禁。[3]余姚县吴姓，山场原栽种松木养做柴薪，是四房公产。嘉庆十三年（1808），吴化南因山上松树长大，可以修理宗祠，余钱分用，把山树契拼与徐兆禄砍斫，议价钱四十二千文，并不通知吴沅魁的弟兄列名上契。[4]

杭州府昌化县吴姓，有木竹坪山场一处，因族人图卖公山发生纠纷。[5]

严州府桐庐县邱姓，族内公山一处，留养杉木。[6]

金华府兰溪县盛姓，有祖遗土名遮豹坞荒山一处，原是公共祖业的，有里山二亩，从前是盛泳芬垦种松苗，仍在祖户公同完粮。[7]

衢州府江山县吴姓，深蓬山原是族中公地，葬有祖坟。嘉庆十九年（1814），吴庭仓把山地一亩盗卖给姜继淙为业。[8]同县詹姓，祖遗公山一片，租给周其效故父周进金栽种苎麻茶柏等树，每

---

[1] 杜家骥主编《清嘉庆朝刑科题本社会史料辑刊》，第1册，第39—40页。
[2] 杜家骥主编《清嘉庆朝刑科题本社会史料辑刊》，第1册，第282页。
[3] 杜家骥主编《清嘉庆朝刑科题本社会史料辑刊》，第1册，第61页。
[4] 常建华主编《清嘉庆朝刑科题本社会史料分省辑刊》，上册，第724—725页。
[5] 杜家骥主编《清嘉庆朝刑科题本社会史料辑刊》，第1册，第60页。
[6] 杜家骥主编《清嘉庆朝刑科题本社会史料辑刊》，第3册，第1785页。
[7] 常建华主编《清嘉庆朝刑科题本社会史料分省辑刊》，上册，第713页。
[8] 杜家骥主编《清嘉庆朝刑科题本社会史料辑刊》，第1册，第262页。

第四章 刑科题本反映的乾嘉时期南方宗族

年租钱六钱五分。①

台州宁海黄姓,议禁公地树木不许族众砍伐,致相争殴。②

处州府缙云县陈姓,族内有公共山地七亩,坐落黄连坑地方,与祖坟界址毗连。③

以上7府的事例表明,浙江宗族拥有公共山地比较普遍。特别是山场的树木经营,容易引起纠纷。从另一个角度看,拥有共同经济,也是宗族维系亲密关系的基础之一。

(二) 祭田

以上所引刑科题本中,多有涉及宗族祭田的。祭田,亦称祀田、尝田。清代宗族祭田的管理,一般由子孙各房轮流掌管,但也有祭产是设人专管。我曾依据《清代地租剥削形态》收录的29件有关族田的刑科题本档案,论述乾隆时期宗族轮管祭产的普遍性,特制下表:④

表4-3:档案所见清代族田形态简表

序号	所在地区	管理形式	承佃关系	租税形式及数量	名称数量	出处
1	贵州修文		平民异姓		公土六股	2号
2	广东揭阳		平民异姓	每年租谷八石	祭田四亩	10号

---

① 常建华主编《清嘉庆朝刑科题本社会史料分省辑刊》,上册,第712页。
② 杜家骥主编《清嘉庆朝刑科题本社会史料辑刊》,第1册,第192页。
③ 常建华主编《清嘉庆朝刑科题本社会史料分省辑刊》,上册,第665页。
④ 常建华:《宗族志》,上海人民出版社,1998,第345—347页。按:此处在原表上增加了序号、出处,纠正了原表中错误,并有个别改动。

续 表

序号	所在地区	管理形式	承佃关系	租税形式及数量	名称数量	出处
3	广东归善	五房轮收办祭	平民异姓	每年输租谷十五石、租银四两八钱	尝田五石	14号
4	广东东莞		无服族弟	四六分租，佃人得六，田主得四	尝田二丘，计三亩零	27号
5	广西博白		异姓	租谷六石，要七石	公田四石	36号
6	江西新喻		同族（族祠）	每年租谷六石	四亩五分	50号
7	广东琼山		同姓不同宗	每年租米一石三斗可折钱交纳	尝田六丘、鱼塘一口、园地一片	46号
8	湖南鄞县	族长们轮流收租，办祭公用	异姓	每年租银一两，租谷八石	山场四亩	52号
9	广东保昌		异姓	每年租谷五石，按照收成丰歉算交收	尝田二亩二分	54号
10	福建同安	轮流的祭产	隔八代的无服族叔祖	每年纳芝麻六升折钱收取	公地一丘	56号
11	江西会昌		异姓	租谷二十一石	公堂祭田八十石	76号
12	福建连城		异姓	租谷六十六桶	公共尝田	78号
13	云南阿迷州	八支轮管收租	异姓	每年完租谷二石四斗	祖遗公地	80号
14	广东河源		异姓	每年租谷分早晚两季，照时价折钱交收	尝田种三石零	254号

第四章 刑科题本反映的乾嘉时期南方宗族 337

续 表

序号	所在地区	管理形式	承佃关系	租税形式及数量	名称数量	出处
15	广西藤县		异姓	每年到田分割	公共祭田	123号
16	广东新宁		异姓	每年租谷二十二石，以五年为满	尝田八亩六分	126号
17	广东东莞		异姓	租银七十两	尝田七十五亩，后冲陷五亩	140号
18	福建安溪		异姓	每年租银八钱	山场种茶杉	147号
19	广东番禺	祭产	同姓	租银预收	会银田二亩六分	161号
20	江西上饶	三房轮流收租供祭	同族	每年谷租十三石	祀田十八石	197号
21	湖南长沙	轮流管祭	异姓		祀田七斗五升	215号
22	浙江仙居		异姓	每年租谷二十石、麦租一石	三房公众茔田十亩、公山一片	220号
23	浙江常山		族人	每年收租二十七石为祭费	祀田二十七亩	230号
24	安徽英山	由两人专管	族侄		公共庄地	238号
25	福建仙游	三房轮收办祭	异姓	每年租谷二石二斗	公共祭田一分	294号
26	广东潮阳		异姓	每年租谷十二石四斗二升	族内公共祭田五亩	301号
27	浙江浦江		族内		公田	323号
28	福建浦城		异姓	额租三担二桶	祭田	333号
29	福建诏安	轮流收租办祭	同族		祖遗公共尝田四斗种	366号

根据表4-3：29件族田事例中，广东10例，福建6例，江西3例，浙江3例，广西2例，湖南2例，安徽、云南、贵州各1例。表中明确管理方式的9件，9件中只有1例是由2人专管，另外8例均是轮管，轮管在数量上占多数。[①]

不仅如此，我们还可以了解到宗族祭田的经营形态。宋以后族田的经营基本继承了招佃外姓的方式，但也出现了族人承种族田的情况，此种情形在清代逐渐增加。

> 29件有关乾隆时代族田案例中，异姓租种族田为19例，约占三分之二，同姓租种者为10例，约占三分之一。表明异姓租种族田仍是基本经营方式，但同姓租种族田也占有相当高的比例。同姓租种族田广东3例，江西、福建、浙江各2例，安徽1例。除浙江1例只注明"公田"，不知其性质外，安徽1例为公共庄地，因系"坟堂收割"当为祭产，广东1例为银会田，亦为祭产，其他7例均为尝田，而全国义田最为集中的江苏，上述29件事例中一件也未发现。这似可说明同姓租种族田的事例主要发生在粤、闽、赣、浙，而在江苏则保留了宋以来异姓租种义田的传统。在同族耕种的场合下，有4例载明佃种者与土地所有者的亲属关系：即广东东莞刘氏尝田佃耕者是所有者的无服族弟，广东琼州张氏尝田承佃者与所有者同姓不同宗；福建同安林氏承佃者是所有者相隔八代的无服族叔祖；安徽英山萧氏族田所有者是承佃者的族叔。安徽英山萧氏事例中未说

---

① 常建华：《宗族志》，第347页。

明主佃双方是否出服，其他3例均载明是出了服的族人，表明这些族田佃与同族耕种，其范围是出服族人，而不是服内的族人。由此可以进一步作出两种推断：至清代乾隆时期，祭田由只许异姓佃种而发展到较多地允许出服族人耕种了。或者说，如果祭田的使用范围局限在服内族人的话，可以将其出租给不享受该族田的无服族人……族人佃种族内土地，往往是族人将田卖与族祠然后佃回耕种。如乾隆时江西新喻县傅别八将田卖与族祠后佃回耕种……族人佃耕本族之田，其经营情况与当时普遍存在于异姓之间的租佃制形态是一致的。比如租地要交押租，乾隆时期浙江常山县江树祥想种族内祀田，族长江加增"怕他欠租，不肯给他佃种"，要江树祥"先拿出顶钱二十七千文存祠，方许佃种"。江树祥不给，彼此口角相殴。可见，并未因他们同是族人而有所优惠。设置族田的目的是保证族田的收入。①

下面我们继续对嘉庆朝刑科题本中的浙江祭田资料考察。我们也先列表，再作统计与分析。

表4-4：嘉庆朝刑科题本所见浙江族田形态简表

序号	所在地区	管理形式	承佃关系	租税形式及数量	名称数量	出处
1	金华永康		同族		公共祀田一亩二分	144页

---

① 常建华：《宗族志》，第351—352页。

续 表

序号	所在地区	管理形式	承佃关系	租税形式及数量	名称数量	出处
2	衢州江山	五家值祭	同族	田粮一钱二分五厘六毫、秋米六合二勺	山田一亩二分一厘零始祖祀产	176页
3	温州泰顺	四房每年轮收	同族		祭田	276页
4	绍兴诸暨		异姓	每年租钱六千四百文	祀田三十亩零,出租三亩五分	373页
5	绍兴嵊县	轮流收租值祭	异姓		祭田九亩零	383页
6	绍兴诸暨		同族		公共祀田二亩零	395页
7	绍兴余姚		同族		四房公共义学田十亩零	397页
8	绍兴诸暨		族众佃种	佃种田一亩五分、地一亩五分,议明每年还租谷三石、地租钱七百文	祠堂祀田	404页
9	金华金华		同族	六股分派	公共基地一块,相连秧田一丘,共计六分七厘二毫	586页
10	衢州龙游		同族		祀田三亩	618页
11	绍兴山阴		异姓		祭田	875页
12	宁波奉化	轮值	同族		祀田	719页
13	宁波奉化	各房轮值收租办祭,余钱按丁派分	同族		祭田五亩	709页

续 表

序号	所在地区	管理形式	承佃关系	租税形式及数量	名称数量	出处
14	绍兴嵊县	轮流值祭	异姓		祭田八亩,又祖坟山一处,培养松木成林	678页
15	金华浦江	各房长轮年在祠收管	向系七房分种	每年交谷一半归公办祭完粮	祖祭田四十亩	692页
16	金华金华	轮管值祭			山地一片	729页
17	金华义乌	兄弟轮流收管			祀田	738页
18	温州平阳		异姓		公共祭田六亩	710页
19	衢州江山	收租办祭	同族（堂侄）	每年租谷八石	祀田二十五亩	662页
20	绍兴会稽	值年办祭	同族（胞伯）		公共祭田五分	700页

说明：表中出处一栏，前11例注页数，出自《清嘉庆朝刑科题本社会史料辑刊》一书，后9例出自《清嘉庆朝刑科题本社会史料分省辑刊》一书。

表中20个浙江宗族祭田事例，金华府5例，衢州府2例，温州府2例，绍兴府8例，宁波府2例，杭州府1例，这六府中以绍兴、金华二府的事例最多。祭田的管理，有明确记载的11例，除第19例记载不清楚之外，其余10例都是轮管值祭。祭田的经营，有记载的18例，其中同族耕种13例，外姓租种5例。同族耕种占据比例较大，承接了乾隆朝祭田经营以同姓为主的情形。祭田的数量一般是几亩，比较少，祭田多者三四十亩，其中四十亩1例、三十亩1例，二十五亩1例，其余都在十亩以下。

（三）派钱

有的宗族祭祖采取向族人分派钱款的形式。嘉庆十八年（1813），浙江诸暨县民周帼玉因担保钱殴伤大功服兄致死案中，据周帼玉供："小的与周维成、周维静们三房每年清明轮流值年派钱祭祖。嘉庆十八年三月初五日清明，轮该周维静办祭，小的家应出钱一百三十五文，因乏现钱，央周维静暂时垫用。"①

四、余论

日本社会学者有贺喜佐卫门对于中国宗族提出过自己的理解。他说：

> 所谓宗族……并不单纯表明宗谱关系，多数情况是亲族各家聚集而成的生活共同体。由于这种家族联合源于紧密的日常生活关系，成立于同个聚居地区，因此可以说是与原宗族保持父系亲属关系的家族的一定聚居集团……然而宗族还包含脱离生活关系的宗谱意义。具有同宗宗谱的家族即便分散居住到其他地方，它的宗族宗谱关系一般不会立即切断，不过随着时间的推移，当它在新的土地上扎下根来后，就渐渐与原宗族断了关系……即便宗族宗谱明确，但宗族的集团生活并不与其共

---

① 杜家骥主编《清嘉庆朝刑科题本社会史料辑刊》，第1册，第242页。

存却是事实……在只要宗族宗谱连续就称为同族的地方，必须限定它是同一生活共同体。由于单纯的宗族宗谱连续已不能作为现实的生活共同体存在，因此，必须了解宗族的概念有两重意思。一是宗族宗谱上的意义，另一个意义是聚居的生活共同体。[1]

上田信教授的研究，揭示出宋元和明清宗族同一性质的巨大差异，这种差异由于宗祠、祭祀、族产等问题的时代变迁更加明显。特别是，同族联合在16世纪的明朝后期以后，突然在地区社会中具有了重大意义。[2]钟翀教授的前揭专著也探索了"近世型宗族"的源流与发展脉络。他认为："公元900—1399年间发生的宗族，构成了今日北江盆地宗族社会的主体，对该地宗族的发生、宗族社会的形成而言，这是至为关键的一个时期……进入18世纪以后，在北江盆地，宗族秩序已然确立，该地的宗族社会已经非常稳固。"[3]

本节则进一步提供了18、19世纪之际浙江聚居宗族作为生活共同体的基本形态。刑科题本出现的浙江宗族多是同村或是附近聚居，属于各家聚集而成的生活共同体。我们的事例出现于浙江的大部分府州，尤其集中于绍兴、金华、衢州各府，与上田信、钟翀所讨论的地区一致，可见这些地区应是宗族生长发育比较繁盛的区域。上田信、钟翀的研究主要依据宗谱，我们使用的文献则是刑科

---

[1] 有贺喜左卫门：《关于亲族称呼本质的考察——以汉族亲族称呼为例》(《有贺喜左卫门著作集》九，未来社，1970)，转引自上田信《地域与宗族——浙江省山区》，第603—604页。
[2] 上田信：《地域与宗族——浙江省山区》，第605页。
[3] 钟翀：《北江盆地——宗族、聚落的形态与发生史研究》，第152页。

题本,是宗族因土地债务发生纠纷产生的资料。刑科题本的宗族纠纷史料,显示出宗族的内部矛盾以及与宗族外部的矛盾。我们的考察得知,宗族的内部矛盾既有租佃制产生的阶级矛盾,也有人口压力下争取生存资源的社会矛盾以及族人之间的利益之争。宗族族产租佃外姓产生的矛盾,是社会矛盾与阶级矛盾的另一种体现。日本著名历史学家仁井田陞创立的同族共同体理论认为:"在唐末变革期中,势力增大的地主-官僚阶层,以缓和同族(宗族)内部发生的地主与佃户雇农等下层农民之间的阶级矛盾为目的,为了保障他们的再生产,设置了共有地(义田等族田),最终谋求维持和稳定'新型的大地主体制'。"[①]这一说法针对的对象主要是苏州的范氏义庄。就清中叶浙江而言,族产主要用于祭祖,用于救济的义田属于个别,尚未形成"新型的大地主体制"。宗族共有经济虽然存在,但不发达,宗族共同体可以房分等血缘分衍形式存在,也可以组织化为祠堂族长的族权形式,聚族而居的宗族共同体在浙江是普遍存在的社会群体。宗族的矛盾也往往是互助过程中产生的,温情与纷争的纠结,就是宗族生活本身。

至于浙江的杭州、嘉兴、湖州三府,反映宗族案件的刑科题本我只发现杭州府的一个事例。即嘉庆九年(1804)昌化县民吴氏有族长可以为族人解决纠纷的事例。[②]嘉兴、湖州二府没有事例。而浙江其他府州如宁波、绍兴、金华、衢州、温州、处州、台州以及严州八府均有宗族事例。杭州府宗族族长的存在,说明杭州府宗族

---

① 井上徹著:《中国的宗族与国家礼制:从宗法主义角度所作的分析》,钱杭译,上海书店出版社,2008,第3—4页。
② 杜家骥主编《清嘉庆朝刑科题本社会史料辑刊》,第1册,第60—61页。

的存在且不如浙江其他地区兴盛。杭州以及浙江的宗族形态自然不是苏州义庄型的宗族,与苏南地区不太一样。至于"江南无宗族"论,恐怕不太适合清中叶的杭州府以及浙江地区。

第二节 清乾嘉时期广东宗族祭费问题与尝田佃耕纠纷

明清时期的广东宗族兴盛,宗族祠堂、族田较为普及。中国古代秋冬祭祖谓之烝尝,为祭祖而设的土地祭田亦称烝尝田,或简称尝田。反映清代社会民间诉讼案件的刑科题本,记载大量社会经济状况的信息,其中也有关于宗族方面的内容。特别是有关广东的刑科题本,宗族记载较多,尤多涉及祭祖经费筹措以及尝田佃耕引起的纠纷。

一、祭费筹措、管理与借欠纠纷

祭祖是宗族最重要的事情,祭祖费用一般依靠宗族的祭田。在惠州府归善县张振燕等出租尝田兼收实物、货币地租案例中,张氏一族五房,有尝田五石,"一向批与陈天骏耕种,每年输租谷一十五石,租银四两八钱,五房轮收办祭"。[①]南雄直隶州保昌县民邱三苟致伤缌麻服兄邱奠升身死一案,"邱奠升向耕族内尝田二亩,递年夏冬两季纳租谷一石,按房轮收为祭祖费用"。[②]对于公共尝田,诸房"轮收办祭"是通常的管理形式。官府维护尝田的佃耕,在邱姓这

---

① 中国第一历史档案馆、中国社会科学院历史研究所编《清代地租剥削形态》,上册,中华书局,1982,第27页。
② 杜家骥主编《清嘉庆朝刑科题本社会史料辑刊》,第1册,天津古籍出版社,2008,第74页。

起案件的处理中,官府要求"该族尝田饬令另行召耕,照旧纳租,毋许拖欠,以杜衅端"。①

尝田往往来源于祖遗。如琼州府琼山县民张白石等致伤张公政身死一案,张白石等"有祖遗尝田六丘、鱼塘一口、园地一片,一向批与张公政耕种,每年租米一石三斗"。②类似的事例还有潮州府澄海县佘姓宗族"祖遗公共田园,向批族人佘严仲耕种,收过批佃银十两"。③

有的宗族直接轮流给租祭祖。潮州府揭阳县民人吴阿齐致伤吴李氏身死一案,据吴阿津供:

> 死的吴李氏是小的妻子,那吴阿齐、吴阿狗、吴阿观与小的同姓不宗,吴阿齐们向小的租赁厅地一间,起屋安放祖宗神位,议定每年纳谷五斗,三房轮流给租。嘉庆三年分租谷轮值吴阿狗完纳,屡讨未还。本年正月十五日,小的见吴阿狗、吴阿齐、吴阿观同在厅内祭祖,复往向吴阿狗索讨前欠。吴阿狗说欠租无几,不应灯节向讨。小的骂他无赖,两相争闹。④

该族租赁厅地祭祖,未置公产,直接由各房轮流出租谷祭祖,但一开始就遇到欠租的麻烦。

---

① 杜家骥主编《清嘉庆朝刑科题本社会史料辑刊》,第1册,第75页。
② 中国第一历史档案馆、中国社会科学院历史研究所编《清代地租剥削形态》,上册,第99页。
③ 中国第一历史档案馆、中国社会科学院历史研究所编《清代地租剥削形态》,下册,第416页。
④ 杜家骥主编《清嘉庆朝刑科题本社会史料辑刊》,第2册,第1033页。

各房轮流收租纳粮办祭，必须保证提供祭费，不得欠租。惠州府永安县民张亚石因租谷之争殴毙黄庭扬案，据张纯锡禀称：

> 蚁曾祖遗有尝田并屋宇山地，房众议明公同召佃承耕，各房轮流收租纳粮办祭。乾隆四十八年间，堂伯张德祥承佃耕管，每年早晚两造，各纳租谷十石，交值年各房输粮办祭，经张德祥之弟张兰祥代为交执。嘉庆十八年张德祥身故，伊子张文振接耕。二十年轮值蚁收租纳粮办祭，张文振应交是年租谷二十石未交，经蚁赔垫应用，屡讨无偿。二十一年五月初五日，各房男妇齐赴祖祠祭祀，蚁母黄氏因张兰祥系张文振胞叔，又经代为书约，欲其督令张文振将租谷交清。张兰祥斥说时值祭祖不应提及租欠。蚁母不依回詈，经房众劝散。初八日，母舅黄庭扬、黄庭升来家探望，母亲告知前事，心怀不甘，邀同前赴张兰祥家理论。黄庭扬被张兰祥之子张亚石用挑刀致伤左腿、右手腕、左肋、右乳，移时身死。①

是为值年收租纳粮办祭未交当年租谷，虽经他人"赔垫"进行祭祖，但还是引发了纠纷。

宗族还有其他筹措祭费的办法，如通过设立族内银会集资。广州府番禺县凌勉思致伤凌叶廷身死一案，反映出该族通过银会筹措祭费的运作过程，该案的背景是这样的：

---

① 杜家骥主编《清嘉庆朝刑科题本社会史料辑刊》，第3册，第1876页。

据凌斌汉供：小的凌姓宗子，今年四十九岁。因小的族内故祖凌东围没有祭产，乾隆二十六年间，族众商议，令族内子孙做银会一个，议定一年两会，每会每分各供银一两六钱，至期集祠拈阄，拈得会银的把自己田亩写与族众作按，遇有拖欠，将田批佃收租供会。二十七年，凌洽宠拈收第二会，将土名水口桥田二亩六分写与族众为按。三十五年，凌洽宠将那田卖与他弟凌润宠为业，族众曾向凌润宠说明，凌洽宠尚欠会银十一分未供，凌润宠应承代为供清，把田批与凌勉思耕种。三十六年会期，凌润宠止代供一会，余俱拖欠未交。本年三月内，小的邀集族众，说明将此田批与凌叶廷耕种，取租供会，那时凌润宠兄弟外出，小的没有与他们说明，凌勉思就把凌叶廷的禾苗拔毁，另自栽种。凌叶廷投族理处，凌勉思已将本年租银交凌润宠收用，族众公议，仍给凌勉思耕种一年，俟下年给与凌叶廷耕种，凌叶廷应允。①

该银会的具体办法是，"拈得会银者把自己田亩写与族众作按，遇有拖欠，将田批佃收租供会"。从乾隆二十六年（1761）到三十五年，该银会已进行了十年，乾隆三十六年仍在继续。该族有祠，设有宗子，又设银会，筹措祭费。

通过征收木主进祠费用办祭，也是筹措祭费的办法。如潮州府饶平县民王阿伸殴伤小功服婶王苏氏身死一案：

---

① 中国第一历史档案馆、中国社会科学院历史研究所编《清代地租剥削形态》，上册，第317—318页。

缘王苏氏系王阿伸小功服叔王党正之妻，王姓族规：凡有木主进祠捐番银三圆，交值年办祭。乾隆五十六年，轮应王党正值年。五月初五日，王阿伸故父王思远木主进祠，当交番银二圆，尚少一圆，约俟十五日措交，逾期未经交给。六月初九日，王苏氏在祠屋门首用刀刮麻，适王阿伸经过，王苏氏见而向索前欠，王阿伸答以无银。王苏氏詈其负赖，王阿伸不服顶撞，王苏氏进祠将王思远木主拿取，用刀劈碎，王阿伸顺拾木棍殴伤王苏氏偏右，王苏氏举刀向砍，王阿伸闪侧，又用棍连殴王苏氏……王苏氏伤重，至夜殒命。[1]

木主进祠交银是该族筹措祭费的办法。

为了保证祭祖，公共祭费一般不外借。嘉庆十二年（1807），嘉应直隶州平远县民谢庚郎因分取祖偿余谷殴伤谢怀辉身死案，谢怀笼：

有祖遗公共尝田，给人耕种收租，历年除祭祀支销外尚存尝谷一十六石，交谢庚郎之父谢育生并谢招郎经管，议定留为修理祖祠费用。本年六月初三日伊与弟谢怀辉因贫难度，往向谢育生等分取祖尝余谷，不允争闹。[2]

该族尝田祭祖余谷留作修理祖祠费用，不许借给贫困族人。

---

[1] 郑秦、赵雄主编《清代"服制"命案——刑科题本档案选编》，中国政法大学出版社，1999，第389页。
[2] 常建华主编《清嘉庆朝刑科题本社会史料分省辑刊》，下册，天津古籍出版社，2019，第1346—1347页。

祭费如借族人，也一定要追还，由此引发一些案件。如广州府东莞县民叶承添致伤无服族叔叶惠广身死一案，乾隆六十年（1895）三月十七日，有叶吁谋投说：

> 族人监生叶荷添向族长叶得茂借过祖尝番银四十两未还。本月十三日，叶得茂同伊叔叶惠广趁墟走到村外撞遇叶荷添，叶得茂向讨前欠，叶荷添约俟迟日措还，伊叔声言公众尝银不应拖欠日久，叶荷添不服嗔闹，伊叔被叶荷添之弟叶承添拾石掷伤脑后，仆跌倒地，垫伤肚腹，至十六日身死。[①]

催还族人所借祖尝番银，导致纠纷发生。

类似的事件，还有广东温庭聪致伤缌麻服兄温信中、温信庭先后身死一案。据广东巡抚韩崶疏称：

> 缘温庭聪与缌麻服兄温信中、温信庭各住无嫌。又公共祖遗尝田，多年收租钱三千六百文为祭费，系两房轮流经管。温庭聪之父温锦书借用租钱五百二十文未还，本年（案：大约是嘉庆十三年）轮值温信中管理。该族祭扫毕，温信中等顺赴温庭聪家清算尝租钱文，令温锦书将前借租钱交出结账。温锦书斥其逼讨，温信中不服争闹。[②]

两房轮管祭费租钱也产生了矛盾。

---
① 常建华主编《清嘉庆朝刑科题本社会史料分省辑刊》，下册，第1297页。
② 常建华主编《清嘉庆朝刑科题本社会史料分省辑刊》，下册，第1357页。

银钱之外，租谷也不得借而不还。潮州府潮阳县民吴泳抢点放竹铳致伤无服族侄吴阿二身死一案，据吴泳抢供：

> 小的族内有祖遗公共祭田，向是小的父亲吴庭英经管，每年收的田租作为祭扫费用。嘉庆二十一年二月内，吴阿二叔子吴万奇叫吴阿二向父亲借取祭田租谷五石。后来父亲因值祭扫需用，屡次叫小的向吴万奇索讨未还。闰六月十五日，父亲又叫小的往向催讨，走到寨南角地方，适吴阿二携挑走撞遇小的。因吴万奇前欠谷石是吴阿二经手向借，要他代为赔还。吴阿二不依斥骂，两相争闹。①

这是要求借谷经手人代为赔还引发的案件。

对于不还所借尝银的族人，宗族也有惩罚措施。如广州府香山县民李亚占因抢夺银两将其母尸身划伤图赖案，嘉庆十年（1805）香山县知县同时收到该县李姓宗族内部诉讼双方的告状：

> 据县民李本壮、李本灿、李礼承、李举承等禀称：李焕元于乾隆六十年间借欠四世祖李时信祠内尝银十两，屡年未还，每年祭祖，族众将李焕元父子名下应分祭祖胙肉查照族亲停给。嘉庆十年轮值蚁等管理尝银，三月二十日族众赴山祭扫祖坟，李焕元同长子李善本、三子李亚占到山，要令分给胙肉。蚁等以停胙系出众议，不能分给，争闹各散。二十二日，蚁等

---

① 常建华主编《清嘉庆朝刑科题本社会史料分省辑刊》，下册，第1357页。

在祠内算账，李焕元父子走至理论。有用剩尝银六两五钱置放桌上，被李焕元夺取，声言准抵胙肉，递交李亚占接收跑走。蚁等向讨，李焕元拾取瓦片自行划伤偏左，撒赖，经保正陈学贤劝开，理合禀乞公断。等情。随据李焕元同伊子李善本具诉李本壮等侵吞祠费，不给胙肉。等由。[①]

该族采取对于停给祭祖胙肉的办法惩罚借欠祠内尝银未还者，被罚者则以"侵吞祠费，不给胙肉"控告宗族。不过官府最终还是平衡性地处置该案："李焕元所夺尝银并借欠银两照追给领，其祭肉亦饬照旧分给，以杜衅端。"[②]

公共尝银也有利息，不还利息也不可。嘉应直隶州兴宁县民彭可忠殴死欠公钱不还之无服族叔彭庭兰案，据彭俊柏供：

> 小的是彭庭兰、可忠们族人。因小的族内积有公共尝银，按房轮年管理，向来议定遇有族人借用每银一两，年纳息谷一斗。历年都是早造后清完。嘉庆九年间，彭庭兰借用尝银十两。十三年，轮值彭可忠经管。小的是知道的。八月二十日，小的经过彭庭兰门前，见彭可忠向彭庭兰催讨本年息谷，彭庭兰求缓。彭可忠不允，争闹起来，彭庭兰举手内拐杖向打，彭可忠拾石回掷，伤着彭庭兰偏右仆跌倒地，石块擦伤左手腕。小的救阻不及，报知彭庭兰孙子彭帼仁到看，扶进屋内用药敷

---

① 杜家骥主编《清嘉庆朝刑科题本社会史料辑刊》，第1册，第92页。
② 杜家骥主编《清嘉庆朝刑科题本社会史料辑刊》，第1册，第94页。

治,不想彭庭兰伤重到二十四日死了。①

这是起讨还息谷引发的案件。

不仅是尝银,族众公项银也不许有借无还。韶州府乐昌县民罗双贱因债务纠纷致伤无服族弟罗正坤身死案,据罗双贱供:

> 先年父亲在日曾借用族众公项银七钱,没有交还。嘉庆十九年闰二月初十日,小的与胞兄罗蓝有、罗甲婢同罗正坤并罗正坤哥子罗仪庭、罗遂武、族兄罗献庭、罗绳上都到祠堂祭祖。罗献庭向哥子罗蓝有索讨前欠,罗蓝有没银求缓。罗献庭不依争闹。罗献庭扑向殴打,罗蓝有走避,罗献庭随后追殴。那时小的正用刀割肉,顺拿尖刀赶往救护。②

结果发生刀伤悲剧。父债子还,官府要求:"罗双贱故父借用族众银七钱,饬令犯兄罗蓝有照数备缴给领。"③

其实,凡是宗族公共财产,宗族自然不许损失。南雄直隶州始兴县民邓二老古因公共祖产被卖致死大功服兄案,据邓二老古供:

> 邓蔡二是小的共祖大功服兄,素好无嫌。向有公共祖遗侧屋一间,与邓蔡二自置店屋毗连。嘉庆十八年十二月内,邓蔡二需用地,把他自置店屋连公共侧屋一并立契卖与黄汪氏管

---

① 杜家骥主编《清嘉庆朝刑科题本社会史料辑刊》,第1册,第137页。
② 杜家骥主编《清嘉庆朝刑科题本社会史料辑刊》,第1册,第260页。
③ 杜家骥主编《清嘉庆朝刑科题本社会史料辑刊》,第1册,第260页。

业，得价番银七十三圆。那时小的外出佣工，店小二并未向小的告知。十九年四月十三日，小的外回查知前情，往寻邓蔡二理论，走至墟外桥边，撞遇邓蔡二，小的斥其不应擅卖公产，欲拉投族众议罚。邓蔡二出言分辩争闹，并拔身带小刀戳伤小的胸膛，小的也用拳打伤邓蔡二胸膛右边。邓蔡二用刀砍来，小的顺拾桥边断折木棍打伤邓蔡二右肋，邓蔡二举刀扑砍，小的闪侧，又用木棍回打，伤着邓蔡二左后肋倒地，有邓青面经见，救阻不及，小的就把木棍丢弃跑走，不想邓蔡二伤重，医治不好，到十四日下午因伤身死。①

这是擅卖公产导致的纠纷。

二、尝田的形态与佃耕纠纷

清代广东尝田的经营方式，普遍采取租佃制。中国第一历史档案馆和中国社会科学院历史研究所编的《清代地租剥削形态》一书，收录了11件乾隆时期有关广东尝田的案件，我们将其列表如下：

表4-5：《清代地租剥削形态》所见广东尝田事例表

序号	所在地区	管理形式	承佃关系	租税形式及数量	名称数量	出处
1	潮州揭阳		平民异姓	每年租谷八石	祭田四亩	10号

---

① 杜家骥主编《清嘉庆朝刑科题本社会史料辑刊》，第1册，第264—265页。

续　表

序号	所在地区	管理形式	承佃关系	租税形式及数量	名称数量	出处
2	惠州归善	五房轮收办祭	平民异姓	每年输租谷十五石、租银四两八钱	尝田五石	14号
3	广州东莞		无服族弟	四六分租，佃人得六，田主得四	尝田二丘，计三亩零	27号
4	琼州琼山		同姓不同宗	每年租米一石三斗，可折钱交纳	尝田六丘、鱼塘一口、园地一片	46号
5	南雄保昌		异姓	每年租谷五石，按照收成丰歉折算交收	尝田二亩二分	54号
6	惠州河源		异姓	每年租谷分早晚两季，照时价折钱交收	尝田种三石零	119号
7	广州新宁		异姓	每年租谷二十二石，以五年为满	尝田八亩六分	126号
8	广州东莞		异姓	租银七十两	尝田七十五亩，后冲陷五亩	140号
9	广州番禺	祭产	同姓	租银预收	会银田二亩六分	161号
10	潮州潮阳		异姓	每年租谷十二石四斗二升	族内公共祭田五亩	301号
11	嘉应兴宁		异姓		尝田一斗二升	322号

这11个事例在广东的分布是广州府4例，惠州府、潮州府各2例，琼州府、南雄直隶州、嘉应直隶州各1例。耕作方式是召佃承耕，承佃关系除了无服族弟1例、同姓不同宗2例外，8例都是由外姓人佃耕，约占总数的三分之二，同姓租种者为3例，约占三分之一，表明异姓租种族田是基本经营方式，但同姓租种族田也占有相

当高的比例。尝田数量以亩计算者7例，数量分别是七十五亩、八亩六分、五亩、四亩、三亩、二亩六分、二亩二分，以五亩以下居多；以种计算者3例，数量分别是五石、三石、一斗二升；以丘计算者2例，1例是六丘，另1例是二丘（该例又表明亩数三亩，已在以亩计算者7例中出现）。租税形式或记载一年早晚两次，或只记载年租额，多数是实物租，也有货币租，还有实物、货币租兼具、实物折钱的形式，定额租、分成租兼有。

我们继续统计《清嘉庆朝刑科题本社会史料辑刊》《清嘉庆朝刑科题本社会史料分省辑刊》两书中广东尝田事例，以了解嘉庆朝广东尝田租佃制的形态，请看下表：

表4-6：清嘉庆朝刑科题本所见广东尝田事例表

序号	所在地区	管理形式	承佃关系	租税形式及数量	名称数量	出处
1	南雄保昌	按房轮收祭祖费用	族内	递年夏冬两季纳租谷一石	尝田二亩	一册，74页
2	广州东莞	族众批与	族内	每年租银四两，约俟五年期满，另行转批	尝田二亩	一册，296页
3	惠州连平州	六房子孙按年轮流收租	族内	每年收租谷六十石	祖遗尝田	一册，350页
4	惠州永安	各房轮流收租纳粮办祭	族内	四房每年早晚两造，各纳租谷十石	尝田四十亩，房屋二间，山场一所	三册，1877页

第四章　刑科题本反映的乾嘉时期南方宗族

续 表

序号	所在地区	管理形式	承佃关系	租税形式及数量	名称数量	出处
5	肇庆阳春		族内		尝田	下册，1303页
6	嘉应平远		异姓（？）	给人耕种收租	祖遗公共尝田	下册，1340页
7	广东	两房轮流经管			祖遗公共尝田	下册，1357页
8	潮州潮阳	族内经管	族内（？）		祖遗祭田	下册，1368页

说明：表中序号1—4的资料出自《清嘉庆朝刑科题本社会史料辑刊》一书，序号5—8的资料出自《清嘉庆朝刑科题本社会史料分省辑刊》一书。

表中8个事例的分布是惠州府2例，广州府、潮州府、南雄直隶州、嘉应直隶州、肇庆府各1例，比起表4-5来肇庆府是新增的地区。尝田的管理形式表4-5中除了1例说"五房轮收办祭"外，其余皆空缺，而表4-6中明确各房轮流办祭有4例。承佃关系有5例属于族内，未记载的3例，其中第6、第8两例根据内容可以推测族内、异姓各1例，即绝大多数是族内人佃耕，这与表4-5明显不同。尝田数量有记载的3例，以亩计算者3例，数量分别是四十亩、二亩2例。租税形式或记载一年早晚（夏冬）两次，或只记载年租额，实物租、货币租的事例都有。

《清代地租剥削形态》一书，收录了30件有关族田的案件，其中广东11例，福建6例，江西3例，浙江3例，广西2例，湖南2例，安徽、云南、贵州各1例。①广东尝田事例数量占到全国事例的三分之一，反映出广东的尝田设置较为普及，尝田的经济社会关系较为紧张。比较表4-5与表4-6，引人注目的变化是承佃关系由乾隆时的异姓为主变成嘉庆时的族内为主，这一变化还可比照乾隆时期宗族"祭田由只许异姓佃种而发展到较多地允许出服族人耕种了"，②两者相一致。我们的推测是，随着人口增长快速与土地增长有限的矛盾，宗族承受了更大的生存压力，日趋将租与外姓的尝田收归宗族内部佃耕，或者在设置尝田时就采取由族内人耕种的办法。我们看到同时期浙江族田也是同族耕种比例较大。③

我们再具体考察佃耕纠纷的情形。

承耕者欠租与催讨人的矛盾。南雄直隶州保昌县民邱三苟因祭祖费用事致死缌麻服兄案，嘉庆九年（1804）七月十七日据县民邱奠荏禀称："伊兄邱奠升向耕族内尝田二亩，递年夏冬两季纳租谷一石，按房轮收为祭祖费用。本年轮值缌麻服弟邱三苟办祭，屡向伊兄讨取夏季租谷，未经清交。七月十六日邱三苟见伊兄经过门前，复向催讨，致相争闹。"④三法司断案："邱奠升所欠夏季租谷，已死免征。该族尝田饬令另行召耕，照旧纳租，毋许拖欠，以杜衅端。"⑤可知官府维护宗族尝田的佃耕收入，禁止拖欠。

---

① 常建华：《宗族志》，上海人民出版社，1998，第345—347页。按：《宗族志》中统计广东族田事例10个，这里的11例加上了表4-5中序号11的事例。共计11例。
② 常建华：《宗族志》，第351页。
③ 参见常建华《共同体与社会：清中叶浙江的宗族生活形态——以乾嘉时期刑科题本为基本资料》，《日常生活视野下的中国宗族》，科学出版社，2019，第196—222页。
④ 杜家骥主编《清嘉庆朝刑科题本社会史料辑刊》，第1册，第74页。
⑤ 杜家骥主编《清嘉庆朝刑科题本社会史料辑刊》，第1册，第75页。

轮耕者的矛盾常发生在诸房之间。惠州府永安县民张亚石因租谷之争殴毙黄庭扬案，据张亚石供：

> 小的祖父同胞兄弟五人，小的是四房，各自居住。因曾祖张淑才遗有尝田四十亩，房屋二间，山场一所，经房众议明公同召佃承耕，各房轮流收租纳粮办祭。乾隆四十八年间，胞伯张德祥承佃耕管，每年早晚两造，各纳租谷十石，交轮流值年各房输粮办祭。因胞伯张德祥不谙书写，经小的父亲张兰祥代为书约交执。嘉庆十八年间张德祥身故，他儿子张文振耕。二十年分是轮值五房张纯锡收租办祭，张文振应交是年早晚两造租谷二十石，张纯锡屡讨不交，经张纯锡赔垫支用。二十一年五月初五日，各房男妇齐赴祖祠祭祀，张纯锡母亲黄氏说父亲是张文振胞叔，当时又经代为书约，要父亲督令张文振把租谷交清。父亲斥说时值祭祖不应提及租欠。黄氏不依回骂，经房众劝散。初八日，张文振在小的家闲坐，值黄氏同他兄弟黄庭扬、黄庭升走到，黄氏同黄庭扬提起前事，向父亲们斥责争闹。①

五房张纯锡收租办祭，催缴四房张文振应交租谷，张纯锡母亲黄氏与张文振之叔发生冲突。

轮耕权力之争。惠州府连平州民叶南顺因债务纠纷故杀同村人叶蒂保案，叶氏族中有祖遗尝田批与佃户耕种，六房子孙按年轮流

---

① 杜家骥主编《清嘉庆朝刑科题本社会史料辑刊》，第3册，第1877页。

收租。乾隆五十七年（1792）间，叶南顺之父叶应生借叶奇登铜钱二十五千文，言明嗣后尝田轮值叶应生收租年份，交叶奇登耕管收息，六年抵利。叶应生旋即病故。嘉庆二十二年（1817）九月初十日，叶南顺备钱二十五千文向叶奇登归还，欲将尝田照旧轮耕，叶奇登因尚未轮满六年，不允收回本钱，争闹而散。十一月二十六日午候，叶奇登子叶蒂保趁墟，遇见叶南顺，斥骂叶奇登父子不应霸耕尝田，叶蒂保不服，先被叶南顺用柴刀致伤左手、项颈、脑后倒地。因叶蒂保卧地混骂，又被叶南顺用刀连砍身死。[①]

争佃尝田。广州府东莞县民香亚乙等殴伤缌麻服兄香联泽身死案，香联泽族内有祖遗尝田二亩，乾隆十八年（1753）间族众将该田批与其缌麻服叔香月南佃耕，议明每年租银四两，约俟五年期满，另行转批。二十年九月十二日早，香联泽趁墟在祖坟撇岗经过，看见香月南同缌麻服弟香亚乙各携铁锄在山修岐坟。香联泽央恳香月南将佃耕尝田分批耕种，香月南不允。香联泽以该田系祖遗尝业，香月南不应独占佃耕，出言顶撞，香月南不服，回骂争闹，香亚乙上前帮护，香联泽被香亚乙用锄柄打伤左手腕、左腮颊、左太阳穴倒地，伤重至夜身死。[②]族人欲分割已佃耕尝田，佃耕原主不允，引起纠纷。

夺耕更是不允许。肇庆府阳春县民吴昭光致伤吴刘氏身死一案，"吴昭光因系吴姓族内公共尝田，斥责刘氏不应夺耕"。[③]

---

① 杜家骥主编《清嘉庆朝刑科题本社会史料辑刊》，第1册，第349页。
② 杜家骥主编《清嘉庆朝刑科题本社会史料辑刊》，第1册，第296页。
③ 常建华主编《清嘉庆朝刑科题本社会史料分省辑刊》，下册，第1303页。

三、族长与祖祠

祠堂族长是宗族族权的标志，刑科题本记载的广东宗族命案中，多会涉及宗族祠堂，广东一般称为祖祠，牵涉族长的内容更多。

族长负责管理祭祖经费。广州府东莞县民叶承添致伤无服族叔叶惠广身死一案，据叶得茂供：

> 小的是族长，一族内祖尝银两向系小的经营。乾隆五十九年八月内，族人叶荷添向小的借过祖尝番银四十两，原约年底清还，后过期屡讨无偿。①

乾隆六十年（1795）三月十三日，叶得茂同叔叶惠广趁墟撞遇叶荷添，叶得茂向讨前欠，叶荷添约俟迟日措还，叶惠广声言公众尝银不应拖欠日久，叶荷添不服嗔闹，叶惠广被叶荷添之弟叶承添拾石掷伤脑后，至十六日身死。

尝田佃耕的管理也由族长经手，否则会出问题。肇庆府阳春县民吴昭光致伤吴刘氏身死一案：

> 缘吴昭光与吴刘氏之子吴昭匡同姓不宗，吴昭光堂弟吴昭芒向批吴昭匡族内土名平山峒公共尝田耕种。乾隆六十年秋间，吴昭芒病故，遗有二子，年俱幼稚，吴昭芒临终时嘱令吴昭光将田接耕，抚养其子。吴昭匡之母吴刘氏查知，欲将田取

---

① 常建华主编《清嘉庆朝刑科题本社会史料分省辑刊》，下册，第1297页。

回耕种，未向族长说明。嘉庆元年三月初三日，刘氏携带镰刀，吴昭匡带竹尖挑，一同往山割草，路过平山峒地方，顺便赴田查看。适吴昭光同子吴亚孙在田工作，刘氏向吴昭光说知情由，吴昭光因系吴姓族内公共尝田，斥责刘氏不应夺耕。刘氏不服，致相争闹。①

未经族长调处，族人擅自处理佃耕族田，导致纠纷。最终官府判定："吴刘氏之子吴昭匡与吴昭光同姓不宗，应同凡论……该处尝田饬令吴姓房族另行召佃承耕，以杜衅端。"②

另一起族长与尝田佃耕的案例，族长家属也卷入其中。保昌县民黄老三致伤无服族侄黄青鉴身死一案，据黄赞田供：

> 小的是黄姓族长。黄老三是小的儿子，已死黄青鉴是无服侄孙。因黄青鉴有从堂哥子黄咏坚无子，择继黄正星为嗣，后来黄咏坚同妻谢氏先后身故。嘉庆十一年九月内，黄正星又因病身死，遗有土名冢桥边粮田七分五厘，无人承管。黄青鉴合他堂弟黄丽元两相争耕，来投小的理处。小的处令那田留作黄咏坚祭产，俟另择继嗣管业，他人不得耕种。各散。十月二十五日，儿子趁墟，合黄青鉴撞遇。黄青鉴说小的不把黄咏坚遗田处给耕种，向儿子斥骂小的刻薄。儿子不服，争闹起来。儿子被黄青鉴用拳打伤左乳、左肋，并刀伤右手腕，儿子也拾石掷伤黄青鉴右眉、右额角，倒地。有族人黄永陇经见，

---

① 常建华主编《清嘉庆朝刑科题本社会史料分省辑刊》，下册，第1303页。
② 常建华主编《清嘉庆朝刑科题本社会史料分省辑刊》，下册，第1303页。

救阻不及。儿子回家告知情由,小的就同黄青鉴母亲黄罗氏各赴案下,禀蒙验明伤痕,饬押保调。不料黄青鉴伤重,到十一月初八日因伤死了。①

族长批耕祭田,族人不服,族长之子捍卫父亲立场。

族长也经管公山。始兴县民人朱苟古等听从朱苟子纠殴致伤杨冬至古身死案:

> 朱苟子们村后有土名芙桐坑官山一段,向系他祖父看管。后朱苟子们族长朱洪德把该山批与朱先养,种植杉木四十株,议俟杉木卖银,四股归朱洪德们祖尝,六股给朱先养收用。乾隆五十二年四月间,朱先养因贫,将名下应得杉木二十四株得价钱二千文,卖与杨冬至古们祖父杨红才管业,并向朱洪德们告知。②

该族公山的批种、转卖都要经过族长。

族长还过问祖坟之事。乾隆四十七年(1782),广东彭亚到致伤无服族叔彭亚众身死一案,族长彭荣汉查知公共坟地盗葬之事。③

官府断案,也参考房族长佐证并提供的资料。肇庆府高要县民人梁振举致伤何知新仆人夏敬宗身死一案,梁兆熊出证,供称:"小的是族长。"④惠州府博罗县民游烂五致伤小功服伯游继周身死一

---

① 常建华主编《清嘉庆朝刑科题本社会史料分省辑刊》,下册,第1340页。
② 常建华主编《清嘉庆朝刑科题本社会史料分省辑刊》,下册,第1320页。
③ 郑秦、赵雄主编《清代"服制"命案——刑科题本档案选编》,第302页。
④ 常建华主编《清嘉庆朝刑科题本社会史料分省辑刊》,下册,第1315页。

案，官府"饬据房族长绘具宗图呈缴，核与厅供服制相符，除宗图附卷外，理合通详"。①肇庆府鹤山县民人吴忠魁致伤李进辉身死一案，"经县具保邻、族长甘结附送备案，仍俟秋审时照例查明取结，送部办理"。②钦州民人黄加美等致伤黄发潮身死一案，"经州取有保邻、族长甘结附送"。③南雄直隶州保昌县民黄老三致伤无服族侄黄青鉴身死一案，"黄咏坚遗产饬令房族另择昭穆相当之人承继管业，无许争耕，以杜衅端"。④所谓"房族"，当是房族长及其房族共同体。

广东的宗族祠堂多称祖祠。清初广东著名文人屈大均的《广东新语》专门介绍过祖祠：

> 岭南之著姓右族，于广州为盛。广之世，于乡为盛。其土沃而人繁，或一乡一姓，或一乡二三姓，自唐宋以来，蝉连而居，安其土，乐其谣俗，鲜有迁徙他邦者。其大小宗祖祢皆有祠，代为堂构，以壮丽相高。每千人之族，祠数十所，小姓单家，族人不满百者，亦有祠数所。其曰"大宗祠"者，始祖之庙也。庶人而有始祖之庙，追远也，收族也。追远，孝也。收族，仁也。匪谱也，匪谄也。岁冬至，举宗行礼，主鬯者必推宗子。或支子祭告，则其祝文必云："裔孙某，谨因宗子某，敢昭告于某祖某考。"不敢专也。其族长以朔望读祖训于祠，养老尊贤，赏善罚恶之典，一出于祠。祭田之入有羡，则以均

---

① 常建华主编《清嘉庆朝刑科题本社会史料分省辑刊》，下册，第1302页。
② 常建华主编《清嘉庆朝刑科题本社会史料分省辑刊》，下册，第1308页。
③ 常建华主编《清嘉庆朝刑科题本社会史料分省辑刊》，下册，第1314页。
④ 常建华主编《清嘉庆朝刑科题本社会史料分省辑刊》，下册，第1340页。

分。其子姓贵富，则又为祖祢增置祭田，名曰："烝尝。"世世相守，惟士无田不祭，未尽然也。今天下宗子之制不可复，大率有族而无宗，宗废故宜重族，族乱故宜重祠，有祠而子姓以为归，一家以为根本。仁孝之道，由之而生，吾粤其庶几近古者也。

虙彌唐尝有小宗祠之制。旁为夹室二，以藏祧主。正堂为龛三，每龛又分为三，上重为始祖，次重为继始之宗有功德而不迁者，又次重为宗子之祭者同祀。其四代之主，亲尽则祧。左一龛为崇德，凡支子隐而有德，能周给族人，表正乡里，解讼息争者；秀才学行醇正，出而仕，有德泽于民者，得入祀不祧。右一龛为报功，凡支子能大修祠堂，振兴废坠，或广祭田义田者，得入祀不祧。不在此者，设主于长子之室，岁时轮祭。岁正旦，各迎尸祧、未祧之主，序设于祠，随举所有时羞，合而祭之。祭毕，少拜尊者及同列，然后以脧余而会食。此诚简而易，淡而可久者也，吾族将举行之。①

由此可见广州地区聚族而居，"大小宗祖祢皆有祠"，屈氏分别介绍了大宗祠、小宗祠的具体形态，还涉及族长、祭田等内容，有助于我们全面了解以祖祠为标志的广东宗族形态。其中不仅谈到著姓右族，还说"小姓单家，族人不满百者，亦有祠数所"。

照此说来，刑科题本反映的广东宗族或多属于"小姓单家"，刑科题本记载了这些宗族拥有祖祠。如潮州府普宁县洪氏有"祖

---

① 屈大均：《广东新语》卷一七《宫语·祖祠》，下册，中华书局，1985，第464—465页。

祠",①广州府香山县李氏有"祖祠尝银",②韶州府乐昌县民罗氏在"祠堂祭祖",③惠州府永安县民张亚石宗族嘉庆"二十一年五月初五日,各房男妇齐赴祖祠祭祀"。④这四个府的资料说明,广东的祖祠比较普及,普通农民宗族也会拥有祖祠。

四、结语

乾隆、嘉庆两朝的刑科题本中有关广东宗族特别是尝田、祭费的数量较多,一方面说明乾嘉时期广东宗族较为普及,祭祖与祭田较为兴盛;另一方面,也可解释为广东宗族在祭祖、祭田方面矛盾较大,纠纷较多。

广东宗族祭祖费用多出于尝田或宗族公产形成的尝银、尝谷,其来源于祖遗或通过诸房公置。一般的管理形式为诸房轮流办祭,轮流办祭有两层意思:一是指管理祭费进行祭祖,二是除此之外还包括轮耕尝田。

宗族各房轮流收租纳粮办祭,不得拖欠祭费,以保证祭祖顺利进行。宗族还有其他筹措祭费的办法,如通过设立族内银会集资,征收木主进祠费用。为了保证祭祖,公共祭费一般不外借。祭费如借族人,也一定要追还。对于不还所借尝银的族人,宗族加以惩罚。公共尝银也有利息,不还利息也不可。不仅是尝银,族众公项银也不许有借无还。

---

① 中国第一历史档案馆、中国社会科学院历史研究所编《清代土地占有关系与佃农抗租斗争》,上册,中华书局,1988,第253页。
② 杜家骥主编《清嘉庆朝刑科题本社会史料辑刊》,第1册,第92页。
③ 杜家骥主编《清嘉庆朝刑科题本社会史料辑刊》,第1册,第260页。
④ 杜家骥主编《清嘉庆朝刑科题本社会史料辑刊》,第3册,第1877页。

广东尝田的经营方式，普遍采取租佃制。引人注目的变化是承佃关系由乾隆时的异姓为主变成为嘉庆时的族内为主，这应是随着人口增长迅速与土地增长有限的矛盾，宗族承受了更大的生存压力，日趋将租给外姓的尝田收归宗族内部佃耕，或者在设置尝田时就采取由族内人耕种的办法。

佃耕的纠纷形式多样。或出自承耕者欠租与催讨人的矛盾，轮耕者的矛盾常发生在诸房之间，发生轮耕权力之争。争佃尝田与夺耕也有。

刑科题本记载的广东宗族命案，多涉及祖祠、族长。族长负责管理祭祖经费，尝田佃耕的管理也由族长经手，族长还经管公山、祖坟。官府断案，也参考房族长提供的佐证资料。广东的祖祠比较普及，普通农民宗族也会拥有祖祠。

总而言之，乾嘉时期聚族而居的广东，宗族设置尝田进行祭祖较为普及，对于较为贫困的族人而言，筹措祭费的压力较大，佃耕不易，由此引发的纠纷颇多，族内矛盾增多，不仅有贫富之争，还有诸房之间的争夺，宗族绝不仅是温情脉脉互帮互助，也充满了矛盾纠纷。刑科题本在揭示宗族矛盾纠纷方面，有着不可替代的重要价值。

第三节　清乾嘉刑科题本所见两湖地区宗族及其纠纷

清代将湖南、湖北两省合称为"两湖"，属于长江中游地区，两省以洞庭湖为界，地理相近。其中有湖北、湖南相连地带的两湖平原：湖南省洞庭湖平原—湖北省江汉平原，两省衔接地区之外四周环绕着山地，该地区河湖纵横，盆地众多。乾隆、嘉庆两朝刑科题本中，较多记载了两湖地区的宗族，尤以湖南更加丰富。借助记载宗族纠纷的这些档案资料，我们可以了解到当地宗族的形态与特色。

一、宗族祭祖与坟山、祭田、祭费

祭祖是宗族最重要的事务，祭祖主要在公祠或祖坟进行。祭祖的费用，宗族往往以公有经济为保障。

清明墓祭作为宗族普遍性的活动，宗族致力于其费用与管理。有的是由族人摊派款项，如湖南直隶桂阳州属嘉禾县民邓闰珑祭祖起衅谋杀胞弟案，据邓理珑供：

> 小的弟兄三人，小的居长，二邓闰珑，三邓珊珑，都已分居，三弟并无妻室，借住小的牛栏楼上。嘉庆八年十一月二十四日村中演戏酬神，二弟因做首事，要三弟出钱，不允相闹，三弟拿扁担打伤二弟左肋，二弟将担夺过打了三弟额颅一下，是小的劝散，没有具报。九年二月十五日值清明节族中演戏祀祖，并另期祭扫祖坟，轮应二弟承办，三弟应出费钱一百文，二弟向讨，三弟不肯出给。十九日二弟邀同小的并族人们前往祖坟祭扫，因三弟不出钱文没有邀他同去，傍晚时小的们散回，三弟说二弟革除他的祭祀，使他没脸，拿刀去找二弟拼命，小的与同院住的族人邓漫逢闻知赶去劝救，二弟躲在里面没有出来，三弟吵闹，小的们向劝，三弟喊说将来定要把二弟

杀害,当同小的们走回。①

清明节族中演戏祀祖与祭扫祖坟由族人分别承办、出费。

一些宗族拥有祖遗祭田,诸房轮管,提供祭费。湖南永州府永明县民何云幅等殴伤小功服叔何如应身死案,据何云幅供:

> 小的们曾祖下来派分三房,小的是长房,何云珑们是二房,何如应是三房。遗有公共地名高墟等处祭田,向来三房轮管,先年收租留作次年清明祭费。嘉庆六年,轮该何如应耕管,他把租谷侵用,并不祭扫。七年四月十二日,小的到县呈告,蒙案下示期十八日审讯。②

该族清明祭费来源于三房轮管的祭田,由于第三房侵用租谷,未能祭扫。

永州府零陵县民黄懋萦因借支公共祭田租谷被大功堂弟黄懋有殴毙案,据黄懋有供:

> 已死黄懋萦是小的共祖大功堂兄,素好无嫌。小的与黄懋萦向有祖遗公共地名李家坝祭田一丘,佃给族人黄懋浩耕种,每年纳租六斗,各房轮流经管,以作清明祭费用。嘉庆二十三年,轮应小的收租办祭。三月初一日,小的遂往向黄懋浩讨收

---

① 杜家骥主编《清嘉庆朝刑科题本社会史料辑刊》,第1册,天津古籍出版社,2008,第64页。
② 常建华主编《清嘉庆朝刑科题本社会史料分省辑刊》,下册,天津古籍出版社,2019,第938页。

租谷，黄懋浩告知先经黄懋萦收去。小的遂转向黄懋萦索讨，黄懋萦央缓，小的不允，争闹。①

该族有祖遗祭田佃给族人耕种，各房轮流经管，以作清明祭费。由于族人将祭费借支发生纠纷。

有的宗族筹办公有经济，为公祠设置祭费，致力于祠祭祖先。湖北汉阳府汉阳县民人刘昌敖致伤刘定举身死案，据刘昌敖供：

  汉阳县人，年二十岁，父亲刘应义已故，母亲周氏，弟兄六人，小的没娶妻室，与已死刘定举同姓不宗，向无嫌隙。小的合族有公共湖汊一个，栽藕蓄鱼，共分二十三股，每股每年出钱一千文，付给公祠做祭费，族人刘应新名下一股先曾租给小的收取湖利，每年代出公祠祭费。嘉庆十四年冬间，刘应新要小的加给租钱，小的不允，族人刘克起添钱五百文顶去管业。十五年十二月初七日，小的看见刘克起、刘定举在湖车水取鱼，走去责备刘克起不应夺顶，刘克起分辩，彼此争闹。②

该族以合族公共湖汊栽藕蓄鱼的收入作为公祠祭祀费用。收入共分二十三股，每股每年出钱一千文。族人拥有股份不同，还可出租给其他族人，而族人承租则是经济关系，可见宗族公共事务与族人本身经济利益之间分别清晰。族人之间也正是为了个人的经济利益而产生纠纷。

---

① 杜家骥主编《清嘉庆朝刑科题本社会史料辑刊》，第1册，第359页。
② 常建华主编《清嘉庆朝刑科题本社会史料分省辑刊》，下册，第877页。

湖北黄州府黄冈县民余正太私占坟山戳伤无服族侄余耀龄身死案，据余正太供：

黄冈县人，年四十八岁，父亲已故，母亲汪氏。弟兄五人，小的居长。族内共分五大房，小的是四房。余耀龄是长房，他是小的无服族侄，向没仇隙。祖遗公共生基边坟山一处，五房的先人原都葬有祖坟。后因各房人多，公同议定不许再在山内添葬。随有长房后人余明德、余万堵复在公山葬坟，被族众查知，罚他们出田六斗作祖坟祭田，就交长房子孙轮流承管，收租办祭。乾隆五十八年，族人们要建公祠，因费用无出，议明把祭田归公收取租息存作修费。到嘉庆十八年，公祠修完。长房的余次交们复把那田收去，仍作祭产。小的见已经归祠的田，长房既可收回公共祖山，大家也可添葬。适父亲故后没有葬地，并知堂弟余正文、余正元也各有母棺在家，随向商约一并葬在公山，余正文们应允。就是十二月二十九日夜，各叫子侄们相帮，把三副棺枢抬往公山埋了。十九年正月初二日，小的们在外挑柴望见余耀龄同他父亲余帼亨并余次交、余得坤、余成滢、余则远、余辰生、余正唐、余泳怀走往公山，疑是他们约人起坟，就带了挑柴夫担，叫同余正文、余正元、余以万、余六十、余学能先后赶去。余次交们村斥小的们不应违议私葬，彼此争闹。①

---

① 杜家骥主编《清嘉庆朝刑科题本社会史料辑刊》，第1册，第251—252页。

位于鄂东黄冈县的余姓宗族,分为五大房,有祖遗公共坟山。因各房人多,公议不许再在山内添葬。后有长房复在公山葬坟,被罚出田六斗作祖坟祭田。乾隆五十八年(1793)族人要建公祠,把祭田归公收取租息存作修费。嘉庆十八年(1813)公祠修完,长房复将田收作祭产。四房见已经归祠的田,长房既可收回,公共祖山大家也可添葬,于是将三副棺柩葬于公山。长房反对四房的做法,发生争闹。这一事件表明,宗族公有资产的形成与各房利益的关系需要不断地调整,宗族建设不是易事。余氏公祠从动议到修完用了二十年,经费来自祭田租息,而祭田则是惩罚族人在坟山添葬造成的。在四房的眼里,充作修祠经费的祭田已经归祠,而长房则认为修祠后,祭田的所有权仍归长房,只是收入可以用于祭祖。长房、四房之间的矛盾,也说明宗族房的结构不是均质化的,而是依据实力处于调整之中。宗族共同体内部存在各房之间的利益之争。

上述湖北两例之外,湖南宗族筹集公祠祭费的事例也有两例。常德府武陵县民谈定名因公项账目之争殴毙无服族叔谈学范案,该案具体情形是:

> 缘谈定名系谈学范无服族侄,素好无嫌。谈姓合族有公共草山田屋,每年收取租息为祖祠费用。向议首事经管,三年一换。嘉庆十九年,谈玉霞接充首事,未久病故,其子谈定位接管。期满,因所管两年草山田亩水淹,收获租息不敷,垫用钱文。经谈学任等议,令再管一年,俟盈余租息补还垫项。二十二年,谈定位清查公项,仍无余盈归补,遂将二十三年草山招王亮海等承佃,先收租钱十六千五百文。谈可造、谈学甫

闻知，因谈定位管理期满，不应再将草山出佃，随与谈学任等另议谈名显接充首事。谈定位因垫项无着，须议明归补。二十三年三月初五日，谈定位邀同谈学任等算明经管各账，实添银钱二百八十四千文，所收草租钱文亦系因公用去，将田屋交谈名显接管，草山仍归谈定位收租补还垫项。谈可造闻知，因谈定位账目未经邀伊到场同算，欲另行算明。谈定位因已算讫，不允再算。①

该族祖祠费用来源于合族公共草山田屋的每年租息，由族议首事经管，三年一换。

长沙府湘潭县民彭红举讨要佃规被罗名一殴伤身死案，据罗名一供：

> 与彭红举邻居无嫌。小的弟兄们与堂兄罗金山、罗臣五们有公共墓田三亩。嘉庆九年，族人罗和音掌管公祠，捐四十亩入祠，劝小的们也将墓田捐入祠内，小的们应允。后来罗知音将小的们捐田三亩给彭红举耕种，罗和音私受佃规钱十二千八百文。十三年，罗和音将自己捐田十亩私自收回。小的们查知，也把墓田三亩收回。彭红举向罗和音索讨原得佃规，罗和音不肯认还，旋即病故。他儿子罗书甫们外贸。佃规未经清楚。十四年七月十二日，小的同兄弟罗名二、儿子罗高保、雇工彭连生、齐一、赵九庭在田收割，彭红举携带木棍同

---

① 杜家骥主编《清嘉庆朝刑科题本社会史料辑刊》，第1册，第412页。

他兄弟彭植纲、儿子彭三奉走来说，佃规未清不许收割，两下争闹。①

罗姓宗族族人分别将墓田捐给公祠，但又都撤回，说明公祠经济不太稳定，因受捐者一定的制约，在族人之间，有一个权衡自身利益与宗族整体事业关系的问题。该族墓田租与外姓人耕种。

湖南宗族多是以祭田收入为祭祖费用的。事例较多，郴州直隶州宜章县民薛烜发因土地纠纷致伤缌麻服叔薛二狗身死案，据其弟薛三狗供：

> 乾隆五十三年，小的堂兄薛冯祥借欠薛烜发伯父薛美华钱六百文。因族内有祭田一亩五分，嘉庆二年应该薛冯祥轮管，薛冯祥抵给薛美华耕种，除办祭外，余息归还本利立有字约。后薛冯祥死了，本年三月初九日，薛美华叫他兄弟薛美光赴田耕作，哥子薛二狗想要自种，拿了扁担去阻。②

该族有祭田轮耕办祭。

宝庆府新化县民周荐贤因赎地被周维宛殴毙案，周俊贤报称：

> 蚁族内有公共田二亩，向蚁经营。嘉庆五年，因公共祭费不敷，凭族公议将田典与周彩九为业，得价银二十五两，契内并未载明取赎年限。本月二十四日，周彩九无钱用度，偕子周

---

① 杜家骥主编《清嘉庆朝刑科题本社会史料辑刊》，第3册，第1269页。
② 常建华主编《清嘉庆朝刑科题本社会史料分省辑刊》，下册，第904页。

有美、周维宛来家催蚁备价赎田。①

公共祭费来自公共田经营收入。

沅州府芷江县杨胜溃因租谷纠纷戳伤无服族叔杨友潮身死案，据杨胜溃供：

> 杨友潮是小的无服族叔，素好无嫌。小的祖上老三房遗有牛场等处祭田，杨友潮是大房分支，这祭田向系小的二房耕种，每年议纳租谷十石，交三房轮管办祭祀祖。小的历年共欠租四十石未还。嘉庆十六年，轮值杨友潮经理祭事，屡向小的索讨欠谷。经杨庭棕们处令小的先交谷十石给杨友潮作祭费。小的应允，因一时无措，延未付给。②

该族三房轮管办祭祀祖，族内因索讨欠谷祭费产生纠纷。

宗族公共坟山常遇到族人添葬问题，有各种情况发生。湖南衡州府耒阳县民谢代效等共殴无服族叔谢世松身死案，据谢代效供：

> 小的族内有公共坟山，向来禁墓。嘉庆二年十一月内谢世松同他哥子谢世科将他母亲葬在山内，父亲与族人谢玉奇告县经亲邻们处和议，令谢世科祭祖免迁，又叫谢世科出给合族酒席钱四千文具息销案。后来谢世科备酒邀请族人，小的父子俱已外出没有在场。嘉庆四年十一月父亲回家向谢世松索讨，

---

① 杜家骥主编《清嘉庆朝刑科题本社会史料辑刊》，第2册，第696页。
② 杜家骥主编《清嘉庆朝刑科题本社会史料辑刊》，第3册，第1799页。

谢世松说已办酒不肯再给。十二月十五日父亲同叔子谢世球在门首,预计那谢世松、谢世科又向讨索争闹。谢世松把父亲打伤,谢世科也把谢世球打伤。父亲具控,将谢世松、谢世科责惩,所许钱文不准追给。①

此案也是处理族内公共坟山墓葬后遗症引起。

湖南宝庆府武冈州民李老九致伤李合山身死案,据李勇相供:

> 已死李合山是小的儿子,小的始祖李义荣传下三房,大房李老九,二房李名达,小的是三房子孙。李老九是小的无服族兄,相隔十四代。那水碓冲坟山是小的三房祖母胡氏赠嫁私产,并无契据。从前恐胡姓争占,商同大二两房将始祖李义荣棺木迁葬山内,后来任听各房都在坟旁陆续进葬多塚,山内柴薪树木仍旧小的三房经管。嘉庆七年二月初二日,儿子李合山砍伐坟边杉树一株抬回,李老九走来瞥见,说护坟树木有碍风水,不应私砍,要去投人理论,儿子不服分辨,李老九斥骂,儿子就拿防夜铁枪向戳,李老九夺过铁枪,戳伤儿子右臁肋,骨损。②

该族"派分三房",坟山任听各房进葬,山内柴薪树木仍旧三房经管,但是三房砍伐坟边杉树被族人认为有碍风水而指责,引发纠纷。

---

① 常建华主编《清嘉庆朝刑科题本社会史料分省辑刊》,下册,第916页。
② 常建华主编《清嘉庆朝刑科题本社会史料分省辑刊》,下册,第935页。

类似添葬引起族内纠纷的事例还有。湖北安陆府钟祥县民陈垅因阻拦下葬殴伤无服族兄陈瑞身死案，据陈垅供：

> 小的族中有祖遗公共坟山一处，因坟旁隙地无多，久经族众公议，各房子孙不许在内添葬。嘉庆十二年三月初九日早，小的路过公山，见陈瑞把他妻棺送到那里，要挖坑安埋，当向斥阻，彼此吵骂。①

可见随着宗族死者的增加，有限的葬地坟山不许添葬，族人难以遵守，于是新的添葬成为族内矛盾的导火索。

二、族权与户族、族保

族长享有管理宗族的权力，族长既处理宗族纠纷又往往是宗族纠纷的制造者。乾隆时期湖北荆州府监利县张德仁假造分粮合同霸占他人田产殴死原主案件，反映出族长、户首作为宗族管理者的情形。有关记载是：

> 据此，该监利县知县吴崐审看得张德仁殴死张汜一案，缘张汜系张德仁无服族孙，同村居住，素无仇隙。张汜之父张应文，曾于康熙四十七年，价买族人张彩伯湖田五亩，过粮管业。应文故后，伊子张孔昭、张汜接管。至乾隆二年，张德仁捏造康熙三十三年分粮合同，欲种孔昭湖田。经孔昭投户族张

---

① 常建华主编《清嘉庆朝刑科题本社会史料分省辑刊》，下册，第861页。

怀来并张藩侯、张世则等，不能清查过粮虚实，议代两造各书施约一纸，交族长怀来，候允送庙。嗣因孔昭、德仁未允，中止……查张汜系张德仁无服族孙，被德仁棍殴身死，张德仁合依同姓服尽亲属相殴致死者以凡论……族长张怀来、户首张藩侯、族人张世则，议处不明，混写施约，旋因两造不依中止，且伊等原无私意……该臣等会同都察院、大理寺，会看得监利县民张德仁殴伤无服族孙张汜一案。（删）应如该抚所题，张德仁合依同姓服尽亲属相殴致死者以凡论……该抚既称：族长张怀来、户首张藩侯、族人张世则等，议处不明，混写施约，旋经中止，查无私意。[1]

刑科题本中"经孔昭投户族张怀来并张藩侯、张世则等"，可知"户族"处理宗族事务。根据下文，"户族"是"族长张怀来、户首张藩侯、族人张世则"，其实主要是族长及户首。从该题本内容看，案中的族长及户首未能很好处理族中的这起事件。

荆州府公安县军丁邓从志等伤民邓光明身死案，也能看到族长的身影。据邓从志供：

荆州卫技所军丁，住居公安县地方。年二十七岁，父母早故，并无兄弟妻子。小的宰猪生理。已死邓光明是无服族叔。从前小的同堂弟邓从汤、叔子邓在知有公共地面一段，佃与邓光明、邓为添、邓冠明耕种。因历年拖欠租课，把地起回，欠

---

[1] 中国第一历史档案馆、中国社会科学院历史研究所编《清代土地占有关系与佃农抗租斗争》，上册，中华书局，1988，第53—55页。

的租课屡讨没还。嘉庆二十年五月间，小的同叔子邓在知、堂弟邓从汤邀了族长邓方来同往清算。①

邓从志有公共地面一段佃与无服族叔邓光明等耕种，因历年拖欠租课把地起回，为了索欠邀请族长帮助清算。邓从志与邓光明虽然"无服"，但毕竟是出了服的族叔侄关系，属于宗族关系，请族长来处理族人间的矛盾。

湖北武昌府江夏县高起全妄冒柯氏为妻复出言侮辱致氏自刎身死案，反映了族长以及宗族的修谱活动。据高起全供：

> 与何治国同村熟识。嘉庆六、七年间，小的陆续赊欠何治国烟叶银二十四两，无力偿还，何治国逼勒小的在他家里帮工抵算。十年七月内，小的因病辞回。何治国清算欠项，除把工价扣抵外，止欠银三两二钱，何治国屡来逼索吵闹，并说要告官究追。小的因他刻薄怀恨，又怕他告追，无可抵赖。那年十月间，乘族内修谱，族长高大勋们叫族众自开三代妻子名氏交局编刊，小的就把何治国的女人柯氏、儿子绍成冒作小的妻子，开单交局，刊入谱内，以备何治国控告，赖其准折妻子，希图搪抵陷害。其时高大勋们事忙，没有查出，随即照刊。四月十三日，小的外出，何治国又来索欠，值高大勋们刊刷完竣，着人分送新谱一本到家，被何治国翻见前情，在家吵闹，并欲告究。高大勋们闻知，当来查问，把小的村斥，叫把谱讨

---

① 杜家骥主编《清嘉庆朝刑科题本社会史料辑刊》，第3册，第1855页。

回另刻。小的往回取讨,何治国没有在家,他女人柯氏赶出混骂,小的随口说你们母子原是我的妻子,被何治国准折过来,如何不可刊入。柯氏越发吵嚷,要与小的拼命,小的当就走避,找寻何治国不见,转回自己家内。不料,柯氏已在小的房内自刎身死。①

该族族长具有宗族修谱的责任,该族设局修谱,族众自开三代妻子名氏交局编刊,刊竣分送新谱给各家。高起全为了抵制索欠陷害对方,竟然将对方妻、子作为自己的填入族谱,也可见对于族谱内容神圣性的无视。

湖南户族的资料更多。乾隆二十三年(1758),衡州府酃县民段廷彩殴伤刘必学、段绶山殴伤刘开秀各因伤死案件中,审据段绶山供:

> 那地名小坡坑,有祖遗山场,原是户族公管,先年佃与刘必学父子开垦耕种,每年通共完租银一两,租谷八石,是族长段仲三们轮流收租,办祭公用。②

户族公管祖遗山场,实际上是族长们轮流收租,办祭公用。

有的族长将族权作为欺压族人的工具。桂阳直隶州临武县族长蒋添才利用族权逼占蒋振东田地,据蒋添才供:

---

① 常建华主编《清嘉庆朝刑科题本社会史料分省辑刊》,下册,第848页。
② 中国第一历史档案馆、中国社会科学院历史研究所编《清代地租剥削形态》,上册,中华书局,1982,第111页。

小的七十三岁……蒋振东是小的无服族侄，相隔八代了。上年（案：乾隆三十六年）三月十七日，蒋振球被窃，获贼廖哑拐，说出偷过别人猪只，窝在蒋振东家。蒋振球们搜无赃据，蒋振东叫他兄弟蒋应钟赴县具告。小的晓得。因蒋振东做人懦弱，要想藉此诈他银两，就邀族人蒋诗苏、蒋盛德、蒋振添、蒋诗俊，叫他们都在小的家等候，只说要问蒋振东窝窃情由。小的又叫了蒋振东来，晓得他有牛栏江田叁拾石，就说："你替廖哑拐窝藏，玷辱祖先，要罚田叁拾石，为合族公用。"蒋振东说他实是受屈，已叫蒋应钟告状，若审实了情愿罚田。小的说："你不肯罚，我就禀你实是窝家。"蒋振东还不肯依，小的说要打他，蒋振东允了。因他不会写字，小的起稿，叫他侄儿蒋诗山代写一张罚田字据，小的收了。原想案结，叫他出银赎了回去，不想同他妻子萧氏就是那夜吊死了……后来族人都晓得小的逼死蒋振东的事，小的唯恐败露……诘据覆供：……小的因是族长，常要打骂族人，故此他们都惧怕的。①

蒋添才以"玷辱祖先"威胁蒋振东，以"罚田叁拾石，为合族公用"为名义，逼死蒋振东夫妻，平时则"因是族长，常要打骂族人"，使得族人"都惧怕的"。该族也有祠堂，曾"将廖哑拐拿获，追起全赃，拴系宗祠"。②

---

① 中国第一历史档案馆等编《清代土地占有关系与佃农抗租斗争》，上册，第101—102页。
② 中国第一历史档案馆等编《清代土地占有关系与佃农抗租斗争》，上册，第102页。

官府处理宗族诉讼时，也需要借助族长。乾隆三十五年（1770），岳州府华容县民严开富殴伤何必爵身死一案，官府断案要求"所有齐到邻保、族长、尸亲供结，照例备案"。[1]永州府新田县民邓倡孺殴毙无服族叔祖妻邓蒋氏案，据邓大溃供：

邓倡孺是小的无服族侄孙。小的合族远祖于前明年间在零陵县地方建立豪山寺一座，置田招僧，侍奉香火。因恐僧人荡费庵田，议令僧人出备进山礼银，交合族分领。日后僧人如有不愿住持，仍将原银交还，另行招僧，日久相安。嘉庆十二年九月内，寺僧轻扬盗卖庵田。小的族人邓倡孺们查知，令小的前去将田收回，并把僧轻扬驱逐。十月间，小的叫儿子邓荣爵同族人邓倡莞、邓荣学、邓妹崽到豪山寺招了僧林灿住持。僧林灿当交进山礼钱九千二百文，未交银二十两，写立欠字，约至十三年三月交楚。小的随将钱文除去往来盘费外，余钱四千一百六十文与邓倡莞们四人分用，未向合族告知。三月初八日，邓倡孺同了邓倡恋、邓青们来小的家。邓倡孺斥责小的不应私自招僧分得钱文。小的不服，两相詈骂。小的气忿赶打，邓倡孺拾起木槌回打。小的妻子蒋氏帮护，赶至邓倡孺身旁，两手抓住他腰带往后拖拉，邓倡孺喝令放手，妻子不理，邓倡孺就用木槌往后连打两下，致伤妻子囟门并偏左下、左额角上，松手倒地，妻子伤重不一会就死了。求究抵。僧林灿现又续交银二十两，呈交传族分领。[2]

---
[1] 中国第一历史档案馆等编《清代地租剥削形态》，上册，第158页。
[2] 杜家骥主编《清嘉庆朝刑科题本社会史料辑刊》，第1册，第132页。

邓姓宗族在明代建寺置田招僧，侍奉香火。要求僧人出备进山礼银，交合族分领，以确保庵田的安全。嘉庆十二年（1807）九月发生寺僧轻扬盗卖庵田事件，于是收田逐僧，另招僧收纳进山礼钱。没想到发生族人私自招僧分钱之事，于是发生纠纷。官府断案"邓大溃等私分僧林灿进山礼钱，照数追出，同僧林灿续交银两，饬传邓姓族长领回，按房分领"。①要求族长将新收礼钱按房分领。

宗族产生纠纷，族人一般还是要找"户族"投案。郴州直隶州桂阳县李华光调奸缌麻服弟妻朱氏致氏自缢身死案，朱氏即是"投明户族"的：

> 该臣看得桂阳县审解李华光调奸李得臣之妻朱氏致氏自缢身死一案，缘李华光系李得臣缌麻服兄，同村居住。乾隆五十一年二月，李得臣外出，遗妻朱氏在家。三月初一日夜，朱氏一人在厨房拆衣，李华光路过，起意图奸，推门进内，走近朱氏身边，脱裤调戏。朱氏喊骂，顺用拆衣小刀戳伤李华光右腿，李华光跑走，朱氏投明户族李达行。②

这里的"户族"即李达行个人。

长沙府有关"户族"记载较多。益阳县民李富勇因索分社会祭器殴伤大功服兄李富远身死案，据李富勇供：

---

① 杜家骥主编《清嘉庆朝刑科题本社会史料辑刊》，第1册，第133页。
② 郑秦、赵雄主编《清代"服制"命案——刑科题本档案选编》，中国政法大学出版社，1999，第359页。

> 小的祖父李荣昌,生李富远的父亲李华玠,并小的父亲李华鉴。李富远是小的大功服兄,素好无嫌。乾隆五十四年,族众起一社会,每人出钱一千二百文,小的止出半会钱六百文,都交李富远置办祭器,经管生息。每年五月祭祀祈求丰年,公议十二年为满。嘉庆六年五月十六日满会,李富远们都在李辉照家清算会项,公分祭器,小的因有事没去。下午,小的在木手巷地方撞遇李富远,说社会已满,公凑钱文已办祭用完,祭器什物都已均分。小的因出有事,会钱文没分祭器,向他索取。他说小的钱少,不应分得。小的不服,与他争闹。李富远赶拢用拳殴伤小的左胳膊,小的用拳回殴他胸膛一下。李富远弯身拾石,小的恐怕起掷,又用拳殴伤李富远脊背跌地,小的跑回。随后李富远回家,投知户族李名灿们,著令小的延医调治。①

这是族人自行立会组织每年五月祭祀祈求丰年,十二年为满。会满后公分祭器,产生纠纷。值得注意的是,族人为解决纠纷"投知户族",即宗族管理者。

长沙府湘阴县民陈远佑等因土地纠纷共殴李常组等身死案,据陈远佑供:

> 受雇徐同文家帮工,与李常组素识无嫌。徐同文胞兄徐树得把徐同文关分东坑田亩私典鄞道南耕种。徐同文查知,屡向

---

① 常建华主编《清嘉庆朝刑科题本社会史料分省辑刊》,下册,第928页。

第四章　刑科题本反映的乾嘉时期南方宗族

徐树得催赎，小的是知道的。嘉庆十一年六月十六日，徐同文田北圫塘田谷成熟，带同小的与吴兆得……各带扁担、箩筐、禾刀前往收割。徐树得带了李常组……各带扁担、木棍、竹挑、禾刀走来。徐树得说徐同文不应屡次催逼赎田，特来割谷泄忿。李常组、何潾吉、童传奉就把田禾混割践踏，小的们上前拦阻争闹，有陈红发、马信春、陈名成路过，问知情由，向徐树得劝阻。徐树得斥骂陈红发们不应帮护，陈红发们不依，回骂。徐同文往投户族。①

徐同文将胞兄徐树得私典其土地于人耕种之事"往投户族"。

户长的权力也不容忽视。桂阳直隶州民李子发因逼迁祖坟殴伤无服族叔李万煌追赶落河身死案，据李子发供：

小的族内有公共山场，山分左、右、中三歧，中歧葬祖李宗庭。嘉庆十一年十二月二十二日，李万煌同兄李万奉向户长李万受、李万昌、李生开求买左歧公山内阴地一穴，价归宗祠公用，小的是知道的。后来李万奉、李万煌悄把母棺抬葬中歧山内祖坟背后，经小的与族人李子富、李子林们查知，令李万受们往向李万奉弟兄退契迁坟，李万奉弟兄延不迁坟退抬。十二年三月十五日点灯时分，小的携带防火柴棍，同李子富、李万亨、李万美并李子林、李子玉、李子柏各田内放水回家，路遇李万受、李万昌、李生开往向李万奉、李万煌索契并催迁

---

① 常建华主编《清嘉庆朝刑科题本社会史料分省辑刊》，下册，第959—960页。

坟，就一同前往。①

李姓宗族有"户长李万受、李万昌、李生开"负责族人向宗族购置族内山场墓穴，"价归宗祠公用"，这些"户长"在李万奉向官府的报告中，称作"央族人李万和向户族李万受等契买族众左歧公山阴一穴"，②官府断案亦称"李万奉价买左歧公山阴地葬母，乃越葬中歧祖坟之后，及户族查知，饬令迁葬，又复延不起迁，致滋事端，殊属不合"。③可知"户长"即"户族"。

值得注意的还有族保。长沙府湘乡县民萧德成刀伤族叔萧积辅身死案，问据萧积黄供：

> 萧积辅是小的胞兄。萧德成与他兄弟萧德胡并他堂兄德吉都是小的无服族侄，小的弟兄与萧德成邻居。乾隆六十年五月内，萧德胡把牛一只向哥子换去牛一只，当时说过如换牛后牛有倒毙，不与原主相干。过了二十多日，萧德胡换去的牛倒毙，来要哥子赔还牛价。哥子因讲过在先，不肯赔给，萧德胡也就歇了。萧德成与族众素不和睦。嘉庆元年七月内，萧德成因酒醉在村中混骂，哥子走去向他斥责。萧德成不服，与哥子争闹，哥子说要投族处置。二十八日，萧德胡投了族保，说哥子少他牛价不还。哥子听闻，也向族保投知，约定次日到公所质对。二十九日，哥子与小的并族保们先后到公所，等到午

---

① 常建华主编《清嘉庆朝刑科题本社会史料分省辑刊》，下册，第981页。
② 常建华主编《清嘉庆朝刑科题本社会史料分省辑刊》，下册，第981页。
③ 常建华主编《清嘉庆朝刑科题本社会史料分省辑刊》，下册，第982页。

后，萧德胡不来，大家走散。①

该族族人发生矛盾，要"投族处置"，这个族就是宗族，不过他是以"族保"出现的，即宗族与保甲，"族保"有办公地点"公所"，可以说"保"以"公"的名义出现，实际上是"族"控制的。

衡州府清泉县民王加存殴伤无服族兄王可兴身死案，据王加存供：

> 小的与胞伯王在田同居共爨。王可兴佃种小的伯侄田亩，收过押租钱二十七千文，每年应纳租谷四十五石。嘉庆五六两年，王可兴欠租五十三石，屡讨不还。七年二月伯父请了保正、户长王连芳们向王可兴理论，要他退田自种。王可兴央王连芳们向伯父议明本年秋熟时，小的家到田分谷清还新旧各租，田仍给他佃种。伯父应允。②

户长王连芳同时担任保正，处理族内纠纷，其实王连芳相当于"户保"。

已有学者研究过鄂东地区的户长与户族，认为在户籍及赋役制度等方面的影响下，许多明初由单个家庭所立的户名一直被其子孙继承，并逐渐形成了同一户名下生活着众多单个家庭的局面，而且在共担赋役的过程中产生户长一职。明代中后期以降，地方官利用户长作为赋役征派体系中的重要一环。户逐渐转变为户族，户长也

---

① 常建华主编《清嘉庆朝刑科题本社会史料分省辑刊》，下册，第902页。
② 常建华主编《清嘉庆朝刑科题本社会史料分省辑刊》，下册，第941页。

相应地过渡到族长。清代随着赋役改革的不断深入,户长的赋役色彩渐淡,官府进一步赋予户长更多的责任,利用他们来控御地方社会。[①]这一看法对于我们深入认识乾嘉时期户长的属性颇有帮助,本文的资料进一步证明户长的宗族属性。

宗族也干预族人婚姻。湖南宝庆府新宁县民周登章戳伤周登道身死案,据周潮金供:

> 周潮亮是小的堂弟,原娶小的舅母李郑氏的女儿李氏为妻。嘉庆五年五月内周潮亮病故,李氏孀居,六年正月内小的往广西贸易去了。七月二十日回家,祖母江氏说二月内李郑氏曾托杜奠成来说,要把李氏转与小的为妻也情愿,因小的没有在家,并未说定。有族人周登道走来说事关伦理,须得用钱向族众调出,就可听行,如不出钱,周登章们要邀族告究,也怕闹事,就出钱一千二百文,周登道代为调出的话。小的因与李氏为婚,系乱伦之事,如何做得,但那时小的未回,事并未成,不该就要告状,吓诈钱文,心里不服。[②]

周登章等捏称族议诈钱调处,干预涉及伦理的婚事。

三、结语

综上所述,本节采用的是乾隆、嘉庆时期的清朝刑科题本土地

---

① 徐斌:《明清户长考释——以鄂东地区为个案的考察》,引自常建华主编《中国社会历史评论》第10卷,天津古籍出版社,2009,第84—102页。
② 常建华主编《清嘉庆朝刑科题本社会史料分省辑刊》,下册,第932页。

债务类资料，故而带有资料本身的偏向性，即侧重于宗族因经济问题发生的纠纷。就此而言，这类资料确实揭示出两湖地区宗族内部矛盾与经济问题，宗族远不是族谱等资料揭示的和睦相处与互助互利。本节所据资料中没有出现官僚士大夫与富裕商人，从事宗族活动的是一般农民，经济能力有限，宗族建设活动受经济限制。与宗族产生纠纷的往往是穷困族人，计较经济利益得失，在公与私之间面临抉择，有时做出损害宗族公益的事情。可以说，我们论述的是两湖地区基层社会普通农民的宗族。

乾嘉时期两湖地区农民宗族祭祖主要是清明墓祭，墓祭费用一般来自坟山或祭田收入。也有宗族拥有宗祠，以祭田收入作为祭祖费用。祖坟面临不断增长的族人添葬，往往因此产生矛盾，也因涉及风水问题导致纠纷。

"户族"是两湖地区族权的主要承担者，其中的核心是族长。族长是宗族的首领，户首、户长是政府控制下的职役性质人员，"户族"控制着乡村社区，官府借助其维护统治。在聚族而居的情形下，户首、户长与族长有时会合二而一，更增强了"户族"的控制力，反映出族长代表的族权。族长管理宗族，处理宗族事务，调节宗族纠纷，是官府依靠的社会力量。有的族长欺压族人，族权成为其谋求私利的工具。

第四节　清嘉庆年间江西、安徽的宗族

一、江西宗族

笔者曾利用《清嘉庆朝刑科题本社会史料辑刊》[①]中珍贵的宗族资料，对于作为生命共同体的江西宗族有所论述。兹进一步利用《清嘉庆朝刑科题本社会史料分省辑刊》[②]记载的宗族资料，对原有论述进行补充，以增加一些新的认知。

宗族可以视为生命共同体，拥有宗谱，记载宗族事务。如嘉庆八年六月，官府审理临江府峡江县民曾接友误伤其嫂案，"查曾姓宗谱，已死曾汤氏系曾接友已故胞兄曾仲友续娶妻子，服属小功，照绘宗图，即提犯复讯"。[③]族人世系关系是宗族最重要的内容。南昌府义宁州莫正学等呈出老谱所载远祖周氏之坟，系葬庙背塘虎形，另有支山一处莫姓葬有多坟，其碑记均镌庙背塘虎形是山名。[④]祖坟也是宗谱记载的重要内容。广信府铅山县民叶长发致伤无服族侄叶有凡身死一案，官府"即查叶姓世系，叶长发与叶有凡共远祖叶见春分支，相隔十二代，已死叶有凡系叶长发无服族侄，照绘宗图，提集复加研讯……叶长发合依同姓服尽亲属相殴至死以凡论，斗杀者绞律，拟绞监候，秋后处决"。[⑤]虽然官府判案的尊卑关系限

[①]　杜家骥主编《清嘉庆朝刑科题本社会史料辑刊》，天津古籍出版社，2008。
[②]　常建华主编《清嘉庆朝刑科题本社会史料分省辑刊》，天津古籍出版社，2019。
[③]　杜家骥主编《清嘉庆朝刑科题本社会史料辑刊》，第1册，第48页。
[④]　杜家骥主编《清嘉庆朝刑科题本社会史料辑刊》，第3册，第757页。
[⑤]　常建华主编《清嘉庆朝刑科题本社会史料分省辑刊》，下册，第819页。

于五服亲属范围,叶长发致伤无服族侄叶有凡"依同姓服尽亲属相殴至死以凡论",但是"叶长发与叶有凡共远祖叶见春分支,相隔十二代",属于同一宗族。

宗族拥有公产,为族人服务。有水塘灌田,如饶州府鄱阳县彭姓宗族有公共土名大沙塘,塘内东边又有小塘一口,中有低埂也是公管。春夏水涨两塘并为一塘,合族都在塘内车水灌田。①有祠堂、祠田进行祭祖活动,饶州府浮梁县吴姓祠田曾租给郑姓耕种,吴姓祠堂祭祖,郑姓原充当吹手,可见吴姓祠堂祭祖是颇为隆重的。②有坟地为族人提供下葬,南安府大庾县刘氏宗族有土名大杉岑公山。各房葬坟,先向族众告知,因刘明昌葬祖,未经通知,并挖有远年无主枯骨。经刘慕桃控告在案。嘉庆十八年(1813)七月三十日,刘晴岚路遇刘明昌,斥其不应瞒族葬坟,致相争殴。③赣州府赣县黄氏"族内有公共土名李屋前山场一嶂,葬有祖坟一冢,坟旁周围向有水沟。嘉庆二十三年(1818)十二月内,族长黄时敏们因修祖祠需用,把沟外山地立契卖与胡觐光胞叔胡万滋为业"。④可见黄氏有公共山场、祖祠、族长。

宗族组织节庆活动,祀神祈报丰年,如吉安府泰和县匡氏宗族分新老二居,正月元宵祀神祈求丰年,从前置有田产,后来族众因田产售卖,议明新老二居按年轮值,各于本村派奉祀奉。由此推测,匡氏新老二居,实际上是两个村庄的分派。有着元宵祀神的公共事务,曾置有田产,后来售卖,改为新老二居按年轮值。清廷审

① 杜家骥主编《清嘉庆朝刑科题本社会史料辑刊》,第1册,第32页。
② 杜家骥主编《清嘉庆朝刑科题本社会史料辑刊》,第1册,第207页。
③ 杜家骥主编《清嘉庆朝刑科题本社会史料辑刊》,第1册,第247页。
④ 杜家骥主编《清嘉庆朝刑科题本社会史料辑刊》,第3册,第761页。

理认为:"该族新老两居祀神祈求丰年,应饬各村各自祭祀,毋许较值派费,以杜后衅。"①秋天则有秋报之举,嘉庆十六年(1811)八月间,建昌府新城县程氏"族内秋报演戏酬神"。②

祭田往往由族内各支轮管办祭,吉安府庐陵县曾姓"族内置有祭祀田亩,向系各房轮管收取租谷,归祠支用。嘉庆九年,轮值堂叔曾慕唐经收祭租,欠租十六石未交"。③赣州府定南厅缪姓宗族族内祭田六房轮管,向是缪钦佐承耕,每年纳租三石。嘉庆元年(1796)轮值其大功堂弟缪善政经管,缪钦佐交过租谷二石四斗,尚欠六斗。缪善政向缪钦佐索讨欠租,双方发生矛盾。④赣州府长宁县人曹燕泷,年四十二岁,家有祖遗祀田,租谷六石,向是各支子孙轮流经管,收租办祭。后因争管产生矛盾。清廷审理认为:"该姓祀田,仍听照旧公共轮管,毋许争收,以杜衅端。"⑤赣州府龙南县钟氏也有合族公共祭田。⑥宗族的祭田或由族人耕种或佃于外姓。宁都州瑞金县钟氏宗族有公共祭田十一丘,坐落池口隘地方,佃给黄昌振等耕种,每年交纳租谷七十石。⑦广信府上饶县"杨世能分居胞兄杨世有向种曹姓祀田,每年还租谷三十石。嘉庆十五年(1810),轮值曹维岳收租,是成年收成歉薄,杨世有欠交租谷十石,约俟次年春间交还,至期屡讨无偿"。⑧宁都州石城县人刘和

---

① 杜家骥主编《清嘉庆朝刑科题本社会史料辑刊》,第1册,第228页。
② 常建华主编《清嘉庆朝刑科题本社会史料分省辑刊》,下册,第817页。
③ 常建华主编《清嘉庆朝刑科题本社会史料分省辑刊》,下册,第722页。
④ 常建华主编《清嘉庆朝刑科题本社会史料分省辑刊》,下册,第751页。
⑤ 杜家骥主编《清嘉庆朝刑科题本社会史料辑刊》,第1册,第377页。
⑥ 杜家骥主编《清嘉庆朝刑科题本社会史料辑刊》,第1册,第382页。
⑦ 杜家骥主编《清嘉庆朝刑科题本社会史料辑刊》,第3册,第1251页。
⑧ 常建华主编《清嘉庆朝刑科题本社会史料分省辑刊》,下册,第810页。

元,年三十九岁,堂兄刘汉垂同堂弟刘著员们有公共祭田一处,向系他佃种交租。①上述定南厅缪姓祭田也是族人耕种。

祭祖仪式之后,有的宗族有分发钱的习俗。吉安府庐陵县王姓宗族祠内祭祖向来等齐族众,一同礼拜,祭毕每人分钱八文。嘉庆十六年(1811)七月十四日,王义成赴祠拜祭,族人尚未齐集,他因要到王用诰家借刀宰猪,不及等待,就先自拜毕走出。随后王义成借了刀子转身到祠内,向管祭的王思修讨取应分钱文,他说已给王紫东带回转交,并斥责王义成不等候人齐拜祭分钱,又坏祠规。王义成分辩,致相争闹。②这是祠祭,从祭祀时间看应当是中元祭祖。墓祭主要在清明节。瑞州府:

> 新昌县民华花误伤小功堂叔华佐柱身死一案,缘华花祖手立有清明祭会,轮流收银办祭,华佐柱于嘉庆十四年借欠会银八两二钱未还。十七年轮应华花与华梅承管祭会。二月二十四日清明,华佐柱偕子华碧醮毕祖坟,同至公厅饮酒。下午席散,华佐柱饮醉,倚桌打盹,华花查见簿内华佐柱欠银未还,即向华碧催索,华碧回称无力还欠,彼此争论。③

墓祭也有祭祖余钱分配的案例。赣州府龙南县"利展运是利观生缌麻服弟,共有祀租,轮收租钱,祭扫祖坟,用剩均分。嘉庆七年三月轮值利展运祭坟,收得租钱二千八百文,除用剩钱一百四十

---

① 杜家骥主编《清嘉庆朝刑科题本社会史料辑刊》,第3册,第1382页。
② 常建华主编《清嘉庆朝刑科题本社会史料分省辑刊》,下册,第811页。
③ 常建华主编《清嘉庆朝刑科题本社会史料分省辑刊》,下册,第820页。

文。那月十九日下午利观生往利展运家索分钱七十文，利展运因钱已用去恳缓。利观生不依，致相争闹"。①

宗族拥有公房、公田、祖祠甚至钱会，清廷保护宗族祀产。宁都直隶州瑞金县曾氏、赖氏宗族均有祖祠，赖氏还有祖祠钱会。嘉庆五年（1800）正月内，曾氏族众修理祖祠之用，经曾云万出名立票，向赖德瑸借用钱二百零八千，言明每月二分五厘起息，那钱原是赖德瑸向他祖祠钱会转借。到十一年二月，计算利息该钱三百六十多千文，赖德瑸屡次索讨。曾云万同族众商议把公田四十二亩，凭中宋殿升立契作价三百三十八千抵还本利，余利情让。后赖德瑸族众因利钱不敷，要赖德瑸赔还。赖德瑸私自给与曾云万田十亩，把曾氏公共祠产黄荆坪石山立契抵给赖德瑸作利。十二年二月，经族人曾元焰查知，不依控告，又经宋殿升劝处，石山归两姓公管，卖契涂销。此案的最终审理中，"革生曾云万图得谢礼，将祖遗公山立契私卖，丈计一十九亩零。曾云万合依子孙盗卖祖遗祀产，不及五十亩照盗卖官田律治罪例，盗卖他人田一亩以下，笞五十，每五亩加一等，十六亩，杖八十，系官者加二等杖一百律，杖一百，折责四十板"。②赣州府龙南县胡家有公共房屋一间，向系胡冬华经管，召人租住，每年收租办祭。嘉庆十六年（1811）七月十九日，胡年华因住屋狭窄，向胡冬华租住，胡冬华说已先租给胡赞华，未便更易回复，胡年华说是公共祖业，不该租与无分族人，出言辩论，胡冬华生气，致相争闹。③该族用出租

---

① 常建华主编《清嘉庆朝刑科题本社会史料分省辑刊》，下册，第765页。
② 杜家骥主编《清嘉庆朝刑科题本社会史料辑刊》，第1册，第157页。
③ 常建华主编《清嘉庆朝刑科题本社会史料分省辑刊》，下册，第813页。

公房收入办祭，族内因血缘关系远近不同，族人产生有分、无分说法。

总之，作为生命共同体的宗族，有宗谱记载宗族世系与事务，宗族拥有为族人服务的公产。诸如水塘灌田、山场取材、坟地为族人提供下葬，祠堂、祠田祭祖，祭田往往由族内各支轮管办祭，祭田或由族人耕种或佃于外姓。宗族祖祠甚至有钱会运营，族长负责宗族事务。宗族的集体生活为族人带来便利，宗族事务也产生各种矛盾。

二、安徽宗族

这是阅读《清嘉庆朝刑科题本社会史料辑刊》[1]《清嘉庆朝刑科题本社会史料分省辑刊》以及结合其他清朝档案的札记，[2]以探讨嘉庆时期安徽的宗族问题。

有关于宗族的记载。乾隆十六年（1751）和州民人盛二汉致伤盛守云身死案，据盛在南供："小的家有祭田一分，每年收租八石，向存祠内，按年轮流承管办祭。"[3]该族设置祭田轮流祠祭祖先。有的宗族既有祠祭又有墓祭，宁国府泾县民人凤捧是已革武生凤考无服族弟，凤考充当户首，修理宗祠，照旧规按房派费。凤捧因他丁少，只肯按丁出费。嘉庆十一年（1806）十二月二十四日傍晚，凤考从宗祠祭祖回家，走过凤捧门首，撞见凤捧，又向他索费，他仍只肯按丁给与。十二年正月初一日，凤捧、凤钻、凤执、凤光、

---

[1] 杜家骥主编《清嘉庆朝刑科题本社会史料辑刊》，天津古籍出版社，2008。
[2] 常建华主编《清嘉庆朝刑科题本社会史料分省辑刊》，天津古籍出版社，2019。
[3] 常建华主编《清嘉庆朝刑科题本社会史料分省辑刊》，上册，《安徽和州民人盛二汉致伤盛守云身死案》，第274页。

凤苟先后到凤考店里拜年，凤捧到坟上拜祖。可见该族宗族观念比较强。泾县的另一事例对于理解同族的观念有益，乾隆五十九年（1794）王双喜供称："与王家昌是疏远同族，不共祠祭。"①可见亲近同族是有共同的祠祭祖先，疏远同族则不然，是否共同祭祖是辨别同族远近的重要标准。

较为松散的宗族还有例证。凤阳府定远县佃农赵根扎死地主赵增身死案，赵根供：

> 赵增是小的无服族祖，因辈数多了，小的平日务农，祖先名字都记不起，不知是共几世祖的……（乾隆六十年）九月二十日早饭后，赵增到小的家来催逼出屋，小的恳求再宽缓几日，赵增不依，把小的弟兄嚷骂，并说今日若不出屋，就掀掉小的供的祖先牌位，小的被他逼辱生气，又怕他当真掀祖先牌位，随进房拿了一把防夜尖刀在手，吓唬说你敢掀我祖先牌位吗？②

赵根在家中立有祖先牌位，对于无服族祖代数弄不清楚，其所在宗族似乎较为松散。

宗族组织调节族内矛盾。在颍州府亳州，乾隆五十一年（1786）间，慕长盛把湖地两段卖给慕兴义为业，契价钱九千八百文。嘉庆十五年（1810）十月里，慕长盛向慕兴义说地亩多余，要

---

① 中国第一历史档案馆、中国社会科学院历史研究所编《清代土地占有关系与佃农抗租斗争》上，中华书局，1988，第130页。
② 常建华主编《清嘉庆朝刑科题本社会史料分省辑刊》，上册，《安徽定远县佃农赵根扎死地主赵增身死案》，第216页。

他退还一段，慕兴义不允。是族长慕大朋丈量调处，叫慕兴义让还地二亩六分，已经过割。① 宁国府宣城县，夏氏族内有办祭公项，进出账目一向是夏加仕、夏德昭二人经管。嘉庆十二年（1807），夏加橘借过公项钱二千。十五年，又借了公稻一石，均没归还。本年二月二十一日，夏加仕们备办清明祭祀，夏加橘无钱使用，又托夏德昭在公项内借钱二千。夏德昭不允，夏加仕又把夏加橘村斥，给夏加橘没脸。夏加橘不服吵闹，是族人劝散。第二日，夏加仕投鸣族众理论，要夏加橘服礼。② 在广德州，嘉庆二十一年（1816）上，荆启高私把族祖荆汶绪归公山产换与包克溶葬坟，得田三分自种。族长荆汶魁们查知，控蒙讯断，把田入公，具结完案。后荆启高央恳田归己种，情愿出息办祭。因族中不依，没有把田交出。二十三年三月初一日，荆启高到公祠与祭荆汶魁当向索田，两下争吵。③

上述有关宗族事例见于安徽北部的凤阳府、颍州府，中部的和州直隶州，南部的宁国府。徽州府的宗族势力强盛众所周知，我们补充一个事例：乾隆五十九年（1794），休宁县程德意将山场租与潜山县民王达文同子王春林承种。嘉庆六年（1801），程金谷等又将山场私抬与王达文。

> 九年二月，房族程象符查知，恐碍祖坟，告知族长程元通，将程金谷等唤至祠堂理论。程金谷不服跳骂，程金官等将程金谷戳伤身死……又有程柏同族人私拼山场，分得银两，经

---

① 杜家骥主编《清嘉庆朝刑科题本社会史料辑刊》，第1册，第193页。
② 杜家骥主编《清嘉庆朝刑科题本社会史料辑刊》，第1册，第227页。
③ 杜家骥主编《清嘉庆朝刑科题本社会史料辑刊》，第1册，第360页。

程元通送官,在歇店因病身死。①

因祠堂族长强势,官府治理棚民也借助并监控族权,"族长、祠长失于查察,照不应重律科罪。令各该族长、祠长勒石公祠中,俾共知警惕,庶棚民绝迹,土民益臻宁辑"。②不过相对来说,徽州以外的安徽宗族也是比较有势力的。

安徽与邻近的江苏宗族势力相比较,安徽较为强盛,超过了江苏。③安徽不仅有以宗族强盛的徽州闻名,而且其他府的宗族存在也有一定的普遍性。

---

① 《护皖抚鄂云布为审明捏控棚民杀伤人命等情系程绍兰主使分别定拟事奏折》,嘉庆十二年七月十五日,选自中国第一历史档案馆《嘉庆朝安徽浙江棚民史料》,《历史档案》1993年第1期,第28页。
② 《安徽巡抚初彭龄为酌议棚民退还山场章程事奏折》,嘉庆十二年五月初七日,选自中国第一历史档案馆《嘉庆朝安徽浙江棚民史料》,《历史档案》1993年第1期,第27页。
③ 常建华:《清中叶江苏的社会经济与生活——以61件嘉庆朝刑科题本为基本资料》,《明清江南经济发展与社会变迁》(《复旦史学集刊》第六辑),复旦大学出版社,2018,第16—45页;常建华:《再论清中叶江苏的社会经济与生活——侧重于职业与生计的考察》,《学术界》2019年第1期。

附编一　明清时期祠庙祭祖问题辨析

探讨明清时期宗族制度特别是其中的祠堂建置问题，离不开对家庙、祠堂以及祭祖规定的研究，左云鹏先生早在20世纪60年代前期就对该问题进行了探索。[①]80年代后期，李文治先生又发展了左先生的观点，[②]笔者在探讨明清宗族制度的过程中，从左、李二位先生的论文里受到不少启发，获益匪浅，同时也感到他们在祠庙祭祖问题资料的使用、理解以及个别观点上，还存在一些不尽如人意之处，故将拙见形诸此文，以求教于李先生及各位方家。

一、明代的家庙令与祭祖礼制考辨

明代家庙制度的规定，最早有确切时间的是洪武六年（1373）五月癸卯，当时"诏定公侯以下家庙礼仪。礼部官议：凡公侯品官立为祠堂三间于所居之东，以祀高曾祖考，并祔位，如祠堂未备，奉主于中堂享祭……凡祭于四仲之月，择吉日，或春秋分、冬夏至

[①] 左云鹏：《祠堂族长族权的形成及其作用试说》第二部分中的有关内容，《历史研究》1964年第5—6期。
[②] 李文治：《明代宗族制的体现形式及其基层作用》第三部分中的有关内容，《中国经济史研究》1988年第1期。

亦可……制曰可"。①

事实上，明代的祭祖规定在洪武六年以前就曾制定过。徐一夔等人所撰《大明集礼》卷六"宗庙·品官家庙"条载：

> 先儒朱子，约前代之礼，创祠堂之制，为四龛以奉四世之祖，并以四仲月祭之，其冬至、立春、季秋、忌日之祭，则又不与乎四仲月之内，至今士大夫之家遵以为常。凡品官之家立祠堂于正寝之东，为屋三间……祠堂之内，以近北一架为四龛，每龛内置桌。高祖居西第一龛，高祖妣次之；曾祖居第二龛，曾祖妣次之；祖居第三龛，祖妣次之；考居第四龛，妣次之。神主皆藏于椟，置于桌上，南向……庶人无祠堂，惟以二代神主置于居室之中间，或以他室奉之，其主式与品官同而椟。国朝品官庙制未定，权仿朱子祠堂之制，奉高曾祖祢四世之主，亦以四仲之月祭之，又加腊日、忌日之祭，与夫岁时节日荐享。至若庶人得奉其祖父母、父母之祀，已有著令，而其时享以寝之礼，大概略同于品官焉。②

这条资料未载明该规定的时间，王圻《续文献通考》对此未加考订，将其附在"世宗嘉靖十五年夏言疏言"条之下。明《礼部志稿》和万历《大明会典》也只是将文中"国朝"改为"国初"，同

---

① 《明太祖实录》卷八二，洪武六年五月癸卯；《续文献通考》卷一一五《宗庙考·大臣家庙》。
② 徐一夔等：《大明集礼》卷六《吉礼六·宗庙·品官家庙》，影印文渊阁四库全书本，第649册，第172页。以下简称"四库全书"。又《大明集礼》收入四库全书时作《明集礼》，本书引文仍从原书名，其他会典等书类似者也如此处理。

附编一 明清时期祠庙祭祖问题辨析 401

样没有考订制定年代。①不过据《大明集礼》的《原序》说，是书乃朱元璋所制，嘉靖八年（1529）由礼部"请刻布中外，俾人有所知见，乃命内阁发秘藏，令其刊布"。可知前述规定是朱元璋时制定。又据《四库全书》对《大明集礼》所作提要说，"考明典汇载：洪武二年八月诏儒臣修纂礼书，三年九月书成，名《大明集礼》"。可见这规定是在洪武元年至洪武三年（1368—1370）九月期间制定的。该规定的内容表明，明初士大夫普遍受朱熹《家礼》中祠堂之制的影响，凡品官之家在正寝之东建立祠堂，祭祀四世之主，至于庶人则无祠堂，乃于居室的中间或他室祭祀二代神主。明朝政府鉴于家庙制度未定以及民间祭祖的实际情况，于是"权仿朱子祠堂之制"，规定"品官祭祀高、曾、祖、祢四代祖先，庶人祭祀祖、父两代祖先"。不过文中说"若庶人得奉其祖父母、父母之祀，已有著令"。可见庶人祭祖令先于品官庙制公布，此时又作重申而已。洪武六年家庙规定比起洪武三年九月以前的家庙令，没有什么变化，仍是照搬朱熹《家礼》中的祠堂制度。

明成化十一年（1475），国子监祭酒周洪谟曾建议整顿祠堂之制。他说："今臣庶祠堂之制，悉本《家礼》，高曾祖考四代设主，俱自西向东。考之神道向右，古无其说。惟我太祖高皇帝太庙之制，允合先王左昭右穆之义。宜令一品至九品止立一庙，但高卑广狭为杀，神主则高祖居左，曾祖居右，祖居次左，考居次右，于礼为当……事下所司议，闻礼部覆奏：洪谟所言祠堂之制，乞命翰林

---

① 〔明〕王圻：《续文献通考》卷一一五《宗庙考·大臣家庙》；林尧俞等纂修、俞汝楫等编撰：《礼部志稿》卷三〇《品官家庙》；万历《大明会典》卷九五《品官家庙》。

院参酌更易奏处置……从之。"①该建议的要点有二：一是品官只立一庙，不许违制多建；②二是改进祖先牌位的摆放顺序。

值得注意的是，洪武六年令和成化十一年令均未言及庶人的祭祖规定，是否仍沿袭洪武三年九月前的规定祭祀祖、父二代祖先呢？据田艺衡《留青日札》卷一记载："庶人祭三代，曾祖居中，祖左祢右；士大夫祭四代，高居中左，曾居中右，祖左祢右，乃国初用行唐县胡秉中言也，人多不知。"检乾隆《行唐县新志》卷九《名宦》记载："胡秉中，松江府上海县人，洪武初举人。材知行唐，专务以礼教民，制祀先、孝顺节义、教民读书三图。祀先者，以春秋、孟冬、元旦日各祀祖先，笾豆仪制等式存焉……入觐以此图献，上命颁行天下，仍温旨谕之，由是民知礼让，至今不忘云。"文中有关祀先的建议，当包括祭祀三代祖先的内容。再检同书卷二《图经》所收吴高增纂《续四礼翼图说》记载："明初上海胡君秉中宰行唐，为三图，教民奉先，导民孝义，劝民读书，洪武十七年入觐，进呈太祖，命礼臣三图合刻，颁行郡邑，依此教民。"可知明朝采纳胡秉中的建议是在洪武十七年（1384）。这时明朝对洪武三年前的家庙令变更，即将庶民祭祀二代祖先改为三代祖先。清朝人毛奇龄指出："明初礼官用行唐县知县胡秉中议，许庶人祭及三代。今俗祭祝词，尚有称三代尊亲者。"③可见该规定对民间有不小的影响。至于周洪谟所讲牌位摆放顺序与胡秉中建议相同，这是因为民间受《家礼》摆放四代祖先牌位顺序影响太深，未能完

---

① 《明宪宗实录》卷一三七，成化十一年正月丙子。
② 左引周洪谟文，将"止立一庙"作"各立一庙"，语意大不相同。李文亦同左文。
③ 〔清〕毛奇龄：《辨定祭礼通俗谱》卷一《所祭者》。

全照洪武十七年规定执行,所以成化十一年周洪谟为改变此种情形而重新向皇帝提出建议。

明代家庙、祭祖制度比起前代最有新意的是嘉靖十五年(1536)的规定,左先生最早使用了这年礼部尚书夏言的疏言。不过他的表述是:"准许官僚士大夫立庙祀先一事,是在嘉靖十五年最后确定的。"通过我们对洪武家庙令的考证,这种表述是不太准确的,事实上洪武时期已准许官僚士大夫立庙祀先了。李先生则说:该令是夏言面对"人们建置祠堂及追祭远祖的违例事例既然纷纷出现"的现实,"乃上疏建议改制"。① 笔者认为"人们建置祠堂及追祭远祖的违制事例"是事实,不过夏言上疏的直接原因却不是为此。下面我们对此进行具体考察。夏言的上疏叫作《献末议请明诏以推恩臣民用全典礼疏》,疏中说:

> 臣仰惟九庙告成,祀典明备,皇上尊祖敬宗之心,奉先孝恩之实,可谓曲尽,而上下二千年百王所不克行之典,我皇上一旦举而行之……惟是本朝功臣配享,在太祖、太宗庙各有其人,自仁宗以下五庙皆无,似为缺典。至于臣民不得祭其始祖、先祖,而庙制亦未有定则,天下之为孝子慈孙者,尚有未尽申之情。臣忝礼官,躬逢圣人在天子之位,又属当庙成,谨上三议,渎尘圣览,倘蒙采择,伏乞播之诏书,施行天下万世,不胜幸甚。

---

① 上引左云鹏、李文治文中,夏言上疏的时间为嘉靖十九年,当系手民之误。

具体三议是,"请定功臣配享议","乞诏天下臣民冬至日得祀始祖议","请诏天下臣工立家庙议"。[①]可见夏言上疏是因为当时明朝宗庙"九庙成",为了弥补功臣配享不完备以及推恩允许"臣民"冬至日祭祀始祖和敦促"臣工"立家庙而上疏的,疏的名称中"推恩"二字更反映了这样的事实。

如果我们放开视野,嘉靖初年朝政的中心是"大礼议"问题,世宗坚持己意,尊生父兴献王为皇考,将孝宗尊为皇伯考。于是在宗庙制度方面进行改革。夏言疏中提到当时正值"九庙告成",据许重熙《宪宗外史续编》(上)卷二载,嘉靖十五年(1536)十月"更世庙为献皇帝庙"。又据《明世宗实录》嘉靖十五年十一月中记载:"乙亥,增饰太庙,营建太宗庙,昭穆群庙,献皇帝庙成。"献皇帝即世宗生父兴献王。夏言的疏言如果放在这一背景下认识,才更容易认清"推恩"的含义。这也不仅是我的推论,后人也有"明大礼议成,世宗思以尊亲之义广之天下,采夏言议"[②]的记载。

夏言上疏三议中,与家庙和祭祖有关的是后两议,下面我们对其内容加以考察。关于"乞诏天下臣民冬至日得祀始祖议",我们知道明代关于祭祀祖先世代的规定是:品官之家祭高、曾、祖、祢四代,而庶民最初只能祭祀祖、父两代,后又增加了曾祖变为三代,无论官民都不许祭祀规定之外的远祖。明代的上述规定,基本是宋以来官民祭祖礼制的沿袭。不过宋代程颐曾主张除常祭高祖之下祖先外,冬至要祭祀始祖,立春祭祀始祖以下,高祖以上的先

[①] 〔明〕夏言:《桂洲夏文愍公奏议》卷二一。
[②] 《岭南冼氏宗谱》卷二《宗庙谱》,宣统二年。

祖。程颐关于祭祀始祖、先祖这些远祖的倡导，对宋以后祭祖礼俗影响很大，许多人赞同他的主张，并且付诸实践，程颐的主张成了民间追祭远祖的理论依据之一。从这个意义上可以说，夏言的上疏乃是面对现实提出的。当然，夏言的主要依据也是程颐的主张。夏言在疏中说："迩者平台召见，面奏前事，伏蒙圣谕，'人皆有所本之祖，情无不同，此礼当通于上下，惟礼乐名物不可僭拟，是为有嫌，奈何不令人各报本追远耶'。"①据此可知：夏言在上疏前，曾被世宗召见，君臣谈及民间祭祖问题，世宗本来打算"推恩"臣民，得以同皇室一样可以祭祀始祖，只是担心有僭越礼制之嫌。夏言了解到世宗的这个心思，乃上是疏。他在疏中又说：

> 臣因是（按：指前引世宗言）重有感焉，而水木本源之意，恻然而不能自已。伏惟皇上扩推因心之孝，诏令天下臣民，许如程子所议，冬至祭厥初生民之始祖，立春祭始祖以下高祖以上之先祖。皆设两位于其席，但不许立庙以逾分，庶皇上广锡类之孝，臣下无褅祫之嫌，愚夫愚妇，得以尽其报本追远之诚，溯源徂委，亦有以起其敦宗睦族之谊，其于化民成俗，未必无小补云，臣愚不胜倦倦。②

夏言显然是根据皇帝的心思，一方面建议采纳程颐的主张，在节日祭祀始祖、先祖；另一方面禁止百姓建立家庙，以防"逾分"，既

---

① 〔明〕夏言：《桂洲夏文愍公奏议》卷二一《献末议请明诏以推恩臣民用全典礼疏》。
② 〔明〕夏言：《桂洲夏文愍公奏议》卷二一《献末议请明诏以推恩臣民用全典礼疏》。

推了恩，又不违反礼制，可谓两全其美。

关于"请诏天下臣工立家庙议"，夏言的建议是以程颐、朱熹的理论为据的。程颐主张，既然五服皆至高祖，所以祭祀也当如此；朱熹认为礼有大夫立三庙而可以祭及高祖的先例。因此夏言提出：

> 莫若官自三品以上为五庙，以下皆三、四庙。为五庙者，亦如唐制五间九架，中为一室，祔高、曾；左右为二室，祔祖、祢。若当祀始祖、先祖，则如朱熹所云，临祭时作纸牌，祭讫焚之。然三品以上虽得为五庙，若上无应立庙之祖，不得为世祀不迁之祖。惟以第五世之祖，奉为五世，只名为五世祖，必待世穷数尽，则以今之得立庙者为世祀之祖，世祀而不迁焉。四品以下，无此祖也，惟四世递迁而已……若夫庶人祭于寝，无可说矣。伏乞诏令天下……以五室、四室为率，庶几三代之制、程朱之义，通融贯彻，并行不背矣。上是之。①

夏言疏言的要点是，品官家庙制度分为两种类型，三品官以上大员祭祀五世祖先，四品官以下依旧祭祀四代祖先。并论述了祭祀五世祖的具体做法。其中说到始祖、先祖只可临时祭祀，当时立庙的三品大员，将来才可"世祀之"。文中也明确说庶人只可祭于寝。换言之，不许立家庙。"请诏天下臣工立家庙"，只是"令品官立家庙"。②

---

① 〔明〕王圻：《续文献通考》卷一一五《宗庙考·大臣家庙》。
② 〔明〕夏言：《桂洲夏文愍公奏议》卷二一《议定王府宗庙武臣家庙疏》。

夏言"请诏天下臣工立家庙议",据上引王圻《续文献通考》记载,世宗听从了该建议。同时,王书还记载夏言的前一条"乞诏天下臣民冬至日得祀始祖之议"也受到"上是之",被世宗肯定,可见世宗采纳了夏言的建议。更有力的证明是,许重熙《宪宗外史续编》(上)①"嘉靖十五年十一月"条记载:"诏天下臣民祀始祖。"此书资料取材邸报,言有所据,可以确信。另外朱国祯《皇明大政记》也记载该年"十一月诏天下臣民始得祀始祖"②,是为补证。可见当时的确诏令天下臣民冬至可以祭祀始祖。不过关于品官的家庙新规定,除了王圻《续文献通考》记载"上从之"外,目前还未发现其他明人的明确的记载,③估计这项针对品官的规定没有向天下明诏。

对于嘉靖十五年有关家庙、祭祖的规定,李先生说:"从此庶民之家建置宗祠家庙及追祭远祖之事正式纳入规则,被看为合理合法了。"根据我们上面的考察,可见这一说法是不太准确的,李先生又说:"从国家规制上说,建祠祭祖再没有贵贱等级的差别了。"显而易见,这一提法也是可以商榷的。

值得注意的是,嘉靖十五年(1536)允许臣民得祀始祖诏令在当时的社会影响。该诏令本来只允许臣民在冬至、立春节日祭祖,并不准在家庙、祠堂中设立牌位常祭,但是,允许祭祀始祖,即等于允许各支同姓宗族联宗祭祖。与此同时,政府又要求官员建家

---

① 此书又名《嘉靖以来注略》《五陵注略》。
② 见该书卷二八"补遗"。
③ 按:《明史·礼志·群臣家庙》记载了嘉靖十五年的品官家庙规定,可惜人们探讨家庙制度时,忽略了这一记载,如左文就称《明史》未载此事"当系疏忽",事实是左文本身有"疏漏"。

庙，并允许在家庙设临时祭祀始祖、先祖的纸牌位，再加上又允许"以今得立庙者为世祀之祖，世祀而不迁焉"，[①]则开了以后家庙祭始祖之先河。这就极易导致官员将始祖、先祖的临时性纸牌位改为常设始祖牌位。品官家庙祭祀始祖一旦成为大宗祠，民间联宗祭祖必然会竞相仿效。事实上当时社会上本来就大量存在着祠堂违制祭始祖的情况。崇拜祖先是民间信仰风俗，是合乎人情的，嘉靖十五年的规定只能导致其进一步的合法化，另外在外人不进入的家庙中设置远祖牌位政府也无必要核查，所以祭祀始祖、先祖必定成为普遍现象，家庙向联宗祭祖的大宗祠方向发展，地方政府听之任之，于是嘉靖年间形成大建宗祠祭祀始祖的普遍现象。广东南海朱氏宗族称："我家祖祠，建于明嘉靖时，当夏言奏请士庶得通祀始祖之后。"[②]又据广东佛山《岭南冼氏宗谱》卷二之首《宗庙谱》记载："……明大礼议成，世宗思以尊亲之义广天下，采夏言议，令天下大姓皆得联宗建庙祀其始祖，于是宗祠遍天下。其用意虽非出于至公，而所以收天下之族，使各有所统摄，而不至散漫，而藉以济宗法之穷者，实隆古所未有……我族各祠亦多建在嘉靖年代。逮天启初，纠合二十八房，建宗祠于会垣，追祀晋曲江县侯忠义公，率为岭南始祖。"不仅是冼氏宗族，据当地方志载："我佛山诸祠亦多建自此时（按：指嘉靖十五年）敬宗收族于是焉。"[③]除广东佛山、南海之外，安徽旌德的戴氏宗族也是世宗诏令后建的始祖祠堂，戴氏族谱记载："祠初创于元之丙申，士可公奉四世之神主而妥侑之，非

---

① 〔明〕王圻：《续文献通考》卷一一五《宗庙考·大臣家庙》。
② 朱次琦：《朱九江先生集》卷三《南海九江朱氏家谱序例》。
③ 民国《佛山忠义乡志》卷九《氏族志·祠堂》。

略也，孝思可展，限以礼而不得越。至明世宗诏令天下士庶得祀始祖，族人因于万历丁酉辟地构祠，则前乎此者，已感叹于蔓草荒烟矣。"[①]安徽、广东的事例可证，世宗嘉靖诏令后，导致宗族纷纷建立宗祠祭祀始祖，遂使"宗祠遍天下"。旌德戴氏、南海朱氏是以士庶得祀始祖为理由建祠的。至于佛山冼氏则把允许祭祀始祖，理解为通过"联宗建庙"来实现。朱氏、冼氏、戴氏的做法显然是不符合夏言上疏内容的，是违礼逾制的行为，但都未曾受到制止。万历时期在浙江新昌县，民间也有"始祖祠堂，以冬至日祀之"。[②]嘉靖十五年（1536）有关祭祖、家庙令尽管有限制性的详细规定，但是客观上却造成了嘉靖朝修建宗祠祭祀始祖的热潮，这一热潮在嘉靖以后一直延续，从而使宗祠祭祀始祖普遍化，这是中国宗族发展史上重要的演变。

二、清代祠庙祭祖的违礼逾制

以往对清代宗族祠堂与政府家庙及祭祖礼制的关系研究甚少，这里我们就此问题作一具体探讨。

清代对于各种身份者的祭礼规定，反映在礼制的"家祭"中，分亲王世子郡王家祭、贝勒贝子宗室公家祭、品官家祭、庶士家祭、庶人家祭五类。除贵族外的品官、庶士、庶人是清代社会的主体，他们的祭祀情形具有普遍意义。其具体规定是：品官于居室之东建家庙，一品至三品官，庙五间，中三间为堂，阶五级；四品至七品官庙三间，中为堂，阶三级；八、九品官庙三间，无

---

① 《旌阳留村戴氏族谱·留村叙伦祠记》，1929。
② 万历《新昌县志》卷四《风俗志·祭礼》。

堂，阶一级。（原注：在籍进士、举人视七品，恩、拔、岁、副贡生视八品）奉高、曾、祖、祢四世，每年四季择吉祭祀。庶士（原注：贡、监生员有顶戴者；作者按：这里的"贡"指"例贡"，即由捐纳获得入监读书资格的生员）、庶人于正寝之北为龛，也祭祀高、曾、祖、祢四世祖先。①如此说来，不论官民，皆祭祀高、曾、祖、父四世祖先，官民祭祀的主要区别是官可于居室之东"立庙"，民则在家之正寝之北"为龛"。可见清代礼制是不允许民间建家庙并祭祀远祖的。②比起明代，庶人祭祖代数，多出高祖一代，同于品官。

还需要注意的是，家庙祭礼规定：在籍进士、举人以七品官、贡生以八品官的资格建立家庙。进士一般都出仕，在籍者不多，未出仕而在籍的举人、贡生不少，允许他们建家庙，是把官员的权利给予士人，这是祭礼标准下移的表现，清代因此建家庙的数量当不在少数。成书于乾隆二十四年（1759）《大清通礼》的上述规定，是继明代嘉靖十五年之后，在家庙祭祖制度上又一次不小的变动。③

上述规定的实行情况怎样呢？道光年间，湖南巡抚吴荣光鉴于山乡僻壤对清朝礼制知者甚少、理解不一的情况，作《吾学录初编》一书，把清代的礼制摘编，加以按语解说，并就当时民间的风俗习惯进行评论，对我们理解当时的制度和实行情况很有好处。吴氏对《大清通礼》"品官家祭之礼，于居室之东立家庙"加以按语

---

① 《大清通礼》卷一六；光绪《大清会典事例》卷四五五《礼部·家祭》。
② 似乎左、李两位先生均认为，明嘉靖十五年以后直至清代，国家制度上承认宗族立祠庙祭祀始祖。
③ 按：此段内容系原文所无，此次发表新增。

解说：古代左庙右寝。庙必立于居室之东，至宋代司马光《书仪》中的"影堂"、朱熹《家礼》中的"祠堂"实际上是家庙的别称。"明制虽许品官立庙，而《明会典》尚沿祠堂之称"。《大清通礼》"始复古制称庙，然必品官准依式建立，其士庶之家，合族人别立宗祠可也"。这就是说，清代品官所立之"庙"，实际就是祠堂，只不过是"复古制称庙"而已。至于士庶之家，则可"别立宗祠"。吴氏接着说《家礼》规定四时祭祀外，"别有冬至祭始祖，立春祭先祖"（原注：高祖以上之祖）等仪。今人别立宗祠，族长率族人春秋在宗祠祭祀，也是敬宗收族之道。"通礼虽无其仪，也可准家庙之礼行于宗祠，宗祠自始祖以下，高祖以上，非分尊而有功于族众者，不得以私情滥入"。①可见宗祠祭祖，是祭始祖和先祖，皆是高祖以上之祖，作为巡抚的吴荣光认为符合《家礼》的精神，宗祠祭祀仪式仿照《家礼》进行即可。

吴氏所说的宗祠，亦即祖祠，民间多泛称为祠堂，清代民间修宗祠祭始祖，是明嘉靖以来宗祠普遍化的继续。早在清初，顾炎武因明友陕西华阴人王宏撰在家乡"作祠堂，以奉其始祖"，特作《华阴王氏宗祠记》，②宗祠即是祠堂。康熙时浙江永康县"祭礼，士大夫家用四时，民间多用俗节，第如家人常馔者，盖犹古之荐也。近又多会其族人，立始祖祠，用以岁首会拜祠下，谓之合族会。始祖之祭，于古礼若近僭，然论礼于后世，虞其简不虞其过。则亦义起之，可听者也"。③这种始祖祠，当地也称为"宗祠"，有13座。④康

---

① 〔清〕吴荣光：《吾学录初编》卷一四《祭礼·品官家祭》。
② 〔清〕葛士浚辑：《皇朝经世文续编》卷五八《礼政》。
③ 康熙《永康县志》卷六《风俗》；卷一四《祠堂》。
④ 康熙《永康县志》卷一四《祠墓》。

熙时广东"大小宗祖祢皆有祠","每千人之族,祠数十所,小姓单家,族人不满百者,亦有祠数所。其曰大宗祠者,始祖之庙也。庶人而有始祖之庙,追远也,收族也"。①广东庶人有大宗祠祭祀始祖是普遍现象。同治《雩都县志·风俗》说:"始来雩之祖,必有祠堂。"其实,民间有祠堂祭始祖是整个清代普遍存在的现象,所以清人有"今民间宗祠祭自始祖"②的说法。

不仅是民间,官员们也在家庙祭祀始祖,且为官场认可。康熙时江苏江阴人礼部尚书杨宾实所撰《家庙记》说:"近依程朱祭及高祖之义,以为宜推先世始迁,或初受封爵者为始祖,世祀之(原注:祀始祖则族有所统而不涣,足与谱系相维),而统祀高、曾、祖、祢为一堂五龛之制,庶几援据古今,备近远之道,为士大夫家可酌而行者。"身为礼官的杨氏,主张士大夫祭祀始祖。他在宅之东南建立家庙,制五龛"谨奉始迁先祖后成公居中",两侧排列高、曾、祖、考牌位。③杨氏也是一位实践者,他的家庙在朱子《家礼》所定规模的基础上,增加了始祖牌位。乾隆时江苏金匮人、刑部尚书、经学家秦蕙田,也提倡官僚祠庙祭祀始祖,他说:

若崛起而为公卿者,虽不可同于诸侯,亦宜与古之九命、八命、七命等,其子孙奉为始祖,亦与古人别子之义相合……故或建为宗祠,或合为家庙,凡属子姓群聚萃处,其中有宗法者大宗奉之,因为百世不迁之祖,倘宗法未立,或大宗无后,

---

① 〔清〕屈大均:《广东新语》卷一七《宫语·祖祠》。
② 〔清〕葛士浚辑:《皇朝经世文续编》卷六〇《礼政·答陈仲虎杂论祭礼书》。
③ 〔清〕陆耀:《切问斋文钞》卷八。

则小宗择其长且贵与贤者,祭则主其献奠,原与祭别子之义相符。不可以士大夫不得祭始祖而谓之为僭也。①

既然士大夫多家庙违制建立宗祠,有关家庙规定的实际意义就不大,祠堂和家庙也无必要区分,因此,史学家赵翼便说:"今世士大夫家庙皆曰祠堂。"②有的宗族把家庙与祠堂混称,《即墨杨氏家乘·家法》中既称家庙,又称祠堂,实际是一回事。

需要指出的是,清代的家庙制度乃是"复古制",人们对于古制的理解不同,另外,毕竟政府做了有关家庙制度的规定,所以人们在家庙与宗祠的看法上并不一致。乾隆时一位官员在所撰《蓉溪支宗祠碑记》中讲了周代宗庙制后说:"今三吴世家大族皆有宗祠,其不称庙而称祠,犹以肃尊卑之分焉。"言称宗祠不称庙的原因是维护古代宗法等级的严肃性,碑记的作者还说"宗庙之礼,古今不能一辙",③即承认现实中的祠堂是古代宗庙制度的演变,表明称祠不称庙,主要是名称上对礼制的尊崇而已。也有的宗族在形制上将宗祠和家庙区别开来,如广东南海人梁绍献以"吾家惟有族祠而无家庙,夫既受禄于朝,恩及先世矣,而犹庶人祭于寝可乎。入颂所有,建翰林家庙,其根据古谊多此善也"。④上述区分宗祠与家庙的宗族,在清代也有相当数量。

宗祠的祭祖,是祭祀始祖和先祖。始祖是专祀,各宗族所祭始祖的标准不太一样。宗祠祭祀始祖和先祖。始祖是专祀,各宗族所

---

① 〔清〕秦蕙田:《始祖先祖之祭》;〔清〕陆耀:《切问斋文钞》卷八。
② 〔清〕赵翼:《陔余丛考》卷三二《祠堂》。
③ 民国《荥阳郑氏续修大统宗谱》卷三。
④ 同治《南海县志》卷一四。

祭始祖的标准不一样。有人指出："祠其始祖者，或受姓之始，或易姓之始，或有位于朝，或始迁其居，各以义起，而不相师，盖其所遭固殊，不可强而同也。"①也有人说："今世俗宗祠必有始祖，或始爵，或始迁。"②马树华认为："始迁之祖，始为卿大夫之祖，礼得不祧专祀。"③因为这种祭祀始迁祖或最早得官者符合古礼，所以是清代祭祀始祖的普遍标准，尤以祭始迁祖为多，而始迁祖往往是最早做官迁往外地者。把最早得姓者作为始祖，有冒滥之嫌，为慎重者不取。乾隆中期，江西宗族势力膨胀，在省城、府城建联宗祠堂，"大率皆推年远君王将相一人，共为始祖"，清朝予以取缔，要求各宗族"断以始迁该地及世系分明者为始祖"。④政府反对滥认祖先，但承认宗族在本地祠堂祭祀始祖和世系可考的始祖。也可看出，民间的滥认始祖是普遍现象。清代后期王先谦曾指出："近世弊俗，多为总祠，聚异方同姓之人，联为一族，而祖上世得姓最初者。"⑤说的也是这一现象。

先祖是始祖以下、高祖以上之祖，祭先祖是从祀，享受祭祀的先祖，有一定的选择条件。如江苏宜兴任氏，自宋代迄清康熙朝传二十世，除专祀始祖外，二至十一世诸祖神位祔祀，而"十二世以下，论德、论爵、论功，孚众论者配享两列"，任氏宗祠是"始祖居尊，先祖各宗祔食，其配享者，必三论"。⑥浙江马氏自明初迁

---

① 〔清〕钱仪吉编《庐江钱氏年谱》卷一。
② 〔清〕葛士濬辑：《皇朝经世文续编》卷六〇《答陈仲虎杂论祭礼书》。
③ 〔清〕葛士濬辑：《皇朝经世文续编》卷六〇《祠堂记》。
④ 《宫中档乾隆朝奏折》第21辑，二十九年四月庚子；第23辑，二十九年十一月二十七日。
⑤ 〔清〕王先谦：《虚受堂文集》卷五《浏阳〈娄氏族谱〉序》。
⑥ 民国《宜兴篠里任氏家谱》卷二之四《大宗祠述》。

入居地迄清咸丰初年，已有十八世，马氏祠堂前奉一世祖，二世至五世祖从祀，后堂奉六世祖，而七、八世祖从祀，九世祖以下，仿照鄞县桓溪全氏以及马氏同乡麻溪吴氏祠例，"凡贤而有德，能而有功，贵而有爵，才而有文者从祀"。①该族是以贤、德、贵、才四条为标准，也可表述为德、功、爵、文四论。与任氏相比，多了"才而能文"一条，其余相同。吴荣光则认为祭祀之先祖"非分尊而有功于族众者，不得以私情滥入"。②强调"分尊"即强调辈分和"有功"。

  清朝规定的品官家庙是建于居室之东，这既是古制，也是《家礼》的主张，古代还有于墓所建祠堂的风俗。前揭康熙时杨宾实所建家庙，即"廊基于宅之东南、依于宅因势营构，堂宇东向，未至远违古意"。不过清代的宗祠基本上不是这样，时人谓："今士大夫家择爽垲之地构堂宇，以奉烝尝，又未于墓所与正寝之东也。"宗祠是另择善地而建的，虽然这是违礼逾制的行为，但人们认为已经成为风俗，"难以执今律古"，仁人孝子以此"尽其水源木本之思，寄其春露秋霜之感，总为君子所深许矣"。③通过宗祠祭祖报本反始，寄托哀思，尽管它不合礼法，但合亲礼，所以不仅受到士大夫这些"君子"的"深许"，而且国家也对其默认。宗族择地另建祭祀始祖宗祠的事例是众多的，如宜兴篠里任氏决定建大宗祠，"遂买篠里上街宅一区，改而新之"。于康熙元年（1662）始建，数年而成，"奉立始祖神位"。④又如浙江马氏道光年间"购城西地"兴建

---

① 〔清〕葛士濬辑：《清经世文续编》卷六〇《祠堂记》。
② 〔清〕吴荣光：《吾学录初编》卷一九《祭礼》。
③ 民国《荥阳郑氏续修大统宗谱》卷三《蓉溪支宗祠碑记》。
④ 民国《宜兴篠里任氏家谱》卷二之四《大宗祠述》。

祠堂。[①]同治江西《广昌县志·风俗》记载当地大、小宗祠堂，"俱建于中央最胜之地，而子孙环处焉"。这种情形具有普遍性，清人陆耀说："今世俗立祠堂，既不与寝相连，神不依人，而又祀至数十世之远。"[②]反映的正是这种情形。

由上可知，宗祠、家庙相混现象普遍，祠庙建立的地点、祭祀的对象本身的名称同礼制的规定各有不同，表明清代礼制有一种硬化的特点。礼制不是及时随着社会的变迁而变化的，而是泥古不变或少变，以维护礼的"古"，换言之，即保持礼所反映的古典宗法等级性，企图以此产生一种导向作用，使民风复古。就清代实际情况来说，政府提倡建家庙，以推行孝治。康熙帝颁布"上谕十六条"，第一条是"敦孝弟以重人伦"，第二条便是"笃宗族以昭雍睦"。雍正帝对"上谕十六条"解释，成《圣谕广训》，第二条的释文里，提出为了笃宗族，要"立家庙以荐烝尝"，明确号召建家庙。而对家庙祭始祖的承认，必然导致建立祠庙祭始祖的普遍化。所以清人说："我圣朝盖隆孝典，推恩锡类，凡属臣民立祠报本者，比比然也。"[③]因此，清朝祠庙及祭祖礼制基本上是一种文字摆设。清代宗族建置祠堂祀始祖在明代的基础上继续发展，是宗族制度更加兴旺的时期。

三、结语

探讨明清时期宗族制度，特别是其中的祠堂建置问题，离不开

---

① 〔清〕葛士浚辑：《清经世文续编》卷六〇《祠堂记》。
② 〔清〕陆耀：《祠堂示长子》，《清经世文编》卷六六。
③ 光绪《毗陵永宁潘氏宗谱》卷一，嘉庆八年《潘氏宗祠记》。

对政府家庙、祠堂以及祭祖规定的研究，左云鹏、李文治二位先生均对该问题进行了探索，我感到他们在祠庙祭祖问题的资料使用、理解以及个别观点上，还存在一些不尽如人意之处。

明代家庙制度的规定，最早有确切时间的是洪武六年（1373）五月癸卯，规定公侯品官立为祠堂三间祭祀高曾祖考。笔者考定，早在洪武元年至洪武三年九月期间就曾制定过，品官庙制沿朱熹《家礼》之制，允许庶人得奉其祖父母、父母之祀。与此相较，洪武六年家庙令没有什么变化。笔者还提出洪武十七年明朝采纳胡秉中建议，将庶民祭祀二代祖先改为三代祖先。明成化十一年（1475）国子监祭酒周洪谟议行整顿祠堂之制，要点是品官只立一庙，不许违制多建；改进祖先牌位的摆放顺序。明代家庙、祭祖制度比起前代最有新意的是嘉靖十五年（1536）的规定，笔者认为，夏言上疏改制的出发点是嘉靖帝宗庙制度改革推恩所致。政府只允许百姓冬至日祭祀始祖、先祖和三品以上官员许设五世祖牌位并沿为"世祀不迁"，始祖只允许临时设纸牌祭祖。并不是"从此庶民之家建置宗祠家庙及追祭远祖之事正式纳入规则，被看为合理合法了"，"从国家规制上说，建祠祭祖再没有贵贱等级的差别了"。然而由于嘉靖十五年规定的内在的问题决定，导致了民间大建宗祠祭祀始祖，这是中国宗族发展史上重要的演变。

以往对清代宗族祠堂与政府家庙及祭祖礼制的关系研究甚少，笔者就此问题作了具体探讨。我认为《大清通礼》规定，在籍进士、举人以七品官，贡生以八品官的资格建立家庙，这是继明代嘉靖十五年之后，在家庙祭祖制度上又一次不小的变动。清代礼制是不允许民间建家庙并祭祀远祖的。但无论庶人还是士大夫皆建宗祠祭祀始祖和先祖，人们对家庙与祠堂的名称往往混称，宗祠多择地另建，也与政府家庙规定设于居室之东不同。清政府提倡民间建祠堂，推行孝治，承认家庙祭祀始祖，从而导致祠庙祭祀始祖普遍化，清朝家庙及祭祖礼制基本上是一种文字摆设，清代礼制有一种硬化的特点。①

---

① 按：该文原刊《第二届明清史国际学术讨论会论文集》，天津人民出版社，1993，结语部分的内容系此次发表新增。

附编二　试论宋代以降的宗族之学[①]

已有的研究表明，宋代以降宗族组织的基本形式是立族长、建祠堂、修族谱和设族田。事实上，宗族办学[②]教育族人也是宋以后特别是清代比较突出的社会现象，它是宗族制度的有机部分。然而，迄今对族学与宗族关系的研究是很薄弱的。国内的研究一般是在探讨宗族问题时稍事涉及，最近也出现了一些专门的探讨，[③]可是篇幅很短，且主要集中在清代。在日本有关中国宗族的研究中，清水盛光论述了作为族产这一种类型的义学。[④]多贺秋五郎整理了清代族谱中的族学资料并进行了专门研究，其视角侧重于教育

[①] 原刊张国刚主编《中国社会历史评论》第一卷，天津古籍出版社，1999，第61—74页。本文系提交"海峡两岸传统社会与当代中国社会史学术研讨会"（1995年8月，北戴河）论文。
[②] 宗族所办之学多称为"义学""义塾""家塾"，但义学、义塾与乡里之学同名，家塾易于和家庭之学混淆，故本文称宗族之学为族学。
[③] 如冯尔康、常建华《清人社会生活》第三章，天津人民出版社，1990；陈支平：《近500年来福建的家族社会与文化》第十二章，上海三联书店，1991；欧阳宗书：《中国古代宗族教育管窥》，《江西大学学报（人文社会科学版）》1992年第2期；冯尔康、常建华等：《中国宗族社会》第四章第四节，浙江人民出版社，1994。
[④] 清水盛光著：《中国族产制度考》，宋念慈译，台北：中华文化出版事业委员会，1956。

史。①井上彻探讨明清时代的宗族问题时指出，近代宗族形成于宋以来对"世臣"家系的追求，宗族组织最大的特征是实行以族人科举及第、任官为目的的教育事业，并论述了珠江三角洲宗族对教育的重视；又在元末明初浙江宗族的研究中，确认义庄宗族组织具有输出官僚的功能。②就族学与宗族制度的关系而言，井上彻的观点很有见地。本文试图把族学置于宗族制度下，对其历史演变、主要内容进行比较全面的探讨。

一、族学的历史演变

（一）范氏义学与南宋的族学

众所周知，义庄制度创于北宋范仲淹，范氏义庄对后世产生了深远影响。事实上，范仲淹在创建义庄的同时，也设置了义学，并给予后世相当大的影响。然而，人们对范氏义学尚未充分注意。如欲研究宋以后的族学，必须首先弄清楚范氏族学的情形。

范氏在宋代设置了义学。宋元之际牟巘作《范文正义学记》，他说："范文正尝建义宅，置义田、义庄，以收其宗族。又设以义学，教养咸备，意最近古。"其具体情况是："暨公登第立朝，为守为帅，以至大用。名位日盛，禄赐日厚，遂成义庄、义学。为其宗族宅于斯、学于斯。"③当时，范氏在苏州城内西北隅雍熙寺的后

---

① 多贺秋五郎：《宗谱的研究》第三部资料一，东洋文库，1960；《中国宗谱的研究》第五章第一节，日本学术振兴会，1981。
② 井上彻：《宗族的形成及其构造——以明清时代的珠江三角洲为对象》，（日本）《史林》1989年第72卷第5号；《元末明初宗族形成的风潮》，《文经论丛》1992年第27卷第3号，弘前大学人文学部。
③ 〔元〕牟巘：《陵阳集》卷九。

面，设立了义仓和义学。义宅之中有义学，可见义学是义庄的一部分。范氏义学的管理虽不见于范仲淹制定的《规矩》，但其子于神宗熙宁六年（1073）修订的《忠宣公又丞相侍郎公续定规矩》中，则有义学选聘教师及教师报酬的专门规条。[①]可知范氏义学的教师来自本族，教师的报酬随着学生人数增减，义学的学生约有6至10名，教师报酬除来源于义庄的收入外，还鼓励各房捐款。这说明，范氏义学是作为义庄的一部分管理的。

范氏义学在元代有些变化。牟巘在前引资料中继续说道：

> 粤乙亥兵戈俶扰，未遑兹事。至元丁丑，提管士贵、主祭邦瑞共议兴学，卜地于吴县三让里。距祖茔二里所，涓日庀工，为屋三十楹，祀文正公于其中。会讲之堂扁曰"清白"；东斋曰"知本"；西斋曰"敬身"。外辟室为教谕偃息之处，庖湢廪庾、蔬茹之圃咸在。外约为周垣，扁其大门曰"义学"。清溪松竹之间，昉闻弦诵声。是役也，义庄掌计之劳为多，提管又撙节助济浮用，增田山仅百亩，备师资束修之费、子弟笔札之费，一有以劝。大德戊戌，朝旨以义庄、义学有补世教，申饬有司，禁治烦扰，尝加优恤。无复干吾藩者，可肆意于学矣。

范氏义学在南宋末年的混乱中被火烧毁，元初由范仲淹七世孙士贵和八世孙邦瑞，迁至天平山麓的三让里。义学有校舍30间，设有会

---

① 乾隆《范氏家乘》卷一五。

讲之堂，中祀范仲淹，分设知本、敬身二斋，还设有教师休息之地及饭堂菜园，建有围墙，是名副其实的学校。范氏在元代还建有文正书院。南宋度宗咸淳十年（1274），范氏曾在义宅东设立文正公祠，元朝至正六年（1346）廉访金事赵承僖和总管关秉彝重修专祠的时候，合并义宅和祠堂，成立文正书院，范氏主奉兼山长职务。①此书院中经明初的废兴，一直延续到清代，范氏定有《文正书院会课规则六条》，讲课期、出课、阅示、奖励、杜弊、供应诸事。②范氏有义学、书院二级学校，构成了完整的宗族学校体系。

南宋时期，受范氏义学的影响，宗族设置义学逐渐增加。据江苏金坛人刘宰讲：自范仲淹作义庄始，"吴中士大夫多仿而为之"，其中金坛张氏有张纲在外为官，"有以范公事言者，率以从宦未暇"答复，后回乡捐田四百亩设义庄，其叔父张镐也"病其居之僻、闻见之隘，建学立师，以训其族之子弟，名曰申义书院"。③从刘宰的记述看，张镐办书院的宗旨在于"申义"，很可能受到范仲淹的影响。以书院为名的，还有江西贵溪高氏的宗族之学：高氏"作书院于所居之旁，乃收召宗族及乡人之子弟教之，因名曰桐源书院"。④南宋时期更多的宗族学校是以义学、义塾命名。浙江东阳人布衣陈德高，"慕范文正之义，割腴田千亩，立义庄以赡宗族，设义学延师以教子弟，族人婚宦死丧皆有助焉"。⑤陈氏设义学是受范仲淹

---

① 井上徹：《宗族形成的再次进行——以明中期以降的苏州地方为对象》，《名古屋大学东洋史研究报告》第18号，1994。
② 乾隆《范氏家乘》卷一五。
③ 〔宋〕刘宰：《漫塘集》卷二一《希墟张氏义庄记》。
④ 〔宋〕汪应辰：《文定集》卷七《桐源书院记》。
⑤ 万历《金华府志》卷一六《人物》。

影响，义学与义庄同时设立。浙江仙居人吴芾，"为义庄、义学、义冢，以俟宗族之贫者"。①也是以范氏义庄为样板，并且义学与义庄同时举行。湖南衡山人赵方，曾欲仿范仲淹置义田以厚其宗族未果，其子赵葵继承父志，设立义田后，"又曰：'有养而无教，未也。'乃立义学，中祀忠肃，旁辟四斋，岁延二师，厚其饩廪。子弟六岁以上入小学，十二岁以上入大学，课试中前列者有旌，发荐抉第铨集补入者有赆。学规如岳麓、石鼓，而所以禁切其佻闼，绳纠其踰礼败度者尤严"。②赵氏义学继义庄设立，也受到范氏义庄的影响，是二级设教、规模较大的学校。福建尤溪人漳州通判王必正，理宗时"仿范文正公例，以郭外田五百亩创义庄，以资族人冠婚丧祭之费；又设义田塾，延师以训族里子弟"。③福建崇安人江埙，"尝以余财创义庄，辟塾延师，聚族教养"。④江西"李仲永侍郎居浮梁之界出，晚年退闲，于所居之东三里间，自立义学……招师延儒，召聚宗党，凡预受业者逾三十人，捐良田二百亩以赡其用"。⑤玉山刘氏也"间尝割田立屋，聘知名之士以教族子弟，而乡人之愿学者亦许"。⑥安徽徽州汪氏，有大宗祠知本堂，"延师其中，聚族人子弟而教之"。⑦总之，南宋时代设立的族学计10例，⑧

---

① 〔宋〕朱熹：《晦庵先生朱文公集》卷八八《龙图阁之学士吴公神道碑》，四部丛刊本；又，本文未注明版本的文集为文渊阁四库全书本。
② 〔宋〕刘克庄：《后村先生大全集》卷九二《赵氏义学庄》。
③ 嘉靖《尤溪县志》卷六《人物》。
④ 〔宋〕魏了翁：《鹤山先生大全集》卷八三《知南平军朝请江君埙墓志铭》，四部丛刊本。
⑤ 〔宋〕洪迈：《夷坚三志》己卷，第一〇，《义学》。
⑥ 〔宋〕朱熹：《晦庵集》卷八〇《玉山刘氏义学记》。
⑦ 〔元〕赵汸：《东山存稿》卷四《知本堂记》。
⑧ 此外，多贺秋五郎：《中国宗谱的研究》上册，第136—137页，尚有义学数例，因记载不甚明确，本文未采纳。

即江西3例，浙江、福建各2例，江苏、安徽、湖南各1例。族学往往冠以"义学"，有5例是义学，1例是义塾，这是继承了北宋范氏义学的传统。诸例中有6例明确记载，义学是伴随义庄进行的，且多是受范仲淹的影响。可见宋代族学的基本形态一致，是义庄宗族制度的一部分。

（二）元代的族学

元代设置族学的事例继续增加，浙江是族学较为集中的地方。元初有金华浦江义门郑氏的东明精舍，由郑氏家族第五代祖郑德璋创办，设在离家一里许的东明山上。至元中叶，郑德璋之子郑文融鉴于精舍狭隘，不敷所用，所召学生也仅限本族子弟，于是在原来的基础上扩建，成为一所初具规模的乡里之学。东明精舍有房屋20间，设4斋，规模较大。郑文融还聘著名学者吴莱、柳贯、宋濂为讲师，师资甚强，闻名一时。[①]另据《郑氏规范》记载："子孙自八岁入小学，十二岁出就外傅，十六岁入大学。聘名师训饬，必以孝弟忠信为主，期底于成。"可知东明精舍系两级教育的高级阶段——大学，可能族内另设小学启蒙。东明精舍聘有名师主讲，规模较大，具有书院的性质，故至清乾隆年间重建时，更名为东明书院。金华永康吕氏"立义田以食族人，置学以教子侄"。[②]东阳蒋氏"创义塾，以延师儒，教其子姓"。[③]湖州归安有沈氏义塾，系沈氏于"至顺辛未捐田五百亩，建义塾，构殿宇，妥先圣先师像其

---

① 汪根年、毛策：《东明书院考述》，《浙江师范大学学报（社会科学版）》1986年第1期。
② 〔明〕宋濂：《宋学士文集》卷六二《故嘉兴知府吕府君墓志铭》。
③ 〔明〕宋濂：《宋学士文集》卷七五《东阳贞节处士蒋君墓铭》。

中，以春秋修释奠之仪，辟讲舍斋庐，延宿儒为之师，而聚族之子弟，俾随材以受业，乡人来学者弗拒也"。① 从资料看，沈氏可能系平民。绍兴诸暨陈嵩"割田若山六千余亩，建义庄、义塾，聚族人之不能自食者养之，其未知学及里中子弟来学者教之"。② 元后期，处州青田有季氏湖山义塾，由季谦所建，他说："今余幸借先人余业，以自免于冻馁，未尝不惴惴于吾身，况能保于其子孙？故愿制产以建读书之所，延名儒为师，以训子弟，以及族姻之人，咸知所学，大则修身养家，以用于时，小亦不失为乡里之善士，不亦可乎！乃筑于其居之前，侧以为堂，中设孔子像，旁列斋舍，翼以廊房，缭以周垣，买田若干亩，以给师、弟子之食，萃其族之子弟悉入学。"③ 元末处州龙泉汤京，将其父设置的义田增至三百亩，整修慕顺堂及立本、义原二斋，设义学，"合群族俊彦，聘硕师诱迪之"。④ 龙泉人章溢于至正十三年（1353）建龙渊义塾，以教乡间子弟，又于"石华、象溪二所复设别塾，以教陈氏之幼者，俟其长乃赴龙渊义塾受业"。⑤ 该学也是两级制，初级为宗族子弟设立，高级则兼收乡里子弟。

安徽的徽州是宗族强盛的地区，族学也较发达。婺源有义学和书院结合的明经书院，当地著名学者胡炳文任山长。"其规制：田三分二为春秋丁祭、山长俸给，三之一开义学……淀之弟澄所捐田

---

① 〔元〕黄溍：《文献集》卷七上《沈氏义庄记》。
② 〔元〕黄溍：《金华黄先生文集》卷三九《诸暨陈君墓志铭》，四部丛刊本。
③ 〔明〕刘基：《诚意伯文集》卷六《季氏湖山义塾记》。
④ 〔明〕宋濂：《宋学士文集》卷二七《元故婺州路儒学教授季功墓铭》。
⑤ 〔明〕宋濂：《文宪集》卷四《龙渊义塾记》。

五十亩,以训乡族子弟。大学则生徒不拘远近,行供不拘员数。"①明经书院分小学、大学两级,小学为义学,收乡族子弟。婺源还有一所程氏遗安义学,贡师泰介绍说:"新安程致和既立义学,以教其宗族子弟与乡里之愿学者。"②

浙江、安徽之外,福建长乐罗田林氏与至元年间建宗祠,"中堂四楹,东西两庑",至正时"复益田十五亩,聘名师即庑,教其子孙来学者,然后尊祖敬宗稍备,而子弟彬彬然亦知所向矣"。③江西宜春黄元瑜,建宗祠思本堂,"聚族人之为学者,饮食而教之。……取私田五百亩之租入别储之,以备堂祭与教之用"。④河南太康人官员韩元善,"买田六百亩为义塾"。⑤

上述元代族学的13个事例,其分布地区是浙江8例,安徽2例,福建、江西、河南各1例。其中除东明精舍、明经书院外,有7例名为义塾、1例为义学,而且也是伴随建义庄、修祠堂设立的,说明元代族学承继了宋以来的传统。

(三)明代的族学

明代族学事例最多的省份仍是浙江。温州平阳林氏建有墓祠,"复立祠于左偏,祀晦庵朱子之像,以其先……配。即祠前为学,聘乡人之贤者为师,使族人子弟就学焉"。⑥金华永康人任孝友设

---

① 〔元〕胡炳文:《云峰集》卷一《与草庐吴先生书》。
② 〔元〕贡师泰:《玩斋集》卷八《跋遗安义学》。
③ 〔元〕贡师泰:《玩斋集》卷七《林氏祠堂记》。
④ 〔元〕虞集:《道园学古录》卷三八《思本堂记》。
⑤ 《元史》卷一八四《韩元善传》。
⑥ 〔明〕宋濂:《文宪集》卷二《平阳林氏祠学记》。

家塾，招聘台州名儒教育子弟，在明有6人中举。[1]嘉兴平湖陆氏也"置塾讲业，族里子弟群焉，买田二百以给饩廪，谓之学田"。[2]同府嘉善人陈龙正《义庄条约序》载，该族子弟凡七岁以上，稍微俊慧并愿意入学，其父母"率谒义祠，以名闻"。若学校离家近，就给米四石，听其自炊；住地稍远，就"于义学中供养，逐月火头报数"。到十四岁以上，"通举业堪面试，就每年给米十石"。至二十岁以上，"或有颖卓可期大就者，又当超格优遇"。[3]陈氏义学属于义庄的一部分。

徽州的事例仅次于浙江。王世贞《竦塘黄氏义田记》说：黄氏建义仓、义居后，"又割旁余屋为塾，延里社师，教其稚子，取子之息、租谷之赢以供"。[4]婺源潘氏置义田五百亩，"开办太白精舍，供族内子弟入学"。[5]祁门胡天禄经商致富，置义田，"塾教有赖，学成有资"。[6]歙县佘文义置"义塾，以教族之知学者"。[7]商人致富办学是徽州宗族的特色之一。

广东地区随着宗族的发展族学也兴起。惠州有何真，于洪武年间"以惠州城西之私第为义祠，并所有私田百余顷为义田，世俾亲子主祀事。恐族人不知学也，有塾以教之"。[8]佛山是一个新兴的

---

[1] 《应氏先型录》卷二《敦行类·聘师》，转自目黑克彦《关于浙江永康县的应氏义庄》，载《集刊东洋学》1971年第26卷，第22—46页。
[2] 〔明〕张萱：《西园闻见录》卷八《敦睦·往行》。
[3] 〔明〕陈龙正：《几亭外书》卷一，转自陈宝良《明代的义学与乡学》，《史学月刊》1993年第3期。
[4] 〔明〕王世贞：《弇州四部稿》卷七五。
[5] 康熙《徽州府志》卷一〇《学校·附书院》。
[6] 康熙《祁门县志》卷四《孝友》。
[7] 〔清〕佘华瑞：《岩镇志草》。
[8] 〔明〕宋濂：《文宪集》卷一六《惠州何氏祠碑》。

工商业城市，致富的大族宗族事业，也往往办有族学。冼氏至冼静时，号称"右族"，"始筑家塾，延名士以训子孙"。①霍氏在嘉靖时代建宗祠、立族田后，建有本族所有的社学，要求"凡子侄七岁以上入社学"。②此外，尚有石头院。嘉靖年间佛山复兴4所社学，其中的厚俗社学转化为特定的教育场所。③佛山族学往往冠以非族学名称，这是需要注意的。

江苏的苏州是义学的创办地，相对来讲，明代以前的族学事例并不突出，其原因尚待研究。这里列举的事例有：吴江县人史鉴扩大祭田，"严宗族，设义学，以淑子弟"。④武进白氏"置义田、立义学，凡族人贫而幼稚者，以养以教，皆得其所，其厚于宗族又如此"。⑤比较特殊的族学是江西吉安永丰的何氏聚和祠。思想家何心隐在其《聚和率教谕族俚语》中说，他为了去除族人私念，密切师生关系，将族学办于宗祠，采取集体生活，⑥这是他改造社会的一个实践活动。

上述14个明代族学事例中，浙江4例、安徽4例、广东3例、江苏2例、江西1例，分布地区与宋元基本一致。关于族学的名称，义塾3例、家塾2例、4例为某某塾、义学2例、祠学1例、精舍1例，同元代一样，称义塾的族学居多。可注意者，于镃中将族学作为"合族"手段专门论述，他在阐明设义田、义廪以赡养宗族的方案后指

---

① 冼宝干：《鹤园冼氏家谱》卷六之二《七世兰渚公传》。
② 〔明〕霍韬：《霍渭涯家训》卷一《子侄》。
③ 民国《佛山忠义乡志》卷五《重修厚俗社学记》。
④ 〔明〕史鉴：《西村集》卷首《乡贤申文》。
⑤ 〔明〕吴宽：《鲍翁家藏集》卷五九《白康敏公家传》。
⑥ 〔明〕何心隐著，容肇祖整理：《何心隐集》，中华书局，1960，第70页。

出:"养既有备,教不可缓,劝族中之富者,开设义塾,延有行而文者为之师,以教子弟及同宗之无师无贽者。"这样,"贤者由此出,家世由此兴。此族应不能无愚不肖,而教之有政,使有一人教,则心有外而仁义有亏可乎?学而至此,国家之本自家立矣,家齐而后国可以治,其序岂可紊乎"。①这种议论表明,族学作为宗族制度的一部分更强化了。

(四)清代族学的发展

清代奉行以宗族制度推行孝治的政策,族学是宗族制度的内容之一。雍正皇帝解释康熙帝"上谕十六条"的《圣谕广训》指出,人民"笃宗族"的具体措施是:"立家庙以荐烝尝,设家塾以课子弟,置义田以赡贫乏,修族谱以联疏远。"把设家塾作为与立祠堂、置义田、修族谱平列的笃宗族手段,如此重视族学前所未有。清政府将族学作为义产予以倡导并加以保护,在旌表乐善好施的政策中,设家塾被视为义行,也会受到旌表。如乾隆四十年(1775)安徽寿州人孙士谦捐钱五千余串,置买义田,增设义学,得到旌表。②清朝保护族学的事例,如浙江会稽知县根据该县孙氏宗族"将旧屋一所归入宗祠,作为义塾,又捐田亩以充经费,而成善举",于咸丰九年(1859)给孙氏宗祠勒石。③族学的经济来源主要是族田,清朝保护族田的存在,在一定程度上就是维护族学的存在。

---

① 《古今图书集成·明伦汇编·家范典·宗族部总论之三》。
② 光绪《大清会典事例》卷四〇三《礼部·风教·旌表乐善好施》。
③ 同治《会稽孙氏族谱》卷一《宗祠在产号亩条规》。

在清朝孝治宗族政策下，[1]宋以来的族学迅速发展。根据前引多贺秋五郎对中国宗谱研究中的族学资料及笔者收集的其他族学资料，计得61个事例，将其列表（请参考文后附表1），以期对清代族学有一个概观。由表可知，清代族学事例的地区分布：江苏18例、浙江13例、安徽8例、福建8例、江西5例、山东3例、河北1例、河南1例、湖南1例、四川1例、广东1例、广西1例。江苏的事例在宋元明发现较少，而在清代跃居首位，江浙两省几乎占到总数的一半，安徽、福建为数可观，江西也有一定数量，清代族学的主要分布地区基本上与宋元明三代相同。清代族学的设置年代主要是乾隆以降，晚清的光绪时期有一个高潮，它与清代宗族发展的趋势一致，特别是族学的设置与义庄、义田的设置同步，[2]可见族学是义庄的一部分，族学是以族田为基础的。关于宗族学校的名称，已知者54例，其中称庄塾的有3例，反映了宗族学校是义庄的一部分；家塾15例，家学1例，反映出这种学校属"家"所有，中国的"家"是一个可指家也可指族的名称，这里的学校虽名之以家，但实为族塾；义学14例，义塾12例，反映出宗族学校的公有性质；书塾2例，书室1例意为读书之所；祠塾2例，说明族学隶属于宗祠；师塾1例，意为老师教书之所；尚有蒙学、书院的事例，反映了宗族学校的两级学制；学堂1例，是为晚清实行新教育制度所用的名词。此外，安阳马氏族学分为祠堂塾和家庙塾。总之，义学、家塾

---

[1] 参见拙文《论〈圣谕广训〉与清代的孝治》，《南开史学》1988年第1期；《论清朝推行孝治的宗族制政策》，《明清史论文集》第2辑，天津古籍出版社，1991，第257—272页。
[2] 参见李文治《论明清时代的宗族制》附表，载《中国社会科学院经济研究所集刊》第4辑，中国社会科学出版社，1983。

的名称最为普遍，以标明此类学校系集体所有，特别是族有性质。清代族学无论是数量还是地区分布上均较宋元明有了很大发展，它既是宋以来族学发展的继续，又是清代社会的特殊产物。

综上所述，宋以来的族学以范氏义学为始，是作为新宗族制度形态的一部分存在的，基本上分布在江南地区为主的南方地区，至清代有了很大的发展。

二、族学的主要内容

（一）办学宗旨、生源及择师

宗族办学，首先是为了多出人才，使得宗族强盛。宋以降社会的上升流动主要通过科举实现，宗族要强盛不衰，必须多出科举人才，进入政界，并带来经济利益，使宗族有较高的社会地位，甚至成为地域社会的领袖。很多的宗族从不同的角度论述其办学目的。浙江嘉兴姚氏言简意赅："义塾之设，所以培植子弟，能得人材成就，即为宗族之光。"[①]人才关系着宗族的荣誉，即标志着社会声望。但似乎这还是表面现象，乾隆时江苏嘉定王氏所说更切中要害："今合族子弟而教之，他日有发名成业成为乡大夫者，得族有所庇庥。"[②]宗族需要缙绅的保护。嘉道时李兆洛也有类似的看法："夫子孙虽愚，经书不可不读，古训也。人知务本则守身保家，保其家庙，皆在是矣。"[③]保持宗族的地位与读书出人才是分不开的。

其次，宋以后族学是收族手段之一。族学经费来自义庄，招收

---

① 光绪《姚氏家乘》第五本，《义庄赡族规条》。
② 《嘉定王鸣盛王氏宗祠碑记》，转自前引李文治文，第318页。
③ 〔清〕李兆洛：《养一斋文集》卷九《昭文归氏书田记》。

贫苦子弟入学都说明此点，教与养并举是宗族的新特征。所谓教，就是进行文化教育。因此族学对学生的道德品行要求严格，甚至成为办学宗旨。江苏华亭顾氏表现得十分明显，光绪十八年（1892）所定《义庄规条》指出："盖支此塾，以孝弟忠信礼义廉耻培植本根实行为重，非欲其专攻举业，求取功名。务外之学，最堪痛恨。惟愿鉴佑设立苦心，勿坏成规，是所厚望。"[1]江苏常州屠氏办有本族节妇之子的恤孤家塾，其"立教""务以教孝为主"，[2]将伦理教化置于首位。族学试图以伦理道德教育带动文化教育。

族学对学生的来源有一定的要求，大致可分为两种类型。一是面向一般族人的。以上所引宋元明时代的族学资料，一般记载简单，涉及生源时，写法大同小异，均是"训族之子弟"之类，估计族学是面向全体族人的。清代此类记载亦多，福建厦门许氏"立家塾，置书田，俾族中子弟诵读其中"。[3]浙江衢州郑氏义学"以备本姓子孙勤读"。[4]江苏昭文俞氏"设义塾以课本族子弟"。[5]大的宗族，族学分房支设立。如福建永定县中川胡氏，在清前期置义学田、办义学，招收族中子弟。随着该族人口增加，清后期"中川胡氏家族逐渐形成由各房系自办私塾之风，每个私塾自聘一名教师，学生均有本房系子弟，多则十余人，少则七八人不等。由于办学经费由各房分别承担，原为中川胡氏共享的义学田即按原贡献者所分

---

[1] 光绪《华亭顾氏宗谱》卷七。
[2] 咸丰《屠氏毗陵支谱》卷一《恤孤家塾规条》。
[3] 道光《厦门志》卷一三《人物·义行》。
[4] 同治《厚街郑氏宗谱》。
[5] 光绪《常昭合志稿》卷一七《善举》。

属的房系，分归各房系管理"。①有的义学属于义庄，族学的生源如同义庄赡族一样，有特定对象。如苏州陆氏《庄塾规条》说："吾族子孙繁衍，而本庄限于地步，势难遍收，今循庄规，凡绳武公以下，其愿入学者，自备铺盖衣服，住在庄内。"②江苏元和曹氏义塾田，也"饩同祖以下子孙读书者"。③

二是面向本族内因贫困无力上学者。早在南宋时期，前引浙江仙居人吴芾所办义学，即"以俟宗族之贫者"。此种事例至清代大增，徽州潭渡孝里黄氏，"开设蒙学，教育各堂无力读书子弟"。④苏州彭氏庄塾，"课本族子弟之无力读书者"。⑤浙江嘉兴姚氏也规定："子姓入塾，先由本房报明庄正副，查明家计果贫，子弟尚克教导，塾中额数未足，方能进塾。"⑥此外，还有一种专门性的族学，如前引江苏武进屠氏有恤孤家塾，既有照顾贫困的性质，更重要的可能在于帮助守节妇女，以维护伦理风化。比起第一种类型来，第二种类型的族学培养贫困无力上学者，更具有"义"的性质，起收族的作用。

族学对学生的数量有一定的限制。苏州彭氏庄塾，"学徒不及五人不设塾"，⑦即学额在五人以上。浙江绍兴徐氏义塾，"塾内生徒以六人为限，多则添设两馆"。⑧江苏华亭顾氏家塾，"每师八生

---

① 李明欢、周莉：《闽西中川胡氏族田研究》，《中国社会经济史研究》1993年第3期。
② 光绪《陆氏荮门支谱》卷一三。
③ 〔清〕李兆洛：《养一斋文集》卷九《曹氏祠田碑记》。
④ 黄云豹：雍正《潭渡孝里黄氏族谱》卷六《祠祀》。
⑤ 民国《彭氏宗谱》卷一二《庄规》。
⑥ 光绪《姚氏家乘》第五本，《义庄赡族规条》。
⑦ 民国《彭氏宗谱》卷一二《庄规》。
⑧ 光绪《山阳安昌徐氏宗谱》卷二《徐氏义仓规条》。

为率，多则酌议添请一师"。①徐氏和顾氏的族学学额是固定的，如果学生多，则可增加教师。苏州陆氏庄塾"定以十人为率"，②安阳马氏祠堂小学塾要求："授徒以二十为率。"③由上可知，安阳马氏祠堂小学学额最多，为二十人，其他族学一般在五六人到十人之间，族学学生数量不多，目的在于保证较好的教学效果。

族学具有宗族所有性质，在聘任教师方面，首先在于是否任用族人。有的聘任外姓人，害怕族中选择不均，引出意见，以示公正。如苏州范氏《广义学劝学规矩》即是。有的聘请族人，如浙江菱湖王氏，似乎其本意是便于了解为师者的情况，族人为师也便于掌握学生的情况。有的择师不论同姓异姓，重在教师的品学，常州屠氏和苏州彭氏都是这样的标准。其次，与前一点相关，族学择师主要标准是教师的品学，几乎所有族学择师都会涉及这方面。概括起来，就是聘品德高尚、举止端方、学问优秀者为师，师者当为人楷模、起表率，其中尤重者在于教师的品行。

(二) 学制与教学

族学主要是蒙学，但也有一些族学采取两级施教。由前引资料可知，南宋时期湖南衡阳赵氏义学分两级，六岁以上入小学，十二岁以上入大学。大学特别鼓励成绩优异者和出仕者。元代安徽明经书院之义学也有小学和大学之分。浦江义门郑氏八岁入小学，十二岁出就外傅，十六岁入大学。苏州范氏宋代建义学，又于元代设书院，至清代范氏义学分师塾、书院两级。规定"凡族姓子弟八

---

① 光绪《华亭顾氏宗谱》卷七《义庄规条》。
② 光绪《陆氏葑门支谱》卷一三《庄塾规条》。
③ 光绪《安阳马氏祠堂条规·祠堂小学塾规》。

岁以上，资禀聪明，观读四子书，父兄愿其读书而无力者，听本家送就近师塾肄业"。"凡族姓子弟有年十三岁以上，诵完经书、古文有志上进者，许本生亲属呈明主奉，率领到书院候验试。果堪造就者，后主奉批准，到庄肄业，一年之后有不堪作养者发回，勿循勿滥。"①清代两级义学事例还有江苏常熟杨氏义学，分句读义学和举业义学，从名称即可看出二者的教学内容。②福建连城张氏设义学2所，经师1所、蒙馆1所。③经师当是高于蒙馆的学校。河南安阳马氏族学分祠堂塾和家庙塾两种，祠堂塾收八岁至十五岁子弟，家庙塾收十五岁以上颇能通晓经史者，以冀大成。④可知衡山赵氏、苏州范氏和安阳马氏入学年龄小学是六、七、八岁，大学是十二三或十五六岁，两级设学是中国古代传统的教育制度，族学继承了这一传统，表明它是传统教育制度的一部分，族学学制相当完善。

　　族学有修业年限规定。元代义门《郑氏规范》还规定："若年至二十一岁其业无所成就者令习治家理财，向学有进者不拘。"清代类似者不少，如江苏常熟王氏庄塾"从师自七岁至十六岁止，如仍有志功名，每年给修脯银六两，至二十二岁止"。⑤浙江嘉兴姚氏义塾规定："至十五六岁而不能造就读书者，宜乎早习商业。"⑥苏州陆氏《庄塾规条》也要求："自九岁至十五岁均可入塾，若十六岁以后，有可造之材，务为竭力成全，如难造就，则听另习它业，

---

① 乾隆《范氏家乘》卷一五《广义庄劝学规矩》。
② 〔清〕邓琳：《虞乡志略》卷二《义局》。
③ 《新泉张氏族谱》卷首《族规条款》，转引自吴霓《明清南方家族教育考察》，《中国史研究》1997年第3期。
④ 光绪《安阳马氏祠堂条规》。
⑤ 民国《太原王氏家乘》卷七《王氏怀义堂规条》。
⑥ 光绪《姚氏家乘》第五本，《义庄赡族规条》。

其费照庄规给发。"①上述事例表明，一般宗族助学范围在七八岁至十五六岁，如可造就，继续给予数年的支持，如成绩平平，则建议改习他业。族学教育以基础教育和科考并重。

教学内容反映在课程及教材中。明代于镃中主张的义塾，"先授以《小学》，莫要于习礼……后授以四子，次读一经，次习文艺。循序渐进，有志行道者，送入儒学"。②其主张也反映了族学教育的一般情形。根据南方的江苏常州屠氏《恤孤家塾规条》和北方河南安阳马氏《祠堂小学塾规》记载，所用教材大约有这样几类：一是综合各种常识的识字课本，如《三字经》《二十四孝》；二是诗歌教学的，如《神童诗》《千家诗》；三是伦理书，如《弟子规》、朱柏庐《治家格言》、朱熹《小学》；四是科举取士的标准书，如《大学》《中庸》《论语》《孟子》四书及儒家诸经，诸经一般是《诗》《书》《礼》《易》《春秋》，此外《孝经》也很受重视。

族学除每天的正常课程外，还有针对科举考试的练习，一般称为"会课""文会""文社"等。苏州陆氏族学在这方面表现突出，光绪十三年（1887）改定的《会课规条》称："弟子之教，行有余力，则以学文、诗、书、文艺之文尚已。生今之世，时文岂可忽哉，士既列胶庠，尤当志存上达，今义庄内于每月朔望、订集宗支长幼，举行文社。"③可知陆氏文社系应付科举而组织的时文考试。考试的具体内容是："每日课两期，一期作赋一首，试帖一首，其余杂题亦备数题，不能者听，如不作经解者，加作经文一篇。"④

---

① 光绪《陆氏莳门支谱》卷一三。
② 《古今图书集成·明伦汇编·家范典·宗族部总论三》。
③ 光绪《陆氏莳门支谱》卷一三。
④ 光绪《陆氏莳门支谱》卷一三。

此外还具体规定有考试纪律、命题、午饭、奖励等。陆氏文社的会课密度大，近似课程。苏州彭氏规定："凡大小试年份，庄中每月举文会；……一文一诗，不准给烛夹带，耆宿出题阅读，定甲乙，首列酌赠花红。"①彭氏月考一次，密度也较大，只是定在科举考试年份才有是举。苏州范氏《文正书院会课规条》则规定每个季度约课一次、面课一次，并详定课期、出题、阅文、奖励、杜弊、供应等。②宗族重视科举，有的宗族还设立用于科举考试的试馆，如安阳马氏试馆坐落在彰德府城内，"族中生童应科岁两试，俱寓其内"。③

族学初正课之外，往往将有关道德方面的教育穿插期间。安阳马氏要求："《课子随笔钞》、日记、故事等书所言，皆孝弟忠信，最易感动，每日讲说一、二条，使之覆讲，终身佩服。"④该族对于学生礼仪培养也很重视，又规定："塾中子弟先令习洒扫应对进退之节，一切衣服、冠履、饮食、言语，悉遵朱子《童蒙须知》，不率教者戒饬，至在家问安、侍寝、坐立、行动，一切仪节，时加训迪，俾知恪守。"⑤苏州陆氏规定："先儒格言，如刘念台先生《人谱》、陈榕门先生《五种遗规》之类，择要买一、二部，存于塾中，请先生择其明白晓畅切于人伦日用者，每日宣讲一条，令诸子各录一纸，取其字之最工者，粘于壁间，俾可时时警省。"⑥值得注

---

① 民国《彭氏宗谱》卷一二《庄规》。
② 乾隆《范氏家乘》卷一五。
③ 光绪《安阳马氏义庄条规》。
④ 光绪《安阳马氏义庄条规》。
⑤ 光绪《安阳马氏祠堂条规·祠堂小学塾规》。
⑥ 光绪《陆氏荻门支谱》卷一三《庄塾规条》。

意的是善书也进入族学教育，如华亭顾氏家塾中午饭要"讲《感应篇》《阴骘文》《觉世经图说》数页"。①宗族对子弟做人也要求很严格，已不限于族学教育了。

（三）族学管理

族学一般设置在宗祠或义庄内。设于宗祠的族学，如浙江菱湖王氏家塾，"设于宗祠之存朴堂"。②设于义庄的族学，如江苏常熟席氏，光绪七年（1881），"于庄上建立义塾，延师教读"。③当然，有时宗祠和义庄是合为一体的，如江苏常熟归氏有义庄屋七厦三十楹，"设宗祠于中，义塾附之"。④族学中，有的学生不住校，如常熟王氏"进庄子弟自赡至塾，塾读不宿"。⑤有的族学学生住校，如陆氏庄塾，"其愿入塾者，自备铺盖衣服，住在庄内，无事不准出塾"。⑥

宗族对族学管理的形式是不同的。有的是宗祠的专门人员管理，如江苏宜兴任氏，康熙时于"祠内设义塾……宗课、宗直时稽其勤惰"。⑦有的是宗族首领直接管理，如苏州彭氏庄塾由宗族的支总负责。⑧有的宗族委派办事人员管理，如苏州范氏《广义庄劝学规矩》规定："凡庄学各项事宜，主奉委派执事一人专管，事有应禀商者，不得擅专，应急办者不得迟误，待师须存尊敬，御众必主公

① 光绪《华亭顾氏宗谱》卷七《义庄规条》。
② 光绪《菱湖王氏支谱》第三本，《家塾章程》。
③ 光绪《席氏世谱载记》卷一二《义庄规条》。
④ 民国《京兆归氏世谱》第四《义庄志》。
⑤ 民国《太原王氏家乘》卷七《王氏怀义堂义庄规条》。
⑥ 光绪《陆氏莳门支谱》卷一三《庄塾规条》。
⑦ 民国《宜兴筱里任氏家谱》卷二《义塾记》。
⑧ 民国《彭氏宗谱》卷一二《庄规》。

平，功有所奖，过有所惩，务宜遵守，勿致偾事。"[1]范氏义学由义庄委派执事管理日常事务，重要事情任由宗族首领决定。范氏又规定："凡庄学事宜，每月朔望主奉亲自到馆稽查，既联宾主之情，复考诸生之业，毋因风雨有阻振兴。"[2]总之，族学控制在义庄、宗祠手中。族学有叩拜文化名人和祖先的制度。这既是出于对著名教育家的崇敬、感谢祖先恩德，也是族学管理的一环。族学供奉的教育家主要是孔子和朱子，也有的是设置者或同姓的名人。常见的是供奉祖先，如浙江菱湖王氏家"塾设祠堂东隅，敬奉勿庵公及紫峰公神位，每晨生徒到塾，先向神位前揖就坐，及夕师命回家，亦向神位前揖，次向师揖，乃归"。[3]对于祖先的顶礼膜拜，就学生来讲，现有的学习条件好是祖先赐予的，学习是对祖先负责，参加科举考试也是为了光宗耀祖。在一定程度上，宗族子弟的学习动力来源于祖先崇拜。宗族向族学提供经费，一般由专门的学田或族田中拨给。这些经费用于教师的报酬和学生的文具、奖励等，主要涉及书费、纸笔、饭食、助学金、赶考路费。各族学一般都有这方面的规定。如苏州陆氏庄塾，"书本、笔墨、修脯、饮食，俱由庄内开销，凡入塾者，概不派出分文"。[4]学习费用由义庄全包。浙江嘉兴姚氏《义庄赡族规条》规定："塾中子弟所有伙食以及纸墨、笔砚、书籍等项，均由庄置办外，东塾该经费，每月给钱二百文，作文者三百文；西塾子弟每月给钱一百六十文。"[5]华亭顾氏《义庄规条》记

---

[1] 乾隆《范氏家乘》卷一五。
[2] 乾隆《范氏家乘》卷一五。
[3] 光绪《菱湖王氏支谱》第三本，《家塾章程》。
[4] 光绪《陆氏鄤门支谱》卷一三《庄塾规条》。
[5] 光绪《姚氏家乘》第五本。

载，到家塾"走读送饭，或嫌路远，准其榻宿塾中，饭食茶水由庄供备，每日一粥两饭，五日一荤，每生每日定伙食钱三十五文，其本有米支者，停发床榻，由庄置被褥席帐，每日带来，朝夕与师相处，必较得力，倘愿自备伙食，仍朝来暮去者听之"。① 宗族对学生参加科举考试以及取得好成绩，要提供赶考费和奖金。苏州彭氏《庄规》规定：

> 县府试正场助五百文，每覆一次及考性理三百文；生童岁试、科试正场及经、古覆试与县府试同。均于正案已发后，支总汇报各人每场名次，并以逐次浮票为凭，按规支发，无票不发。入泮贺四千文；乡试助十千文、中试贺十千文，解元倍贺；会试助三千文，中试贺二十千文，会元倍贺；状头两倍贺，榜眼、探花、传胪倍贺。赴试北闱者倍送，留京应试者，乡、会俱减半，五贡视乡举十之六，此条不论有力无力，一概致送，不愿领者听。②

各宗族均有赞助参加科举考试费用的规定，只是数额和范围有所不同。

宗族对族学的管理还反映在察课制上。常州屠氏规定："察课之法，塾主邀族中同志数人，不拘时日，入塾问师起居，后随手取生徒所识字块，命生识之，或令背出数行，指已讲者，或一段或数行，令其讲说，能识者、能背者、能讲者，酌给赏钱，以示鼓励，则不能者

---

① 光绪《华亭顾氏家谱》卷七《义庄规条》。
② 民国《彭氏宗谱》卷一二。

亦愧而思奋矣。"①屠氏察课,是一种临时抽查法,并有奖励制度,以调动学习积极性。多数宗族的督察有规定的时间,如苏州陆氏规定:"朔望由掌庄察课,令各人默书一节,章句、注释二者兼之,分上中下三等,酌给纸笔以示鼓励,其余课程,请师裁定。"②该族察课,每月两次。又如菱湖王氏是每月初利用五天检查学习情况,分背书、讲书、写字、作诗文四项,并将成绩记录,逐日比较,奖进罚退。③族学的察课制表明,族学要对宗族负责,也是保证教学质量的重要手段。

族学往往就教学管理制定有规条、章程。其中全面而详细的,有江苏华亭顾氏光绪十三年(1887)所定《家塾章程》二十条。主要内容包括上课礼仪、值日与卫生、出勤、课堂纪律、师生礼节、下课放学纪律、同学关系、学生的服饰、学习情况的记录、学期与请假、一天的课程、惩罚、奖励。族学的教学管理和宗族对族学的管理均是严格的,旨在保证族学的教学有一个良好的环境,使学生全力以赴学习,有所成就,族学的察课及各项学规基本符合教育规律。严密而有效的管理表明族学的完善和成熟,族学的管理是宗族组织功能的一部分。

三、余论:族学与宗族制度

族学是宗族制度的主要内容之一。宋以后的族学是伴随设义庄出现的,族学被标榜为"义学",显示出它和义庄一样,起收族

---

① 光绪《屠氏毗陵支谱》卷一《恤孤家塾规条》。
② 光绪《陆氏荰门支谱》卷一三《庄塾规条》。
③ 光绪《菱湖王氏支谱》第三本,《家塾章程》。

作用。义田与义学的设置，基于对族人提供生活保障和文化教育的"教""养"并举的社会理念。即中国传统社会不仅重视人的物质生活，而且也强调人的文化修养。明代著名学者及政治家宋濂指出："古之为治者，其法虽详，然不越乎养与教而已，养失其道则民贫，教失其道则民暴；贫则流而为盗，暴则去而为邪，二者皆乱之始也。"[①] 他从稳定社会秩序的角度，论述了养与教的重要性。宋以后士大夫进行的收族活动，充分注意到这一点。元代牟巘评价范氏义学时即说："教养咸备，意最近古。"明人于鏓中的"合族"主张也是"养既有备，教不可缓"，二者不可或缺。养自然要有义田作为经济基础，教也离不开义田。宗族对此有清醒的认识，所谓"无田是无塾也"。[②] 有族学者一定有族田为经济保障，无论是专门的义塾田还是从田中拨出经费。这样尽管教与养是并行的两种措施，但均离不开族田作保证，宋以后兴办义田的活动实际上发挥着养与教的双重功能。义田的管理形式一般是义庄或由祠堂族长管理，因此族学也同属于义庄和祠堂族长的掌握之下。换言之，族学是宗族管理的重要内容。族学的设置以招收贫困无力族人子弟读书为宗旨之一，重在基础教育，强调伦理道德礼仪的教育，对多数族人并不一味强求走科举之路，而是在读书后学习一技之长，都说明教与养一起发挥着收族的作用。族学教育有利于缓和社会矛盾进而稳定社会秩序，族学有如此重要的作用，宋以后越来越为人重视，至清代雍正帝将设族学作为与立祠堂、置义田、修族谱平列的笃宗族手段。的确，族学是宗族形态的有机部分。

---

① 〔明〕宋濂：《文宪集》卷四《长洲练氏义田记》。
② 〔明〕宋濂：《文宪集》卷四《龙渊义塾记》。

族学还是使宗族强盛的手段。唐宋之际中国社会发生重大转变，士族社会变为官僚社会即是重要表现。北宋张载面对新的社会现实指出："朝廷无世臣，且如公卿，一日崛起于贫贱之中，以至公相，宗法不立，既死，族遂散，其家不传。"[①]元人吴师道也说："人之称世家以宦、以学、以艺耳，三者之中，世学者最鲜，世宦者或一再传，艺者两三传。"[②]所谓以宦为世家，即世臣，仅维持一二代，保持世家的地位是一个严峻的问题。家族不能传之久远的原因在于公卿不是"世臣"，即非世袭官僚制。这样家族只有不断通过科举出仕成为"世臣"，才能保持较高的政治地位和社会地位，也是对付诸子分家产继承制遂使家族中落的有效手段之一。元代官僚胡助就其家族盛衰说道："吾族之读书者绝少，此其所以不振也！幸而予以文学登朝，备员史官再。"于是他肩负起振兴家族的重任，寄希望子孙"勤学读书，出而应举出仕，庶几君子之归，而不至于下流也"。[③]士大夫基于此种认识兴办族学，族学办学宗旨中，把科举出仕使家族强盛作为内容之一。事实上，宗族强盛与人才的关系是鲜明的，以义学的创办者范氏为例，据《范氏家乘》卷一〇《登进者》记载，范仲淹以后，在宋代科举及第、科举任官、恩荫等具有官僚制度关系者，合计130人。在元朝，范氏也保持着和官界的关系，包含乡贡、进士1人计17人。任官者多是诸路的儒学教授、学正、训导，县儒学的教谕及书院的山长等，此外还有诸县的主簿、行用库副使等职名。这些人才的出现和范氏族学不无关

---

① 〔宋〕张载：《张子全书》卷一《宗法》。
② 〔元〕吴师道：《礼部集》卷一七《马氏家谱序》。
③ 〔元〕胡助：《纯白斋类稿》卷二〇《胡氏族谱序》。

系,范氏历久不衰与其不断培养出仕者是分不开的。[①]再如江苏武进白氏,宋以后渐为大族,"近代白公(指明朝人白昂)伯父瑜为礼科给事中,父珂为大冶教谕,渐显于时,及公官益显,子弟宗族奋起,连取科第,致数人皆为显官,诸孙又皆秀而可望,故乡里论仕宦之盛,又无逾白氏者"。[②]大族的形成是以其不断有出仕者为基础的。因此,兴办宗族教育是保持宗族强盛的必要措施。族学的特殊性,也使得它在中国教育史上占有重要地位。在私学教育体系,主要有乡里之学和家族之学,族学属于后者,由于办族学的宗族一般经济实力较强,使得族学办学条件优于乡里之学,办族学的往往是地方大族,文化层次高,族学的学制、师资、生源、教育内容、教学方法,及管理都有严格的制度,符合教育规律,因此教学远较乡里之学为佳,对于文化的普及,人才的培养,发挥了很大作用。族学事例多的地区正是科举人才集中的省份,就充分说明了此点。

总而言之,族学是中国宗族制度的重要组成部分,它与宗族的普及教育和人才培养、宗族经济的流向、宗族的管理体制、宗族地位的保持及社会流动有着密切关系。对于宗族结构和功能的分析,不能离开对族学的探讨。宗族研究需要加强对包括族学在内的宗族教育的研究。

---

① 井上徹:《元末明初宗族形成的风潮》,《文经论丛》1992年第27卷第3号。
② 〔明〕吴宽:《匏翁家藏集》卷五九《白康敏公家传》。

附表1：清代宗族学校事例简表

序号	居地	族姓	名称	设置时间	资料出处
1	江苏宜兴	任	义塾	顺治	民国《宜兴篠里任氏家谱》卷二《义塾议》
2	苏州	范	师塾书院	乾隆	乾隆《范氏家乘》卷一五《广义庄劝学规矩》
3	吴江	任	家塾	乾隆	任兆麟：《有竹居集》卷一三《任氏家塾规条十则》
4	嘉定	王		乾隆	《中国社会科学院经济研究所集刊》第四辑，第318页
5	青浦	王	祠塾	乾隆	光绪《青浦县志》卷九《学校·义塾》
6	苏州	曹	义塾	嘉道	李兆洛：《养一斋文集》卷九《曹氏祠田碑记》
7	元和	归	义塾	嘉道	李兆洛：《养一斋文集》卷九《归氏祠田碑记》
8	常熟	王	庄塾	道光四年	民国《太原王氏家乘》卷七《王氏怀义堂义庄规条》
9	常熟	杨	义学	道光二十年以前	邓琳：《虞乡志略》卷二《义局》
10	武进	屠	家塾	咸丰十年	光绪《屠氏毗陵支谱》卷一《恤孤家塾规条》
11	苏州	彭	庄塾	光绪二年	民国《彭氏族谱》卷一二《庄规》
12	常熟	席	义塾	光绪七年	光绪《席氏世谱载纪》卷一二《义庄规条》
13	华亭	顾	家塾	光绪十四年	光绪《华亭顾氏宗谱》卷七《义庄规条》
14	苏州	陆	庄塾	光绪十四年	光绪《陆氏莳门支谱》卷一三《庄塾规条》

续 表

序号	居地	族姓	名称	设置时间	资料出处
15	元和	潘	学堂	光绪三四年	光绪《大阜潘氏支谱》卷二〇《松麟庄续定条规》
16	无锡	钱	书塾		光绪《无锡金匮县志》卷三《善举》
17	常熟	归			《京兆归氏世谱》第四《义庄志》
18	昭文	俞	义塾		光绪《常昭合志稿》卷一七《善举》
19	浙江萧山	汤	家塾	乾隆	孙景文记：民国《萧山夏孝汤氏家谱》
20	绍兴	徐	家塾	嘉庆	光绪《山阴安昌徐氏宗谱》；道光《文海家塾记》
21	绍兴	高	义学		嘉庆《越州山阴高氏家谱》
22	嘉善	程	家塾	嘉庆十五年	赵遵路：《榆巢杂识》卷下
23	绍兴	张	义塾	道光	道光《重修登荣张氏族谱》卷一九《义庄条规》
24	绍兴	孙	家塾		道光《洋川孙氏宗谱》卷三八《家塾录·春山家塾》
25	萧山	朱	义学		道光《萧山朱家坛朱氏宗谱·休上村朱君义学记》
26	绍兴	孙	义塾	咸丰	《会稽孙氏族谱》卷一《宗祠在产号亩条规》
27	衢州	郑	义学		同治《后街郑氏宗谱》
28	嘉兴	姚	义塾		光绪《姚氏家乘》第五本，《义庄赡族规条》
29	绍兴	朱	义塾		光绪《山阴白洋朱氏宗谱》卷五《义仓条规》

续 表

序号	居地	族姓	名称	设置时间	资料出处
30	瑞安	孙	祠塾	光绪	《瑞安孙氏规约数种·诒善祠塾规约》载《近代史资料》总52号
31	菱湖	王	家塾	光绪	光绪《菱湖王氏支谱》第三本,《家塾章程》
32	福建龙岩	胡	书室	康熙	李明欢等:《闽西中川胡氏族田研究》载《中国社会经济史研究》1993年第3期
33	晋江	蔡	家塾	康雍	蔡世远:《二希堂文集》
34	邵武	朱	义学	道光二十年	孙永生:《闽北朱氏宗族的族学资料》载《中国社会经济史研究》1991年第3期
35	厦门	许	家塾		道光《厦门志》卷一三《人物·义行》
36	闽县	叶			光绪《闽县乡土志·人物·义行》
37	莆田	曾	义塾		〔清〕《福建孝义传》
38	连城	张	义学		《连城新泉张氏族谱》卷首《族规条款》
39	南靖	张	家塾	乾隆	嘉庆《汉州志》卷三七《张氏南溪祠序》
40	安徽歙县	黄	蒙学	雍正以前	黄云豹:《谭渡孝里黄氏族谱》卷六《族祀》
41	黟县	舒		乾隆	嘉庆《黟县志》卷七《人物·尚义》
42	寿州	孙	义学	乾隆	光绪《大清会典事例》卷四〇三《礼部·风教·旌表乐善好施》
43	旌德	叶	书塾	乾隆	嘉庆《旌德县志》卷八《懿行》

续 表

序号	居地	族姓	名称	设置时间	资料出处
44		汪	义学	嘉道	朱琦：《小万卷斋文稿》卷一五《曹溪汪氏义学碑记》
45	桐城	戴	义学		同治《皖桐青山戴氏宗谱》
46	桐城	赵	义学		光绪《桐陂赵氏宗谱》
47	泾县	朱			光绪《张香都朱氏续修支谱》
48	江西高安	朱	义学	康熙	朱轼：《朱文端公集》卷一《义学记》
49	都昌	刘		乾隆	《都昌刘氏族谱》卷四《祖述》
50		陈	义塾	乾隆	鲁九皋：《鲁山木先生文集》卷七《陈氏义庄记》
51	南昌	黄	义塾	乾隆	任兆麟：《有竹居集》卷一〇《南昌黄氏翁墓表》
52	万载	郭	家学		《万载田下郭氏族谱》卷八《家学记》
53	山东峄阳	孙	义学	道光三十年	同治《孙氏族谱》
54	威海	毕		道光	民国《毕氏宗谱及毕公裔宗谱》
55	诸邑	李	家塾		《李氏族谱》
56	河北文安	纪	义学	乾隆	民国《文安县志》卷九
57	河南安阳	马	塾		光绪《安阳马氏义庄条规》
58	湖南郴州	陈	义学		《陈氏族谱·创立义学记》
59	四川绵竹	马	家塾		光绪《绵竹乡土志·耆旧》
60	广东南海	朱	家塾	咸丰	朱次琦：《朱九江先生集》卷八《朱氏捐产赡族斟酌范氏义庄章程损益变通规条》
61	广西桂林	岑	家塾		光绪《西林岑氏族谱》

附编三　读《毗陵庄氏族谱》报告[①]

[按语] 常州朱炳国先生主编《家谱与地方文化》文集，汇编最新研究成果。朱先生赠书并索稿于我，还请吾师冯尔康教授转达盛意。拜读《家谱与地方文化》，看到前辈学者汤志钧《余治学自潜研族谱始——重修〈毗陵庄氏族谱〉序》开篇就说："余治学自常州学派始，治常州学派自潜研《毗陵庄氏族谱》始。"想到我第一部完整阅读的族谱也是《毗陵庄氏族谱》，情不自禁，套用汤老话语："余治社会史自宗族史始，治宗族史自潜研《毗陵庄氏族谱》始。"其实自己未必是"潜研"，或者说"涉猎"更为合适。20世纪以来《毗陵庄氏族谱》颇受历史学家关注，前有民国学者柳诒徵，后有美国名家艾尔曼，其研究成果都一时洛阳纸贵，也使常州谱学名闻天下。我负籍津门，入南开从冯尔康师治史，大学阶段老师讲授清代宗族制度，印发的宗族资料选编多有常州者，盖南开大学图书馆藏谱中以毗陵为多，而资料中亦载有毗陵庄氏者。研究

---

① 原刊朱炳国主编《中国家谱文化》，凤凰出版社，2012。

生一年级为完成老师作业，我又认真阅读《毗陵庄氏族谱》，完成报告一篇，是为余治族谱学之始，有史存焉。时光如梭，作业已历二十六个春秋。适逢常州谱学家索稿，又值恩师促成，遂以旧稿献芹。学昔人不悔少作之意，文虽谫陋，不足以观，然纪师恩、成友情、忆学步，则别具意义。惟望师友不以塞责怪我，则幸甚矣。

作者受时代局限，旧稿多使用"封建"一词，除订正标点、疏通个别文字外，其他则一仍其旧。（己丑中秋于津门寒舍）

一

《毗陵庄氏族谱》始修于明代万历八年（1580），中经顺治八年（1651）、康熙三十八年（1699）、雍正元年（1723）、乾隆二十六年（1761）、嘉庆六年（1801）、道光十七年（1837）、光绪元年（1875）数修，最后一修成于民国二十三年（1934），凡九修，绵延353年，大约每39年一修。今读校藏民国二十三年版本的《毗陵庄氏族谱》（以下简称《庄谱》），试就对于族谱史料的认识论述如下。

是谱凡二十三卷，分世系表、世系录、诰敕、科第、崇祀、训诫（宗约附）、年谱、事述、铭状、祠庙、茔墓、祭田（房产附）、著述、居徙（逸事附）、盛事、国史列传、一统志传、府县志传、家传、遗墨、检字表等项。此外卷首列有序、原序、凡例，卷末列历次修谱捐数、修谱人名。

清代注重修谱。首先，为《庄谱》作序的，多是封建政府的高级官员，如为康熙三十八年谱作序的有保和殿大学士王熙，为乾隆二十六年谱作序的有浙江巡抚庄有恭，为嘉庆六年谱作序的有礼部左侍郎刘跃云，为道光十七年谱作序的有武英殿大学士、军机大臣潘世恩。其次，修谱也有专门规定，乾隆二十六年谱序曰："梓谱既颁，自今以往，每分之人各具素纸，岁记其亲分之名字、履历、男女、嫁娶、生卒年月，三年合成一稿，三十年后梓而颁之，庶无旷而不修、厥而不贬憾乎！"（卷首）

族谱兴盛于清代，受到封建统治者的提倡，是因其对维护封建统治有利。庄有恭说族谱有五个好处："本祖德；亲同姓；训子孙；睦故旧；其大焉者，则报国恩也。"（卷首）使族人"始于事亲，终于事君"（卷首），用封建的伦理道德规范束缚人民。

二

《庄谱》同其他族谱一样，从其命名来看，显示出两个特点：一是地域性，一是宗族性。

所谓地域性，即族谱是讲某地区的一个家族史。修谱者多是聚族而居地区，一族通常是以某一地区为中心居住的，通过对该家族的考察，可对该地区的历史有所认识。毗陵庄氏家族的先人在历史上虽然有过迁徙，但从秀九于明初入毗陵后，秀九支的庄氏家族便在此住下，直至民国年间，从庄氏家族的历史，也可看出常州地区历史、社会的一些情况，大家族对地方上是有一定影响的。

所谓宗族性，即宗族是父系制度的同姓亲族，以一远祖为宗，以家族为构成单位，这是更重要的一点，《庄谱》反映了毗陵庄氏家族的历史。

族谱要反映一家族的历史,反映其宗族制度,必然要谈与此有关的时、地、人等史学要素,谈该族的政治、经济、文化等,因而,族谱便成为一种"史书"。"谱系之学,史学也。"(钱大昕《潜研堂文集》卷二六)

从《庄谱》体例看,类似一部小型"正史"。"家之乘,犹国之史也。"谱中最大部分是传记,世系录、年谱、事述、铭状、家传属于此类。再次为世系表,还有类似正史的志,如:祠庙、祭田、著述类。《庄谱》收集文献征广泛,像诰敕、遗墨、年谱等,这又同文集相像。

族谱有一定的失实之处。"家乘与国史不同,史家立传严加严核,家乘则祖父一行之善实有可据,子孙必宜表扬垂后。"(卷首)族谱的传记,多为家人、亲朋所撰,不乏溢美之词。但作为歌颂之词的反衬,也暴露一些问题,这方面常有一定的史料价值。在追溯远祖时,也常有不实之处。如《庄谱》认为,其得姓于楚庄王后,楚国在长江中游,庄氏家族在宋代由北南迁,其为楚庄王后,似可置疑。我们运用族谱资料时,应当注意考察其真实性和可靠性。

三

《庄谱》有一定的史料价值,主要表现在以下诸项。

1.关于人口、妇女、婚姻、家庭、宗族等方面

这些资料主要集中在"世系录"中,世系录六卷,约为全谱卷数的四分之一,它著录了族中男子的年龄、职业、文化、功名、婚姻、子女等状况。提供的多是数字资料,而且比较可靠,是做量化分析很好的资料,再结合其他资料,有助于我们深化对有关问题的

认识。

（1）人口。了解一个时期内家庭的人口数，男女比例，人口寿命，人口中绝后的比例，人口流动方向，人口繁衍，人口来源等。

（2）妇女。对妇女的训诫，反映了妇女低贱的地位。"闺训"要求"妇人之道有三：一曰孝敬，以事姑舅；二曰贞顺，以从夫子；三曰宽厚，以御奴婢"。"妻道得，而母道亦寓焉。"这种贤妻良母，完全是夫权的从属。还诬蔑妇女："勿听妇言而疏远骨肉。"而且，更用封建道德束缚妇女："小说小唱，开口佳人才子，此最可厌。没见识女子看了便信以为真，若女子能识字，如《小通鉴》《白眉故事》之类，时令看看，或与讲说，便可略知世事，胸有主意，不为此种书所哄。"（卷一一）这种家教与明清时代兴起的"市民文学"相对抗，可见其封建的保守性和顽固性。夫死，则要求妇女守节："妇女守节至三十年者，书'旌奖'及'苦节'以表之，其少年守节未满年例而亡者亦书'节'，他如贤母、孝妇、烈女必详书之，以励闺德，妾媵有贤行并得书。"封建的节烈贞孝牌坊，是妇女的血和泪筑成的。同时，又反对寡妇再嫁："其或有失德及再醮者，谱法则除其姓，以寓微意，无所出者直削之，恶失节也。"（卷一一）对妇女加以迫害。

（3）婚姻。"世系录"谈到录主时，一定写明原配、续弦、妾（生子的），借此可了解一夫多妻妾、妇女再婚、婚配双方有无亲戚关系、择偶的门第等情形。此外，在卷一一"训诫"中，记载了很多庄氏对婚姻的看法：庄氏认为婚姻"纳采之初，务择名门"，"盖名门旧族多知礼法，市井富豪不谙大礼也"。"旧家子弟虽极寒苦，不可与市井为婚姻，彼所谓温饱俱从刻薄算计得来，一丝一粟，其初心竟有不可问者，若家事充裕，犹图体面，亦未免沐猴而冠，一至败落，手足皆见，不可复问矣。"这是一种门当户对的观念，择偶要找旧姓大族，看不起"暴发户"，轻视商人阶层。把家教置于富贵之上："择婿固当，择妇尤不可草草，承先启后，所系匪轻，须看其祖父家教，女子性情，不在贫富。"对于名门、旧族、家教的要求，是从总体讲的，从家庭讲的。择偶的具体对象在卷一八"盛事"中有记载："所录姻娅官职，内则揆辅、卿寺、翰詹、科道，外则督抚藩臬，专阃总裁，此外皆不叙录，其姻亲互复者，亦不重见，附志盛事门，以示吾族联姻必崇门第，而赘甥快婿代不乏人云尔。"对于婚龄，认为"择婿须早，择妇不妨少迟，头角稍殊，读书明理，自能得妇"。妇女早嫁，使其有所归，而男子稍稍晚婚，是为了功名，是"书中自有颜如玉"的思想，而"襁褓联姻者，多至不偶，可以为戒"。然而，晚也是相对的，"男大不娶，女大不嫁，不仁孰甚，且壅闭其性，不令生育，此为逆天之民"。反对晚婚。

（4）科举、出仕情况。这方面庄氏家族比较兴盛，如科举情况，明代举人六人，清代七十二人；进士明代六人；清代二十九人（此数字从卷九"科举"统计出）。清代的甲榜中，庄存与于乾隆十年中榜眼；乾隆十九年，其弟庄培茵中状元，时称"兄弟鼎甲"，名震一时，可见大家族教育之发达，它为封建国家培养了大量人才。至于出仕情况，从科举状况也可看出，此处不罗列。

2.关于庄氏宗族制度方面

宗族制度，首先表现在宗族要有祠堂。庄氏祠堂建于顺治七年（1650），"置公屋一区……族有公事，宜于此议之"。（卷首）以后规模不断扩大，日臻完善，全族有大宗祠，各支有小宗祠。在封建社会晚期，祠堂的兴建，宗族制度的发展，其原因之一："以天下之宗法久废而不能振，故举而归于义，义则公，不义则私，义则和，不义则乖，故常适于义者主之，故能持之于久而不变。"（卷一六）就是以"公""义"的元貌出现，使社会"和""不乖"，以维持统治。

祠堂的管理。规定："祠中一切事宜，每分轮年族长暨各分长，公同奉有身家能干办者、励廉节者一人或二人为经管，仍于三分中各举一人或二人为监管，自一房迨及小五房，周而复始。命管者不得辞，谋管在不可付，现管者矢公矢慎，怨劳不避。"（卷一五）同时，又有补充规定："宗祠一切事宜听令族长固己，但恐年老倦勤，或才力不逮，推举一能办事公正者为摄长，诸凡上关祖宗、下关族处要领重大之事，皆裁决焉。"（卷一五）以上是祠堂的管理人员，族权主要通过族长、摄长、分长体现出来。

"立宗者，所以睦族也"，在于"笃一本之仁"（卷一六）。祭祀是维系族人的重要手段，规定祠堂"务使祭荐有期，洗腆惟谨，合族长幼，示以仪注，申以训辞，衣冠济济，肃雍将事"。（卷一六）要求族人："助祭不可不到也，届期前一日入祠报名，十六岁以上者宜与年长分尊，除疾痛、新丧、远行外，一岁中不到者议罚。如挟长挟贵，殊不屑与族众齿者，公同体罚。"（卷一八）祠堂神位"层累阶级，尊卑有序"，可以说，一次祭祀，就是一次封建等级、敬祖忠君的教育，是维护封建伦理、秩序的活动。

宗族制度还体现在宗约和各种训诫上。乾隆二十六年（1761）宗约："不幸而族人相争，大干法纪，自难解免。倘属田土口角一切家庭细故，族人可为调处者，不得遽行兴讼，先以情词具禀宗祠，听族长、分长暨族众之秉公持正者，传集两造，在祖宗神位前论曲直，剖是非。其理屈与不肖者，当即随事惩罚，甚则绳以祖宗家法，令其改过自新。若再顽梗不灵，轻则鸣鼓共攻，解官求治；重则祠中斥革，谱内削名，断勿徇纵。"（卷一一，以下出于此者，出处略）族长具有司法权，可审理、处置族中争端，祠堂俨然以法庭出现，是官府司法的补充。为保证宗约的效力，"立约正、约副、司讼、司纠察淑慝，有不率者遵族约以听于祠，一不闻于有司，其诸义田、义塾、家礼、户役咸条理曲当，刻示族人，俾知遵守"。（卷一六）

《庄谱》对族人有各种要求，这里以第八世庄起元家训为主，加以说明。

（1）忠君。"臣子当国家无事之时，固当尽言尽职，为国为民，不为肥身营家之计。至于临利害、遇事变，死生存亡间不容发，盟金石而不渝，炳日星而有曜，方得谓之忠贞。若依阿取容，无独立不惧之节，持禄养安，无公尔忘私之心，则平日读书何为，朝廷亦安用此臣子哉！"

（2）孝亲。以曾子语"孝有三：大孝尊亲，其次弗辱，其下能养"为准则。

（3）宜家。前面所述妇女，婚姻时已讲，不赘述。

（4）友悌。强调兄弟和善。

（5）睦姻。强调同父、母、妻三方亲属搞好关系。

（6）教子。要子孙以求学重于经营产业，尊重师长，严格要求自己。规定"童子初识字，切不可令看小说，居家几案间亦不可有此物"。为子孙成长,"特述四条,以为诸子孙训,一曰苦志,二曰积学,三曰虑心,四曰禀命"。

(7)择交。与正人君子交往,重在道同而非财富。

(8)御下。"惟一味老者用之……人下等易驯,若其聪明过我,反为使也矣。旨哉斯言!永为选仆者冰鉴。""御下自有道……宽严适宜,使之外不敢为非法,而内有以自安,虽彼愚下亦自知感从,彼不知感,吾亦尽其道耳。"

(9)治生。"不出开源、节流二端。"

此外,为保持家族的延续,提出"毋包揽钱粮而取倾覆之祸",要求族人"租早输心自宽也,官差早赴身自闲也"。

宗约、家训一类的东西,本质上是为服从封建统治的需要设立的,目的在于要人"安常处顺,乐天知命",在这种教育下,只能把族众训诫成封建统治的顺民。但是,对训诫中的一些道德规范,也要采取正确的分析。如:忠君思想中包含爱国的成分;孝亲中有小对大、少对长的尊敬;友悌、睦姻讲处好家族、亲属关系;教子中有尊师好学、严格要求子孙加强修养;择交、治生也有可取之处。我们在指出其实质的同时,还是要注意一些人类共同性的东西,其社会作用不能一概否定。

祠堂的经济基础是祭田。其来源:"建祠之始,费无所出,族人捐资致祭,后得田四十亩。此田彦生无后,其嗣孙继庠不应继而继,公议令其捐出。"(卷一四)是为绝户产入公。以后又规定:"凡族登甲榜者例捐田三十亩,乙榜及明经之出仕者半之;或家道充足好义急公,如先伯祖好溪公者,随便捐入,不必拘数,以征孝道。"(卷首)

祭田收租有严格规定："收租当设连票,开明佃故、租额、佃名并免限年月字样,二票同式,中用合缝图章,收租日填入米若干,免限若干,余欠若干,俭岁系何成色,俱各注明,与该给账之日截开,以后票付后作照前票连簿存留公处,以便查对。至有刁佃欠成色及搀和水谷等弊,经营同监管须合心着力征讨,毋得徇纵。偶有挂欠,亦必簿上注明,以便下熟并追,收取房租亦仿此法。"（卷一五）由此可见,祭田收租甚严,从谱中所列祭田情况看,庄氏祭田是租给族人的。祭田打着维持同族公共利益的旗号,旨在维护地主阶级对农民的剥削,维护封建地主土地所有制。

祠堂收入的用处。"总计一岁所入,祭扫输粮外,游庠有助,登科有助,发甲有助。至于族之人,年登七十以上者岁有所给,以见老老之义,至于宗族中或有急最苦事,遍告同人,不妨于祠内支取一二肩助之。"（卷一六）祠堂收入对于宗族教育、宗族赈济,也是有一定作用的。

以祠堂为标志的宗族制度,庄氏认为有五大好处："家塾立而俾有志者知奋,可以鼓青云之路焉；谷粟裕而俾无告者得济,可以慰白首之心焉；履仁蹈义,俾长幼不紊其规,可以教孝也；抱忠守信,俾朝夕不习于非,可以敦行也；至于爱君化国之忱,我庄氏自鹤溪、大参以迄鹤坡、太仆,固守勿失,相垂无穷,又不可以作忠乎！一举而五善备焉。"

宗族制度起着维护封建统治的作用,阻碍社会发展。在明清资本主义萌芽、封建统治式微的情况下,它的反动作用便更加明显了,所谓"但以习俗移人,世风不古,苟非明著宗法,虽在服尊长,欲行训饬,亦恐势有不行"。（卷一一）道光十七年（1837）修谱时，特别指出此点。

3.关于人物传记方面

《庄谱》中人物传记资料很多，除世系录外，谱中附刊了一部分年谱，第十二卷上收了七部，其中《第九世声鹤公讳恒五侯年谱自叙》之谱主庄恒是明朝遗老，所记为遗老生活和家世凌替状况；《第十四世胥园公讳肇奎字星堂年谱》谱主是乾隆时任过广东布政使的庄肇奎。"事述"收录三十二人的传记资料，"铭状"收录了四十二人。其中洪亮吉作《母庄孺人墓表》中，反映了洪亮吉的少年生活。卷二〇传记中，"少司寇素鹤庄公传"及"传后附记"记载了庄恒的弟弟庄应会在清兵入关时，因救全城身命，不惜牺牲一己之名誉，毅然开门迎清兵入城，因此与兄失和。庄应会后于顺治五年（1648）出任清政府官员，鼎革之际，他同其兄庄恒走的是两条道路，说明当时士大夫的分化。这种分化还延及卜辈，庄恒的侄儿们"群从兄弟应运而起，掇巍科，跻膴仕，驺从出入，人皆以为荣"。而庄恒子"独弃不顾，或遇之辄引避，而日夕从游"。并且同云南反清力量相联系，后事泄，于顺治十年为清政府所害（《尔定庄君传》）。传记部分共十一卷，占全谱的一半，不仅有出名人物的传记，也有平常人的传记，《庄谱》提供的传记资料是很丰富的。

4.有关政治、经济、文化等方面的资料

这方面的内容涉及面很广，此处仅举数端，以见一般。

政治方面。卷一八"盛事"中，记载了雍正二年（1724）皇帝召见江西省宜春县知县庄令翼的情况，雍正帝询问他在任有无亏空，他是由谁推荐的。因庄令翼为官清廉任事，特将他升为知府。按照当时规定，知县任期十二三年后，方可升为知府，庄令翼任知县九年。雍正帝说："我如今用人，都是破格的，实在做好官何愁不荣。"又说："云贵总督高其倬是个好官，你去对他说，督抚查司道，司道各查府，府查各州县，大家实心查理，有甚么做不出来的事。"反映出雍正时期整顿吏治、清查钱粮、制止亏空、敢于用人的情况，对于我们认识雍正朝的政治或许有所帮助。

卷一三《陕西邠州直隶州知州庄君墓志铭》记载了白莲教起义，卷二一《祖舅氏庄篆生公家传》记载了太平军东征后任用封建士人的资料，如1860年太平军打下常州，抓到庄篆生，"知其为士人，迫令习营中文墨事，后又迫令赴无锡干事"。

社会经济方面。卷二〇中详细记载了庄起元任兰溪县令时，于万历四十三年（1615）搞自封投柜的情况，使我们对明代赋役征收制度中的这一情况有明确的认识。卷一六"著述"的"全漕利弊宜挽迟为速疏"，记载了明末漕运情况。记载清代经济的内容更多。"请汰袁瑞二府浮粮疏"记载了顺治时江西瑞州府因陈友谅盘踞该地，一地二粮，浮粮十万石。袁州地方官误报亩数，以五亩八分为一顷，多征钱粮。顺治七年（1650），将此二弊进行裁减。有助于我们了解明代赋税和清初政策。又如，雍正年间雷州有机户，"岁贡葛，吏胥给价"，庄存与对此改革，"令机户各任若干匹，先给以价之半，俟赍缴验收全给之"。（卷一三）再如，乾隆年间，山西交城县"故产羊皮及白鹰，大吏皆岁征之，然白鹰实不数见，前官于羊皮多减值浮取，白鹰则尅期令山民分捕"。（卷二一）庄肇奎年谱中，还有乾隆年间云南失业者在开化府开银矿"已数十年"的记载。

此外，《庄谱》还提供了一些文化方面的资料，如在《中国美术家人名词典》《中国画家人名辞典》中评价较多的画家庄同生，《庄谱》不但有他的传记，（以上二书的资料出处，未载《庄谱》）而且还有他的山水画和书法作品，便于了解他的创作。卷一六著述，有助于我们了解庄氏家族的文化状况。

《庄谱》是一部有较高史料价值的谱牒。以上只是粗读这部族谱的一点看法，当这份读书报告写完时，深感对于庄氏宗族没有深入解剖，没有把这个家族的历史揭示出来，谫陋不堪，敬请先生批评指正。

1983年5月21日

附编四　清代宗族制度[①]

一、宗族的法规和要求

宗族组织为维护其血缘共同体的存在和利益，有一套要求族人的行为规范，并受传统文化和中央集权政治体制的制约。

祠堂族长对族人拥有审判权。如四川唐氏宗族，倘族人犯有种种"非为"，"各房长确知，先以理戒，以情谕，至情理所不能感服，房长告知族长，族长会同族众，以其所犯过恶告明祖先，爰请家法，从重惩责"。[②]宗族惩治族人，要将族人"所犯过恶告明祖先"，向祖先"爰请家法"。《即墨杨氏家乘》所收康熙时所定《家法》规定：族人相讼，族中"尊长传其本支年老正直者，焚香誓于家庙，示无所徇，吐其实，定其曲直，小事开罪……大事告于祖宗朴责之……强悍不遵约束者，则公曰于官，以法处之"。"焚香誓于家庙，示无所徇"。江苏常州庄氏祠堂乾隆时所定宗约，对于祠堂

[①] 按：该文以《宗族制度》为题，收入白寿彝总主编，周远廉、孙文良主编《中国通史》第十卷《清时期》上，上海人民出版社，1996。
[②] 同治《唐氏族谱》卷一《宗规十条》，同治十年定。

的审判权叙述较细。该约：

> 族人相争，大干法纪，自难解免，倘属田土口争、一切家庭细故，族人可为调处者，不得遽行兴讼，先以情词具禀宗祠，听族长、分长暨族众之秉公持正者，传集两造，在祖宗神位前论曲直、剖是非，其理屈与不肖者，当即随事惩罚，甚则绳以祖宗家法，令其改过自新。若再顽梗不灵，轻则鸣鼓共攻，解官求治，重则祠中斥革，谱内削名，断勿徇纵。①

祠堂族长依据家法对族人的处理，各族是不同的。前述杨氏宗族对于犯"大事"者要"朴责"，庄氏宗族对于小事"随事惩罚"，不悔改者"解官求治"，最严重的"祠中斥革、谱内削名"，即开除族籍。四川唐氏的"家法"在《宗规》中列有专条："置家法一具，用竹片，长三尺，宽寸半，厚五分，上书唐氏家法字样，悬祠中内高朗处，祭祀时昭然若见，令其知惧。当用则用之……只用之族人者，示家教也。"②有的宗族对于不肖者，"举族鸣其罪，纳诸竹笼，沉诸海而不为过"。③江苏镇江赵氏宗族"有干犯名教伦理者，缚而沉之江中以呈官"。④祠堂族长还可以处死族人。安徽《弘农杨氏宗谱》则将宗族处死族人的权力作为"家法"明确地写入《宗族规条》："族长既立，家法攸司，其于不肖子弟，轻则令其拜伏自悔，重则族长执法笞惩，至若大逆不孝，则族长会合族众，鸣公处

---

① 民国《毗陵庄氏族谱》卷一一。
② 同治《唐氏族谱》卷一《宗规十条》，同治十年定。
③ 《余姚孝义劳氏宗谱》卷一《旧谱条约并序》。
④ 〔清〕刘献庭：《广阳杂记》卷四。

死,虽独子不恕,另立贤嗣。"

宗族对族人的要求,大致可分三种类型:一是规约,如宗约、宗规、家规、族规、祠规,是宗族要求族人共同遵守的行为规范,具有强制性;二是禁戒,如宗禁、家戒、家禁等,规定族人不许做的事情;三是训语,教诲族人如何做人,起伦理道德的教导作用。但这三方面往往混合在一起,可混称为宗规家训。其具体内容十分庞杂,举其大者,约有以下数端。

宗族最强调族人处理好家庭关系,对父子、夫妻、兄弟、婆媳、祖孙、妯娌、叔(伯)侄、姑嫂、叔嫂等关系加以规范,一般不出儒家伦理的要求。其中最重视父子、兄弟关系,强调孝、悌之道,并把子弟的行为都纳入进去。《慈南干溪章氏宗谱》嘉庆时所定《族规》说:"孝悌为万化之原……盖父母为生身之本,兄弟乃手足之情,不孝固天理不容,不悌亦人情所不近,倘或灭绝天良,渐染敝俗,甚至双亲冻馁,同室操戈,如此之人,不待天诛神殛,族人必须声罪共击,到祠杖竹,或鸣官治罪,以肃规约。"

其次是要求族人睦宗族。合肥杨氏宗族要求族人"卑不犯尊,少不凌长"。[①]四川李氏宗族对同族中如何处理辈分关系,强调"同族伯叔昆仲自有定序"。还规定处理贫富关系的要求,"族中贫富不齐,富者不可骄,骄则招尤,亦易起侈荡之心,贫者不可惰,惰则不惟益困,而且无所不至"。[②]合肥杨氏宗族也重视族中的贫富关系,认为"族间贫富自有不齐,然分则各门,合原一家,毋异视也,务要休戚相关,有无相恤,勿令无赖以致辱身,贱行陨节败

---

① 《弘农杨氏宗谱》卷首《碑记》。
② 《李氏宗谱·宗范》。

名,有玷先祖也"。[①]

宗族对族人的生活提出要求,涉及娱乐、婚姻、丧葬、衣食住行、职业等。

宗族一般要求族人从事"士农工商"本业,做一名"四民",反对族人成为无业游民。浙江《越州阮氏宗谱·翼青公家训》说:"培养子弟,务令执有一业,或读书、或力穑、或贸易、或操作,此之谓四民,盖有一事以束其身,心自不暇思及外务。其有不务正业者,是为游民,当禀请家、族长,随时训导,以禁止之。"苏州《彭氏宗谱》所载顺治时所定《条例》要求:"宗人生业以读书习礼为上,次则训徒、学医、务农,次则商贾贸迁,若违礼背训入于匪类者,斥而不书。"

宗族要求族人生活勤俭,反对奢华。无锡郑氏认为:"士农工商,莫不各有其事,明而动,晦而休守,寸阴是惜,勤也;饮食淡泊,衣服不尚纷华,俭也。"[②]宗族对族人要求最多的是婚姻方面,强调门当户对,尤注重良贱不婚。宁波卢氏规定:"男女议亲,须门户相当及伦序不紊者,不许苟且,以坏家风,男子不可出赘,女子不可入赘,其婚嫁止称家有无,毋得强为美观。"又认为:"妻也者,齐也,凡娶以配身也,若女失节为妻,自己失节也。子姓如有娶娼妇为妻,及良贱为婚者,俱不得入宗祠。"[③]该族虽强调良贱不婚,但反对婚姻论财,提倡婚事"称家有无",量力而行,反对赘婚和娶寡妇。

---

① 《弘农杨氏宗谱》卷首《宗谱规条》。
② 《荥阳郑氏续修大统宗谱》卷三《四琏子格言》。
③ 《甬上卢氏敬睦堂谱稿》卷一《宗约》。

有的宗族还要求族人的丧葬不做佛事，不闹丧，不可停枢不葬。湖南匡氏规定："父母丧，必须依礼定限安葬，若惑于风水，或托故久停不葬者，俱属不孝，杖八十。"①四川唐氏认为：

> 佛事道场，荒诞不经，演戏吹唱，以忧为乐，一切繁文缛节，时俗之所尚，大非丧礼之所宜，徒耗资财，实无益耳……至于葬亲，固宜卜吉壤，然惟求其不为道路，不傍沟洫，不近城市，择厚土而安厝，切不可执福荫之说，停枢不葬，日久迁延，设遇变故莫测，以致亲骸暴露，不能归窆，不孝之罪，孰大于是乎？②

宗族还对娱乐作了要求，无锡郑氏"戒游手好闲之人，人之思，劳则日生，息则日靡，即看戏一事，亦属无益，博弈好饮酒，终非善类"。③常州杨氏规定："不许习丝竹唱词曲。"④宗族反对赌博，无锡郑氏提出"戒赌博：当今之世，赌风太甚，无论乡缙平等，皆好赌钱，甚至妇人女子，亦喜赌，一入赌场，废时失事，产业不能保"。认为赌博"消耗先人储业，所谓作无益害有益，诚宜切戒也。如子孙有犯者，急为禁止，能改则已，不改则宗祠重惩，仍责成其父兄伯叔督之，必改而后已，其诱人为非者同"。

宗族要求家长善于治家，有的宗族注重从小培养子女，使其成为人才。湖南彭氏规定：

---

① 道光《匡氏续修族谱》卷首《原家规》。
② 同治《唐氏族谱》卷一《家训》。
③ 《荥阳郑氏续修大统宗谱》卷三《四班子格言》。
④ 民国《即墨杨氏家乘·家法》。

子弟之宜教也。少成若天性，习惯成自然，当幼小时，动静语言，便当使之归于正。姑息之爱不可也，浮薄之习宜去也，毋以轻佻为文明，毋以愚鲁为浑朴，随子弟之材质，士农工商各与本业，庶不致成为游民。若夫女儿，生长闺房，更当道以礼节，敬以孝顺，酿以和平，操以中馈，勤俭朴素，于归后，宜室宜家，斯亦父母之光也。①

要家长把儿子培养成"四民"正人，把女儿培养成讲究礼节、勤俭朴素、善于持家的未来的贤妻良母。

　　对于教育子女不负责任的家长，有的宗族规定了惩罚的内容。无锡郑氏规定："族中教子不严，习于败类者，宗祠戒谕，使严督其子改过自新，有自父兄检束而游荡无赖者，宗祠责治，公议其执一业，而专托近支长辈督率之。"②宗族强调族人按时交纳赋税，做国家的顺民，避免给宗族带来麻烦。无锡郑氏提出："要早完国课，官银粮米，倘有拖欠，差人临户，惊鸡闹犬，好不烦恼，依时早完，亦一快事。"③绍兴阮氏认为："身际承平，无苛徭杂派之苦，衣租食税，悉出君恩，故国课最宜早完，必待胥吏追呼，是负恩也。吾愿族中急公亲上，毋稍迟滞。"④镇江金坛庄氏规定："早完国课：赋税上关国计，下系考成，草莽君臣之义，惟此为重，须率先急公，依限完纳，毋得拖欠，贻累乡里……况且功令森严，绅衿

---

① 《彭氏三修族谱》卷一六《宗规十条》。
② 《荥阳郑氏续修大统宗谱》卷三《宗约》。
③ 《荥阳郑氏续修宗谱》卷三《四琏子格言》。
④ 《越州阮氏宗谱》卷一九《家训》。

欠粮，即行奏销，凡属平民，岂容少恕。"[1]宗族把能否按时交纳赋税，看作是否忠君爱族的行为。

二、清廷对宗族法规的政策

清代宗族首领除了重视年老分尊外，强调尚爵尚贤，宗族的领导主要由绅士充当。绅士是传统文化的载体，以修身齐家治国平天下为己任，他们对宗族的领导，主要是要使宗族成为社会的稳定因素，替国家治理地方社会，把家法作为国法的补充，所谓"家之有规，犹国之有律，律不作，无以戢小人之心思；规不立，无以谨子弟之率履，惟是聊述家规"。[2]因此，许多宗族法规便是以国家的法规为参照系而设置的。绍兴阮氏乾隆时，"就国法所严人情易犯者，订为二十条，编入家规。后更望严正淳切家、族长，或朝夕训诲，或朔望申明"。

宗族法规维护社会秩序，受到朝廷欢迎。宗族为更好地行使权力，管好族人，往往请求政府予以支持，而朝廷则批准祠规，承认祠堂族长的审判权、族法的合法性和有效性。《即墨杨氏家乘》康熙时记载该族家法"数十年来，多求官批照"，自行此法数十年，该族"无具两造者矣"，县官曾说："尽如杨宅家法，直可刑措。"再如合肥杨氏，于乾隆二十九年（1764）建好祠堂，旋修宗谱，立有规条，并置祭产，但"相传而下，习俗移人"，"间有不孝子弟，将谱所列之规条，竟弁髦视之"，甚至以少犯长，以卑犯尊，未能合宗睦族。嘉庆十五年（1810），该族生员数人赴县呈请祠规，知

---

[1] 《金沙庄氏族谱》卷三，道光时定《家规》。
[2] 《中湘下砂陈氏族谱》卷四。

县于同年批复，要求"杨氏户、族人等知悉：嗣后务遵祠规，父训其子，兄戒其弟，如敢不遵，许该族户、祠长人等指名禀县，以凭究治，决不宽贷，各宜凛遵毋违，特示"。①嘉庆十六年（1811），该族将知县条示祠规刻石勒碑，以约束族人。

不过清朝并不是对宗族法规予以全部支持，在祠堂族长依据家法处死族人的问题上，清朝的政策发生过变化。顺治、康熙时期，不承认祠堂族长对族人的处死权，到雍正时则得到了法律的公开承认。雍正五年（1727），江西永新县发生了朱伦三同侄致死其屡次犯窃的弟弟的案件，刑部认为朱伦三应处以流徙的刑罚，雍正帝则认为族人犯法，使其伯叔兄弟受连累，尊长族人将其处死是"剪除凶恶，训戒子弟"，"亦是惩恶防患之道"。②不当拟以抵偿，将朱伦三的流徙罪宽免，并建议今后以此为例，于是九卿根据皇帝的旨意，定出恶人为尊长族人致死免抵之例。国家承认宗族私法惩治族人以致死的权力，表明雍正帝完全依靠宗族维护地方社会秩序的态度。

清朝对族权处死族人的公开承认，使得族权膨胀。乾隆帝上台伊始，便对宗族问题十分重视，他说江西一些地区私立禁约、规条、碑记，贫人有犯，并不鸣官，或用竹篓沉置水中，或掘土坑活埋致死，还勒逼亲属写立服状，不许声张，种种残恶，骇人听闻。对此他提出，如果有不法之徒，应当呈送政府官员，治以应得之罪，不能随便草菅人命，要求江西省"严加禁止"。③乾隆帝的这一措施，表明了他对雍正五年条例的否定态度。接着，乾隆二年

---

① 《弘农杨氏宗谱》卷首《杨氏宗谱碑序》《宗谱碑记》。
② 《清世宗实录》卷五七，雍正五年五月乙丑。
③ 《清高宗实录》卷一八，乾隆元军五月丙午。

（1737）两广总督鄂必达奏称，宗族贤愚不一，如果恃有减等免抵之例，相习成风，族人难免有冤屈者，请求删改。刑部同意，并指出"况生杀乃朝廷之大权，如有不法，自应明正刑章，不宜假手族人，以开其隙"。[1]于是将旧例删除。尽管如此，乾隆帝仍要求宗族发挥管理族人的功能。乾隆五年他针对游民问题，要求父兄族党严加管束不守本业之人，"不遵约束者，量行惩治"。[2]这就等于说，承认宗族要求族人守本业做好一名"四民"、反对成为游民的职业要求，并对这些宗族私法予以政权的支持。乾隆帝的"量行惩治"，没有严格的标准，等于承认族权对族人实行除处死之外的惩治权力。乾隆二十四年（1759），西安按察使杨缵绪提议宗族致死有辱身贱行的族人，可否仍旧量行减等，乾隆帝则表示应由政权惩治"不法之徒"，反对宗族任意处置族人。

乾隆帝的上述政策，也基本上为以后各朝所执行。如前述合肥杨氏宗族乾隆十九年所定规条中，有处死大逆不孝子弟的内容，在嘉庆十五年（1810），鉴于族人不听约束，请县政权批准祠规，本来这是为了加强对族人的管理，但呈请的祠规中，只规定：有匪类不安分者，该祠长率众牵祠内责罚，没有涉及处死权问题，这是因为，乾隆规条只是宗族内部掌握的"私法"，嘉庆祠规需要官批，而政府不承认宗族致死族人的权力，所以在呈请的祠规中便没有了宗族处死权的内容。总之，清廷希望宗族法规按照国家法律办事，在政府的支持和监督之下，有限度地管理族人。

---

[1] 《清文献通考》卷一九八《刑四》。
[2] 《清高宗实录》卷一二〇，乾隆五年闰六月庚子。

三、族谱的修纂与收族

清代的宗族，多修有族谱，族谱又称家谱、家乘、宗谱等。浙江巡抚庄有恭认为，族谱之义有五善：本祖德、亲同姓、训子孙、睦故旧，更重要的是报国恩。①福建按察使彭希濂为《周氏家乘》作序，也认为谱义有五：纪国恩、述祖德、敬宗收族、训子孙、有无相通。综合起来，修谱目的是：第一，尊祖，即本祖德、述祖德。就是要追述自始祖以来诸位祖先的事迹，缅怀其功德，教育子孙，使子孙产生尊祖、法祖的观念。而"祖德"，一般是儒家伦理修身较深的表现。尊祖也包含按照祖先宗规家训要求自己的含义。尊祖可以收族。第二，收族，即亲同姓、敬宗收族。族谱把同一始祖或同一支祖下的子孙合于同一族谱，使族人通过确定自己同祖先、同族人的关系，在尊祖意识下加深彼此的关系，增加血缘的向心力和凝聚力。如同清人所说："宗者总也，族者聚也，宗族而有谱，正在总聚其原本也。虽宗有大小，属有亲疏，时有远近，居有迁徙，总以一体所分，使无谱以聚之，几同陌路矣。"②收族也可更好地尊祖。第三，训子孙。族谱多载有宗规家训，用来教训子孙。还有族谱的体例含有褒贬的原则，也是教育族人的手段。第四，忠君报国，即纪国恩、报国恩。族谱多把有功名、做官视作受皇恩、国恩的结果，将其视作一种荣耀，载有官宦者沐浴皇恩的情况，更把修族收族作为忠君报国的行为。清人说："谱之修也，内以纲维人伦之大本，外以辅翼朝廷之政治，此岂小补云尔哉！故苏子有云：

---

① 民国《毗陵庄氏族谱》卷首《乾隆辛巳谱传序》。
② 苏州《彭氏宗谱》乾隆七年《增修族谱序》。

'观吾谱者,孝弟之心,油然而生。'则移孝作忠,不亦增光家乘也乎?"①第五,有无相通,即通过合族,加强族人彼此间的认同感,增进联系和感情,从而恤贫穷,救患难。实际这一条也可并入第二条。第六,睦故旧,就是通过修谱加强同朋友的联系和交往。这一条对清人特别是社会影响不大的宗族来说,并不重要。事实上,在清人的修谱观里,前四条比较重要,四者的关系是互为影响的,尊祖为了收族,收族可以更好地尊祖,尊祖收族才可教训好子孙,教育好子孙则能更好地尊祖收族,尊祖、收族、训子孙也就是报恩了。四者之中,又以尊祖、收族为主,尤以收族为核心。

族谱有统族谱、支(房)谱之分,族谱体例的基本形式有谱序、谱例(凡例、例言)、修谱名目、像赞、诰敕、宗规家训、世系(表、图)、世系录(世录、齿录、世纪)、派语(班派、班次)、宦绩考、传记(谱传、家传、世传、内传、外传、宗德、闺仪、德行、宜淑)、祠堂(记、图)、墓图、祠产、先世考辨、艺文、余庆录、五服图、领谱字号等,其中最主要的内容是:序、例、规训、世系(表、图、录)、传记、祠堂、祠产、坟墓。

族谱繁简不同,最简单的族谱,只有世系的记录。因此,最体现族谱功能的,当是这部分。世系记载宗族的成员及其血缘关系,以图表的形式表现,清代的族谱世系统宗谱始于始祖,支谱起于支祖,世系的记载方式基本上借鉴宋代欧阳修、苏洵的谱例纂修,"欧氏五代为图,备五服也,其体直序,世序横推,准以小宗法,五世不迁。苏氏九代为图,备九族也,其体平列,世序直陈,统以大宗

---

① 广西平乐《邓氏宗谱》同治三年《邓氏族谱序》。

法，百世不迁"。①最简单的族谱中只有人名，详细些的，人名后标明该人生卒、婚配、葬地等。也有的族谱将族人履历情况单列出，成世系录、世系、世系考。关于世系的功能，乾隆时大学士刘伦说："谱之为言，布也，布一族之长幼尊卑于简端也。"②《荥阳郑氏续修大统宗谱》卷三《宗约》："谱列先人世次，支联派别，分辨尊卑、嫡庶，以便采本寻源。"族谱就是通过祖宗的原始、支派由来，考世系、辨亲疏，增进共同感，并使族人寻找自己在血缘关系网中的位置，确定亲疏、尊卑的等级秩序。有的族谱对于"子孙有功祖宗，如坟墓、祠堂、谱牒之类，即于世表本名下直注其事，以示不祧，反是则于本名下昭书不肖事实，以为后戒"。③族谱的褒贬作用是显而易见的，一般族谱出于维护宗法的等级、名分，其记载异姓继子和本宗继子不同，守寡与再醮有别，原配与继妾区分，都反映这种情况。

族谱的传记，形式多样，有辑录正史、方志、文集的列传，和记载族人言行的一般传记文，如墓志铭、祭文、行状、寿序。有的族谱还把族人的事迹按性质加以分类，如忠义、节孝等。

族谱是由宗族负责人和文化人组织纂修的。族谱修成后，要不断续修，清人修谱的时间不尽一致，就一般而言，"修谱通例以三十年为断，迟之至六十年而止"。④三十年一修是"通例"，其原因，据《余姚朱氏宗谱》卷首《一本堂旧立规条》："父子相继为一世，前后相告大约不过三十年，故谱必三十年一修，前者已故，来者日

---

① 道光《匡氏续修族谱》卷首《新凡例》。
② 《毗陵高氏宗谱》卷一《合修宗谱序》。
③ 《小留徐氏九修宗谱》卷二《凡例》。
④ 道光《匡氏续修族谱》卷首《自叙》。

新，莫为之前，虽美弗彰，莫为之后，虽盛弗传。"因为有这样的"通例"，所以"三十年不修谱，即为不孝"。①六十年一修，算是"迟之"。也有的宗族修谱甚勤，所谓"世之重谱者，每五年一小修茸，十年一大修"。②族谱的不断续修，使新增族人入谱，保证族史的连续性，同时，每一次续修也是一次收族活动。

修族的资料，主要来源于平时的积累，常州庄氏乾隆二十六年（1761）修谱，要求族人"自今以往，每分之人，各具素纸，岁记其亲分之名字、履历、男女、嫁娶、生卒年月，三年合成一稿，三十年然后梓而颁之"。③

清人的修谱，受到朝廷的提倡。顺治十八年（1661）始修皇帝的家谱《宗室玉牒》，定制十年续修一次。乾隆九年（1744）修《八旗满洲氏族通谱》。《圣谕广训》明确号召"修族谱以联疏远"，以此作为笃宗族的手段。事实上，民间也是这样认识的，江苏武进潘姓便把未修族谱看作是"有违圣祖仁皇帝敦孝弟、笃宗族之训，遂招集族人，急急而续修之"。④清朝官员贯彻朝廷的要求，康熙时，湖南宜章知县蒋宗芝鉴于该地人视修谱为"不急之务"，加以劝说，该地大姓立即响应，"于是族谱之作始盛"。⑤

朝廷的提倡，绅士的响应，形成了清代族谱的一个特点，即把圣谕载入谱书，或把顺治九年，清朝要求人民学习朱元璋"孝顺父母，恭敬长上，和睦乡里，教训子孙，各安生理，无作非为"

---

① 《古皖刘氏重修宗谱·序》。
② 浙江绍兴《马氏分支宗谱》乾隆四十四年《重修马氏分支谱序》。
③ 民国《毗陵庄氏族谱》卷首。
④ 《毗陵永宁潘氏宗谱》卷一《潘氏续修宗谱序》。
⑤ 《曹氏族谱》蒋宗芝序。

的"圣谕六言",载入族谱,大量的是把康熙《上谕十六条》收入族谱,有的族谱甚至把洋洋万言的《圣谕广训》也收入族谱,如乾隆时修湖南《吴氏重修族谱》、浙江《萧山新田施氏宗谱》收入嘉庆时抄录的《圣谕广训》,道光时所修四川仪陇《胡氏宗谱》也录入《圣谕广训》。而以此所制定的宗规家训就更多了。如同治十年(1871)四川唐氏所修《家训十则》的具体内容,基本是照搬《圣谕广训》。① 有的族谱要求"圣谕当遵",即以这些"圣谕"治理宗族。清代族谱的这种特点,表明族谱进一步纳入政治范畴,"圣谕"更加深入人们的生活。

四、族田

宗族共同体为了祭祀祖先,维持祠堂的各项费用,修纂族谱,以及赡养和培养族人,需要一定的经济费用,因此,很多宗族设置了宗族集体的公共财产——族田。

族田的名称很多,大致可分为祭田和义田两类。种类不同,管理也有差别。乾隆年间江苏巡抚庄有恭就清代族田问题指出:"直省士庶之家,其笃念亲友者,每立祀产以供先世烝尝,立义田以赡同宗贫乏,其祀产、义田岁所收获,除完纳条漕及春秋祭扫、赡给支销外,所有赢余,俱储积以备饥年之用。"② 祀产主要是指祭田,又叫祠田、祀田、烝尝田等,一般的宗族都有数量不等的这类土地,收入主要作为祭祖的费用,因祭田附属于祠堂,祭田的管理,也多同祠堂的组织形式一致。大的宗祠设专人管理,如江苏武进吴

---

① 同治《唐氏族谱》卷一。
② 《皇清奏议》卷五〇《请定盗卖盗买祀产义田之例》。

氏宗族规定："公堂祭田，必才品兼优者方可令其经管，令举一人总理，二人监察。"①多数宗族由各支轮流管理祠堂和祭田，如乾隆时广东归善张姓共有尝田五石，由五房轮流收租办祭。江西上饶王姓有祀田十八石，由三房轮流收租供祭。②江西会昌刘氏有"公共祖遗祭田一处"，"原系各房每年佥点经管公堂首事，收租完粮祭祀用度"。③祭田数量不大，一般是几十亩，但它是普遍存在的。义田，又称润族田、公田，设立义田是为了"供一族之公用"。④主要用来赡族，赡族的费用比祭田的费用大，义田的数量一般也比祭田多，常是几百亩，甚至上千亩。义田多的宗族，除了类似祭田的管理方法外，往往设立专门的管理机构——义庄。义庄有专门的房屋和人员，江苏常熟王氏有一千多亩义田，用给"力不能自养者"，并奖励孀妇和贞孝者，设怀义堂义庄，"择诚实有力者一正二副，或本族或异姓，听怀义堂后裔请定"。⑤义田在全国出现的地区很多，但主要集中于江苏南部。

　　族田收入的用途，庄有恭认为是完纳国课（条漕）、祭祖扫墓、赡族、储积备荒。桐城方氏用于建房屋、岁祀、助葬、赈不能自存者、助学、置田，广东是祭祀、助学、赡族、救荒，综合起来，可概括为完纳国课、祭祀、赡族、助学、救荒五项，而以祭祀、赡族、助学为主。因此，就有了祭田、润族田、学田的名称。

---

① 《吴氏宗谱》卷一《宗规》。
② 中国第一历史档案馆、中国社会科学院历史研究所编《清代地租形态》，中华书局，1982，第27、390页。
③ 中国第一历史档案馆、中国社会科学院历史研究所编《清代土地占有关系与佃农抗租斗争》，下册，中华书局，1988，第704页。
④ 《毗陵冯氏宗谱》卷二〇《始立公帑碑记》。
⑤ 《太原王氏家乘》卷七。

附编四　清代宗族制度　477

有的宗族有专门设立助学的田产，这类土地称为书田、义塾田、学田、膏火庄田等，不妨用书田概称之。设有书田的宗族，一般也同时设立义学，培养本支或本族子弟。在江苏昭文，归氏"其田之供祀事者以百计，资本支子弟读书者以千计，谓之书田"。①

五、族正制度

族正制是伴随保甲制而出现的。清朝十分重视推行保甲制，雍正帝以保甲制为弥盗良法，鉴于保甲制奉行不力的情况，在雍正四年（1726）严饬力行。他针对聚族而居地区的实际情形，规定："凡有堡子、村庄聚族满百人以上，保甲不能遍查者，拣选族中人品刚方、素为阖族敬惮之人，立为族正。如有匪类，报官究治，徇情隐匿者与保甲一体治罪。"②族正的作用是稽察匪类，承担保甲的职能。

雍正朝以后，清朝在聚族而居的福建、广东、江西等省曾大规模地推行族正制。除通过族正制实行保甲制的作用外，还为了惩治宗族的械斗、健讼，治理宗族带来的社会问题，加强国家对地方社会秩序的控制。乾隆时期最先推行族正制的是福建省的漳州和泉州两府，这里械斗之风甚盛。乾隆二年（1737），福建地方官郝玉麟等建议重惩为首起意械斗之人和因小事互相格斗者，还提出："泉、漳等处，大姓聚族而居，多至数千余丁，非乡保所能稽查，是以族长之外，设立族正、房长，官给印照，责令约束族丁，嗣后请严行申饬，如有作奸犯科者，除将本人定罪外，其族正、房长予以连

---

① 〔清〕李兆洛：《养一斋文集》卷九《昭文归氏书田记》。
② 《清朝文献通考》卷二三《职役三》。

坐。"①乾隆帝同意实行。乾隆十三年（1748），又在全省推广族正制。②广东推广族正制是在乾隆六年，按察使潘思榘对该省宗族的械斗在于祭田收入管理不善，所用非宜，建议仿照宋代范仲淹义田法，令地方官让每族公举老成公正二人，为族正、副，管理尝租，不得用于械斗讼费，否则"究处族正、副，追出讼费买谷，增贮社仓，以赈乡里"。③被乾隆帝批准。乾隆十五年（1750），广东又推广了族正制。④江西也在乾隆七年（1742）试行族正制，⑤其内容是："酌定祠规，列示祠中，予以化导约束之责，族中有口角争讼之事，传集祠正，秉公分剖，先以家法劝戒。"⑥"所有祠费但充祠中正用，永不许取具讼之资。"⑦江西的族正又称祠正，职责是掌握祠堂权力，按照国家要求约束宗族。

闽、粤、赣三省的族正制各有特点，族正具有的权力，江西最大，广东次之，福建最小。族正的职权是："阖族子姓俱听族正、副约束，有口事不法，听族正、副教训，不从禀究，遇有两姓互争田土钱债丧葬婚姻及一切口角微嫌失误，许两姓之族正、副公处，处断不明，将两造情事，据实直书，粘连各原词，禀官剖断，毋许两姓凶械人命。"族正被赋予了一定的管理权和司法权，可"约束""教训"族众，处理族内纠纷，并有"禀官"的权力。族正还管理族田的收入和使用："除每年祭祀费用外，其余酌给族正、副

---

① 《清高宗实录》卷六九，乾隆二年八月。
② 《清高宗实录》卷三一三，乾隆十三年四月。
③ 《清高宗实录》卷三一七，乾隆六年二月。
④ 《广东清代档案录》之《户役·田宅·山坟》。
⑤ 〔清〕陈宏谋：《培远堂偶存稿》卷一三《谕议每族各设约正》。
⑥ 《皇朝经世文编》卷五八《寄杨朴园素书》。
⑦ 《西江政要》道光三年七月《民间选立族正劝化章程》。

附编四　清代宗族制度　479

饩廪，并周恤该族贫窭孤寡，如尚有余，建学延师，训课族中俊秀，不许丝毫妄干，每年底将该年所收租息共若干石，祭祀、师生修金、膏火若干石，周恤族人贫乏若干石，有无剩余，逐一开造清册，呈送州县核查存案。"族正称职与否，有赏有罚：

> 如果一年之内，尝租所入无私，族人安静无事，年底地方官给予花红，仍令充当，三年已满，毫无过犯，生员即以优生荐举，详给匾额，以示鼓励。
>
> 倘有敢违，因仍前弊，尝租不归实用，以及族人造事生端，好勇斗狠，既不规劝，又复徇隐故纵，除本犯按律究拟外，族正副、保甲一例治罪。其有首先寻衅及同恶相济并挟嫌诬禀者，事发之日，依律治罪，如系生监，情轻则传教官当堂责儆，情重则详革究拟，另举充补。尝租一并入官充公，倘五年后该族众果能悔过自新，出具不敢有犯听处甘结，地方官出具印结，通送所□酌□归返尝租，以示鼓励。①

综上所述，清廷要求宗族选举产生的族正，是其所在宗族中有影响的人物，可以作为宗族的代表，向政府承诺自治的义务，同时，族正又握有政府予以的权力管理族人。族正既不同于族长，又不同于政府官员，身份具有双重性，成为政府与宗族之间的媒介，也可以说是一种"职役"，族正制的实行，目的是使宗族纳入政权的控制之下。

---

① 《广东清代档案录》之《户役·田宅·山坟》。

族正制的实行并非通行无阻。乾隆中叶，伴随着人口膨胀和吏治不清，宗族的势力膨胀，械斗、健讼等行为日益严重化，影响清代的地方社会秩序，族正制并没有起到清政府预期的效果。因此，清政府采取了扼制宗族发展的新措施，乾隆二十九年（1764），江西巡抚针对江西省宗族势力的发展，通饬各属，将各宗族荒诞不经之始祖牌位查毁，谱并削正，撤回在外府州县奉附的支祖，废掉在省城、府城建立的宗祠。①乾隆帝还下令全国仿照江西进行稽查。②乾隆三十一年（1766），广东巡抚王检，也因宗族尝租每滋械斗之弊，请求散其田产，乾隆帝命令"督抚严饬地方官实力查察，如有此等自恃祠产丰厚，以致纠合族众械斗毙命，及给产顶凶之事，除将本犯按律严惩外，照该抚所请，将祠内所有田产声明，分给一族之人，俾凶徒知所警惧，而守分之善良，仍得保有世业，以赡族人，于风俗人心较有裨益……著将此通谕各省督抚，饬属一体留心妥办"。③江西、广东对宗族的治理，两次都被乾隆帝向全国推广，构成了清中叶政府对祠堂、祠产打击和抑制的较为普遍的行为。乾隆帝在后期也改变了对族正的看法，五十四年，福建巡抚徐嗣曾为治理福建械斗，建议责成族正约束族人，"一岁之中，族内全无命盗械斗等案，给匾奖励，三年无犯及能将滋事匪徒查缚送官者，奏给顶戴"。④乾隆帝认为"各处族正，鲜有奉公守法之人……设再明将降谕旨，责令专办，给以顶戴，其弊盖无所底止"，⑤不准徐氏实行，乾隆帝此时对族正制持保留态度。

---

① 《宫中档乾隆朝奏折》第21辑，二十九年三月二十八日。
② 《清高宗实录》卷七〇九，乾隆二十九年四月庚子。
③ 《定例汇编》卷九《户例·田宅》。
④ 《清高宗实录》卷一三三五，乾隆五十四年七月庚戌。
⑤ 《清高宗实录》卷一三三五，乾隆五十四年七月辛亥。

附编五　清代宗族的自治与国家治理[①]

宗族作为由共同祖先界定出来的父系群体，是一个有组织的系统，以祖先崇拜聚合族人，强调共同体意识和互助精神，并有相应的规范。宋明以来的宗族制度包括祠堂、族长、族谱、族田等内容，其核心是祠堂族长的族权，宗族凭此实行一定程度的自治。"尊祖故敬宗，敬宗故收族"，宗族的凝聚，强调孝敬祖先。宗族的大规模组织化与普及化始于晚明，至清代进一步发展。这既是宗族自身的演进，也与清朝对宗族的治理密切相关。

一、孝治宗族

清朝皇帝对内统治以儒学为官方意识形态，奉"以孝治天下"为既定国策。清承明制首先表现在教化体系方面，早在顺治九年（1652），就将明太祖的"圣谕六言"颁行八旗及各省，即"孝顺父母，尊敬长上，和睦乡里，教训子孙，各安生理，毋作非为"。康熙九年（1670）向全国新颁"上谕十六条"，前两条即为"敦孝

[①] 原刊《清史参考》第39期（总第676期），2020年10月26日。

弟以重人伦，笃宗族以昭雍睦"，强调孝治与宗族的重要性。"上谕十六条"模仿并超越"圣谕六言"的做法，标志着清朝统治者将教化作为治国重点。雍正帝则对"上谕十六条"逐条解释，形成洋洋万言的《圣谕广训》，于雍正二年（1724）颁行天下，并在全国大力宣讲推行，形成了有特色的教化政治。

推行孝治离不开宗族，《圣谕广训》指出"笃宗族"与"讲孝弟"的关系是"宗族由人伦而推，雍睦未昭，即孝弟有所不尽"，把贫富、贵贱等矛盾的原因归结成忘为宗族，告诫人民都是祖宗的子孙，不要视为途人。《圣谕广训》还指出"笃宗族"的具体措施包括："立家庙以荐烝尝，设家塾以课子弟，置义田以赡贫乏，修族谱以联疏远。"

清代各地特别是南方地区多聚族而居，强宗大姓皆有祠堂（又称宗祠、家庙、公堂等），供奉祖先牌位以行祭祀。祭祖为尽孝道，使族众凝聚在祖先庇佑之下。祭祀以昭穆世次为序，起到强化尊卑等级关系的作用。祠堂又是处理宗族事务的地方，一般由族长负责，族众繁衍，下设房长（或支长、分长）分别管理族众。

"国有宗庙，家有宗祠。"清代提倡士大夫修建家庙，规定品官于居室之东建家庙，一品至三品官，庙五间，中三间为堂，阶五级；四品至七品官，庙三间，中为堂，阶三级；八、九品官（在籍进士、举人视七品，恩、拔、岁、副贡生视八品），庙三间，无堂，阶一级，奉高曾祖祢四世，每年四季择日祭祀。官员们身体力行，纷纷修建家庙，以为民先。

宗族一般都有一定数量的公有财产——族田，用作祭祀、赡族和修谱、助学之用，于是有祭田、义田、书田等名目。清朝通过旌表乐善好施来提倡宗族设置族田，对"捐赀赡族"加以奖励。官府为宗族设置族田立册存案，载入志书，给予执帖，勒石保护。清律禁止盗卖盗买义田祠产，而且有祠产例不入官的规定，并给予赋税方面的优待。

宗族的义庄（义田的管理机构）、宗祠常设有族学（又称家塾、义塾、义学），用族田收入充当经费，接收族中贫寒子弟免费入学，并奖励学有所成的宗族子弟，以推行孝治，维护伦理纲常。族学教学内容，童蒙阶段以《三字经》《百家姓》《千字文》《千家诗》等为主，其后则教以四书五经等内容，为科举考试做准备，希冀族人得取功名后为官做宦，光宗耀祖，以扩大宗族影响。在旌表乐善好施中，义学作为善举也被表彰。

清朝大力倡修族谱，族谱成了孝治教化的重要工具。有的族谱认为，修谱有"五义"：报国恩、述祖德、敬宗收族、训子孙、有无相通，"使子孙能推孝弟之心，以睦姻任恤也"。族谱通常将"上谕十六条"载于篇首，作为族人总的指导，并载有族规家训，这些宗族的成文法，以管束族人，维护族权。

宗族也表现为同居共财的大家庭，是以孝治家、宗族敦睦的一种象征。《圣谕广训》第二条中，号召人们学习唐代张公艺九世同居，宋代江州陈氏七百口共食。清朝旌表同居共财的大家庭，以此支持宗族制度，风教天下，实现孝治。累世同居即六世以上同居的家庭，实际是宗族共同体，旌表一般给银三十两，建立牌坊，常赐御书匾额"世笃仁风""敦睦可风""敦本厚俗"等，有时还赐以御制诗，加赏上用缎匹，以示优异。笔者统计，嘉庆至同治四朝旌表的累世同居53例，略高于前代。五世同堂实际是家族共同体，比较普遍，清代将其单独旌表。清代旌表五世同堂始于乾隆朝，《清实录》从嘉庆到同治四朝的年终汇题中，留下了旌表五世同堂的记录，累计3217家，年平均41家。

二、宗族审判权与处死权

祠堂族长订有族规家训约束族众。一般来说，训范多从抽象的儒家伦理纲常方面教化族众，规约则是对族人具体行为的要求，体现祠堂一定的司法权力。族规家训的第一条往往是讲孝，要求族人移孝作忠，做官的族人平时工作要恪尽职守，不贪污，不结朋党，不苟和他议，公而忘私，到了国难临头，为君视死如归；对大多数普通族人来讲，则要忠君为国，遵守《圣谕广训》与法令，早完国课。

清廷希望宗族法规在国家法律框架内生效，对于宗族制定法规有所监督。有的地方，宗族法规须经官府批准，既承认祠堂对族众的管理，也防止族长滥用族权，一般以前者为主。如安徽合肥县杨氏曾于乾隆十九年（1754）建好祠堂，旋修宗谱，立有条规，并置祭产。后相传而下，习俗移人，不孝不弟、无视谱列规条、以少凌长、以卑犯尊之事屡有发生，不能合宗睦族，于是该族生员数人赴县求援。嘉庆十五年（1810）知县批复："嗣后务遵祠规，父训其子，兄戒其弟，如敢不遵，许该族户祠长等指名禀县，以凭究治，决不宽贷。"随后该族将知县条示祠规刻石勒碑。杨氏祠规还有诸如祠长对匪类、不安分者率众牵入祠内责罚的规定。

江苏常州庄氏祠堂乾隆时所定宗约，反映出宗族祠堂拥有的审判权。该约规定：

族人相争，大干法纪，自难解免，倘属田土口争、一切家庭细故、族人可为调处者，不得遽行兴讼，先以情词具禀宗祠，听族长、分长暨族众之秉公持正者传集两造，在祖宗神位前论曲直，剖是非，其理屈与不肖者，当即随事惩罚，甚则绳以祖宗家法，令其改过自新。若再顽梗不灵，轻则鸣鼓共攻，解官求治，重则祠中斥革，谱内削名，断勿徇纵。

祠堂的审判权，是由在祖宗牌位前论是非的审理权和依据家法的判决权（包括将族人送官惩治、开陈宗籍）组成。祠堂族长在官府支持下，借此审判权来实现对族人的管理。宗族秩序，是政府通过倡修祠堂、批准祠规以及对祠堂审判权的承认得以形成的。

清朝政府对祠堂族长行使族权的支持，还表现在族长依据族规惩处族人的相关法律政策上。祠堂族长对族众可以惩罚，甚至可以处死族人。清人魏禧认为，对于不肖者，"举族鸣其罪，纳诸竹笼，沉诸海而不为过"。据刘献庭《广阳杂记》记载，镇江赵氏宗族"有干犯名教伦理者，缚而沉之江中以呈官"。

雍正五年（1727），江西永新县发生朱伦三同侄致死其弟案件，雍正帝认为：

> 从来凶悍之人偷窃奸宄，怙恶不悛，以致伯叔兄弟重受其累，本人所犯之罪，在国法虽未致于死，而其尊长族人剪除凶恶，训诫子弟，治以家法，至于身死，亦是惩恶防患之道，情非得已，不当按律拟以抵偿……嗣后凡遇凶恶不法之人，经官惩治，怙恶不悛，为合族所共恶者，准族人鸣之于官，或将

伊流徙远方，以除宗族之害，或以家法处治，至于身死，免其抵罪。

于是九卿详议，定出凶人为尊长族人致死免拟抵偿之例。

清廷承认祠堂族长运用私法惩治族人以致处死的权力，尽管又对族权略加限制，规定"族人之诬捏殴毙者，将为首之人，仍照本律科断"。但在实际执行过程中，仍导致族权的膨胀与滥施。如在江西一些地区，"私立禁约、规条、碑记，贫人有犯，并不鸣官，或裹以竹篓、沉置水中，或开掘土坑、活埋致死，逼勒亲属，写立服状，不许声张"，草菅人命，危及地方社会秩序。

乾隆帝即位后，下令禁止宗族滥权，并于翌年"定停族人致死族匪免抵之例"，将"旧例"删除。以后还有可否处死族众的讨论。乾隆二十四年（1759），西安按察使杨缵绪鉴于宗族首领及尊长不能有效控驭族人，建议恢复雍正五年旧例。乾隆帝命刑部讨论，刑部以生杀大权不能操之族尊之手，应防借口滥杀，否定了这一提议。乾隆帝限制宗族审判权，是要族法服从于国法，宗族不能随意处死族众，但对于族法是承认的。乾隆五年（1740），他要求各省督抚稽查游民，"凡有此等无所事事、不守本业之人，其父兄族党者，令父兄族党严加管束，单丁独户，令乡保多方化导……不遵约束者，量行惩治"。"量行惩治"并没有严格标准，等于承认了族长对族人行使除致死之外的一切惩治权力。总而言之，清廷准许宗族依据族规惩处族众，表明清廷承认并支持祠堂族长的法律权力。

三、宗族的保甲乡约化

清朝是通过乡约来推行"圣谕六言"和"上谕十六条"的。顺治十六年严行设立乡约，每遇朔望，宣讲六谕原文。设约正、约副为讲解人员，由乡人公举六十岁以上，行履无过、德业素著的生员担任；若无生员，即以素有德望、年龄相当的平民担任。康熙帝新颁的"上谕十六条"，也在很大程度上借助乡约推行，如于成龙在黄州知府任上，汤斌在江苏布政使任上都着力推行乡约制度。

清朝也借助保甲维护基层社会秩序。早在顺治元年（1644），清廷就令州县编置户口牌甲，规定"州县城乡十户立一牌头，十牌立一甲头，十甲立一保长，户给印牌，书其姓名丁口，出则注其所往，入则稽其所来"。顺治时期推行的保甲制，主要针对垦荒、逃人、海防、民族等问题，带有权宜之计的性质。

康熙帝"上谕十六条"其中一条即为"联保甲以弭盗贼"。康熙四十七年又重申保甲法，"弭盗良法，无如保甲，宜仿古法而用以变通。一州一县城关若干户，四乡村落若干户，户给印信纸牌一张，书写姓名、丁男口数于上。出则注明所往，入则稽其所来。面生可疑之人，非盘诘的确不许容留"，继续编立牌、甲、保十进制的保甲系统。

雍正朝不仅重视宣讲圣谕，也强化保甲制度的实行。雍正元年（1723）四月，巡视北城浙江道监察御史罗其昌上折奏陈京畿宜设保甲。具体七条建议中，第四条即将讲约作为保甲一环，并建议详加注解"圣谕十六条"，使百姓易知易晓。第七条还表达了将保甲与乡约合一的意愿。八月，雍正帝密谕各地督抚整饬营伍情弊、举行社仓备荒、设立保甲弭盗，决心力行保甲。推行保甲与设立社仓一起推行，反映出登基不久的新皇帝教养治国的理念，即以社仓养民，以保甲（包含乡约）管理教育人民。推行保甲是雍正初年的新政，有三年的试行期。

此后，很多地方官上折汇报推行社仓、保甲的情况。其中，雍正二年（1724）八月，浙闽总督觉罗满保在福建的弭盗举措值得注意，反映出地方官推行保甲、乡约与治理宗族相结合的情况，这可能是导致雍正帝推行族正制度的重要原因。

满保所上第一篇奏折探讨以乡约教化约束宗族。针对当时福建盗贼问题比较严重的情况，满保提出应该"擒元恶而革风俗"。他认为，当地族大丁繁者无人管理，任其游惰，以致好勇斗狠；小族百姓互相依附，流为贼盗。故此，"消弭贼盗之源，全在责成教化，豫革其向恶之心而潜涤其已往之习"。具体措施有五点：各大姓人家俱为设立家规族约；选择二三纯谨善良人，令其每月朔望各率其一族长幼在各宗祠宣讲圣谕之后，即将家规族约反复劝谕，严加教训；如有不循者，即会族众在各家宗祠以法处治，若再不遵，则送官严究；倘教化不先，仍纵族人为非，有犯则将其族房长一并枷责究处，另选充当；如能约束同族，改恶迁善，族风渐淳，无有败类，俟年终之时，地方官秉公考核，详请地方官给匾褒奖，赏给花红，以示鼓励。满保的做法是在当时雍正帝推行宣讲《圣谕广训》的基础上提出的，实际上是在贯彻雍正帝移风易俗的理念与宣讲令，并因地制宜与福建弭盗结合起来。

第二篇奏折则是从保甲角度讨论宗族治安。当时福建山区乡村聚族而居地区游民增多，出现治安问题，族人不敢报官，互相容隐，为此建议"聚族而居者，则责成房族长之稽查，杂姓分居者，则严编保甲邻佑之连坐"。满保在雍正初年建议将乡约、保甲与宗族治理结合起来并不是偶然的，这出于他对福建民情的认识与实践经验。

雍正四年（1726）试行保甲三年已过，清廷强力推行保甲，特别制定了在宗族中推行保甲的族正制度："凡有堡子、村庄聚族满百人以上，保甲不能编查者，拣选族中人品刚方，素为阖族敬惮之人，立为族正。如有匪类，报官究治，徇情隐匿者与保甲一体治罪。"从雍正二年（1724）皇帝与满保交换意见至此，历经一年多的讨论与实践，自然会想到用保甲治理宗族，可以说雍正四年推行族正方案的出台，是水到渠成。雍正七年（1729），严令全国遍设讲约所，宣讲《圣谕广训》。总体而言，雍正时期宗族受到保甲、乡约的影响而得以强化。

为维护地方社会秩序，加强政府对地方的控制，乾隆年间曾在福建、广东、江西较大规模地推广族正制，其原因是这些省份聚族而居，宗族械斗、健讼严重。乾隆朝以后，一些地区仍然程度不同地实行族正制，如嘉庆、道光时期，福建延平、建宁、邵武三府实行联甲之法，各县村庄有聚族而居者，议立族正、族副。嘉庆末、道光初宗族械斗十分严重，刑部新定两条刑律：一条是针对纠众互斗之案，分别纠众人数和致毙人数定出的重惩规定；另一条是根据乾隆三十一年（1766）皇帝应广东巡抚王检的请求，决定除对宗族械斗本犯按律严惩外，将祠田分给族人的事例入律，并增加了惩办不检举械斗之族长、乡约的内容。道光时期，鉴于吏治不清、族正不得其人的实际情况，决定依靠原来的宗族组织和绅士，以稳定社会秩序，于是赋予族长、绅士以"捆送匪徒"的权力。

清朝推行族正制，使保甲、乡约进入宗族，宗族被进一步组织起来。而且，清代保甲与乡约二者本身也有融合与渗透的倾向。因此，我们不妨把这种情况称之为宗族的保甲乡约化。

附编六 《宗族与乡村控制》导读[①]

《宗族与乡村控制》选自著名历史学家萧公权《中国乡村：论19世纪的帝国控制》一书第八章，该书完成于1955年，出版于1960年，初版为英文。该书问世后即获盛誉，出版当年获得"美国学术团体联合会"学术大奖，为东方学者获此殊荣的第一人，该奖称赞萧先生"融合中西两个伟大传统的精华"。美国著名人类学家施坚雅对该书推崇备至，称赞此书开辟了新的园地，不仅给人类学家无数灵感，且能嘉惠整个学界。萧先生的学生汪荣祖教授认为，施坚雅名作《中国农村的市场与社会结构》"得益于萧书之处颇多"。[②]

萧公权先生的这部巨著，学术贡献是多方面的。从宗族史的角度看，《中国乡村：论19世纪的帝国控制》称得上是最早全面、系统探讨清代宗族的著作，萧先生依据丰富的地方志、族谱、文集以及官方政书，呈现出清代国家与社会关系中的乡村宗族问题，在社会科学与中西比较的视野下，得出诸多的重要看法，虽然该书问世

---

① 原刊常建华主编《中国乡村社会史名篇精读》，上海教育出版社，2020。
② 汪荣祖：《萧著〈中国乡村〉中译本弁言》，萧公权《中国乡村：论19世纪的帝国控制》，台北：联经出版事业公司，2014。

近60年了，仍然具有重要的学术参考价值。

一、萧公权与《中国乡村：论19世纪的帝国控制》

萧公权（1897—1981），原名笃平，字恭甫，号迹园，笔名君衡，江西泰和人。1920年，自清华大学毕业，后赴美留学，就读于密苏里大学新闻专业和康奈尔大学哲学系。1926年于康奈尔大学获得博士学位回国，先后在南开大学、东北大学、燕京大学、清华大学、四川大学、成都燕京大学、光华大学任教。1948年，当选为中华民国第一届"中央研究院"院士。1949年应邀赴台，于台湾大学讲学，同年底赴美出任西雅图华盛顿大学访问教授，并转为专任教授，讲授中国政治思想、中国社会制度以及中国政治思想与制度等课程，1968年退休。著有《政治多元论》《中国政治思想史》《翁同龢与戊戌维新》《康有为思想研究》《宪政与民主》等著作。1981年11月4日，逝世于美国西雅图寓所，享年84岁。

萧公权先生是著名的历史学家与政治学家。他的全部著作由汪荣祖先生编为9卷本《萧公权全集》，《中国乡村：论19世纪的帝国控制》是《萧公权全集》之六，台湾联经出版公司2014年出版，译者为北京师范大学历史系张皓教授、张升教授。

《中国乡村：论19世纪的帝国控制》内容包含三编十一章：第一编乡村地区的组织，描绘乡村社会的区位状况。第一章论述村庄、市集与城镇，第二章探讨保甲及里甲的基层行政组织。第二编叙述乡村控制，第三章从保甲体系论述治安监控，第四章谈论乡村税收的里甲体系，第五章探讨社仓等饥荒控制体系，第六章讲述乡约等思想控制体系。第三编讨论乡村社会控制的效果，第七章述及乡村控制的效果，第八章探讨宗族与乡村控制，第九、十两章讨论乡村对控制的反应，第十一章总结。

第八章《宗族与乡村控制》内容分为宗族与村庄、成员与领导、宗族活动、茶坑——一个19世纪的村庄、政府对宗族的控制、宗族组织的衰落6个部分，下面依序分别介绍。

二、宗族与村庄

主要探讨宗族组织在乡村控制体系中的地位。首先讨论了宗族的概念，胡先缙为我国早期留美的人类学家，1948年她发表著名论文《中国的继嗣群体及其功能》，萧公权首先引了胡先缙的两处表达不尽一致的宗族定义："'族'是拥有一个共同祖先的群体，定居在某个地方或邻近地区。""'族'是由一个共同祖先传下来的团体，定居在某个特定地方或邻近地区。"[1]概括地说，宗族是拥有共同祖先定居某地的群体。[2]萧先生还引述杨懋春先生的看法：许多情况下，"村落组织都是由宗族关系直接或间接决定的"，"邻居主要是由同一宗族的家庭组成"，强调可以把宗族视为"村落的中坚"，但是这并不排除城市中也存在着宗族。

萧先生引述他人的研究成果与文献记载，讨论移居、宗族、村落之间的关系。他综合性地提出："移居者会定居在某个地方，并最终创造出一个族以及一个村落；或者，他可能把自己安顿在一个村庄或城镇里，繁衍出一个族而不是一个村庄。这种不同的定居模

---

[1] 按：凡出自萧公权本文的引文，均不赘注出处，以下同。
[2] 关于中国宗族定义的最近讨论，可参看钱杭《宗族建构过程中的血缘与世系》，《历史研究》2009年第4期。

式，部分解释了两种不同类型的宗族村庄，在'单族村庄'里，住着一些同姓的家庭；而'多族村庄'里，两个或两个以上的族比邻而居。"接着讨论了"单族村庄""多族村庄"两种类型的村庄在中国南、北方的分布情况。认为"单族村庄"在南方各省比较普遍，在华北，由不同姓氏家庭组成的村庄占大多数。

萧先生指出，单族村庄与多族村庄性质的区别，反映在组织上的一些不同。在单族村庄中，宗族群体和乡村庄区实际上是一致的，村庄领导就是宗族领导。在多族村庄，情况就有些不同。族长虽然对村中事务具有明显的影响，但不一定就是村长。一个村庄出现一个以上的宗族群体，就会发生宗族间的竞争或公开冲突。

萧先生对19世纪中国各地宗族发展程度的不同，提出一些解释。他认为历史环境是一个决定性的因素，经济因素可能也发挥了作用。萧先生引用了较多地方志特别是陕西的资料说明经济因素与宗族规模、结构的关系，笔者利用陕西的碑刻资料考察了明清、民国时期陕西的宗族制度与风习，[①]可以参看。

三、成员与领导

这部分的内容重点讨论宗族与绅士的关系。萧公权对费孝通等认为宗族不过就是一种绅士组织的看法有自己的理解，他认为宗族在正常情况下是由绅士促进和控制的，并非完全由绅士成员组成。宗族的发展很大程度上取决于其绅士成员，虽然宗族成员常常包括绅士和平民，但宗族的领导显然要靠绅士。绅士为宗族群体提供了

---

① 常建华：《碑刻所见明清民国时期陕西的宗族制度与风习》，《安徽史学》2018年第2期。

积极的成分,而平民则是消极的。他也指出,绅士成员常常满足于享有祭祀的特权,以及对群体的控制。

笔者以为萧公权对费孝通宗族是"绅士的组织"的讨论,对于近年来江南有无宗族的讨论有一定的借鉴意义。日本学者滨岛敦俊教授认为,宗族是一种超越家族的概念,对内部成员拥有控制力量的父系血缘社会组织或社会集团,或者可以说是"血缘共同体",而有时兼有一种基层社会的效能,特别是兼地缘性的组织。宗族的效能主要在于保证家族的再生产,江南三角洲并没有父系血缘共同体的基层组织,即所谓的"江南无宗族",或者说,考究江南三角洲地方社会或乡村社会的特性、结构、效能之时,"宗族"这一概念并不是不可缺少的因素,他强调江南社会中绅士的重要作用。有中国学者提出不同意见。[1]滨岛敦俊先生是研究明清江南的专家,他观察到了江南社会与闽粤社会的差异。这使笔者联想到,出生于苏州吴江且对江南乡村社会进行开创性研究的费孝通先生,他的有关宗族与绅士的看法可能相当大的程度上出自对于江南社会的观察。

萧先生考察了宗族组织的构成。他指出,"一般来说,每个宗族群体都会公推合适的成员作为领袖,建立起一种管理宗族事务的组织"。宗族组织设有宗族领袖"宗长"或"族长",可能是祭祀活动的主持者、"首席执行官",或兼而有之。有时,宗族会挑选一些"执事者"来帮助族长履行其职责。规模较大的宗族还设置"副族

---

[1] 邹振环、黄敬斌主编《明清以来江南城市发展与文化交流》"圆桌讨论"部分之"江南无'宗族'",复旦大学出版社,2011;徐茂明:《江南无"宗族"与江南有"宗族"》,《史学月刊》2013年2期;滨岛敦俊:《明代江南は「宗族社会」なりしや》,山本英史编《中国近世の規範と秩序》,东洋文库,2014,第94—135页。

长",每名统率所属的"房",因而一般称为"房长"。

萧先生指出:"年龄、较高的辈分,以及个人才能,通常是宗族领导的主要条件,但社会与经济地位也经常是同样重要的。"而"'才与德'的标准很容易并到官品和财富里面"。

总之,绅士控制宗族是常态。

四、宗族活动

萧公权将这部分的内容分为编修族谱、祭祖、福利事业、族人的教育、秩序与道德、自卫六个方面的问题论述。

编纂、修订族谱。萧先生相信编纂族谱实质上是一项绅士的工作。他指出,并不是所有宗族都有族谱,"居住在较为贫穷地区的宗族,常常没有族谱,特别是那些住在北方省区,宗族现象不像南方那么显著的"。他特别利用地方志,统计了北方两个县的宗族所拥有族谱的数量,陕西同官已知208个宗族中,只有2个宗族有族谱,洛川县168个宗族中,只有8个宗族有族谱。这个比重是很低的,应当说上述看法大体上说也是不错的。然而,我觉得有两个因素应当引起注意:一是陕西有利用坟墓或祠堂碑刻记载世系的传统,即石谱保存世系,会影响到纸谱的编纂必要性与数量。①二是北方其他省的事例,证明宗族拥有较多的族谱,如笔者主要依据庄陔兰主编的1935年纂《重修莒志·民社志·氏族》资料,莒地宗族普遍拥有自己的谱牒,族谱有祖谱、草谱、支谱、合谱等形式,②可惜的

---

① 常建华:《碑刻所见明清民国时期陕西的宗族制度与风习》,《安徽史学》2018年第2期。
② 常建华:《近世山东莒地宗族探略——以民国〈重修莒志·民社志·氏族〉为中心》,《安徽史学》2014年第1期。

是，未作出数量统计，加上该资料出自民国时期，世代晚一些，笔者这里只是谈对于莒地族谱普遍性的印象。

至于修谱的意义，萧先生指出，族谱公开的目的是维系紧密的亲族纽带，不过，绅士可能存在一种动机，"想借由家族的威望来提高自己的威望——通常是宣称自己为历史上或神话里的圣贤的后人；或者是对被认为曾经'光宗耀祖'的'杰出族人'的生平与事功加油添醋大事吹嘘。至于普通的族人，他们最关心的是如何让自己和家人活着。可能对这件事没有什么兴趣"。这一看法是很深刻的，然而也不能朝极端化理解。

祭祖、修建祠堂、管理祭田和祖坟。这一部分仍然强调绅士对于宗族的控制作用，萧公权说，"祭祖"不能免于绅士的支配或控制，绅士往往捐献钱财或土地建祠堂置祭田，享有较大的管理上的发言权。这样的事例多见于记载，萧先生也指出，没有绅士地位的富者也偶尔修建宗祠。萧先生观察到，"宗祠-祭田现象，江南地区比长江以北来的显著。但是，产生这个区别的直接原因在于社会经济，而非地理差异。在北部的某些地方，也可以看到宗祠和祭田；而南方的一些地方，也有看不到的"。他在注释78中提供的地方志资料说明，有广东、浙江、江苏、安徽、湖南、湖北、四川、贵州、广西、云南10省的，他也列出关于华北地区一般不存在宗祠的方志，有山东、山西、陕西的。笔者倒是想举出北方这三个省中宗祠存在的事例，来平衡一些对于北方宗祠与祭田的认识，陕西的事例见于碑刻资料,[1]山西的事例出于族谱,[2]山东的事例出于方志,其中山东莒州地区民国统计的196个族姓中,有53个宗族拥有祠堂,有的宗族支派也有,祠堂不止一处。宗族祠堂的命名一般是"祠堂",也有"支祠",支祠之上的祠堂,是宗祠、先祠、祖祠、始祖祠,宗祠祭祀始祖,支祠祭祀支祖,长支祠往往兼有祭祀始祖功能。总的感觉似乎清代建立祠堂较多。莒地宗族拥有族田的事例38个,宗族拥有祭田山场一般规模以4亩至6亩最多,较多的规模为几十亩。百亩以上属于规模大的族田。莒地族田主要是祭田与茔地,主要用于维护墓祭与祠祭、表达祖先崇拜,也有宗族互助、族人教育的功用。[3]值得注意的是,19世纪苏州吴县人冯桂芬(1809—1874)说过:"今山东、山西、江西、安徽、福建、广东等省,民多聚族而居。"[4]认定北方的山东、山西也多聚族而居,因此,我们不能过分低估北方19世纪宗族组织的存在。萧先生也强调了义田与祭田不同的用途,吴县、常州和元和等县的义田较多,但也不是南方所有或大多数都有祭田或义田。事实上,已有研究指出,即使在苏南,义庄虽然遍布苏、松、常三府,有70多个,一般为一千亩,多的至二三千亩,少的也有数百亩,但义田在总耕地中

---

[1] 常建华:《碑刻所见明清民国时期陕西的宗族制度与风习》,《安徽史学》2018年第2期。
[2] 常建华:《宋以后宗族的形成及地域比较》第三编有山西洪洞县韩、晋、刘三姓宗族的事例,人民出版社,2013。
[3] 常建华:《近世山东莒地宗族探略——以民国〈重修莒志·民社志·氏族〉为中心》,《安徽史学》2014年第1期。
[4] 〔清〕冯桂芬:《显志堂稿》卷一一《复宗法议》,《续修四库全书》,上海古籍出版社,2002,第1536册,第23页下。

所占的比重还是微小的，如元和县为1.7%，长洲县1.1%。①

周济族人的福利事业。萧公权概括出三点：一是最普遍的做法是用宗族财产的增值所得或宗族谷仓所储藏的粮食，帮助或救济年老和贫困的族人。二是宗族给予成员的帮助，有时是以借贷的形式出现的。三是宗族也会承担起修建灌溉沟渠、蓄水池和桥梁的任务。萧先生特别指出："在一些情况下，政府干脆以宗族来担任税收代理人。"这方面闽粤宗族的研究已经得到很好的证明。郑振满考察了家族组织在户籍管理和赋役征派体制中的职能，以期反映明清福建基层社会的自治化进程。他指出清"摊丁入亩"改革后，由于官府未能直接控制各花户的田粮实数，催征赋税仍须借助于里甲户籍。他列举《问俗录》记载的"总户"，"即各族世代相承的里甲户籍，有些家族虽有不少新立的钱粮花户，但也仍是附属于原来的里甲户籍，并未脱离家族组织的控制"。②在广东，清代"总户"与地方社会结构的关系呈现出相当复杂的情形。③再补充一点，关于救济老人和穷人，清代一般是指救济五十岁以上的老人和五十岁以下的贫穷者。④

族人的教育。萧先生指出："宗族一般注重对年轻族人的教

---

① 冯尔康：《论清代苏南义庄的性质与族权的关系》，《中华文史论丛》1980年第3期。收入冯尔康《顾真斋文丛》，中华书局，2003，第290页。又，义庄与族田，还可参考张研《清代族田与基层社会结构》，中国人民大学出版社，1991。
② 郑振满：《明清福建家族组织与社会变迁》，湖南教育出版社，1992，第253—254页。又，可参看郑振满《明清福建的里甲户籍与家族组织》，《中国社会经济史研究》1989年第2期。
③ 刘志伟：《清代广东地区图甲制中的"总户"与"子户"》，《中国社会经济史研究》1991年第2期。又，可参看刘志伟《在国家与社会之间：明清广东地区里甲赋役制度与乡村社会》，中国人民大学出版社，2010。
④ 常建华：《宗族志》，上海人民出版社，1998，第359、367—368页。

育,这样使他们能够参加政府主持的科举考试,以取得功名与官品。这种兴趣表现在各种鼓励他们读书识字的办法,以及为他们读书提供的各种设备。"不过萧先生依据的事例较少,所论未能展开。事实上,在清朝孝治宗族政策下,宋以来的族学迅速发展。笔者根据多贺秋五郎对中国宗谱研究中的族学资料及收集的其他族学资料,计得61个事例,统计分析这些较为丰富的事例后可知:清代族学主要分布于江浙地区以及安徽、福建、江西各省,其设置年代主要是乾隆以降,晚清的光绪时期有一个高潮,它与清代宗族发展的趋势一致,特别是族学的设置与义庄、义田的设置同步,[①]可见族学是义庄的一部分,族学是以族田为基础的。宗族之学的名称以义学、家塾最为普遍,说明此类学校系集体所有特别是族有性质。清代族学无论是数量还是地区分布上均较宋元明有了很大发展,它既是宋以来族学发展的继续,又是清代社会的特殊产物。宗族办学,首先是为了多出人才,使得宗族强盛;其次是作为收族手段之一。族学对学生的来源有一定的要求,大致可分为面向一般族人的和面向本族内因贫困无力上学者。族学一般在五六人到十人之间,学生数量不多,目的在于保证较好的教学效果。族学聘任教师方面,首先在于是否任用族人,强调教师的品学。族学主要是蒙学,但也有一些族学采取两级施教。一般宗族助学范围在七八岁至十五六岁,如可造就,继续给予数年的支持,如成绩平平,则建议改习他业。族学教育以基础教育和科考并重,除每天的正常课程外,还有针对科举考试的练习,一般称为会课、文会、文社等。族

---

① 参见李文治《论明清时代的宗族制》附表,载《中国社会科学院经济研究所集刊》第4辑,中国社会科学出版社,1983。

学多设置在宗祠或义庄内，宗族对族学管理的形式是不同的，有的是宗祠的专门人员管理，有的为宗族首领直接管理。族学控制在义庄、宗祠手中。族学有叩拜文化名人和祖先的制度，这既是出于对著名教育家的崇敬、感谢祖先恩德，也是族学管理的一环。宗族向族学提供经费，一般由专门的学田或族田中拨给。这些经费用于教师的报酬和学生的文具、奖励等，主要涉及书费、纸笔、饭食、助学金、赶考路费。宗族对族学的管理还反映在察课制上，族学往往就教学管理制定有规条、章程。总之，族学是宗族制度的主要内容之一，还是使宗族强盛的手段。①

惩罚犯罪，解决争端以维护秩序与道德。萧先生本节主要谈"宗规"，即依据儒学的基本原则制定行为规范，强调宗规借由奖励和惩罚而得到加强。清代族规的研究目前成果很多，已有详细的讨论。②

自卫。宗族有时承担抵御暴徒、土匪及其他敌人的乡村自卫任务，宗族为了保护自己的利益，还以武力对抗官府代理人。

萧公权总结道：宗族活动大致与村庄活动相同，因为宗族与村庄紧密联系在一起，都受到绅士的控制，都由农民组成。

在村庄中存在着宗族，自然会给乡村生活带来一些不同。宗族会增强其所在村庄的团结，使村庄比其他情况下的更紧密、组织更完善。但是，宗族并没有实质上改变乡村生活的基本模式。社会和经济地位不同的人之间的区别仍然存在；许多

---

① 常建华：《试论宋代以降的宗族之学》，《中国社会历史评论》第一卷，天津古籍出版社，1999，第61—74页。
② 朱勇：《清代宗族法》，湖南教育出版社，1987；常建华：《宗族志》第七章《族规》，上海人民出版社，1998。

村庄未能解决的问题，宗族也没有解决。

五、茶坑——一个19世纪的单族村庄

鉴于以上分析宗族—村庄的景象系合成的，是从各种资料拼接事实形成的，缺乏时间与空间的联系。本节采取个案分析的方式，以弥补上述缺憾。于是选取了梁启超（1873—1929）对故乡广东新会茶坑单族村庄的考察。梁启超的描述类似民族志，十分详尽。揭示了该村保与宗族的关系、梁氏宗祠"叠绳堂"的结构与功能，调节或裁判纷争是祠堂重要职责，管理族田、组织祭祖也是重要职责，还有治河、蒙学教育、节庆娱乐、经济互助的会社，显示出宗族的"自治"性质。不过，萧公权对于梁启超描述的"自治"程度持保留态度，认为茶坑受惠于沿海小岛的特殊环境，但也肯定这个高度整合的宗族—村庄显示出亲属团体的组织和活动的影响程度。

这一微观史学的探讨方式与宏观论述相结合，增强了论述的说服力。

六、政府对宗族的控制

萧公权敏锐地注意到，清政府认识到宗族的重要性，将其作为乡村控制、社会稳定的工具。尤其是康熙帝和雍正帝都对宗族感兴趣，康熙九年（1670）颁布"圣谕十六条"，第二条是"笃宗族以昭雍睦"。雍正二年（1724）所颁《圣谕广训》解释这一条的具体做法是："立家庙以荐蒸尝，设家塾以课子弟，置义田以赡贫乏，修族谱以联疏远。"事实上，清廷利用宗族制度推行孝治，是清朝以

孝治天下总政策中的重要组成部分。①

清代宗族政策的重要表现还有推行族正。萧公权注意到乾隆初年江西巡抚陈宏谋对于族正推行的兴趣并得到乾隆帝的支持，萧先生在注释125中提示了梁章钜《退庵随笔》雍正四年（1726）试行族正的史料，也指出这一史料"明显引自《清朝文献通考》"，断定乾隆二十二年（1757）"使它成为全国性的制度"。萧公权评论说："清王朝统治者把族正实际上变成保甲代理人，同时破坏了正统儒家思想的基本观念和宗族的自然本质。"对于雍正四年（1726）试行族正、乾隆初年陈宏谋如何推行族正、族正与族长关系、乾隆朝以后族正的推行问题，确实存在不少疑惑之处，需要辨析。②由于奏折档案的公布以及研究，我们对于族正制度的实行与特性有了进一步的认识："康熙后期雍正初年也是推行保甲的时期，解决宗族的治安与教化问题，采取的方式是设立族正，族正制作为保甲的一环出现，而族正的选立却借鉴了乡约的形式，并且族正也有负责宣讲圣谕的职责，保甲、乡约渗透到宗族中，使宗族进一步组织化，我称之为宗族的保甲乡约化。尽管不同的宗族受到保甲、乡约的影响程度不同，族正制也没有在全国普及，但是政治文化对于宗族影响的制度要求与社会氛围却是同样的，宗族保甲乡约化是清代宗族的特征，族正制是这一特征最好的体现。"③

---

① 常建华：《论〈圣谕广训〉与清代的孝治》，《南开史学》1988年第1期；《论清朝推行孝治的宗族制政策》，《明清史论文集》第二辑，天津古籍出版社，1991，第257—272页。
② 参见常建华《清代族正问题的若干辨析》，《清史研究通讯》1990年第1期；常建华：《清代族正制度考论》，《社会科学辑刊》1989年第2期。
③ 常建华：《清代宗族"保甲乡约化"的开端——雍正朝族正制出现过程新考》，《河北学刊》2008年第6期。

萧先生也注意到，清廷"承认宗族组织是一种统治工具，可能在一些情况下鼓励了宗族朝政府讨厌的方向扩张与运作"。如宗族"冒认"自己的祖先，以提高威望或扩大影响力；滥用修建宗祠和购置祭田的特权。"在18世纪结束之前，清王朝统治者就意识到宗族并不一定是可靠的乡村控制工具，而且在不利的环境下经常变成麻烦的来源。"其实，乾隆朝宗族政策的变动较大，笔者梳理了这一时期宗族政策的演变，得出如下结论：

乾隆帝重视宗族问题，在他当政时期，宗族组织发达地区，如福建、广东、江西等地，健讼、械斗严重，影响了清政府的统治秩序，他希望治理宗族以平息健讼械斗之风，维护正常的社会秩序。

乾隆帝对宗族的政策，总的来看以抑制为主，也有一定的支持和打击。乾隆改变了雍正时代依靠支持宗族组织为主的政策，停止了其父所定致死族人免抵的法律，同时又承认和予以宗族管理族人的部分司法权，表明了有限度地支持宗族的主张。乾隆帝的族正政策曾有过明显的变化。初年，他支持在闽、粤、赣三省推广雍正时开始实行的族正制，地方官员推行族正制，已不仅仅仿照保甲，他们赋予族正的缉盗、治安等保甲以外的功能，使族正具有管理祠堂、族产、防止健讼、械斗的职能。乾隆中叶，又支持地方官打击宗族势力的措施。此后乾隆帝对进一步推广族正制持否定态度，但乾隆帝并没有停止族正制，如不断编保甲一样，族正制也屡屡重新执行，乾隆帝只想让族正起到保甲的作用，而不愿意将其权限扩大。乾隆帝后期，认为族正制改变不了械斗、健讼问题，因此，采取了重惩械斗案件以制止械斗的政策。

　　对宗族及族正的看法，清政府内部并不统一，在地方官中，陈宏谋、郝玉麟、喀尔吉善、潘思榘、徐嗣曾等人是依靠宗族支持族正制的代表，辅德、王检等则是惩治宗族、轻视族正制的代表；在是否给予宗族处死族人免抵权的问题上，清朝官员也分为两种表现；乾隆帝在前后期态度不一致，在一些具体问题上观点有所动摇，清政权在宗族问题上这种支持与反对二重性，是由宗族组织具有的二重性决定的。宗族组织管理族人，一方面要求其用儒家的伦理规范约束自己的行为，处理宗族内部的人际关系，奉公守法，具有维护宗族及所在地社会秩序的性质；另一方面，宗族具有血缘的凝聚力，宗族组织要求族人把宗族的利益放在首位，绝对服从祠堂、族长、族法的要求，有与其他宗族及集团发生矛盾，甚至违反国家规定的情形，有时宗族利益还会同政府发生冲突，具有控制和破坏地方社会秩序和违抗政权的性质。这两方面，在不同的时间和地方会有不同的侧重和表现。因此，支持者往往强调第一方面，反对者则常常重视第二方面，使政权执行的宗族政策发生分歧和摇摆。

乾隆时治理宗族，惩治宗族械斗、健讼的实践，对维护社会秩序以及加强政权对地方社会的控制，起到一定的作用，但是并没有解决问题。总的趋势是械斗、健讼在乾隆后期有增无减，除了宗族的特性外还有两个重要原因：首先，乾隆朝人口急剧膨胀，人均土地大幅度下降，民食严重短缺，械斗、健讼的原因，往往是因为争夺土地、山场、水源等所致,同时大量的过剩人口,也"无事生非",人口急增造成空前的社会问题。制止械斗、健讼,解决不了民食维艰和"失业",因而械斗、健讼也难以根治。其次,乾隆中叶以后,官场日益腐败,吏治不清,清政权的职能削弱,地方官纳贿成风,对政务不负责任,甚至畏惧和勾结宗族势力,遂使械斗之风转盛。[①]

乾隆朝宗族政策的摇摆性,足以说明当时宗族问题的复杂性。

萧先生主要论述的其实是18世纪清廷与宗族的关系问题,当然他也指出:"在19世纪中期和晚期社会发生大动荡时期,有些家族的反映就是成为另一个骚动的来源。"闽台地区19世纪的族正实践,对于我们认识族正有所帮助。笔者的研究揭示出:

> 清代闽台地区的族正制与治理械斗而变异的联庄制度结合在一起,族正成为保甲之下隶属于总理的一级组织,与庄正同处一级,共同维护基层社会的秩序。但是与总理、庄正可以得官府颁发的戳记进入政府行政体系相比,族正是否给与戳记,官府处于动摇状态,族正的民间性更强一些;由于族正的选立也经过官府认可,使得族正成为官府监督控制下的民间组织。族正的职责在于监督族人遵纪守法,防止健讼械斗,平时有教化之责,兼具乡约的性质。族正可以处理族人的诉讼事宜,最大的权力是将不法族人捆送到官。

清朝族正制的实行表明,宗族的发展已经成为闽台地区社会的基本组织形式,政府的统治必须面对宗族。从清前期到近代,

[①] 常建华:《试论乾隆朝治理宗族的政策与实践》,《学术界》1990年第2期。

清朝族正制的实践积累了丰富的经验，也形成成熟的做法，这就是上述既监控宗族又防止族正借官府权威而控制宗族，并使宗族进一步组织化。由于清朝的宗族政策比较得当，基本上将宗族纳入了政府的社会控制范围。19世纪宗族的发展虽然带来一定的社会危机性，但未能逸出，更不能威胁政府的统治，从族正看近代中国国家与社会的关系，会给我们诸多的启示。①

官府监控宗族，宗族也寻求官府的支持。萧先生敏锐观察到："一些家族领袖不仅乐意让他们的组织置于政府控制之下，甚至借由取得政府批准，设法寻求宗族权威的合法化。"宗族申请官府批准族规在清代比较普遍，而且在明代已经出现。②

七、宗族组织的衰落

这一部分篇幅最大，可见萧公权的重视，讨论的主要是19世纪宗族的衰落问题以及负面性质。萧先生判断："随着社会动荡的19世纪中叶的消逝，宗族的繁荣时期就过去了。"这种将社会稳定与宗族繁荣联系起来的观点，自然有其合理性。然而，从长时段考察宗族的组织化与普及化，可能需要进一步的证明。事实上，社会动荡也可能给宗族的组织化带来机遇和必要性，另外在华北与华南不同的地区，社会动荡的程度也不同，如何判断宗族是繁荣抑或衰落，也会有标准与程度的差异。我们对于明清山西、河北、河南北

---

① 常建华：《近代闽台族正制考述》，《中国社会经济史研究》2006年第1期。
② 常建华：《宗族志》，第466—471页；常建华：《明代宗族研究》，上海人民出版社，2005，第335—344页。

方宗族的研究表明："在发展阶段上,华北宗族虽然也是在明代中后期组织化并开始普及的,但是深入民间则是在清中叶以后,民国时期宗族仍很兴盛,因此清中叶至民国是华北宗族的重要发展阶段,比起华南的宗族来说,宗族制度的大规模普及与宗族组织化稍晚一些。"[1]

在宗族衰落原因的具体论述中,萧公权提出诸多具有启发性的看法。如他认为家庭财富、缺乏有力的领导,尤其是后者,会导致宗族衰落。宗族衰败的具体象征,祠堂、祭田正常功能的丧失或不当发挥。萧先生"不赞成家庭的昌盛延续不过三代或四代这个有争议性的观点",并以潘光旦先生《明清两代嘉兴的望族》支持自己的观点。

萧先生强调:"宗族的生命力和健康取决于农业的乡下地区是否存在一定的程度的和平与繁荣。"

团结对于宗族也至关重要,甚至影响到械斗问题。萧先生认为:"关于土地、水利、祠堂和其他事情的争论,有时突然爆发成大规模械斗。"根据学者的研究,闽粤的宗族械斗的确严重[2],形成了社会问题。

萧先生还强调:"宗族也会滥用它们的力量,变成乡间的扰乱因素。"有的地方,宗族从事抢劫、掠夺,成为"宗族式盗贼"。然而,一般来说,宗族更倾向于对抗盗贼。

萧公权最后总结,强调三点:一是宗族组织实质上是一个乡村

---

[1] 常建华:《宋以后的宗族形态与社会变迁》,天津人民出版社,2013,导言,第6页。
[2] 谭棣华:《略论清代广东宗族械斗》,《清史研究通讯》1985年第3期;郑振满:《清代闽南乡族械斗的演变》,《中国社会经济史研究》1998年第1期。

团体,因而与村庄组织有许多共同点;二是存在于村庄中个人和团体间的社会与经济不平等,也出现在宗族内;三是宗族常常使村庄居民的凝聚力程度更高。作为政治学家,萧先生在第二点中,特别指出:"一般来说,我们不能认为宗族比村庄更像一个民主社区。"

后　记

　　我的清代宗族研究，从1983年开始写作，到2021年的最新成果，绵延38年。这期间的学术成果大约主要成于四个时间段：第一、二两章是在20世纪八九十年代以及21世纪头一个十年的后半段写成，第三章的主体成于21世纪第二个十年的2014—2018年间，第四章主要利用刑科题本研究宗族，则是近五六年的事情。前两个时间段关心宗族治理的政策与实践问题，后两个时间段探讨北方与南方的宗族形态。

　　在1996—2005这十年间，我主要研究明代宗族，出版了《明代宗族研究》（2005）及扩展版《明代宗族组织化研究》（2012）两书，如能将自己研究清代宗族的成果合为一书，对于研究明清宗族的我来说，则是一件减少缺憾的事情。

　　感谢出版名家谭徐锋先生为组织"论世衡史"丛书向我约稿，促使我提出本书的设想！感谢该丛书策划人封龙先生接受书稿！使我多年研究清代宗族的成果问世，让我的《明代宗族研究》有了姊妹之作《清代宗族研究》！

　　历史研究是充满艰辛与乐趣的事业，需要锲而不舍的追求，挖掘史料、扩展视野、更新观念与调整研究方法，是学术研究前行与突破的必要条件。以自己的清代族正研究为例，虽早在1989—1990年连续发表三文，均被中国人民大学报刊复印资料《明清史》全文转载，产生较大的学术影响，但时隔近20年才在2008年的《清代宗族"保甲乡约化"的开端》一文中，利用新发现的奏折等资料厘清了雍正朝族正制出现的过程，而2006年发表的《近代闽台族正制考述》，则有效地深化了对族正的认识，可见学术研究不能一蹴而就。如果说这些探讨是在"国家与社会"的思维框架下完成的，而立足于"生活与制度"的利用刑科题本探讨地域宗族形态，则变换思路，推动了对于宗族共同体的认识。

学术研究，是与同道一起的攻关，"德不孤，必有邻"；也是独行者的探索，甘苦自知，自成风格。想到自己的新书即将面世，幸福感油然而生。

常建华

2021年"五一劳动节"后二日于津门林溪园

图书在版编目（CIP）数据

清代宗族研究 / 常建华著. -- 成都：四川人民出版社, 2025.6. -- (论世衡史). -- ISBN 978-7-220-13893-5

Ⅰ.K820.9

中国国家版本馆CIP数据核字第2024XR9105号

QINGDAI ZONGZU YANJIU
清 代 宗 族 研 究

常建华　著

出 版 人	黄立新
策划统筹	封　龙
责任编辑	李沁阳　张红义
版式设计	张迪茗
封面设计	周伟伟
责任印制	周　奇
出版发行	四川人民出版社（成都市三色路238号）
网　　址	http://www.scpph.com
E-mail	scrmcbs@sina.com
新浪微博	@四川人民出版社
微信公众号	四川人民出版社
发行部业务电话	（028）86361653　86361656
防盗版举报电话	（028）86361653
照　　排	四川胜翔数码印务设计有限公司
印　　刷	成都东江印务有限公司
成品尺寸	145mm×210mm
印　　张	16.625
字　　数	370千
版　　次	2025年6月第1版
印　　次	2025年6月第1次印刷
书　　号	ISBN 978-7-220-13893-5
定　　价	89.00元

■版权所有·侵权必究

本书若出现印装质量问题，请与我社发行部联系调换

电话：（028）86361656